enVisionmath 2.0 en español
SCOTT FORESMAN · ADDISON WESLEY

Volumen 1 Temas 1 a 7

Autores

Randall I. Charles
Professor Emeritus
Department of Mathematics
San Jose State University
San Jose, California

Jennifer Bay-Williams
Professor of Mathematics
Education
College of Education and Human
Development
University of Louisville
Louisville, Kentucky

Robert Q. Berry, III
Associate Professor of
Mathematics Education
Department of Curriculum,
Instruction and Special Education
University of Virginia
Charlottesville, Virginia

Janet H. Caldwell
Professor of Mathematics
Rowan University
Glassboro, New Jersey

Zachary Champagne
Assistant in Research
Florida Center for Research in
Science, Technology, Engineering,
and Mathematics (FCR-STEM)
Jacksonville, Florida

Juanita Copley
Professor Emerita, College of
Education
University of Houston
Houston, Texas

Warren Crown
Professor Emeritus of Mathematics
Education
Graduate School of Education
Rutgers University
New Brunswick, New Jersey

Francis (Skip) Fennell
L. Stanley Bowlsbey Professor
of Education and Graduate and
Professional Studies
McDaniel College
Westminster, Maryland

Karen Karp
Professor of Mathematics
Education
Department of Early Childhood
and Elementary Education
University of Louisville
Louisville, Kentucky

Stuart J. Murphy
Visual Learning Specialist
Boston, Massachusetts

Jane F. Schielack
Professor of Mathematics
Associate Dean for Assessment
and Pre K-12 Education,
College of Science
Texas A&M University
College Station, Texas

Jennifer M. Suh
Associate Professor for
Mathematics Education
George Mason University
Fairfax, Virginia

Jonathan A. Wray
Mathematics Instructional
Facilitator
Howard County Public Schools
Ellicott City, Maryland

PEARSON

Glenview, Illinois   Boston, Massachusetts   Chandler, Arizona   Hoboken, Nueva Jersey

Matemáticos

Roger Howe
Professor of Mathematics
Yale University
New Haven, Connecticut

Gary Lippman
Professor of Mathematics and
Computer Science
California State University,
East Bay
Hayward, California

Revisoras de los estándares de *Common Core*

Debbie Crisco
Math Coach
Beebe Public Schools
Beebe, Arkansas

Kathleen A. Cuff
Teacher
Kings Park Central School District
Kings Park, New York

Erika Doyle
Math and Science Coordinator
Richland School District
Richland, Washington

Susan Jarvis
Math and Science Curriculum
Coordinator
Ocean Springs Schools
Ocean Springs, Mississippi

Velvet M. Simington
K-12 Mathematics Director
Winston-Salem/Forsyth County
Schools
Winston-Salem, North Carolina

ISBN-13:   978-0-328-84197-4
ISBN-10:   0-328-84197-8

Recursos digitales

¡Usarás estos recursos digitales a lo largo del año escolar!

Visita PearsonRealize.com

PM
Animaciones de Prácticas matemáticas que se pueden ver en cualquier momento

Resuelve
Resuélvelo y coméntalo, problemas y herramientas matemáticas

Aprende
Más aprendizaje visual animado con animaciones, interacción y herramientas matemáticas

Glosario
Glosario animado en español e inglés

Amigo de práctica
Práctica personalizada en línea para cada lección

Herramientas
Herramientas matemáticas que te ayudan a entender mejor

Evaluación
Comprobación rápida para cada lección

Ayuda
Video de tareas ¡Revisemos!, como apoyo adicional

Juegos
Juegos de Matemáticas que te ayudan a aprender mejor

eText
Libro del estudiante en línea

ACTIVe-book
Libro del estudiante en línea, para mostrar tu trabajo

PEARSON realize™ Todo lo que necesitas para Matemáticas, en cualquier momento y en cualquier lugar.

CLAVE

- Estándares relacionados principales
- Estándares relacionados de apoyo
- Estándares relacionados adicionales

El contenido está organizado enfocándose en los estándares relacionados de *Common Core*.

Hay una lista de los estándares relacionados en las páginas F13 a F16.

Recursos digitales en PearsonRealize.com

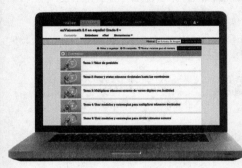

¡Y recuerda que tu *eText* está disponible en PearsonRealize.com!

Contenido

TEMAS

Aquí se muestran distintas maneras de representar un número decimal.

unidades	décimas	centésimas	milésimas
0	. 2	4	5

Forma estándar: 0.245

Forma desarrollada: $\left(2 \times \frac{1}{10}\right) + \left(4 \times \frac{1}{100}\right) + \left(5 \times \frac{1}{1,000}\right)$

Nombre de un número: doscientas cuarenta y cinco milésimas

TEMA 1 Valor de posición

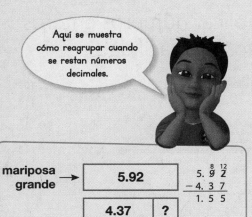

Aquí se muestra cómo reagrupar cuando se restan números decimales.

mariposa grande → 5.92

$$\begin{array}{r} 5.\overset{8}{9}\overset{12}{2} \\ -\ 4.\ 3\ 7 \\ \hline 1.\ 5\ 5 \end{array}$$

4.37   ?

↑ mariposa pequeña   ↑ diferencia de envergadura

TEMA 2 Sumar y restar números decimales hasta las centésimas

Puedes usar diagramas de barras para representar problemas de multiplicación.

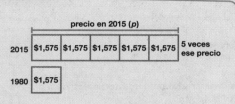

	precio en 2015 (*p*)					
2015	$1,575	$1,575	$1,575	$1,575	$1,575	5 veces ese precio
1980	$1,575					

TEMA 3 Multiplicar números enteros de varios dígitos con facilidad

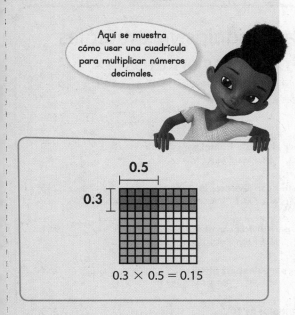

Aquí se muestra cómo usar una cuadrícula para multiplicar números decimales.

0.5

0.3

$0.3 \times 0.5 = 0.15$

TEMA 4 Usar modelos y estrategias para multiplicar números decimales

Aquí se muestra cómo dividir con divisores de 2 dígitos.

```
    12 R9
20)249
  − 20
    49    Divide.       49 ÷ 20 = 2
  − 40    Multiplica.  2 × 20 = 40
     9    Resta.        49 − 40 = 9
```

TEMA 5 Usar modelos y estrategias para dividir números enteros

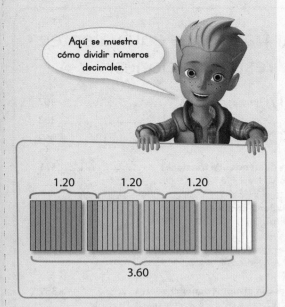

Aquí se muestra cómo dividir números decimales.

1.20   1.20   1.20

3.60

TEMA 6 Usar modelos y estrategias para dividir números decimales

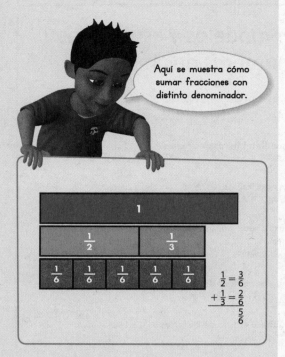

Aquí se muestra cómo sumar fracciones con distinto denominador.

TEMA 7 Usar fracciones equivalentes para sumar y restar fracciones

CLAVE

● Estándares relacionados principales

● Estándares relacionados de apoyo

● Estándares relacionados adicionales

El contenido está organizado enfocándose en los estándares relacionados de *Common Core*.

Queridas familias:

Los estándares de las siguientes páginas describen las matemáticas que los estudiantes aprenderán a lo largo del año. La mayor parte del tiempo estará dedicada a los estándares relacionados principales.

Estándares de *Common Core* para el contenido matemático

RAMA 5.OA
OPERACIONES Y RAZONAMIENTO ALGEBRAICO

ESTÁNDARES RELACIONADOS ADICIONALES 5.OA.A
Escribir e interpretar expresiones numéricas.

5.OA.A.1 Utilizar paréntesis, corchetes o llaves en las expresiones numéricas y evaluar las expresiones con estos símbolos.

5.OA.A.2 Escribir expresiones simples que contengan cálculos numéricos e interpretar expresiones numéricas sin evaluarlas. *Por ejemplo, expresar el cálculo "suma 8 más 7, luego multiplica por 2" como $2 \times (8 + 7)$. Reconocer que $3 \times (18,932 + 921)$ es tres veces mayor que $18,932 + 921$, sin tener que calcular la suma o producto indicado.*

ESTÁNDARES RELACIONADOS ADICIONALES 5.OA.B
Analizar patrones y relaciones.

5.OA.B.3 Generar dos patrones numéricos a partir de dos reglas dadas. Identificar la relación aparente entre los términos correspondientes. Formar pares ordenados con los términos correspondientes de ambos patrones y graficar los pares ordenados en un plano de coordenadas. *Por ejemplo, dada la regla "Sumar 3" y el número 0 inicial, y dada la regla "Sumar 6" y el número 0 inicial, generar los términos en cada secuencia y observar que cada término de una secuencia es el doble que el término correspondiente en la otra secuencia. Explicar informalmente por qué esto es así.*

RAMA 5.NBD
NÚMEROS Y OPERACIONES EN BASE DIEZ

ESTÁNDARES RELACIONADOS PRINCIPALES 5.NBD.A
Entender el valor de posición de los números.

5.NBD.A.1 Reconocer que en un número de varios dígitos, cualquier dígito en determinado lugar representa 10 veces lo que representa el mismo dígito en el lugar a su derecha y 1/10 de lo que representa en el lugar a su izquierda.

5.NBD.A.2 Explicar los patrones en la cantidad de ceros que tiene un producto cuando se multiplica un número por una potencia de 10, y explicar los patrones al mover el punto decimal cuando hay que multiplicar o dividir un número decimal por una potencia de 10. Utilizar números enteros no negativos como exponentes para denotar la potencia de 10.

5.NBD.A.3 Leer, escribir y comparar números decimales hasta las milésimas.

Estándares de *Common Core* para el contenido matemático

5.NBD.A.3a Leer, escribir y comparar números decimales hasta las milésimas usando números de base diez, números en palabras y la forma desarrollada; por ejemplo, $347.392 = 3 \times 100 + 4 \times 10 + 7 \times 1 + 3 \times (1/10) + 9 \times (1/100) + 2 \times (1/1000)$.

5.NBD.A.3b Comparar dos números decimales hasta las milésimas en base al significado de los dígitos en cada lugar, utilizando los símbolos $>$, $=$ y $<$ para anotar los resultados de las comparaciones.

5.NBD.A.4 Utilizar la comprensión del valor de posición para redondear números decimales a cualquier lugar de redondeo.

ESTÁNDARES RELACIONADOS PRINCIPALES
5.NBD.B
Realizar cálculos con números enteros no negativos de varios dígitos y con números decimales hasta las centésimas.

5.NBD.B.5 Multiplicar números enteros no negativos de varios dígitos con fluidez, utilizando el algoritmo convencional.

5.NBD.B.6 Hallar números enteros no negativos como cocientes de números enteros no negativos con dividendos de hasta cuatro dígitos y divisores de dos dígitos, utilizando estrategias basadas en el valor de posición, las propiedades de las operaciones y la relación entre la multiplicación y la división. Ilustrar y explicar el cálculo utilizando ecuaciones, matrices rectangulares y modelos de área.

5.NBD.B.7 Sumar, restar, multiplicar y dividir números decimales hasta las centésimas utilizando modelos concretos o dibujos y estrategias basadas en el valor de posición, las propiedades de las operaciones y la relación entre la suma y la resta; relacionar la estrategia a algún método escrito y explicar el razonamiento empleado.

RAMA 5.NOF
NÚMEROS Y OPERACIONES: FRACCIONES

ESTÁNDARES RELACIONADOS PRINCIPALES
5.NOF.A
Utilizar las fracciones equivalentes como una estrategia para sumar y restar fracciones.

5.NOF.A.1 Sumar y restar fracciones con denominadores distintos (inclusive números mixtos) reemplazando las fracciones dadas por fracciones equivalentes de tal forma que produzcan una suma equivalente o una resta con denominadores comunes. *Por ejemplo,*

$2/3 + 5/4 = 8/12 + 15/12 = 23/12$. (En general, $a/b + c/d = (ad + bc)/bd$).

5.NOF.A.2 Resolver problemas verbales de suma y resta de fracciones que se refieran a un todo, incluyendo casos de denominadores distintos; por ejemplo, empleando modelos visuales de fracciones o ecuaciones para representar el problema. Utilizar las fracciones de referencia y el sentido numérico para hacer cálculos mentales y evaluar la lógica de las respuestas. *Por ejemplo, reconocer como incorrecto el resultado $2/5 + 1/2 = 3/7$, observando que $3/7 < 1/2$.*

ESTÁNDARES RELACIONADOS PRINCIPALES
5.NOF.B
Aplicar y ampliar los conocimientos previos de multiplicación y división para multiplicar y dividir fracciones.

5.NOF.B.3 Interpretar una fracción como la división del numerador por el denominador ($a/b = a \div b$). Resolver problemas verbales relativos a la división de números enteros no negativos que resulten en fracciones, números mixtos; por ej., empleando modelos visuales de fracciones o ecuaciones para representar el problema. *Por ejemplo, interpretar 3/4 como el resultado de la división de 3 por 4, notando que 3/4 multiplicado por 4 es igual a 3, y que cuando se comparten igualmente 3 enteros entre 4 personas, cada una termina con una parte de 3/4 de tamaño. Si 9 personas quieren compartir por igual y en base al peso un saco de arroz de 50 libras, ¿cuántas libras de arroz debe recibir cada persona? ¿Entre qué números enteros no negativos se encuentra la respuesta?*

5.NOF.B.4 Aplicar y ampliar los conocimientos previos sobre la multiplicación para multiplicar una fracción o un número entero por una fracción.

5.NOF.B.4a Interpretar el producto $(a/b) \times q$ como a partes de la repartición de q en partes iguales de b; de manera equivalente, como el resultado de la secuencia de operaciones $a \times q \div b$. *Por ejemplo, emplear un modelo visual de fracciones para representar $(2/3) \times 4 = 8/3$, e inventar un contexto para esta ecuación. Hacer lo mismo con $(2/3) \times (4/5) = 8/15$. (En general, $(a/b) \times (c/d) = ac/bd$).*

5.NOF.B.4b Hallar el área de un rectángulo cuyos lados se miden en unidades fraccionarias, cubriéndolo con unidades cuadradas de la unidad fraccionaria correspondiente a sus lados, y demostrar que el área sería la misma que se hallaría si se multiplicaran las longitudes de los lados. Multiplicar los números fraccionarios de las longitudes de los lados para hallar el área de rectángulos

Estándares de *Common Core* para el contenido matemático

y representar los productos de las fracciones como áreas rectangulares.

5.NOF.B.5 Interpretar la multiplicación como poner a escala (cambiar el tamaño de) algo al:

5.NOF.B.5a Comparar el tamaño de un producto al tamaño de un factor en base al tamaño del otro factor, sin efectuar la multiplicación indicada.

5.NOF.B.5b Explicar por qué al multiplicar un determinado número por una fracción mayor que 1 se obtiene un producto mayor que el número dado (reconocer la multiplicación de números enteros no negativos mayores que 1 como un caso común); explicar por qué la multiplicación de determinado número por una fracción menor que 1 resulta en un producto menor que el número dado; y relacionar el principio de las fracciones equivalentes $a/b = (n \times a)/(n \times b)$ con el fin de multiplicar a/b por 1.

5.NOF.B.6 Resolver problemas de la vida diaria relacionados a la multiplicación de fracciones y números mixtos, por ej., al usar modelos visuales de fracciones o ecuaciones para representar el problema.

5.NOF.B.7 Aplicar y ampliar los conocimientos previos sobre la división para dividir fracciones unitarias por números enteros no negativos y números enteros no negativos por fracciones unitarias.[1]

5.NOF.B.7a Interpretar la división de una fracción unitaria por un número entero no negativo distinto a cero y calcular este tipo de cocientes. *Por ejemplo, inventar un contexto para (1/3) ÷ 4, y utilizar un modelo visual de fracciones para expresar el cociente. Utilizar la relación entre la multiplicación y la división para explicar que (1/3) ÷ 4 = 1/12 porque (1/12) × 4 = 1/3.*

5.NOF.B.7b Interpretar la división de un número entero no negativo por una fracción unitaria y calcular este tipo de cocientes. *Por ejemplo, inventar un contexto para 4 ÷ (1/5), y utilizar un modelo visual de fracciones para expresar el cociente. Utilizar la relación entre la multiplicación y la división para explicar que 4 ÷ (1/5) = 20 porque 20 × (1/5) = 4.*

5.NOF.B.7c Resolver problemas de la vida diaria relacionados a la división de fracciones unitarias por números enteros no negativos distintos de cero y a la división de números enteros no negativos por fracciones unitarias, por ej., utilizando modelos visuales de fracciones y ecuaciones para representar el problema. *Por ejemplo, ¿cuánto chocolate tendrá cada persona si 3 personas comparten 1/2 libra de chocolate en partes iguales? ¿Cuántas porciones de 1/3 de taza hay en 2 tazas de pasas?*

RAMA 5.MD
MEDICIÓN Y DATOS

ESTÁNDARES RELACIONADOS DE APOYO **5.MD.A**
Convertir unidades de medida equivalentes dentro de un mismo sistema de medición.

5.MD.A.1 Convertir unidades de medida estándar de diferentes tamaños dentro de un sistema de medición determinado (por ej., convertir 5 cm a 0.05 m), y utilizar estas conversiones para resolver problemas de varios pasos de la vida diaria.

ESTÁNDARES RELACIONADOS DE APOYO **5.MD.B**
Representar e interpretar datos.

5.MD.B.2 Hacer un diagrama de puntos para mostrar un conjunto de medidas en unidades fraccionarias (1/2, 1/4, 1/8). Efectuar operaciones con fracciones apropiadas a este grado, para resolver problemas relacionados con la información presentada en los diagramas de puntos. *Por ejemplo, dadas diferentes medidas de líquido en vasos de laboratorio idénticos, hallar la cantidad de líquido que cada vaso contiene, si la cantidad total en todos los vasos fuera redistribuida igualmente.*

ESTÁNDARES RELACIONADOS PRINCIPALES
5.MD.C
Medición geométrica: Entender los conceptos sobre volumen y relacionar el volumen a la multiplicación y a la suma.

5.MD.C.3 Reconocer el volumen como un atributo de las figuras sólidas y entender los conceptos de la medición del volumen.

5.MD.C.3a Se dice que un cubo con lados de 1 unidad, llamado "bloque de unidad", tiene "una unidad cúbica" de volumen, y esta se puede utilizar para medir el volumen.

5.MD.C.3b Se dice que una figura sólida que se puede rellenar con *n* bloques de unidad sin dejar espacios o superposiciones tiene un volumen de *n* unidades cúbicas.

5.MD.C.4 Medir volúmenes contando unidades cúbicas, utilizando centímetros cúbicos, pulgadas cúbicas, pies cúbicos y otras unidades improvisadas.

5.MD.C.5 Relacionar el volumen con las operaciones de multiplicación y suma para resolver problemas matemáticos y de la vida diaria relativos al volumen.

5.MD.C.5a Hallar el volumen de un prisma rectangular recto con lados que se miden en números enteros no negativos, llenando el prisma con unidades cúbicas, y demostrar que el volumen es el mismo que se hallaría multiplicando la altura por el área de la base. Representar

Estándares de *Common Core* para el contenido matemático

tres veces el producto de un número entero no negativo como un volumen, por ej., para representar la propiedad asociativa de la multiplicación.

5.MD.C.5b Aplicar las fórmulas $V = l \times a \times h$ y $V = b \times h$ de los prismas rectangulares para hallar los volúmenes de prismas rectangulares rectos cuyos lados se miden en números enteros no negativos, en el contexto de resolver problemas matemáticos y de la vida diaria.

5.MD.C.5c Reconocer que el volumen se puede sumar. Hallar el volumen de figuras sólidas compuestas de dos prismas rectangulares rectos no superpuestos, sumando los volúmenes de las partes que no se sobreponen, y aplicar esta técnica para resolver problemas de la vida diaria.

RAMA **5.G**
GEOMETRÍA

ESTÁNDARES RELACIONADOS ADICIONALES
5.G.A
Graficar puntos en el plano de coordenadas para resolver problemas matemáticos y de la vida diaria.

5.G.A.1 Utilizar un par de rectas numéricas perpendiculares, llamadas ejes, para definir un sistema de coordenadas, situando la intersección de las rectas (el origen) para que coincida con el 0 de cada recta y con un punto determinado en el plano que se pueda ubicar usando un par de números ordenados, llamados coordenadas. Entender que el primer número indica la distancia que se recorre desde el origen en dirección sobre un eje, y el segundo número indica la distancia que se recorre sobre el segundo eje, siguiendo la convención de que los nombres de los dos ejes y los de las coordenadas correspondan (por ej., el eje de las *x* y la coordenada *x*, el eje de las *y* la coordenada *y*).

5.G.A.2 Representar problemas matemáticos y de la vida diaria al graficar puntos en el primer cuadrante del plano de coordenadas e interpretar los valores de los puntos de las coordenadas según el contexto.

ESTÁNDARES RELACIONADOS ADICIONALES
5.G.B
Clasificar figuras bidimensionales en categorías según sus propiedades.

5.G.B.3 Entender que los atributos que pertenecen a una categoría de figuras bidimensionales también pertenecen a todas las subcategorías de dicha categoría. *Por ejemplo, todos los rectángulos tienen cuatro ángulos rectos y los cuadrados son rectángulos; por lo tanto, todos los cuadrados tienen cuatro ángulos rectos.*

5.G.B.4 Clasificar las figuras bidimensionales dentro de una jerarquía, según sus propiedades.

---

[1]Los estudiantes que generalmente pueden multiplicar fracciones pueden también en general desarrollar las estrategias para dividir fracciones, al razonar sobre la relación entre la multiplicación y la división. Sin embargo, la división de una fracción por otra fracción no es un requisito en este grado.

Estándares de *Common Core* para las prácticas matemáticas

PM.1 ENTENDER PROBLEMAS Y PERSEVERAR EN RESOLVERLOS.

Los estudiantes con buen dominio de las matemáticas comienzan por explicar el significado del problema y por buscar puntos de partida para su resolución. Analizan los elementos dados, las limitaciones, las relaciones y los objetivos. Hacen conjeturas sobre la forma y el significado de la solución y trazan un plan para llegar a ella en lugar de realizar un intento apresurado. Consideran problemas análogos y analizan casos especiales y versiones más simples del problema original para comprender mejor su solución. Monitorean y evalúan su progreso y cambian de dirección si es necesario. Los estudiantes de mayor edad pueden, dependiendo del contexto del problema, convertir expresiones algebraicas o modificar la ventana de la calculadora gráfica para obtener la información que necesitan. Los estudiantes con buen dominio de las matemáticas pueden explicar la correspondencia entre ecuaciones, descripciones verbales, tablas y gráficas o dibujar diagramas de elementos y relaciones importantes, graficar datos y buscar regularidades o tendencias. Los estudiantes de menor edad pueden utilizar objetos concretos o imágenes que los ayuden a conceptualizar y resolver un problema. Los estudiantes con buen dominio de las matemáticas pueden verificar sus respuestas utilizando un método diferente y se preguntan continuamente: "¿Tiene sentido lo que estoy haciendo?". Pueden entender los enfoques de otros para solucionar problemas complejos e identificar correspondencias entre diferentes enfoques.

PM.2 RAZONAR DE MANERA ABSTRACTA Y CUANTITATIVA.

Los estudiantes con buen dominio de las matemáticas entienden las cantidades y cómo se relacionan dentro de un problema. Aplican dos habilidades complementarias que los ayudan a resolver problemas que involucran relaciones cuantitativas: la habilidad de descontextualizar —abstraer una situación dada y representarla simbólicamente y de manipular los signos o símbolos representados como si estos tuvieran vida propia, sin necesariamente prestar atención a sus referentes— y la habilidad de contextualizar —hacer pausas cuando sea necesario durante el proceso de manipulación para comprobar los referentes de los signos o símbolos involucrados—. El razonamiento cuantitativo implica el hábito de crear representaciones coherentes del problema; considerar las unidades involucradas y no solamente saber calcularlas; y conocer y utilizar con flexibilidad diferentes propiedades de las operaciones y objetos.

PM.3 CONSTRUIR ARGUMENTOS VIABLES Y EVALUAR EL RAZONAMIENTO DE OTROS.

Los estudiantes con buen dominio de las matemáticas entienden y utilizan suposiciones, definiciones y resultados previamente establecidos en la construcción de argumentos. Hacen conjeturas y construyen una progresión lógica de enunciados para explorar la veracidad de sus conjeturas. Son capaces de analizar las situaciones al dividirlas en casos y pueden reconocer y utilizar contraejemplos. Justifican sus conclusiones, se las transmiten a otros y responden a los argumentos de otras personas. Razonan de forma inductiva sobre los datos, creando argumentos viables que toman en cuenta el contexto en el que se originaron dichos datos. Los estudiantes con buen dominio de las matemáticas también son capaces de comparar la efectividad de dos argumentos viables, distinguir el razonamiento correcto de otro que es erróneo, y —en caso de haber un error en el argumento— explicar en qué consiste. Los estudiantes de la escuela primaria pueden construir argumentos utilizando referentes concretos como objetos, dibujos, diagramas y acciones. Estos argumentos pueden tener sentido y ser correctos, aunque no se puedan generalizar o formalizar hasta los grados superiores. Más adelante, los estudiantes aprenderán a determinar las áreas a las cuales un argumento se aplica. Los estudiantes de todos los grados pueden escuchar o leer los argumentos de otros, decidir si tienen sentido y hacer preguntas útiles para clarificar o mejorar dichos argumentos.

PM.4 REPRESENTAR CON MODELOS MATEMÁTICOS.

Los estudiantes con buen dominio de las matemáticas pueden aplicar las matemáticas para resolver problemas de la vida cotidiana, la sociedad y el trabajo. En los grados iniciales, esto puede ser tan simple como escribir una ecuación de suma para describir una situación. En los grados intermedios, es posible que un estudiante use el razonamiento proporcional para planear un evento escolar o analizar un problema de la comunidad. En la preparatoria o bachillerato, un estudiante podrá usar la geometría para resolver un problema de diseño o usar una función para describir cómo una cantidad determinada depende de otra. Los estudiantes con buen dominio de las matemáticas que pueden aplicar lo que saben se sienten seguros al desarrollar suposiciones y aproximaciones para hacer más simple una situación compleja y entender que dichas suposiciones se podrían revisar más tarde. Son capaces de identificar cantidades importantes en una situación práctica y expresar las relaciones usando herramientas como diagramas, tablas de doble

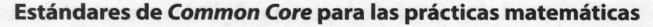

Estándares de *Common Core* para las prácticas matemáticas

entrada, gráficas, diagramas de flujo y fórmulas. Pueden analizar matemáticamente dichas relaciones para sacar conclusiones. Interpretan rutinariamente sus resultados matemáticos dentro del contexto de la situación y analizan si los resultados tienen sentido para posiblemente mejorar el procedimiento si este no ha cumplido su propósito.

PM.5 USAR HERRAMIENTAS APROPIADAS DE MANERA ESTRATÉGICA.

Los estudiantes con buen dominio de las matemáticas consideran las herramientas disponibles durante la resolución de problemas matemáticos. Estas herramientas pueden incluir lápiz y papel, modelos concretos, una regla, un transportador, una calculadora, una hoja de cálculo, un sistema algebraico, un paquete estadístico o un programa de geometría dinámica. Los estudiantes competentes están suficientemente familiarizados con las herramientas apropiadas al nivel de grado o curso y pueden tomar decisiones acertadas para determinar si las herramientas son útiles en un momento dado y reconocen las limitaciones de las mismas. Por ejemplo, los estudiantes con buen dominio de las matemáticas de la preparatoria o bachillerato analizan las gráficas de funciones y soluciones generadas usando una calculadora gráfica. Detectan posibles errores al usar estratégicamente la estimación y otros conocimientos matemáticos. Al crear modelos matemáticos, saben que la tecnología puede ayudarlos a visualizar los resultados de las diversas suposiciones, explorar las consecuencias y comparar las predicciones con los datos. Los estudiantes con buen dominio de las matemáticas de varios niveles pueden identificar recursos matemáticos externos relevantes, como el contenido digital de una página en línea, y usarlos para plantear o resolver problemas. Son capaces de usar herramientas tecnológicas para explorar y profundizar su comprensión de los conceptos.

PM.6 PRESTAR ATENCIÓN A LA PRECISIÓN.

Los estudiantes con buen dominio de las matemáticas tratan de comunicarse con precisión. Tratan de usar definiciones claras durante un debate o en sus propios razonamientos. Comunican el significado de los símbolos que han elegido, incluyendo el uso apropiado y consistente del signo de igualdad. Son cuidadosos al especificar unidades de medida y al rotular ejes para clarificar la correspondencia con las cantidades en un problema. Calculan correcta y eficientemente, expresan respuestas numéricas con un grado de precisión apropiado al contexto del problema. En los grados de primaria, los estudiantes comentan entre ellos explicaciones cuidadosamente formuladas. Cuando pasan a preparatoria o bachillerato, ya han aprendido a examinar afirmaciones y a hacer uso explícito de definiciones.

PM.7 BUSCAR Y USAR LA ESTRUCTURA.

Los estudiantes con buen dominio de las matemáticas observan con atención para distinguir patrones y estructuras. Los estudiantes menores, por ejemplo, pueden darse cuenta de que tres y siete es la misma cantidad que siete y tres o pueden organizar un grupo de figuras de acuerdo a los lados que tengan. Más adelante, los estudiantes verán que 7×8 es igual a lo ya conocido $7 \times 5 + 7 \times 3$, en preparación para aprender acerca de la propiedad distributiva. En la expresión $x^2 + 9x + 14$, los estudiantes mayores pueden reconocer que 14 es 2×7 y que 9 es $2 + 7$. Reconocen el significado de una línea que existe en una figura geométrica y pueden usar la estrategia de dibujar una línea auxiliar para resolver problemas. También pueden volver atrás para tener una visión general y un cambio de perspectiva. Pueden ver algo complejo, tal como expresiones algebraicas, como elementos individuales o como un compuesto de varios elementos. Por ejemplo, pueden ver $5 - 3(x - y)^2$ como 5 menos un número positivo al cuadrado y usar esa información para darse cuenta de que su valor no puede ser mayor que 5 para cualquier número real x y y.

PM.8 BUSCAR Y EXPRESAR UNIFORMIDAD EN LOS RAZONAMIENTOS REPETIDOS.

Los estudiantes con buen dominio de las matemáticas pueden darse cuenta si los cálculos se repiten y buscan tanto métodos generales como métodos simplificados. Los estudiantes de los últimos grados en la escuela primaria tal vez pueden darse cuenta que al dividir 25 por 11, se repiten los mismos cálculos una y otra vez y concluir que hay un número decimal que se repite. Al poner atención al cálculo de la pendiente al mismo tiempo que comprueban constantemente si los puntos pertenecen a una línea que pasa por el punto (1, 2) con la pendiente 3, los estudiantes de la escuela intermedia posiblemente podrán extraer la ecuación $(y - 2)/(x - 1) = 3$. Al notar la regularidad en la forma en que los términos se cancelan al ampliarse $(x - 1)(x + 1)$, $(x - 1)(x^2 + x + 1)$ y $(x - 1)(x^3 + x^2 + x + 1)$, puede llevarlos a la fórmula general de la suma de una serie geométrica. Al tratar de resolver un problema, los estudiantes con buen dominio de las matemáticas mantienen el control del proceso mientras se ocupan de los detalles. Evalúan continuamente qué tan razonables son sus resultados intermedios.

Manual de Prácticas matemáticas y resolución de problemas

Las prácticas matemáticas explican las maneras en las que debemos pensar al trabajar en matemáticas.

Las prácticas matemáticas nos ayudan a resolver problemas.

Prácticas matemáticas

PM.1 Entender problemas y perseverar en resolverlos.

PM.2 Razonar de manera abstracta y cuantitativa.

PM.3 Construir argumentos viables y evaluar el razonamiento de otros.

PM.4 Representar con modelos matemáticos.

PM.5 Usar herramientas apropiadas de manera estratégica.

PM.6 Prestar atención a la precisión.

PM.7 Buscar y usar la estructura.

PM.8 Buscar y expresar uniformidad en los razonamientos repetidos.

Existen buenos Hábitos de razonamiento para cada una de estas prácticas matemáticas.

PM.1 Entender problemas y perseverar en resolverlos.

Los que razonan correctamente en matemáticas entienden los problemas y piensan en maneras de resolverlos.

Si se encuentran en aprietos, no se dan por vencidos.

Anton compra 2 computadoras portátiles a $600 cada una, y una impresora que cuesta $99. Tiene un cupón de descuento por $50. ¿Cuánto dinero paga Anton en total?

Aquí hice una lista de lo que sé y de lo que intento hallar.

Lo que sé:
- Anton tiene un cupón de descuento por $50.
- Anton compra 2 computadoras portátiles a $600 cada una.
- Anton compra una impresora a $99.

Lo que necesito hallar:
- La cantidad total de dinero que va a pagar Anton.

Hábitos de razonamiento

¡Razona correctamente! Estas preguntas te pueden ayudar.

- ¿Qué necesito hallar?
- ¿Qué sé?
- ¿Cuál es mi plan para resolver el problema?
- ¿Qué más puedo intentar si no puedo seguir adelante?
- ¿Cómo puedo comprobar si mi solución tiene sentido?

PM.2 Razonar de manera abstracta y cuantitativa.

Los que razonan correctamente en matemáticas saben pensar en las palabras y los números del problema para resolverlo.

Dibujé un diagrama de barras que muestra cómo se relacionan los números del problema.

Derrick compra 6 juegos que cuestan $150 en total. ¿Cuánto cuesta cada juego?

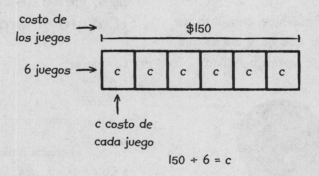

costo de los juegos →

$150

6 juegos →

| c | c | c | c | c | c |

↑
c costo de cada juego

$150 \div 6 = c$

Hábitos de razonamiento

¡Razona correctamente! Estas preguntas te pueden ayudar.

- ¿Qué significan los números y los signos o símbolos del problema?

- ¿Cómo están relacionados los números o las cantidades?

- ¿Cómo puedo representar un problema verbal usando dibujos, números o ecuaciones?

PM.3 | Construir argumentos viables y evaluar el razonamiento de otros.

Los que razonan correctamente en matemáticas usan las matemáticas para explicar por qué tienen razón. También pueden opinar sobre los problemas de matemáticas hechos por otras personas.

Molly dice que todas las fracciones cuyo denominador es el doble del numerador son equivalentes a $\frac{1}{2}$. ¿Estás de acuerdo? Explícalo.

Escribí un argumento claro usando palabras, números y signos o símbolos.

Sí, Molly tiene razón. Todas las fracciones cuyo denominador es el doble del numerador se pueden escribir como una fracción equivalente si el numerador y el denominador se dividen por el mismo número distinto de cero.

$$\frac{5}{10} = \frac{5 \div 5}{10 \div 5} = \frac{1}{2}$$

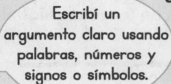

Hábitos de razonamiento

¡Razona correctamente! Estas preguntas te pueden ayudar.

- ¿Cómo puedo usar números, objetos, dibujos o acciones para justificar mi argumento?

- ¿Estoy usando los números y los signos o símbolos correctamente?

- ¿Es mi explicación clara y completa?

- ¿Qué preguntas puedo hacer para entender el razonamiento de otros?

- ¿Hay errores en el razonamiento de otros?

- ¿Puedo mejorar el razonamiento de otros?

- ¿Puedo usar contraejemplos en mi argumento?

Representar con modelos matemáticos.

Los que razonan correctamente en matemáticas escogen y aplican lo que saben de matemáticas para mostrar y resolver problemas de la vida diaria.

Puedo usar lo que sé sobre división para resolver este problema. Puedo hacer un dibujo como ayuda.

Jasmine tiene una tabla de madera que mide 75 centímetros de longitud. Va a cortar la tabla en 5 pedazos iguales. ¿Cuál será la longitud de cada pedazo de madera si la tabla se corta en 5 pedazos iguales?

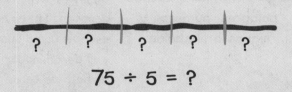

?   ?   ?   ?   ?

$$75 \div 5 = ?$$

Hábitos de razonamiento

¡Razona correctamente! Estas preguntas te pueden ayudar.

- ¿Cómo puedo usar lo que sé de matemáticas para resolver este problema?

- ¿Cómo puedo usar dibujos, objetos y ecuaciones para representar el problema?

- ¿Cómo puedo usar números, palabras y símbolos para resolver este problema?

PM.5 Usar herramientas apropiadas de manera estratégica.

Los que razonan correctamente en matemáticas saben cómo escoger las herramientas adecuadas para resolver problemas matemáticos.

Decidí usar un transportador porque así puedo medir los ángulos directamente.

Harry dice que el ángulo que se forma en la parte de atrás del *home* es un ángulo agudo. ¿Tiene razón Harry? Justifica tu argumento.

Harry no tiene razón. El ángulo es un ángulo recto porque mide 90°.

Hábitos de razonamiento

¡Razona correctamente! Estas preguntas te pueden ayudar.

- ¿Qué herramientas puedo usar?

- ¿Por qué debo usar esta herramienta como ayuda para resolver el problema?

- ¿Hay alguna otra herramienta que podría usar?

- ¿Estoy usando la herramienta correctamente?

PM.6 | Prestar atención a la precisión.

Los que razonan correctamente en matemáticas prestan atención a lo que escriben y dicen, para así poder expresar con claridad sus ideas sobre matemáticas.

Bill tiene 125 naranjas. Pone 6 naranjas en cada caja. ¿Cuántas cajas necesita?

125 ÷ 6 = 20 R5

En 20 cajas entrarán 120 naranjas.

Por tanto, Bill necesita 21 cajas para 125 naranjas.

Fui preciso con mi trabajo y con la manera en que escribí la solución.

Hábitos de razonamiento

¡Razona correctamente! Estas preguntas te pueden ayudar.

- ¿Estoy usando los números, las unidades y los signos o símbolos correctamente?

- ¿Estoy usando las definiciones correctas?

- ¿Estoy haciendo los cálculos con precisión?

- ¿Es clara mi respuesta?

PM.7 Buscar y usar la estructura.

Los que razonan correctamente en matemáticas buscan patrones o relaciones matemáticas como ayuda para resolver problemas.

Descompuse números para multiplicar.

En 1 milla, hay 5,280 pies.
¿Cuántos pies hay en 3 millas?

5,280 pies = 1 milla

$3 \times 5,280 = 3 \times (5,000 + 200 + 80)$
$= (3 \times 5,000) + (3 \times 200) + (3 \times 80)$
$= 15,000 + 600 + 240$
$= 15,840$

En 3 millas, hay 15,840 pies.

Hábitos de razonamiento

¡Razona correctamente! Estas preguntas te pueden ayudar.

- ¿Qué patrones puedo ver y describir?

- ¿Cómo puedo usar los patrones para resolver el problema?

- ¿Puedo ver las expresiones y los objetos de una manera diferente?

- ¿Qué expresiones equivalentes puedo usar?

 **PM.8**

Buscar y expresar uniformidad en los razonamientos repetidos.

Los que razonan correctamente en matemáticas buscan cosas que se repiten y hacen generalizaciones.

Usé el razonamiento para hacer generalizaciones sobre los cálculos.

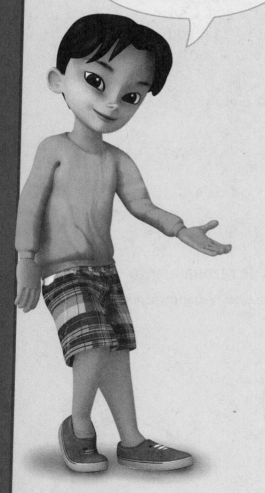

Usa $<$, $>$ o $=$ para comparar las expresiones sin hacer el cálculo.

$600 \div 10 \bigcirc 600 \times 10$

$600 \div 10 < 600 \times 10$

Cuando dividimos por 10 obtenemos un número menor que cuando multiplicamos por 10.

Hábitos de razonamiento

¡Razona correctamente! Estas preguntas te pueden ayudar.

- ¿Se repiten algunos cálculos?

- ¿Puedo hacer generalizaciones a partir de los ejemplos?

- ¿Qué métodos cortos puedo ver en el problema?

Guía para la resolución de problemas

Las prácticas matemáticas nos ayudan a resolver problemas.

Entender el problema

Razonar de manera abstracta y cuantitativa

- ¿Qué necesito hallar?
- ¿Qué información conocida puedo usar?
- ¿Cuál es la relación entre las cantidades?

Pensar en problemas similares

- ¿He resuelto antes problemas como este?

Perseverar en resolver el problema

Representar con modelos matemáticos

- ¿Cómo puedo usar lo que sé de matemáticas?
- ¿Cómo puedo representar el problema?
- ¿Hay un patrón o estructura que pueda usar?

Usar herramientas apropiadas de manera estratégica

- ¿Qué herramientas matemáticas puedo usar?
- ¿Cómo puedo usar esas herramientas de manera estratégica?

Comprobar la respuesta

Entender la respuesta

- ¿Es razonable mi respuesta?

Verificar la precisión

- ¿Revisé mi trabajo?
- ¿Es clara mi respuesta?
- ¿Construí un argumento viable?
- ¿Hice generalizaciones correctamente?

Algunas maneras de representar problemas

- Hacer un dibujo
- Hacer un diagrama de barras
- Hacer una tabla o gráfica
- Escribir una ecuación

Algunas herramientas matemáticas

- Objetos
- Papel cuadriculado
- Reglas
- Tecnología
- Papel y lápiz

Resolución de problemas: Hoja de anotaciones

Esta página te ayuda a organizar tu trabajo.

Nombre **Carlos**

Elemento didáctico
1

Resolución de problemas: Hoja de anotaciones

Problema

Una tienda vendió 20 sudaderas de distintos colores. 8 eran rojas, y la cantidad de sudaderas verdes era dos veces la cantidad de sudaderas amarillas. ¿Cuántas sudaderas de cada color vendió la tienda?

ENTIENDE EL PROBLEMA

Necesito hallar

¿Cuántas sudaderas se vendieron de cada color?

Puesto que...

Se vendieron 20 sudaderas en total. 8 eran rojas. La cantidad de sudaderas verdes era dos veces la cantidad de sudaderas amarillas.

PERSEVERA EN RESOLVER EL PROBLEMA

Algunas maneras de representar problemas

☐ Hacer un dibujo
☐ Hacer un diagrama de barras
☑ Hacer una tabla o una gráfica
☑ Escribir una ecuación

Algunas herramientas matemáticas

☐ Objetos
☐ Papel cuadriculado
☐ Reglas
☐ Tecnología
☐ Papel y lápiz

Solución y respuesta

20 – 8 = 12; por tanto, hay 12 sudaderas verdes y amarillas. Si hay 2 sudaderas verdes, habrá 1 sudadera amarilla.

verdes	amarillas	total
2	1	3
4	2	6
6	3	9
8	4	12

Por tanto, hay 8 sudaderas verdes y 4 sudaderas amarillas.

COMPRUEBA LA RESPUESTA

Puedo sumar para comprobar mi trabajo. 8 sudaderas rojas, 8 verdes y 4 amarillas. 8 + 8 + 4 = 20. Hay 20 sudaderas en total.

Resolución de problemas: Hoja de anotaciones ED1

Manual de Prácticas matemáticas y resolución de problemas

Diagramas de barras

Puedes dibujar un **diagrama de barras** para mostrar cómo se relacionan las cantidades de un problema. Luego, puedes escribir una ecuación para resolver el problema.

Sumar

Dibuja este **diagrama de barras** para situaciones en las que se necesita *sumar* algo a una cantidad.

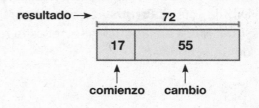

Resultado desconocido

Mónica compró una bicicleta nueva a $279. También compró una bicicleta usada a $125. ¿Cuánto dinero gastó en total?

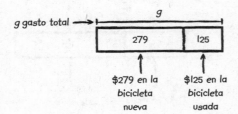

$279 + 125 = g$

Mónica gastó $404 en las dos bicicletas.

Comienzo desconocido

Vanessa depositó $750 en su cuenta bancaria. Después de hacer el depósito, tenía $2,200 en su cuenta. ¿Cuánto dinero tenía Vanessa en su cuenta al comienzo?

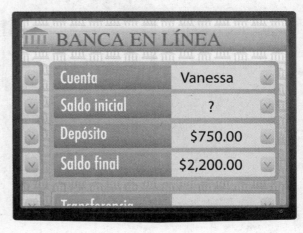

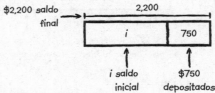

$i + 750 = 2{,}200$

Vanessa tenía $1,450 al comienzo.

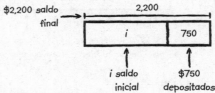

Diagramas de barras

Puedes usar diagramas de barras para entender mejor los problemas de suma y resta.

Restar

Dibuja este **diagrama de barras** para situaciones en las cuales se necesita *restar* de una cantidad.

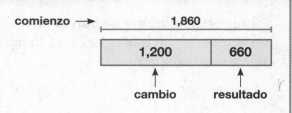

comienzo → 1,860

| 1,200 | 660 |

cambio   resultado

Resultado desconocido

Nicolás tiene como objetivo hacer 2,600 flexiones de pecho este año. Hasta ahora, hizo 1,775. ¿Cuántas flexiones de pecho más tiene que hacer para alcanzar su objetivo?

Objetivos de ejercitación

Ejercicio	Objetivo	Hecho	Queda por hacer
flexiones de pecho	2,600	1,775	
abdominales	1,300	900	
flexiones de brazos	520	350	

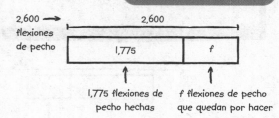

2,600 → flexiones de pecho   2,600

| 1,775 | f |

1,775 flexiones de pecho hechas   f flexiones de pecho que quedan por hacer

$2,600 - 1,775 = f$

Nicolás tiene que hacer 825 flexiones de pecho más para alcanzar su objetivo.

Comienzo desconocido

Una tienda tenía una colección de DVD. Durante un fin de semana de rebajas, se vendieron 645 DVD. ¿Cuántos DVD había en la tienda antes del fin de semana de rebajas?

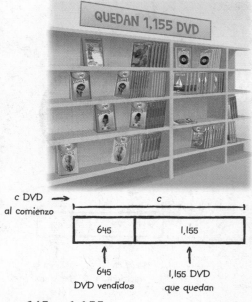

QUEDAN 1,155 DVD

c DVD → al comienzo   c

| 645 | 1,155 |

645 DVD vendidos   1,155 DVD que quedan

$c - 645 = 1,155$

En la tienda había 1,800 DVD antes del fin de semana de rebajas.

Los **diagramas de barras** de esta página te pueden ayudar a entender mejor otras situaciones de suma y resta.

Unir/Separar

Dibuja este **diagrama de barras** para situaciones en las que haya que *unir* o *separar* cantidades.

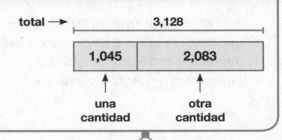

Total desconocido

Rhode Island es el estado que menos territorio abarca de todos los estados de los EE. UU. ¿Cuál es el área total que ocupa Rhode Island, incluidos la tierra y el agua?

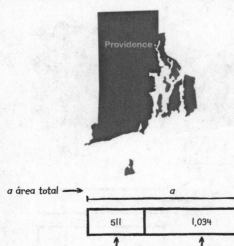

$511 + 1{,}034 = a$

El área total que ocupa Rhode Island, incluidos la tierra y el agua, es 1,545 millas cuadradas.

Cantidad desconocida

Un granjero cosechó 150 pimientos el sábado. El domingo, cosechó más pimientos. Cosechó 315 pimientos en total entre los dos días. ¿Cuántos pimientos cosechó el domingo?

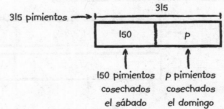

$150 + p = 315$ o $315 - 150 = p$

Cosechó 165 pimientos el domingo.

Manual de Prácticas matemáticas y resolución de problemas

Diagramas de barras

Los dibujos te ayudan a entender.

Comparar: Suma y resta

Dibuja este **diagrama de barras** para situaciones en las que haya que *comparar* la diferencia entre dos cantidades (cuántos más o cuántos menos hay).

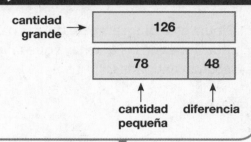

cantidad grande → | 126 |
cantidad pequeña → 78 | 48 ← diferencia

Diferencia desconocida

El año pasado, 1,796 personas visitaron la feria del condado. Este año, la visitaron 1,544 personas. ¿Cuántas personas más visitaron la feria del condado el año pasado que este año?

1,796 personas que visitaron la feria → | 1,796 |

| 1,544 | m |

1,544 personas que visitaron la feria — m más personas

$1,796 - 1,544 = m$

El año pasado, 252 personas más visitaron la feria.

Parte pequeña desconocida

La escuela de Ann recaudó $2,375 para una obra benéfica. La escuela de Brian recaudó $275 menos que la escuela de Ann. ¿Cuánto dinero recaudó la escuela de Brian?

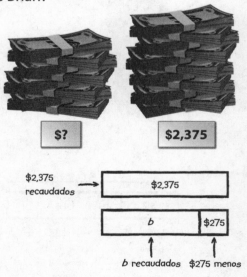

$? | $2,375

$2,375 recaudados → | $2,375 |

| b | $275 |

b recaudados — $275 menos

$2,375 - b = 275$ o $b + 275 = 2,375$

La escuela de Brian recaudó $2,100.

Los **diagramas de barras** de esta página te pueden ayudar a resolver problemas de multiplicación y división.

Grupos iguales: Multiplicación y división

Dibuja este **diagrama de barras** para situaciones en las que haya *grupos iguales*.

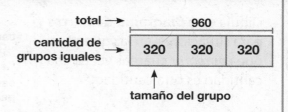

total → 960

cantidad de grupos iguales → 320 | 320 | 320

↑ tamaño del grupo

Cantidad de grupos desconocida

Tom gastó $135 en algunos videojuegos nuevos. Cada juego costó la misma cantidad de dinero. ¿Cuántos videojuegos compró?

VIDEOJUEGO DEPORTES

$45

$135 → 135

n juegos → 45 — n →

↑ $45 por cada juego

$135 \div n = 45$ o $n \times 45 = 135$

Tom compró 3 videojuegos.

Tamaño de grupo desconocido

Los trabajadores de un huerto cosecharon 480 manzanas. Pusieron igual cantidad de manzanas en 4 recipientes. ¿Cuántas manzanas pusieron en cada recipiente?

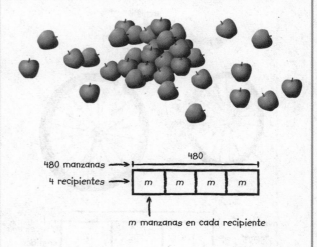

480 manzanas → 480

4 recipientes → m | m | m | m

↑ m manzanas en cada recipiente

$4 \times m = 480$ o $480 \div 4 = m$

Pusieron 120 manzanas en cada recipiente.

© **Manual de Prácticas matemáticas y resolución de problemas**

Diagramas de barras

Los diagramas de barras se pueden usar para mostrar la relación entre las cantidades que se están comparando.

Comparar: Multiplicación y división

Dibuja este **diagrama de barras** para situaciones en las que haya que *comparar* cuántas veces una cantidad es otra cantidad.

cantidad grande →

780		
260	260	260

multiplicador: 3 veces esa cantidad

cantidad pequeña →

260

Cantidad grande desconocida

Laura recorrió 175 millas en bicicleta el verano pasado. Kendra recorrió 3 veces la cantidad de millas que recorrió Laura. ¿Cuántas millas recorrió Kendra?

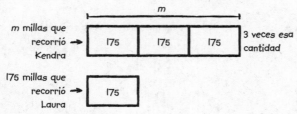

m millas que recorrió → Kendra

m		
175	175	175

3 veces esa cantidad

175 millas que recorrió → Laura

175

$3 \times 175 = m$

Kendra recorrió 525 millas.

Multiplicador desconocido

Joe compró una carpa y una bolsa de dormir nuevas. ¿Cuántas veces la cantidad de dinero que costó la bolsa de dormir costó la carpa?

$40

$160

costo de la carpa →

160	
40	

c veces esa cantidad

costo de la bolsa de dormir →

40

$160 \div 40 = c$ o $40 \times c = 160$

La carpa costó 4 veces la cantidad de dinero que costó la bolsa de dormir.

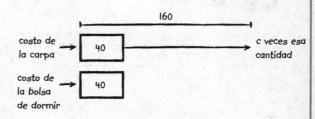

TEMA 1

Valor de posición

Pregunta esencial: ¿Cómo se pueden escribir, comparar y ordenar los números enteros y los números decimales?

Recursos digitales

Resuelve · Aprende · Glosario · Amigo de práctica

Herramientas · Evaluación · Ayuda · Juegos

¡Por cada ser humano en el planeta hay 200 millones de insectos!

¿Sabías que los insectos polinizadores producen $\frac{1}{3}$ de la comida y las bebidas que consumimos?

¡Entonces será mejor que nos pongamos a trabajar como las abejas! Este es un proyecto acerca del valor de los insectos polinizadores y su posición en nuestro mundo. ¡Perdón! Quise decir valor de posición.

Proyecto de Matemáticas y Ciencias: Insectos polinizadores

Investigar Usa la Internet u otras fuentes de información para averiguar más acerca de los insectos polinizadores en los Estados Unidos. ¿Qué tipos hay? ¿Cuántos hay de cada tipo? ¿Cuántos cultivos y plantas con flores dependen de los insectos polinizadores para producir los alimentos que consumimos?

Diario: Escribir un informe Incluye lo que averiguaste. En tu informe, también:

- escoge dos insectos polinizadores. Estima cuántos cultivos poliniza cada uno de ellos.

- estima qué cantidad de tus bebidas y alimentos favoritos proviene de plantas polinizadas.

- inventa y usa maneras de comparar y ordenar tus datos.

Repasa lo que sabes

A-Z Vocabulario

Escoge el mejor término del recuadro.
Escríbelo en el espacio en blanco.

• dígitos	• período
• números enteros	• valor de posición

1. Los _____ son los símbolos que se usan para mostrar los números.

2. Un grupo de 3 dígitos en un número es un _____.

3. El _____ es la posición de un dígito en un número y se usa para determinar el valor del dígito.

Comparar

Compara. Escribe <, > o = en cada ◯.

4. 869 ◯ 912

5. 9,033 ◯ 9,133

6. 1,338 ◯ 1,388

7. 417,986 ◯ 417,986

8. 0.25 ◯ 0.3

9. 0.5 ◯ 0.50

10. Kamal tiene 7,325 canciones en su computadora y Benito tiene 7,321. ¿Quién tiene más?

Sumar números enteros

Halla las sumas.

11. $10,000 + 2,000 + 60 + 1$

12. $20,000 + 5,000 + 400 + 3$

13. $900,000 + 8,000 + 200 + 70 + 6$

14. $7,000,000 + 50,000 + 900 + 4$

Valor de posición

15. La estructura de cartas más grande que se construyó hasta ahora tiene 218,792 cartas. ¿Cuál es el valor del 8 en 218,792?

Ⓐ 80　　　　Ⓑ 800　　　　Ⓒ 8,000　　　　Ⓓ 80,000

16. © PM.3 **Construir argumentos** En el número 767, ¿tiene el primer 7 el mismo valor que el 7 del final? ¿Por qué?

Mis tarjetas de palabras

Usa los ejemplos de las palabras de las tarjetas para ayudarte a completar las definiciones que están al reverso.

exponente

$$10^3$$
↑
exponente

potencia

$$1,000 = 10 \times 10 \times 10 = 10^3$$

base

$$10^3$$
↑
base

valor

5,318
↑
El valor del 3 es 300.

forma desarrollada

$$5 \times 10^3 + 3 \times 10^2 + 1 \times 10^1 + 8 \times 10^0$$

o

$$5 \times 1,000 + 3 \times 100 + 1 \times 10 + 8 \times 1$$

milésima

0.629
↑
El 9 está en el lugar de las milésimas.

decimales equivalentes

$$0.7 = 0.70$$

Mis tarjetas de palabras

Completa cada definición. Para ampliar lo que aprendiste, escribe tus propias definiciones.

El producto que resulta de multiplicar el mismo número una y otra vez es una _____ de ese número.

El _____ es el número que indica cuántas veces se usa un número base como factor.

El lugar que ocupa un dígito en un número indica su _____.

Cuando un número se escribe usando exponentes, la _____ es el número que se usa como factor.

Una _____ es una de las 1,000 partes iguales de un todo.

La _____ es una manera de escribir un número mostrando la suma de cada dígito multiplicado por su valor de posición.

Los decimales que representan la misma parte de un todo se llaman

_____.

Nombre _____

Resuélvelo y coméntalo

Una tienda vende pilas AA. En cada paquete hay 10 pilas. ¿Cuántas pilas hay en 10 paquetes? ¿Y en 100 paquetes? *Resuelve estos problemas de la manera que prefieras.*

Puedo...
escribir números usando exponentes.

Estándar de contenido 5.NBD.A.2
Prácticas matemáticas PM.1, PM.2, PM.4, PM.5, PM.6, PM.7

Puedes usar herramientas apropiadas. Los bloques de valor de posición se pueden usar como ayuda para resolver los problemas. ¡Muestra tu trabajo!

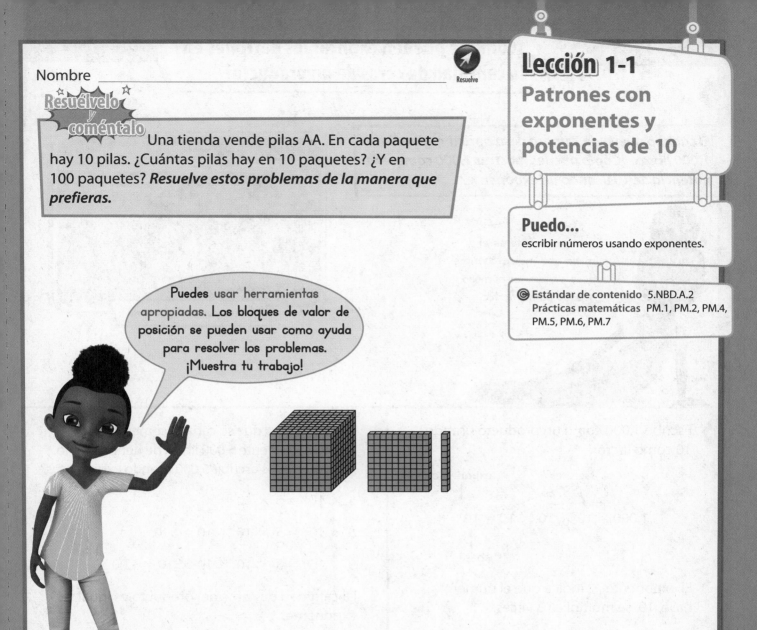

¡Vuelve atrás! PM.4 **Representar con modelos matemáticos** ¿Cuántas decenas hay en 100? ¿Cuántas decenas hay en 1,000? Escribe ecuaciones para mostrar tu trabajo.

Aprende Glosario

Pregunta esencial

¿Cómo se pueden explicar los patrones en la cantidad de ceros de un producto?

A

El caballo nuevo de Tamara pesa aproximadamente 1,000 libras. ¿Cómo puedes mostrar 1,000 como una potencia de 10 usando un exponente?

El exponente es el número que indica cuántas veces se usa un número base como factor.

Peso del caballo: 1,000 libras

B Escribe 1,000 como un producto usando 10 como factor.

factores   exponente

$$1,000 = 10 \times 10 \times 10 = 10^3$$

base

El exponente, 3, indica que el número base, 10, se multiplica 3 veces.

Por tanto, 1,000 se escribe 10^3 usando exponentes.

C Tamara estima que su caballo comerá aproximadamente 5,000 libras de heno por año. ¿Cómo puedes escribir 5,000 usando exponentes?

$5 \times 10^1 = 5 \times 10 = 50$

$5 \times 10^2 = 5 \times 10 \times 10 = 500$

$5 \times 10^3 = 5 \times 10 \times 10 \times 10 = 5,000$

La cantidad de ceros del producto es igual al exponente.

Por tanto, 5,000 se escribe 5×10^3 usando exponentes.

¡Convénceme! © PM.7 Buscar relaciones ¿Qué patrón observas en la cantidad de ceros de los productos del Recuadro C?

---

6   **Tema 1** | Lección 1-1

Amigo de práctica   Herramientas   Evaluación

 *

¿Lo entiendes?

1. © **PM.2 Razonar** ¿Por qué hay tres ceros en el producto de 6×10^3?

2. Susan dijo que 10^5 es 50. ¿Qué error cometió? ¿Cuál es la respuesta correcta?

¿Cómo hacerlo?

Completa el patrón en los Ejercicios **3** y **4**.

3. $10^1 =$
$10^2 =$
$10^3 =$
$10^4 =$

4. $7 \times 10^1 =$
$7 \times 10^2 =$
$7 \times 10^3 =$
$7 \times 10^4 =$

Práctica independiente

Halla los productos en los Ejercicios **5** a **15**. Usa patrones como ayuda.

5. $3 \times 10^1 =$
$3 \times 10^2 =$
$3 \times 10^3 =$
$3 \times 10^4 =$

6. $2 \times 10 =$
$2 \times 100 =$
$2 \times 1,000 =$
$2 \times 10,000 =$

7. $9 \times 10^1 =$
$9 \times 10^2 =$
$9 \times 10^3 =$
$9 \times 10^4 =$

8. 8×10^4

9. $4 \times 1,000$

10. 5×10^2

11. $6 \times 10,000$

12. 4×10^1

13. 100×9

14. $10^3 \times 6$

15. 8×10^5

16. Escribe $10 \times 10 \times 10 \times 10 \times 10 \times 10$ con un exponente.
Explica cómo decidiste qué exponente usar.

⭐ Prácticas matemáticas y resolución de problemas

17. En una caja de papel para impresora hay 3×10^2 hojas. En otra caja hay 10^3 hojas. ¿Cuántas hojas hay en las dos cajas en total?

18. © **PM.1 Entender y perseverar** Hay una cerca alrededor de un campo rectangular de 42 pies de largo y 36 pies de ancho. En la cerca se va a colocar un poste cada 6 pies. ¿Cuántos postes se necesitan?

19. **Sentido numérico** El año pasado, una empresa ganó 9×10^6 dólares. Explica cómo hallar el producto de 9×10^6.

20. Una pecera tiene la misma forma que el sólido que se muestra a continuación. ¿Cómo se llama este sólido?

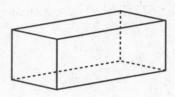

21. © **PM.4 Representar con modelos matemáticos** Isaac va a la escuela en bicicleta. Tarda 5 minutos en bajar la cuesta a la ida y 10 minutos en subirla a la vuelta. Va a la escuela de lunes a viernes. ¿Cuántos minutos pasará montando en bicicleta en total en dos semanas? Escribe una ecuación que represente tu trabajo.

22. **Razonamiento de orden superior** Santiago quiere comprar un remolque para 4 caballos por $12,000. Describe todos los números que redondeados a la centena más cercana son 12,000.

© Evaluación de *Common Core*

23. Marca todas las ecuaciones que sean verdaderas.

- ☐ $10 \times 10 \times 10 \times 10 = 40$
- ☐ $10 \times 10 \times 10 \times 10 = 10^4$
- ☐ $10 \times 10 \times 10 \times 10 = 1,000$
- ☐ $10 \times 10 \times 10 \times 10 = 10,000$
- ☐ $10 \times 10 \times 10 \times 10 = 4 \times 10^4$

24. Marca todas las ecuaciones que sean verdaderas.

- ☐ $6 \times 10^5 = 6 \times 100,000$
- ☐ $6 \times 10^5 = 6 \times 10,000$
- ☐ $6 \times 10^5 = 600,000$
- ☐ $6 \times 10^5 = 60,000$
- ☐ $6 \times 10^5 = 650,000$

Ayuda   Amigo de   Herramientas   Juegos
práctica

¡Revisemos!

Los patrones te pueden ayudar a multiplicar por potencias de 10.

Halla el producto de 8×10^4.

Escribe el producto en forma estándar.

> La cantidad de ceros del producto es igual al exponente.

$8 \times 10^1 = 8 \times 10 = 80$

$8 \times 10^2 = 8 \times 10 \times 10 = 800$

$8 \times 10^3 = 8 \times 10 \times 10 \times 10 = 8,000$

$8 \times 10^4 = 8 \times 10 \times 10 \times 10 \times 10 = 80,000$

Por tanto, 8×10^4 escrito en forma estándar es 80,000.

1. Escribe $10 \times 10 \times 10 \times 10 \times 10 \times 10 \times 10$ con un exponente.

2. Escribe $6 \times 10 \times 10 \times 10 \times 10$ con un exponente.

3. ¿Cuántos ceros tiene la forma estándar de 10^7? Escribe este número en forma estándar.

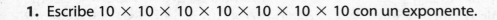

Halla los productos en los Ejercicios **4** a **14**. Usa patrones como ayuda.

4. $4 \times 10^1 =$
$4 \times 10^2 =$
$4 \times 10^3 =$
$4 \times 10^4 =$

5. $7 \times 10 =$
$7 \times 100 =$
$7 \times 1,000 =$
$7 \times 10,000 =$

6. $5 \times 10^1 =$
$5 \times 10^2 =$
$5 \times 10^3 =$
$5 \times 10^4 =$

7. 3×10^1

8. 2×100

9. 3×10^4

10. $1,000 \times 9$

11. 6×10^2

12. 3×10^3

13. $10,000 \times 2$

14. 8×10^5

15. Explica cómo puedes hallar la cantidad de ceros del producto del Ejercicio 14.

16. El sábado, María vio 2×10^1 perros en el parque. El domingo, vio dos veces la cantidad de perros que vio el sábado. ¿Cuántos perros vio en total los dos días?

17. **Sentido numérico** ¿En qué posición está el dígito de 5,341 que se debería cambiar para formar 5,841? Compara los dos números según su valor.

18. **Matemáticas y Ciencias** Hay 2,000 libras en una tonelada. ¿Cómo puedes escribir 2,000 usando un exponente?

La notación científica se escribe con un dígito multiplicado por una potencia de 10.

19. © **PM.6 Hacerlo con precisión** Kay compra 12 libras de manzanas. Cada libra cuesta $3. Si le da a la cajera dos billetes de $20, ¿cuánto cambio recibirá?

20. © **PM.4 Representar con modelos matemáticos** James practicó piano durante 48 minutos. Alisa practicó 5 veces la cantidad de tiempo que practicó James. ¿Cuántos minutos practicó Alisa? ¿Cuántos minutos practicaron James y Alisa en total? Escribe una ecuación que represente tu trabajo.

	?					
Alisa →	48	48	48	48	48	5 veces la cantidad
James →	48					

21. **Razonamiento de orden superior** George dijo que 6×10^3 es 180. ¿Estás de acuerdo? Si no lo estás, explica el error que cometió y halla la respuesta correcta.

© **Evaluación de *Common Core***

22. Marca todas las ecuaciones que sean verdaderas.

☐ $10 \times 10 \times 10 \times 10 \times 10 = 100,000$

☐ $10 \times 10 \times 10 \times 10 \times 10 = 50$

☐ $10 \times 10 \times 10 \times 10 \times 10 = 50,000$

☐ $10 \times 10 \times 10 \times 10 \times 10 = 10^5$

☐ $10 \times 10 \times 10 \times 10 \times 10 = 500,000$

23. Marca todas las ecuaciones que sean verdaderas.

☐ $90,000 = 9 \times 1,000$

☐ $90,000 = 9 \times 10,000$

☐ $90,000 = 9 \times 10^4$

☐ $90,000 = 9 \times 10^5$

☐ $90,000 = 9 \times 10^6$

Resuélvelo y coméntalo

La población de una ciudad es 1,880,000. ¿Cuál es el valor de los dos 8 en este número? ¿Cómo se relacionan los dos valores? *Usa la tabla de valor de posición como ayuda para resolver el problema.*

Puedo...
comprender las relaciones de valor de posición.

© **Estándar de contenido** 5.NBD.A.1
Prácticas matemáticas PM.2, PM.3, PM.4, PM.7

Usar la estructura
Puedes usar lo que sabes sobre las relaciones de valor de posición para comparar los valores. ¡Muestra tu trabajo!

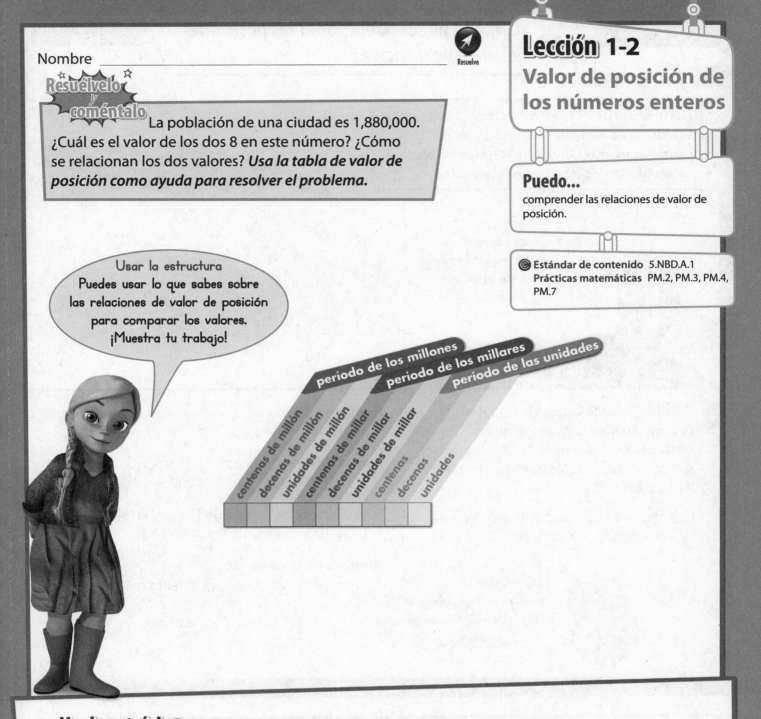

¡Vuelve atrás! © **PM.3 Construir argumentos** ¿La relación entre el valor de los dos 8 en 1,088,000 es la misma que la relación entre el valor de los dos 8 en el problema de arriba? Explícalo.

Aprende   Glosario

Pregunta esencial **¿Cómo se pueden relacionar las posiciones del valor de posición?**

A

Según el censo de 2010 de los Estados Unidos, la población de Phoenix, Arizona, es de aproximadamente 1,440,000. ¿Cuál es la relación entre el valor de los dos 4 de este número?

Escribir el número en forma desarrollada puede ayudarte.

período de los millones   período de los millares   período de las unidades

centenas de millón | decenas de millón | unidades de millón | centenas de millar | decenas de millar | unidades de millar | centenas | decenas | unidades

| | | 1, | 4 | 4 | 0, | 0 | 0 | 0 |

× 10

B

Mira la forma desarrollada de 1,440,000. El valor del 4 en la posición de las centenas de millar es 400,000. El valor del 4 en la posición de las decenas de millar es 40,000.

400,000 es 10 veces 40,000. 40,000 es $\frac{1}{10}$ de 400,000.

A veces se usa la expresión *en palabras* en lugar de *nombre de un número*.

Forma estándar
1,440,000

Forma desarrollada
$1 \times 1,000,000 + 4 \times 100,000 + 4 \times 10,000$

Si se usan exponentes, puede escribirse como:
$(1 \times 10^6) + (4 \times 10^5) + (4 \times 10^4)$

Nombre de un número
un millón cuatrocientos cuarenta mil

¡Convénceme! © PM.2 Razonar ¿El valor del 1 en 1,440,000 es 10 veces el valor del 4 en la posición de las centenas de millar? Explícalo.

12   **Tema 1** | Lección 1-2

© Pearson Education, Inc. 5

Otro ejemplo

Cuando dos dígitos que están uno al lado del otro en un número son iguales, el dígito de la izquierda tiene 10 veces el valor del dígito a su derecha.

Cuando dos dígitos que están uno al lado del otro son iguales, el dígito de la derecha tiene un valor de $\frac{1}{10}$ del valor del dígito a su izquierda.

5 5 5, 0 0 0

$\times 10 \quad \times \frac{1}{10}$

Práctica guiada

¿Lo entiendes?

1. PM.3 **Construir argumentos** En 9,290, ¿el valor del primer 9 es diez veces el valor del segundo 9? Explícalo.

¿Cómo hacerlo?

2. Escribe 4,050 en forma desarrollada.

   Escribe los valores de los dígitos dados en los Ejercicios **3** y **4**.

3. los 7 en 7,700   4. los 2 en 522

Práctica independiente

Escribe los números en forma estándar en los Ejercicios **5** a **7**.

5. 8,000,000 + 300 + 9

6. $(4 \times 10^4) + (6 \times 10^2)$

7. 10,000 + 20 + 3

Escribe los números en forma desarrollada en los Ejercicios **8** a **10**.

8. 5,360

9. 102,200

10. 85,000,011

Escribe los valores de los dígitos dados en los Ejercicios **11** a **13**.

11. los 7 en 6,778

12. los 9 en 990,250

13. los 1 en 2,011,168

14. Escribe el nombre del número y la forma desarrollada de la cantidad de hormigas guerreras que puede haber en dos colonias.

> Hasta 22,000,000 de hormigas guerreras pueden vivir en una sola colonia.

15. **Matemáticas y Ciencias** Una hormiga reina engendra aproximadamente nueve millones de hormigas en su vida. Escribe el número en forma estándar.

---

16. © **PM.3 Evaluar el razonamiento** Paul dice que en el número 6,367, el valor de un 6 es 10 veces el valor del otro 6. ¿Tiene razón? Explica por qué.

17. Jorge dibujó un cuadrado que tiene una longitud del lado de 8 pulgadas. ¿Cuál es el perímetro del cuadrado de Jorge?

> Recuerda que el *perímetro* de una figura es la distancia alrededor de esta.

---

18. **Razonamiento de orden superior** Danny escribió que $(2 \times 10^6) + (3 \times 10^4) + (5 \times 10^3) + 4$ es la forma desarrollada de dos millones, trescientos cincuenta mil, cuatro. ¿Cuál es el error en la forma desarrollada? ¿Cuál es la forma estándar del número?

© **Evaluación de** *Common Core* _____

19. Colleen está pensando en un número de 4 dígitos todos iguales. El valor del dígito en la posición de las centenas es 200.

   Parte A

   ¿Cuál es el número? Explícalo.

   Parte B

   Describe la relación entre los valores de los dígitos en el número.

Nombre _____

Tarea y práctica
1-2
Valor de posición de
los números enteros

¡Revisemos!

Una tabla de valor de posición puede ayudarte a escribir números grandes. ¿Cuáles son las distintas maneras de escribir 92,888,100?

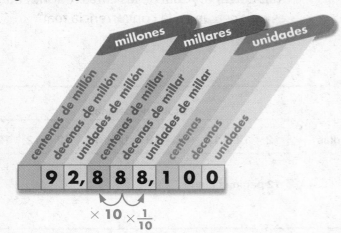

El valor del primer 8 es
$8 \times 100,000 = 800,000$,
y el valor del segundo 8 es
$8 \times 10,000 = 80,000$.

Forma desarrollada: $(9 \times 10^7) + (2 \times 10^6) + (8 \times 10^5) + (8 \times 10^4) + (8 \times 10^3) + (1 \times 10^2)$

Forma estándar: 92,888,100

Nombre del número: noventa y dos millones ochocientos ochenta y ocho mil cien

1. Escribe 720,080 en forma desarrollada con exponentes.
   $(7 \times 10^5) +$

2. Escribe el nombre del número 43,080,700.

Escribe los valores de los dígitos en los Ejercicios **3** a **5**.

3. Los 2 en 42,256

4. Los 9 en 9,905,482

5. Los 4 en 305,444

6. Escribe 12,430,000 en forma desarrollada.

7. Escribe 337,060 en forma desarrollada con exponentes.

8. Escribe el nombre del número 3,1_52,308.

   ¿Cuál es el valor del dígito subrayado?

9. **© PM.7 Usar la estructura** Sue y Jonah escogieron números para un juego de valor de posición. Sue escogió el número ciento cincuenta y dos mil. Jonah escogió cinco millones como su número. ¿Quién escogió el número más grande? Explícalo.

10. **Razonamiento de orden superior** La feria estatal tuvo una concurrencia de 126,945 personas en un día. Redondea 126,945 a la centena de millar más cercana, a la decena de millar más cercana y a la unidad de millar más cercana. ¿Cuál de las cifras redondeadas es más cercana a la concurrencia real?

11. **© PM.4 Representar con modelos matemáticos** Mariela y su familia se fueron de vacaciones por 10 días. Ella leyó 12 páginas de un libro cada día. ¿Cuántas páginas leyó durante sus vacaciones?

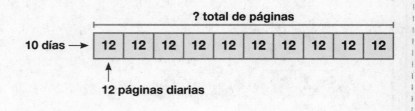

12. **© PM.3 Construir argumentos** ¿El valor del primer 5 de la población de California es 10 veces el valor del segundo 5? Explícalo.

13. **Sentido numérico** Escribe la población de Florida en forma desarrollada con exponentes.

Población de los Estados Unidos 2010
5 estados más poblados

California	37,253,956
Florida	18,801,310
Illinois	12,830,632
Nueva York	19,378,102
Texas	25,145,561

© Evaluación de *Common Core*

14. Joseph dice que en el número 9,999,999 todos los dígitos tienen el mismo valor.

Parte A

¿Tiene razón Joseph? Explícalo.

Parte B

Describe la relación entre los valores de los dígitos en el número.

Nombre _____

Lección 1-3
Números decimales hasta las milésimas

Resuélvelo y coméntalo

Jennie está entrenando para una carrera. El martes corrió 0.305 segundos más rápido que el lunes. ¿Cómo explicas el significado de 0.305? *Resuelve este problema de la manera que prefieras.*

Puedo...
leer y escribir números decimales hasta las milésimas.

Puedes usar la estructura. Usa lo que sabes sobre el valor de posición como ayuda para resolver el problema. ¡Muestra tu trabajo!

© **Estándares de contenido** 5.NBD.A.1, 5.NBD.A.3a
Prácticas matemáticas PM.2, PM.3, PM.4, PM.6, PM.7

¡Vuelve atrás! © **PM.3 Construir argumentos** Gabriel dice que hay 5 centésimas en 0.305. ¿Estás de acuerdo? Explícalo.

¿Cómo se pueden leer y escribir números decimales hasta las milésimas?

A

En una caja hay 1,000 cubos. Amy saca 4 cubos. ¿Cómo puedes representar 4 de un total de 1,000 cubos como un decimal?

Puedes escribir 4 de un total de 1,000 como la fracción $\frac{4}{1,000}$.

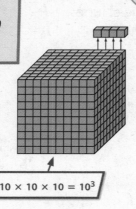

$$10 \times 10 \times 10 = 10^3$$

B El nombre del número $\frac{4}{1,000}$ es cuatro milésimas. Una tabla de valor de posición decimal puede ayudarte a hallar el decimal. Observa que la posición de las milésimas está a tres posiciones a la derecha del punto decimal.

Por tanto, $\frac{4}{1,000}$ se puede representar con el decimal 0.004.

C ¿Cómo puedes representar $\frac{444}{1,000}$ como un decimal? $\frac{444}{1,000}$ se lee *cuatrocientos cuarenta y cuatro milésimos* y se representa con el decimal 0.444.

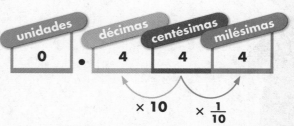

El valor del dígito 4 en la posición de las centésimas tiene 10 veces el valor del dígito 4 en la posición de las milésimas y $\frac{1}{10}$ del valor del dígito 4 en la posición de las décimas.

 ¡Convénceme! © PM.2 Razonar ¿En qué se parecen y en qué se diferencian 0.004 y 0.444?

Práctica guiada

¿Lo entiendes?

1. © **PM.6 Hacerlo con precisión** Si se quitan cuatro cubos de la caja de la página anterior, ¿cómo se escribe la fracción que representa los cubos que quedan? ¿Cuál es el decimal que representa los cubos que quedan?

2. © **PM.2 Razonar** ¿0.3 es 10 veces qué decimal? ¿0.003 es $\frac{1}{10}$ de qué decimal?

¿Cómo hacerlo?

Escribe los decimales como fracciones en los Ejercicios **3** a **6**.

3. $0.001 =$

4. $0.05 =$

5. $0.512 =$

6. $0.309 =$

Escribe las fracciones como decimales en los Ejercicios **7** a **10**.

7. $\frac{2}{1,000} =$

8. $\frac{34}{100} =$

9. $\frac{508}{1,000} =$

10. $\frac{99}{1,000} =$

Práctica independiente

Escribe los decimales como fracciones en los Ejercicios **11** a **18**.

11. 0.007

12. 0.08

13. 0.065

14. 0.9

15. 0.832

16. 0.203

17. 0.78

18. 0.999

Escribe las fracciones como decimales en los Ejercicios **19** a **26**.

19. $\frac{434}{1,000}$

20. $\frac{3}{10}$

21. $\frac{873}{1,000}$

22. $\frac{17}{1,000}$

23. $\frac{309}{1,000}$

24. $\frac{5}{1,000}$

25. $\frac{6}{100}$

26. $\frac{999}{1,000}$

27. Observa el 9 del medio en el Ejercicio 18. ¿Cuál es su valor en relación al valor del 9 a su izquierda? ¿Y con respecto al 9 a su derecha?

Prácticas matemáticas y resolución de problemas

28. ©**PM.4 Representar con modelos matemáticos** Los impuestos que pagan los Palmer por año son $3,513. En la primera cuota ya pagaron $1,757. ¿Cuánto deben de impuestos? Escribe una ecuación que represente tu trabajo.

29. ©**PM.7 Usar la estructura** Escribe las fracciones $\frac{22}{100}$ y $\frac{22}{1,000}$ como decimales. ¿Cómo se relacionan los valores del dígito 2 en cada uno de los decimales?

30. Simón anotó 4×10^2 puntos en un partido. Joe anotó 2×10^3 puntos en el mismo partido. ¿Quién sacó el mayor puntaje? ¿Por cuántos puntos es mayor?

31. Razonamiento de orden superior Kelly señaló que $\frac{97}{1,000}$ se puede escribir como 0.97. ¿Es correcto? Explícalo.

32. ©**PM.3 Evaluar el razonamiento** Frank razonó que en el número 0.555, el valor del 5 en la posición de las milésimas es diez veces el del 5 en la posición de las centésimas. ¿Es correcto? Explícalo.

33. ©**PM.3 Construir argumentos** ¿Cuántos cubos hay en la caja? ¿Qué fracción de la caja representan los 7 cubos? Explica tu respuesta.

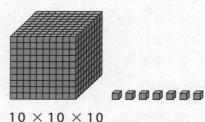

$10 \times 10 \times 10$

© **Evaluación de _Common Core_**

34. ¿0.04 es 10 veces el valor de qué decimal?

   Ⓐ   0.4

   Ⓑ   0.1

   Ⓒ   0.004

   Ⓓ   0.001

35. ¿0.009 es $\frac{1}{10}$ de qué decimal?

   Ⓐ   0.01

   Ⓑ   0.09

   Ⓒ   0.1

   Ⓓ   0.9

Nombre _____

Ayuda Amigo de Herramientas Juegos
práctica

¡Revisemos!

Los patrones pueden ayudarte a leer y escribir decimales.

Decimal	Fracción	Nombre de un número
0.1	$\frac{1}{10}$	Una décima
0.01	$\frac{1}{100}$	Una centésima
0.001	$\frac{1}{1,000}$	Una milésima

0.01 es 10 veces 0.001.

0.01 es $\frac{1}{10}$ de 0.1.

0.1 es 10 veces 0.01.

El valor de cada valor de posición es 10 veces el valor de la posición a su derecha y $\frac{1}{10}$ del valor de la posición a su izquierda.

1. 0.08 es 10 veces el valor de _____.

2. 0.002 es $\frac{1}{10}$ de _____.

3. 0.5 es 10 veces el valor de _____.

4. 0.07 es $\frac{1}{10}$ de _____.

Escribe los decimales como fracciones en los Ejercicios **5** a **12**.

5. 0.009

6. 0.105

7. 0.2

8. 0.025

9. 0.563

10. 0.31

11. 0.6

12. 0.004

Escribe las fracciones como decimales en los Ejercicios **13** a **20**.

13. $\frac{8}{1,000}$

14. $\frac{63}{100}$

15. $\frac{984}{1,000}$

16. $\frac{29}{1,000}$

17. $\frac{111}{1,000}$

18. $\frac{3}{10}$

19. $\frac{6}{1,000}$

20. $\frac{5}{1,000}$

21. **Sentido numérico** Tommy está realizando un experimento de ciencias en el laboratorio. Las instrucciones dicen que hay que usar 0.322 kilogramos de potasio. Escribe 0.322 como una fracción.

22. El monte McKinley es la montaña más alta de Norte América con una altitud de 20,320 pies. ¿Cuál es el valor del dígito 3 en 20,320?

23. © **PM.3 Construir argumentos** Jorge dice que 0.029 se puede escribir como $\frac{29}{100}$. ¿Es correcto? Explícalo.

24. © **PM.6 Hacerlo con precisión** El área de América del Norte es aproximadamente 9,540,000 millas cuadradas. Escribe 9,540,000 en forma desarrollada con exponentes para mostrar las potencias de 10.

25. © **PM.4 Representar con modelos matemáticos** ¿Qué parte del cuadrado está sombreada? Escribe tu respuesta como fracción y como decimal.

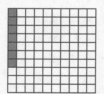

26. **Razonamiento de orden superior** Escribe las fracciones $\frac{5}{10}$, $\frac{5}{100}$ y $\frac{5}{1,000}$ como decimales. ¿Cómo se relacionan los decimales?

27. **A-Z Vocabulario** Completa la oración usando una de las siguientes palabras.

potencia base exponente

El número 1,000,000 es un/una _____ de 10.

28. **Álgebra** En tres meses, Harold miró 40 películas. Si vio 12 películas en junio y 13 en julio, ¿cuántas películas miró en agosto? Escribe una ecuación usando la variable *a* para representar tu trabajo.

© **Evaluación de *Common Core***

29. ¿0.003 es $\frac{1}{10}$ de qué decimal?

Ⓐ 0.3

Ⓑ 0.03

Ⓒ 0.33

Ⓓ 0.333

30. ¿0.8 es 10 veces el valor de qué decimal?

Ⓐ 0.08

Ⓑ 0.88

Ⓒ 0.008

Ⓓ 0.888

Nombre _____

Un corredor ganó una carrera de 100 metros con un tiempo de 9.85 segundos. ¿Cómo puedes usar el valor de posición para explicar el tiempo? Completa la tabla de valor de posición para mostrar este tiempo.

Puedo...
leer y escribir números decimales de distintas maneras.

© **Estándar de contenido** 5.NBD.A.3a
Prácticas matemáticas PM.1, PM.2, PM.3, PM.4, PM.7, PM.8

Generalizar
Puedes usar lo que sabes sobre el valor de posición de números enteros como ayuda para entender el valor de posición decimal.

¡Vuelve atrás! © **PM.7 Usar la estructura** En el número decimal 9.85, ¿cuál es el valor del 8? ¿Y el valor del 5?

Pregunta esencial ¿Cómo se pueden representar los números decimales?

A

Jo saca una semilla de una flor. La semilla tiene una masa de 0.245 gramos. ¿De qué maneras distintas puedes representar 0.245?

Puedes escribir un número decimal en forma estándar, en forma desarrollada y con el nombre de un número, de la misma manera que escribes un número entero.

B

unidades	décimas	centésimas	milésimas
0 .	2	4	5

Forma estándar: 0.245

El 5 está en la posición de las milésimas. Su valor es 0.005.

Forma desarrollada:

$$\left(2 \times \tfrac{1}{10}\right) + \left(4 \times \tfrac{1}{100}\right) + \left(5 \times \tfrac{1}{1,000}\right)$$

Nombre de un número: doscientos cuarenta y cinco milésimas

Una tabla de valor de posición te puede ayudar a identificar las posiciones de las décimas, las centésimas y las milésimas en un número decimal.

¡Convénceme! © **PM.2 Razonar** ¿Cuántas centésimas hay en una décima? ¿Cuántas milésimas hay en una centésima? Indica cómo lo sabes.

Otro ejemplo

Los **decimales equivalentes** nombran la misma cantidad.

¿Cuáles son otros dos decimales equivalentes a 1.4?

Uno con cuatro décimas es igual a uno con cuarenta centésimas.

$$1.4 = 1.40$$

Uno con cuatro décimas es igual a uno con cuatrocientas milésimas.

$$1.4 = 1.400$$

Por tanto, 1.4 = 1.40 = 1.400.

1 centésima es igual a 10 milésimas.

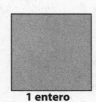
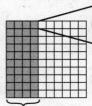

1 entero

4 columnas = 4 décimas
40 cuadrados pequeños = 40 centésimas
40 centésimas = 400 milésimas

Práctica guiada *

¿Lo entiendes?

1. © **PM.2 Razonar** El número 3.453 tiene dos 3. ¿Por qué cada uno de los 3 tiene un valor distinto?

¿Cómo hacerlo?

Escribe los números en forma estándar en los Ejercicios **2** y **3**.

2. $4 \times 100 + 7 \times 10 + 6 \times 1 + 6 \times \left(\frac{1}{10}\right)$

$+ 3 \times \left(\frac{1}{100}\right) + 7 \times \left(\frac{1}{1,000}\right)$

3. cuatro con sesenta y ocho milésimas

Práctica independiente

Escribe los números en forma estándar en los Ejercicios **4** a **6**.

4. $(2 \times 1) + \left(6 \times \frac{1}{1,000}\right)$

5. $(3 \times 1) + \left(3 \times \frac{1}{10}\right) + \left(9 \times \frac{1}{1,000}\right)$

6. nueve con veinte centésimas

Escribe dos números decimales que sean equivalentes al número decimal dado en los Ejercicios **7** a **10**.

7. 2.200

8. 8.1

9. 9.50

10. 4.200

Prácticas matemáticas y resolución de problemas

11. © **PM.4 Representar con modelos matemáticos** El objetivo anual de recaudación de una obra benéfica es $100,000. Hasta ahora han recaudado $63,482. ¿Cuánto dinero falta para llegar al objetivo?

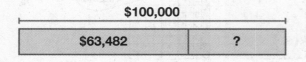

$100,000	
$63,482	?

12. Santiago tiene una cuerda que mide 205.95 centímetros. Escribe ese número en forma desarrollada.

13. © **PM.2 Razonar** ¿Cómo puedes decir si 7.630 y 7.63 son decimales equivalentes?

14. © **PM.1 Entender y perseverar** En la escuela de Justin, 0.825 de los estudiantes participan en un deporte. Si hay mil estudiantes en la escuela de Justin, ¿cuántos participan en un deporte?

15. María colocó de manera incorrecta el punto decimal cuando escribió 0.65 pulgadas con respecto al ancho de su tableta digital. ¿Cuál es el número decimal correcto?

16. **Razonamiento de orden superior** Tres niños recortaron modelos decimales de centésimas. Derrick no sombreó ninguno de sus modelos. Ari sombreó la mitad de un modelo. Wesley sombreó dos modelos y un décimo de otro modelo. ¿Qué número decimal representa la cantidad que sombreó cada niño?

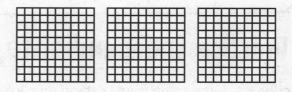

© **Evaluación de Common Core**

17. Halla dos números decimales que sean equivalentes a $(4 \times 10) + \left(7 \times \frac{1}{100}\right)$. Escribe los números decimales en el recuadro.

40.7	40.07	4.7	40.070	4.70	40.70

Ayuda   Amigo de   Herramientas   Juegos
práctica

Tarea y práctica
1-4
Valor de posición decimal

¡Revisemos!

Uno de los huevos de avestruz más grandes pesó 5.476 libras. ¿Cuál es el valor del dígito 6 en 5.476?

unidades		décimas	centésimas	milésimas
5	.	4	7	6

Una tabla de valor de posición puede mostrar el valor de cada dígito en un número decimal.

Forma estándar: 5.476

Forma desarrollada: $(5 \times 1) + \left(4 \times \frac{1}{10}\right) + \left(7 \times \frac{1}{100}\right) + \left(6 \times \frac{1}{1,000}\right)$

Nombre de un número: cinco con cuatrocientos setenta y seis milésimas

El dígito 6 está en la posición de las milésimas; por tanto, el valor es 0.006.

1. Completa la tabla de valor de posición del siguiente número. Escribe el nombre del número e indica el valor del dígito subrayado.

6.3<u>2</u>4

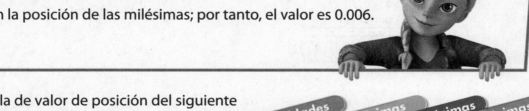

2. Escribe 863.141 en forma desarrollada.

Escribe los números en forma estándar en los Ejercicios **3** a **5**.

3. $(8 \times 1) + \left(5 \times \frac{1}{100}\right) + \left(9 \times \frac{1}{1,000}\right)$ 4. $1 + 0.9 + 0.08 + 0.001$

5. Cuatrocientos veinticinco con cincuenta y dos centésimas

Escribe dos números decimales que sean equivalentes al número decimal dado en los Ejercicios **6** a **9**.

6. 5.300   7. 3.7   8. 0.9   9. 2.50

10. © **PM.4 Representar con modelos matemáticos** Sombrea los modelos para mostrar que 0.7 y 0.07 son equivalentes.

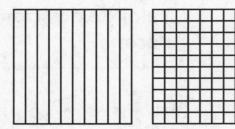

11. Marcos tiene un pedazo de madera que mide $9 \times \frac{1}{10} + 6 \times \frac{1}{100} + 4 \times \frac{1}{1,000}$ metros. ¿Cómo puedes escribir esta medición como un número decimal?

12. Hay 275 personas en un cine. La misma cantidad de personas está sentada en cada una de las 5 secciones del cine. ¿Cuántas personas hay en cada sección?

275 personas

| ? | ? | ? | ? | ? |

13. © **PM.3 Construir argumentos** El promedio de bateo de softbol de Cheryl es 0.340 y el de Karin es 0.304. Karin dice que tienen el mismo promedio. ¿Cuál es el error? Explícalo.

14. **Sentido numérico** Nico gastó ocho dólares con setenta y cinco centavos en el almuerzo. ¿Qué dos comidas compró Nico?

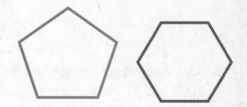

Menú del almuerzo

DATOS

Comida	Precio
Hamburguesa	$4.20
Ensalada del chef	$4.50
Sándwich de atún	$4.05
Pizza	$4.25

15. **Razonamiento de orden superior** Anthony dibujó un pentágono con lados que miden 6 pulgadas. Carol dibujó un hexágono con lados que miden 5 pulgadas. ¿Qué figura tiene el mayor perímetro? Escribe una ecuación como ayuda para explicar tu respuesta.

© **Evaluación de *Common Core***

16. Halla dos números decimales que sean equivalentes a $(8 \times 100) + \left(3 \times \frac{1}{10}\right) + \left(6 \times \frac{1}{100}\right)$. Escribe los números decimales en el recuadro.

8.36 800.36 800.036 800.306 8.360 800.360

Nombre _____

Resuélvelo y coméntalo

En un laboratorio, se midieron las longitudes de tres hormigas. Las longitudes fueron 0.521 centímetros, 0.498 centímetros, y 0.550 centímetros. ¿Cuál fue la más larga? ¿Y la más corta?

Puedo...
comparar números decimales con milésimas.

© **Estándar de contenido** 5.NBD.A.3b
Prácticas matemáticas PM.1, PM.3, PM.4, PM.6, PM.7

¿Cómo puedes usar la estructura para comparar y ordenar números decimales? Indica cómo lo decidiste.

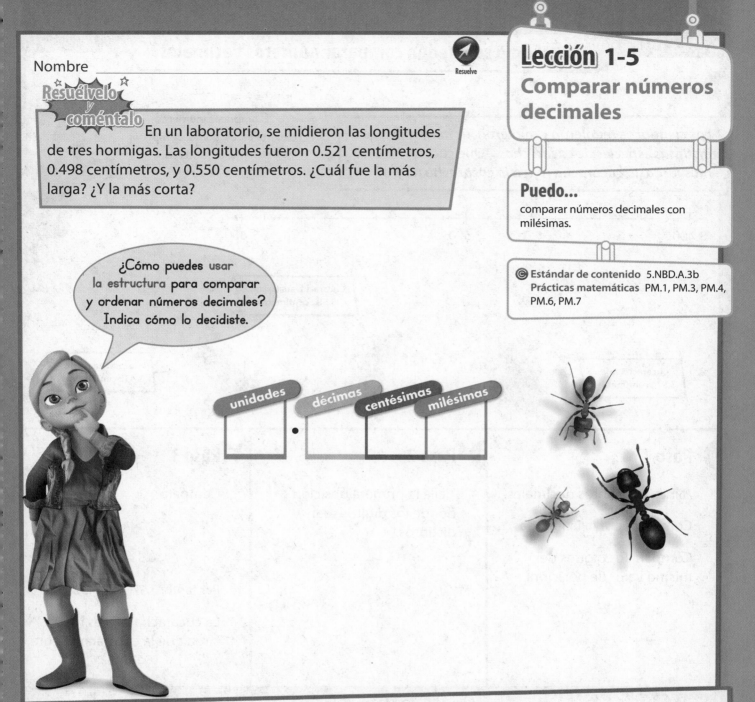

unidades	décimas	centésimas	milésimas

¡Vuelve atrás! © **PM.6 Hacerlo con precisión** ¿Cuáles son las longitudes de las hormigas de menor a mayor?

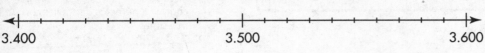

Pregunta esencial ¿Cómo se pueden comparar números decimales?

A

Los científicos reunieron y midieron las longitudes de distintas especies de cucarachas. ¿Qué cucaracha es la más larga, la cucaracha roja o la cucaracha negra?

Comparar números decimales es como comparar números enteros.

```
|←—————————————————————————————————————————|→
  3.400              3.500              3.600
```

Cucaracha australiana
3.582 centímetros

Cucaracha roja
3.576 centímetros

Cucaracha negra
3.432 centímetros

B **Paso 1**

Alinea los puntos decimales.

Comienza por la izquierda.

Compara los dígitos del mismo valor de posición.

3.576

3.432

C **Paso 2**

Halla la primera posición donde los dígitos sean distintos.

3.576

3.432

D **Paso 3**

Compara.

5 > 4

0.5 > 0.4

Por tanto, 3.576 > 3.432.

La cucaracha roja es más larga que la cucaracha negra.

¡Convénceme! © **PM.3 Evaluar el razonamiento** Valeria dijo que "12.68 es mayor que 12.8 porque 68 es mayor que 8". ¿Tiene razón? Explícalo.

Otro ejemplo

Ordena las cucarachas de menor a mayor longitud.

Paso 1

Escribe los números y alinea los puntos decimales. Comienza por la izquierda. Compara los dígitos del mismo valor de posición.

3.576
3.432
3.582

3.432 es el menor.

Paso 2

Escribe los números restantes y alinea los puntos decimales. Comienza por la izquierda. Compara.

3.576
3.582

3.582 es mayor que 3.576.

Paso 3

Escribe los números de menor a mayor.

3.432   3.576   3.582

De menor a mayor longitud: la cucaracha negra, la cucaracha roja y la cucaracha australiana

☆ Práctica guiada *

¿Lo entiendes?

1. © **PM.3 Evaluar el razonamiento** Los científicos midieron una cucaracha de Madeira y hallaron que tenía 3.44 centímetros de largo. Toby dice que la cucaracha de Madeira es más corta que la negra porque 3.44 tiene menos dígitos que 3.432. ¿Tiene razón? Explícalo.

¿Cómo hacerlo?

Escribe > o < en cada ◯ en los Ejercicios **2** y **3**.

2. 3.692 ◯ 3.697   3. 7.216 ◯ 7.203

Ordena los decimales de menor a mayor en los Ejercicios **4** y **5**.

4. 5.540, 5.631, 5.625

5. 0.675, 1.529, 1.35, 0.693

☆ Práctica independiente

Compara los dos números en los Ejercicios **6** a **8**. Escribe >, < o = en cada ◯.

6. 0.890 ◯ 0.89   7. 5.733 ◯ 5.693   8. 9.707 ◯ 9.717

Ordena los decimales de mayor a menor en los Ejercicios **9** y **10**.

9. 878.403, 887.304, 887.043   10. 435.566, 436.565, 435.665

Puedes encontrar otro ejemplo en el Grupo D, página 50.   **Tema 1** | Lección 1-5   **31**

Prácticas matemáticas y resolución de problemas

11. **PM.3 Construir argumentos** Explica por qué no es razonable decir que 4.23 es menor que 4.135, porque 4.23 tiene menos dígitos después del punto decimal que 4.135.

12. **Sentido numérico** Carlos escribió tres números entre 0.33 y 0.34. ¿Qué números pudo haber escrito?

13. **A-Z Vocabulario** Une con líneas cada número decimal de la izquierda con su **decimal equivalente** de la derecha.

0.75	0.750
1.50	0.075
1.05	1.500
0.075	1.050

14. ¿El número decimal 0.5 es mayor o menor que $\frac{6}{10}$? Dibuja una recta numérica para mostrar tu respuesta.

15. **Razonamiento de orden superior** Los puntajes de Ana en gimnasia se exhibieron en el marcador de mayor a menor. Un dígito en el puntaje de suelo no se puede ver. Haz una lista de los dígitos posibles para el número que falta.

16. El puntaje de Marcia en el potro es 15.050. ¿Cómo se compara con el puntaje en el potro de Ana?

DATOS

Puntajes de Ana	
Potro	15.500
Suelo	15._66
Barras asimétricas	15.133
Barra	14.200

Evaluación de *Common Core*

17. Un grano de arena fina tiene un diámetro de 0.125 milímetros. ¿Qué números son menores que 0.125?

- ☐ 0.1
- ☐ 0.2
- ☐ 0.13
- ☐ 0.12
- ☐ 0.126

18. Carla pesó algunas manzanas en la tienda de abarrotes. Las manzanas pesaron 4.16 libras. ¿Qué números son mayores que 4.16?

- ☐ 4.15
- ☐ 4.19
- ☐ 4.2
- ☐ 4.09
- ☐ 4.1

Nombre _____

Ayuda | Amigo de práctica | Herramientas | Juegos

Tarea y práctica 1-5
Comparar números decimales

¡Revisemos!

Amanda corrió una carrera en 8.016 minutos. El tiempo de Liz fue 7.03 minutos, y el tiempo de Steve fue 8.16 minutos. Ordena los tiempos de menor a mayor. ¿Quién ganó la carrera?

> Recuerda que el ganador de una carrera es la persona que finaliza en la menor cantidad de tiempo.

Escribe los números y alinea los puntos decimales. Comienza por la izquierda. Compara los dígitos del mismo valor de posición.	Escribe los números que restan y alinea los puntos decimales. Comienza por la izquierda. Compara.	
8.016 7.03 8.16	8.016 8.16	 ¡Liz ganó la carrera!
7.03 es el menor.	8.16 es mayor que 8.016.	7.03, 8.016, 8.16

1. Ordena las velocidades de menor a mayor.

2. El Conductor D tuvo una velocidad entre el Conductor A y el Conductor C. Escribe una velocidad posible para el Conductor D.

DATOS	Conductor	Velocidad promedio (mi/h)
	Conductor A	145.155
	Conductor B	145.827
	Conductor C	144.809

Escribe >, < o = en cada ◯ en los Ejercicios **3** a **8**.

3. 7.539 ◯ 7.344

4. 9.202 ◯ 9.209

5. 0.75 ◯ 0.750

6. 4.953 ◯ 4.951

7. 1.403 ◯ 1.4

8. 3.074 ◯ 3.740

Ordena de mayor a menor en los Ejercicios **9** a **12**.

9. 9.129, 9.37, 9.3, 9.219

10. 0.012, 0.100, 0.001, 0.101

11. 5.132, 5.123, 5.312, 5.231

12. 62.905, 62.833, 62.950, 62.383

13. © **PM.4 Representar con modelos matemáticos** Escribe tres fracciones distintas que coincidan con la parte sombreada del dibujo.

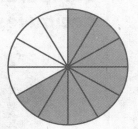

14. © **PM.4 Representar con modelos matemáticos** El costo de estar una noche en el motel Ensueños es $119 sin desayuno y $142 con desayuno. ¿Cuál es la diferencia en el costo de pasar una noche en el motel con y sin desayuno?

$142	
$119	?

15. © **PM.1 Entender y perseverar** Tanya compró la marca de comida para perros menos cara y Eddie la más cara. ¿Qué marca compró cada uno?

DATOS

Venta de comida para perros	
Marca	**Precio por bolsa**
A	$12.49
B	$11.55
C	$12.09
D	$11.59

16. ¿Por qué puede ayudar alinear los puntos decimales antes de comparar y ordenar números con decimales?

17. **Razonamiento de orden superior** Las alturas de cuatro niños son: 152.0 cm, 150.75 cm, 149.5 cm y 149.25 cm. Bradley es el más alto, Calvin es más alto que Josh, pero más bajo que Mark. Josh es el más bajo. ¿Cuál es la altura de Mark?

© **Evaluación de *Common Core***

18. Jere está pensando en un número menor que 28.431 y mayor que 28.404. ¿Cuáles de los siguientes pueden ser el número de Jere?

- ☐ 28.435
- ☐ 28.342
- ☐ 28.430
- ☐ 28.419
- ☐ 28.42

19. Durante la temporada de básquetbol de este año, Michael tuvo un promedio de 22.075 puntos por partido. ¿Qué números son menores que 22.075?

- ☐ 21.9
- ☐ 22.08
- ☐ 23.06
- ☐ 22.07
- ☐ 22.079

Nombre _____

Resuélvelo
y
coméntalo

En la clase de ciencias, Marci anotó los números de un experimento: 12.87, 12.13, 12.5 y 12.08. ¿Qué números están más cerca de 12? ¿Cuáles están más cerca de 13? ¿Cómo lo sabes?

Puedo...
redondear números decimales a distintas posiciones.

© Estándar de contenido 5.NBD.A.4
Prácticas matemáticas PM.1, PM.2, PM.3, PM.4, PM.6, PM.7

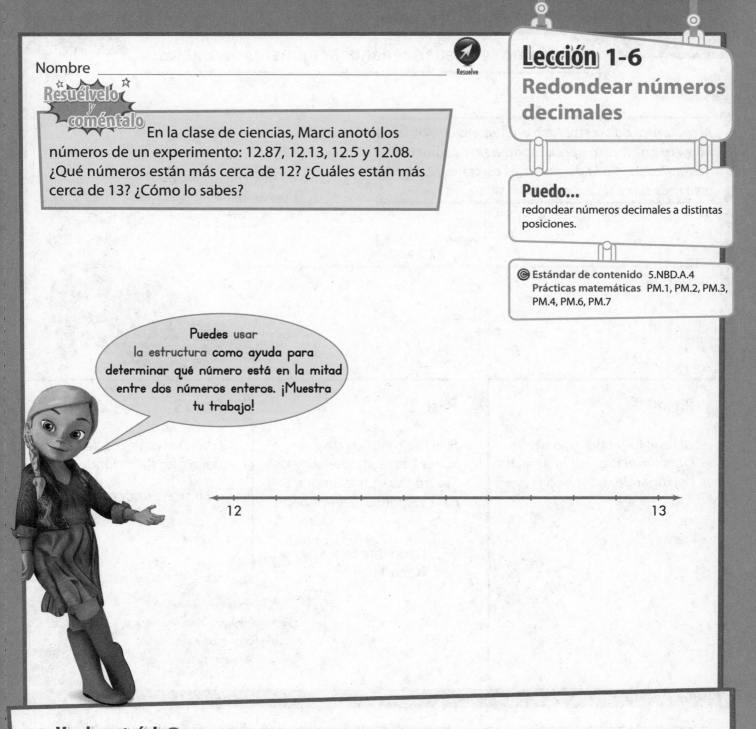

Puedes usar la estructura como ayuda para determinar qué número está en la mitad entre dos números enteros. ¡Muestra tu trabajo!

12   13

¡Vuelve atrás! © **PM.2 Razonar** ¿Cuál es el punto medio entre 12 y 13? ¿Ese punto está más cerca de 12 o de 13?

Pregunta esencial **¿Cómo se pueden redondear números decimales?**

A

Al redondear, se reemplaza un número con otro número que indica aproximadamente cuánto es. Redondea 2.36 a la décima más cercana. ¿2.36 está más cerca de 2.3 o de 2.4?

Una recta numérica te puede ayudar a redondear un número decimal.

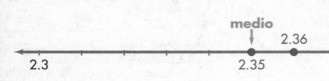

medio
2.36

2.3   2.35   2.4

B **Paso 1**

Halla el lugar de redondeo. Observa el dígito a la derecha del lugar de redondeo.

2.3̲6

C **Paso 2**

Si el dígito es 5 o mayor, suma 1 al dígito de redondeo. Si el dígito es menor que 5, deja el dígito de redondeo solo.

Dado que $6 > 5$, suma 1 al 3.

D **Paso 3**

Quita los dígitos a la derecha del dígito de redondeo.

2.36 se redondea a 2.4

Redondear puede ayudarte a hallar de qué décima o centésima está más cerca un número decimal.

¡Convénceme! **PM.3 Evaluar el razonamiento** Carrie dijo que "448 se redondea a 500 porque 448 se redondea a 450 y 450 se redondea a 500". ¿Tiene razón? Explícalo. Usa la recta numérica en tu explicación.

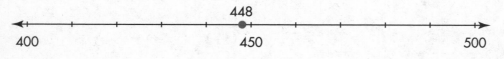

448

400   450   500

© Pearson Education, Inc. 5

Otro ejemplo

Redondea 3.2 al número entero más cercano. ¿3.2 está más cerca de 3 o de 4?

medio

3.2

3   3.5   4

Paso 1	**Paso 2**	**Paso 3**
Halla el lugar de redondeo. Observa el dígito a la derecha del lugar de redondeo. 3.2	Si el dígito es 5 o mayor, suma 1 al dígito de redondeo. Si el dígito es menor que 5, deja el dígito de redondeo solo. Dado que 2 < 5, deja el 3 igual que antes.	Quita los dígitos a la derecha del dígito de redondeo. 3.2 se redondea a 3.

☆ Práctica guiada ☆

¿Lo entiendes?

1. Para redondear 74.58 a la décima más cercana, ¿qué dígito tienes que observar? ¿Cuánto es 74.58 redondeado a la décima más cercana?

2. ☺ **PM.3 Construir argumentos** Un servicio de alquiler de carros les cobra a los clientes por la cantidad de millas que viajan, redondeadas a la milla entera más cercana. George recorrió 40.8 millas. ¿Cuántas millas le cobrarán? Explícalo.

¿Cómo hacerlo?

Redondea los números a la posición del dígito subrayado en los Ejercicios **3** a **10**.

3. 1<u>6</u>.5

4. 5<u>6</u>.1

5. 1.<u>3</u>2

6. 42.7<u>8</u>

7. 1.6<u>5</u>2

8. 582.0<u>4</u>

9. 80,547.6<u>4</u>5

10. 135,701.<u>9</u>49

☆ Práctica independiente ☆

Redondea los decimales al número entero más cercano en los Ejercicios **11** a **14**.

11. 4.5

12. 57.3

13. 34.731

14. 215.39

Redondea los números a la posición del dígito subrayado en los Ejercicios **15** a **18**.

15. 7.<u>1</u>58

16. 0.7<u>5</u>8

17. 6.4<u>3</u>82

18. 84.<u>7</u>32

19. La ilustración de la derecha muestra la longitud promedio de un caimán norteamericano. ¿Cuál es la longitud del caimán redondeada a la décima más cercana?

4.39 metros

20. Ⓒ **PM.2 Razonar** Nombra dos números distintos que, redondeados a la centésima más cercana, se redondeen a 8.21.

21. **Sentido numérico** Redondeado a la centena más cercana, ¿cuál es el mayor número entero que se redondea a 2,500? ¿Y el menor número entero?

22. Dibuja todos los ejes de simetría de la siguiente figura.

23. **Razonamiento de orden superior** Emma necesita 2 libras de carne picada para hacer un pastel de carne. Tiene un paquete con 2.36 libras y otro paquete con 2.09 libras. Usa el redondeo y halla cuál de los dos paquetes está más cerca de 2 libras. Explica cómo puede Emma escoger el paquete más cercano a 2 libras.

24. Ⓒ **PM.1 Entender y perseverar** Roberto corta rebanadas de pan para hacer 12 sándwiches. Hace 3 sándwiches de pavo y 5 sándwiches vegetarianos. El resto son sándwiches de jamón. ¿Qué fracción de los sándwiches es de jamón?

25. **Álgebra** Después de comprar útiles escolares, a Ruby le sobraron $32. Gastó $4 en un cuaderno, $18 en una mochila y $30 en una calculadora nueva. ¿Con cuánto dinero, d, comenzó Ruby? Escribe una ecuación para mostrar tu trabajo.

Ⓒ **Evaluación de** *Common Core*

26. Halla dos números que, redondeados a la décima más cercana, se redondeen a 35.4. Escribe los números en el recuadro.

35.45 34.42 35.391 35.345 35.44 35.041

Ayuda   Amigo de   Herramientas   Juegos
práctica

¡Revisemos!

Los cuernos de un watusi miden 95.25 centímetros. ¿Cuánto es 95.25 redondeado a la décima más cercana?

medio

95.2   95.25   95.3

En una recta numérica, 95.25 está en el medio entre 95.2 y 95.3.

Paso 1	**Paso 2**	**Paso 3**
Halla el lugar de redondeo. Observa el dígito a la derecha del lugar de redondeo. 95.2<u>5</u>	Si el dígito es 5 o mayor, suma 1 al dígito de redondeo. Si el dígito es menor que 5, el dígito de redondeo queda igual. El dígito a la derecha es 5; por tanto, aumenta el 2 en la posición de las décimas hasta llegar a 3.	Quita los dígitos a la derecha del dígito de redondeo. 95.25 redondeado a la décima más cercana es 95.3.

1. Ian envió por correo un paquete que pesaba 5.63 libras. ¿Cuál es el primer paso para redondear este número a la décima más cercana? ¿Y el paso siguiente? ¿Cuánto es 5.63 redondeado a la décima más cercana?

Redondea los números decimales al número entero más cercano en los Ejercicios 2 a 5.

2. 6.7   **3.** 12.1   **4.** 30.92   **5.** 1.086

Redondea los números a la posición del dígito subrayado en los Ejercicios 6 a 13.

6. 32.<u>6</u>5   **7.** 3.2<u>4</u>6   **8.** 41.0<u>7</u>3   **9.** 0.4<u>2</u>4

10. 6.<u>0</u>99   **11.** 6.<u>1</u>3   **12.** 18<u>3</u>.92   **13.** 905.2<u>5</u>5

14. (A-Z) **Vocabulario** Completa la oración usando las siguientes palabras.

potencia   base   exponente

En 10^6, 10 es la _____ .

15. © **PM.6 Hacerlo con precisión** Si el área de un parque está exactamente en el medio entre 2.4 y 2.5 acres, ¿cuál es el área del parque?

---

16. ¿La recta azul es un eje de simetría? Explícalo.

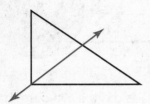

17. **Razonamiento de orden superior** Explica cómo puedes redondear 25.691 a la posición mayor.

---

18. © **PM.4 Representar con modelos matemáticos** Un equipo profesional de beisbol ganó 84 partidos esta temporada. Ganaron 14 partidos más de los que perdieron. No hubo empates. ¿Cuántos partidos perdieron? ¿Cuántos jugaron?

?	
84	?

19. © **PM.3 Construir argumentos** Redondeada a la moneda de 10¢ más cercana, ¿cuál es la mayor cantidad de dinero que se redondea a $105.40? ¿Cuál es la menor cantidad de dinero que se redondea a $105.40? Explica tus respuestas.

---

20. **Matemáticas y Ciencias** Los estudiantes de la clase del maestro Bhatia miden la longitud de cuatro abejas. Redondean las longitudes a la décima más cercana. ¿Qué abeja tiene una longitud que se redondea a 0.5 pulgadas? ¿Y a 0.8 pulgadas?

DATOS	Estudiante	Longitudes de abejas
	Isabel	0.841 pulgadas
	Pablo	0.45 pulgadas
	Wendi	0.55 pulgadas
	Brett	0.738 pulgadas

© **Evaluación de *Common Core***

21. Halla dos números que se redondeen a 15.5 cuando se redondea a la décima más cercana. Escribe los números en el recuadro.

15.04   15.55   15.508   15.445   15.0   15.49

Nombre _____

Resuélvelo y coméntalo

Angie es voluntaria en la biblioteca de la escuela después del horario escolar. La bibliotecaria le dio una pila de libros y le pidió que use el número de cada libro para ubicarlo en su lugar.

¿Cómo puede ordenar los libros de menor a mayor para guardarlos con más facilidad?

323.202
323.13
323.21
323.233
323.17
323.02

Puedo...
buscar y usar la estructura del sistema de valor de posición decimal para resolver problemas.

© Prácticas matemáticas PM.7. También, PM.1, PM.6, PM.8.
Estándares de contenido 5.NBD.A.3a, 5.NBD.A.3b

Hábitos de razonamiento

¡Razona correctamente! Estas preguntas te pueden ayudar.

- ¿Qué patrones puedo ver y describir?

- ¿Cómo puedo usar los patrones para resolver el problema?

- ¿Puedo ver las expresiones y los objetos de una manera diferente?

- ¿Qué expresiones equivalentes puedo usar?

¡Vuelve atrás! © **PM.7 Usar la estructura** Explica por qué 323.202 es menor que 323.21 aunque 202 es mayor que 21.

Pregunta esencial ¿Cómo se puede usar la estructura para resolver problemas?

A

Analiza la tabla. ¿Qué observas que te pueda ayudar a completar la tabla?

¿Qué tengo que hacer para resolver este problema?

Puedo usar la estructura del sistema de valor de posición decimal para completar la tabla.

0.01	0.02	0.03					0.08		0.1
0.11				0.15	0.16			0.19	
0.21								0.29	
	0.32		0.34			0.37			

Puedes buscar patrones para hallar los números que faltan.

B **¿Cómo puedo usar la estructura para resolver este problema?**

Puedo

- hallar y describir patrones.

- usar patrones para ver cómo se organizan los números.

- analizar patrones para ver la estructura de la tabla.

- dividir el problema en partes más simples.

C **Resuelve**

Este es mi razonamiento...

A medida que te mueves hacia abajo en las columnas, las décimas aumentan en 1, mientras que las centésimas quedan igual.

Si te mueves de izquierda a derecha en las filas, las décimas quedan igual, excepto por el último número, mientras que las centésimas aumentan en 1.

Columna 1

0.01
0.11
0.21
0.31

Fila 1

0.01	0.02	0.03	0.04	0.05	0.06	0.07	0.08	0.09	0.1

¡Convénceme! © **PM.7 Usar la estructura**
Escribe los números que faltan. Explica cómo puedes usar la estructura para hallar el último número de la fila de abajo.

0.01	0.02	0.03	0.04	0.05	0.06	0.07	0.08	0.09	0.1
0.11				0.15	0.16			0.19	
0.21								0.29	
0.31	0.32		0.34			0.37			

Amigo de práctica Herramientas Evaluación

☆ Práctica guiada

© PM.7 Usar la estructura

Cada una de estas cuadrículas es parte de una tabla numérica decimal semejante a la de la página 42.

1. Describe el patrón que surge de moverse de una casilla rosada a una verde. Luego, escribe los números que faltan.

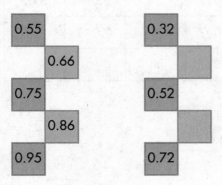

Puedes usar lo que sabes sobre el valor de posición cuando buscas patrones con números decimales.

2. ¿Cómo puedes usar patrones para hallar el número que podría estar en el recuadro debajo de 0.52?

☆ Práctica independiente

© PM.7 Usar la estructura

Pamela está dando una caminata. Mientras regresa al campamento, ve los postes indicadores de millas que se muestran a la derecha.

3. Explica cómo puedes usar la estructura para hallar los números decimales que aparecerán en los siguientes cuatro postes indicadores de millas.

4. Pamela se detiene en el poste indicador de 1.8 millas. ¿Dónde estará si camina una décima de milla hacia el campamento? ¿Y una milla hacia el campamento? Explícalo.

© Evaluación de rendimiento de *Common Core* _____

Tabla de milésimas

Los estudiantes de la clase de la maestra Lowell realizaron una tabla decimal de milésimas en el pizarrón. Algunos de los números se borraron.

0.001	0.002		0.004	0.005	0.006				0.01
0.011		0.013			0.016	0.017		0.019	0.02
	0.022					0.027		0.029	
0.031	0.032		0.034	0.035		0.037			

5. **PM.7 Usar la estructura** Describe el patrón que surge de moverse a través de una fila de izquierda a derecha.

6. **PM.6 Hacerlo con precisión** ¿Cómo cambia el patrón en el último cuadrado de cada fila?

7. **PM.7 Usar la estructura** Describe el patrón que surge de moverse hacia abajo en una columna.

Puedes usar la estructura para decidir si los números decimales siguen un patrón.

8. **PM.8 Usar razonamientos repetidos** Escribe los números que faltan en la tabla de decimales de arriba.

9. **PM.7 Usar la estructura** Supón que los estudiantes añaden números a la tabla. Escribe los números que faltan en la fila y la columna de abajo.

0.056	
0.086	

0.071						0.077			

¡Revisemos!

Esta cuadrícula es parte de una tabla numérica decimal semejante a la de la página 42. Escribe los números que faltan en los cuadrados de colores.

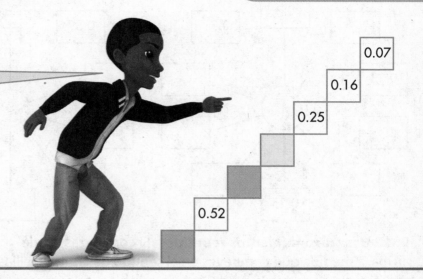

Busca patrones para describir cómo las décimas y las centésimas cambian de un recuadro a otro.

0.07
0.16
0.25
0.52

Indica cómo puedes usar la estructura.

Analiza el patrón numérico para hallar la estructura de la cuadrícula.
Usa el patrón para escribir los números que faltan.

Si te mueves hacia abajo o hacia la izquierda, las décimas aumentan en 1, y las centésimas disminuyen en 1.

Usa el valor de posición como ayuda.

El número en el recuadro amarillo es 0.34.
El número en el recuadro verde es 0.43.
El número en el recuadro rosado es 0.61.

© **PM.7 Usar la estructura**

En los Ejercicios **1** a **3**, cada cuadrícula es parte de una tabla numérica decimal semejante a la de la página 42. Escribe los números que faltan.

1.

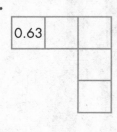

0.63

2.

0.67

3.

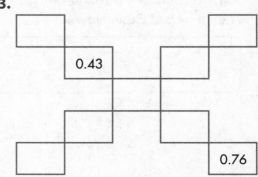

0.43

0.76

Ruedas decimales

Franco y Lisa juegan a un juego con números decimales. El primer jugador que escribe correctamente los números que faltan en cada rueda decimal gana.

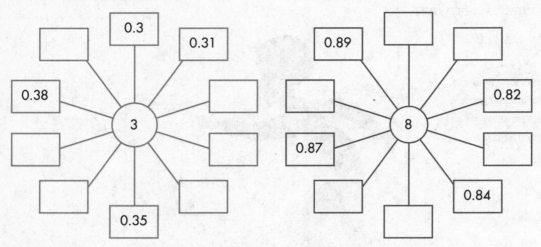

4. **PM.8 Usar razonamientos repetidos** Si comienzas desde arriba, a medida que te mueves en el sentido de las manecillas del reloj alrededor de la rueda, ¿cómo cambian los números?

5. **PM.6 Hacerlo con precisión** Escribe los números que faltan en cada rueda decimal.

6. **PM.7 Usar la estructura** Supón que los recuadros de la rueda decimal muestran estos números: 0.62, 0.63, 0.67 y 0.69. Explica cómo usar la estructura para hallar el número escrito en el círculo del medio de la rueda decimal.

Pensar sobre el valor de posición decimal te ayuda a entender la estructura de los números decimales.

7. **PM.1 Entender y perseverar** ¿Puedes indicar quién ganó, Franco o Lisa? Explícalo.

Nombre ____

TEMA 1

Actividad de práctica de fluidez

Empaeéjalo

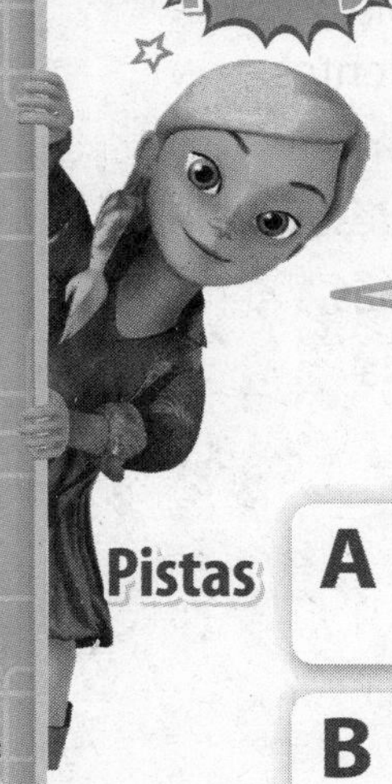

Trabaja con un compañero. Señala una pista y léela.

Mira la tabla de la parte de abajo de la página y busca la pareja de esa pista. Escribe la letra de la pista en la casilla al lado de su pareja. Halla una pareja para cada pista.

Puedo...
sumar y restar números enteros de varios dígitos.

Estándar de contenido
4.NBD.B.4

Pistas

A La suma está entre 15,000 y 20,000.

B La diferencia es menor que 10,000.

C La diferencia está entre 41,000 y 42,000.

D La suma es exactamente 52,397.

E La diferencia está entre 82,000 y 84,000.

F La suma es mayor que 79,000.

G La suma es exactamente 52,407.

H La diferencia es exactamente 42,024.

☐ 98,765 − 56,789	☐ 57,202 − 15,178	☐ 12,345 + 7,654	☐ 38,979 + 40,121
☐ 40,449 + 11,958	☐ 342,005 − 258,819	☐ 41,806 + 10,591	☐ 41,986 − 32,047

Glosario

Repaso del vocabulario

TEMA 1

Comprender el vocabulario

Escoge el mejor término de la Lista de palabras. Escríbelo en el espacio en blanco.

Lista de palabras
- base
- decimales equivalentes
- exponente
- forma desarrollada
- milésimas
- potencia
- valor

1. Los números decimales que nombran la misma parte de un entero o el mismo punto en una recta numérica se llaman _____.

2. El _____ de un dígito en un número depende de su posición en el número.

3. El producto que resulta de multiplicar el mismo número una y otra vez es un(a) _____ de ese número.

4. Un dígito en la posición de las centésimas tiene diez veces el valor del mismo dígito en la posición de las _____.

5. En 10^5, el número 10 es la _____.

Traza una línea desde los números en la Columna A hasta el mismo número en la Columna B.

Columna A	Columna B
6. $7 \times 1,000 + 9 \times 10 + 2 \times 1$	4,000
7. 10^4	7,092
8. 4×10^3	10,000
9. 3.08	3.080

Usar el vocabulario al escribir

10. Explica por qué cada 8 en el número 8.888 tiene un valor distinto. Usa uno o más términos de la Lista de palabras en tu explicación.

48   **Tema 1** | Repaso del vocabulario

© Pearson Education, Inc. 5

Grupo A páginas 5 a 10 _____

¿Cómo puedes escribir 7,000 usando exponentes?

$7,000 = 7 \times 10 \times 10 \times 10 = 7 \times 10^3$

Por tanto, usando exponentes 7,000 se escribe como 7×10^3.

Recuerda que la cantidad de ceros del producto es igual al exponente.

Halla los productos.

1. 9×10^1
2. $8 \times 1,000$
3. 5×10^2
4. 2×10^5

Grupo B páginas 11 a 16 _____

Escribe el nombre del número e indica el valor del dígito subrayado para 930,365.

Novecientos treinta mil, trescientos sesenta y cinco

Dado que 0 está en la posición de los millares, su valor es 0 millares, o 0.

Usa las herramientas digitales para resolver estos y otros problemas.

Recuerda que puedes hallar el valor de un dígito por su posición en un número.

Escribe el nombre de un número e indica el valor del dígito subrayado.

1. 9,000,009
2. 485,002,000
3. 25,678
4. 17,874,000

Grupo C páginas 17 a 22, 23 a 28 _____

Una tabla de valor de posición te puede ayudar a escribir la forma estándar, la forma desarrollada y el nombre de un número para un decimal.

unidades		décimas	centésimas	milésimas
8	.	0	2	6

Forma estándar: 8.026

Forma desarrollada: $8 + 2 \times \frac{1}{100} + 6 \times \frac{1}{1,000}$

Nombre de un número: ocho con veintiséis milésimas

Recuerda que la palabra *con* se escribe en lugar del punto decimal.

1. ¿Cómo puedes escribir 0.044 como una fracción? ¿Cómo se relacionan los valores de los dos 4 en 0.044?

Escribe los números en forma estándar.

2. ocho con cincuenta y nueve centésimas
3. siete con tres milésimas
4. $3 + 2 \times \frac{1}{10} + 4 \times \frac{1}{1,000}$

Grupo D | páginas 29 a 34

Compara. Escribe >, < o =.

8.45 ◯ 8.47

Alinea los puntos decimales. Comienza por la izquierda para comparar. Halla la primera posición en donde los dígitos son distintos.

8.4<u>5</u>
8.4<u>7</u>   0.05 < 0.07

Por tanto, 8.45 < 8.47.

Recuerda que los decimales equivalentes, como 0.45 y 0.450, te pueden ayudar a comparar números.

> Compara. Escribe >, < o =.

1. 0.584 ◯ 0.58
2. 9.327 ◯ 9.236
3. 5.2 ◯ 5.20
4. 5.643 ◯ 5.675
5. 0.07 ◯ 0.08

Grupo E | páginas 35 a 40

Redondea 12.0<u>8</u>7 a la posición del dígito subrayado.

12.0<u>8</u>7   Observa el dígito siguiente al dígito subrayado. Observa el 7.

Redondea al número mayor siguiente de las centésimas ya que 7 > 5.

12.087 redondeado a la centésima más cercana es 12.09.

Recuerda que redondear un número significa reemplazarlo con un número que indica aproximadamente cuánto es.

> Redondea los números a la posición del dígito subrayado.

1. 10.<u>2</u>45   2. <u>7</u>3.4

3. 0.1<u>4</u>5   4. 3.9<u>9</u>9

5. 13.0<u>2</u>3   6. 45.3<u>9</u>8

Grupo F | páginas 41 a 46

Usa estas preguntas como ayuda para **buscar y usar la estructura** para comprender y explicar los patrones con números decimales.

Hábitos de razonamiento

- ¿Qué patrones puedo ver y describir?
- ¿Cómo puedo usar los patrones para resolver el problema?
- ¿Puedo ver las expresiones y los objetos de una manera diferente?
- ¿Qué expresiones equivalentes puedo usar?

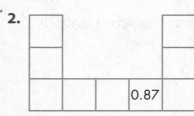

Recuerda que debes comprobar que todas tus respuestas sigan un patrón.

Cada cuadrícula es parte de una tabla numérica decimal. Escribe los números que faltan para completar las cuadrículas.

1.
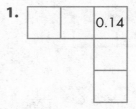

2.

1. Marca todas las expresiones que sean iguales a 6×10^3.

☐ 6×100

☐ $6 \times 1,000$

☐ $6 \times 10,000$

☐ $6 \times 10 \times 10 \times 10$

☐ $6 \times 10 \times 10 \times 10 \times 10$

2. Un parque nacional tiene ochenta mil novecientos veintitrés con ochenta y seis centésimas de acres de terreno. ¿Qué opción muestra la forma estándar?

Ⓐ 80,923.086

Ⓑ 80,923.68

Ⓒ 80,923.806

Ⓓ 80,923.86

3. En los ejercicios **3a** a **3d** escoge Sí o No para indicar si el dígito en la posición de las centenas tiene $\frac{1}{10}$ del valor del dígito en la posición de los millares.

3a. 8,556 ○ Sí ○ No

3b. 6,855 ○ Sí ○ No

3c. 5,568 ○ Sí ○ No

3d. 5,656 ○ Sí ○ No

4. La señora Martin tiene $7,000 en su cuenta de ahorros. Alonzo tiene en su cuenta $\frac{1}{10}$ del dinero que tiene la señora Martin. ¿Cuánto dinero tiene Alonzo en su cuenta?

5. Marca todas las comparaciones que sean verdaderas.

☐ $4.15 > 4.051$

☐ $1.054 > 1.45$

☐ $5.14 < 5.041$

☐ $5.104 < 5.41$

☐ $5.014 < 5.41$

6. Luke sombreó 20 cuadrados en la cuadrícula de centésimas. Bekka sombreó 30 cuadrados en la cuadrícula de centésimas.

Parte A

Escribe dos números decimales mayores que el número decimal de Luke y menores que el número decimal de Bekka.

Parte B

Escribe dos números decimales equivalentes al número decimal de Luke.

7. Determina el patrón, luego, escribe los números decimales para completar la cuadrícula decimal.

0.34

0.65

8. El peso del teléfono de Darrin es 3.405 onzas. ¿Cómo se escribe 3.405 en forma desarrollada?

Ⓐ $3 \times 1 + 4 \times \frac{1}{10} + 5 \times \frac{1}{1,000}$

Ⓑ $3 \times 10 + 4 \times \frac{1}{10} + 5 \times \frac{1}{1,000}$

Ⓒ $3 \times 10 + 4 \times \frac{1}{10} + 5 \times \frac{1}{100}$

Ⓓ $3 \times 1 + 4 \times \frac{1}{100} + 5 \times \frac{1}{1,000}$

9. Elaine tiene un pedazo de alambre que mide 2.16 metros de largo. Dikembe tiene un pedazo de alambre de 2.061 metros de largo. ¿Qué pedazo de alambre es más largo? ¿Cómo lo sabes?

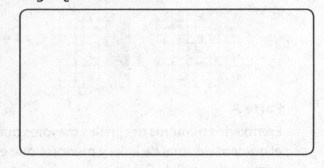

10. En un torneo de básquetbol, Dimitri tuvo un promedio de 12.375 rebotes por partido. ¿Cómo se escribe12.375 en forma desarrollada? ¿Y cómo se escribe el nombre del número?

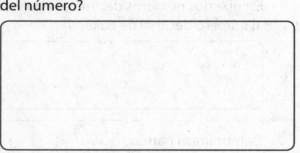

11. Los siguientes números siguen un patrón.

0.006   0.06   0.6   6 _____ _____

Parte A

¿Cuáles son los dos números que siguen en el patrón?

Parte B

¿Cuál es la relación entre los términos del patrón?

12. Kendra y su caballo realizaron la carrera con barriles en 15.839 segundos. ¿Cuál es este número redondeado a la décima más cercana? Explica cómo lo decidiste.

Nombre _____

Frutas y verduras

Henry anotó la cantidad de frutas y verduras que compró su familia durante los últimos dos meses.

1. Escoge cuatro frutas y haz una lista en la siguiente tabla.

Parte A

Redondea el peso de las frutas a las 0.1 libras más cercanas.
Escribe el peso redondeado en la columna siguiente.

Fruta	Peso redondeado (lb)	Fruta	Peso redondeado (lb)

DATOS	Fruta	Peso (lb)
	manzana	2.068
	arándano	1.07
	limón	1.031
	naranja	3.502
	durazno	2.608
	pera	3.592

Parte B

Explica cómo redondeaste el peso de las frutas.

2. Escoge cuatro verduras y haz una lista en la siguiente tabla.

Parte A

Redondea el peso de las verduras a las 0.01 libras más cercanas.
Escribe el peso redondeado en la columna siguiente.

Verdura	Peso redondeado (lb)	Verdura	Peso redondeado (lb)

DATOS	Verdura	Peso (lb)
	espárrago	2.317
	remolacha	1.862
	apio	1.402
	maíz	2.556
	papa	3.441
	cebolla	1.861

Parte B

Explica cómo redondeaste el peso de las verduras.

3. Usa $<$, $>$ o $=$ para comparar el peso de los arándanos y los limones.

4. Cuando se redondea a la centésima más cercana, dos productos se redondearán al mismo decimal. ¿Cuáles son los dos productos?

5. ¿Cómo muestra escribir el peso de las papas en forma desarrollada que un mismo dígito puede tener valores diferentes?

6. ¿Cuál es la relación entre los valores de los dos 4 en el peso de las papas?

7. Escribe la cantidad de libras de apio que la familia de Henry compró usando los nombres de los números y la forma desarrollada.

8. La tienda donde compra la familia de Henry vendió 10^3 veces la cantidad de libras de maíz que lo que compró la familia de Henry.

Parte A

¿Cuántas libras de maíz vendió la tienda? Escribe tu respuesta en forma estándar y con los nombres de los números.

Parte B

Explica cómo hallaste tu respuesta.

Sumar y restar números decimales hasta las centésimas

Preguntas esenciales: ¿Cómo se pueden estimar las sumas y las diferencias de los números decimales? ¿Cuáles son los procedimientos estándar para sumar y restar números enteros y números decimales? ¿Cómo se pueden calcular mentalmente las sumas y las diferencias?

Recursos digitales

Resuelve Aprende Glosario Amigo de práctica

Herramientas Evaluación Ayuda Juegos

Todos los seres vivos se clasifican en productores, consumidores o descomponedores.

Los productores elaboran alimento. Los consumidores usan el alimento que elaboran los productores o comen otros organismos.

¡Nosotros somos consumidores! Este proyecto es sobre la cantidad de alimento que necesitan los consumidores.

Proyecto de Matemáticas y Ciencias: Productores y consumidores

Investigar Usa la Internet u otras fuentes para buscar información sobre los productores y los consumidores.

Diario: Escribir un informe Incluye lo que averiguaste. En tu informe, también:

- escribe qué necesitan los productores para sobrevivir y qué necesitan los consumidores para sobrevivir.

- da al menos tres ejemplos de productores y de consumidores.

- escribe y resuelve problemas de suma y resta con números decimales sobre la cantidad de alimento que necesitan los consumidores.

⭐Repasa lo que sabes⭐

A-Z Vocabulario

Escoge el mejor término del recuadro.
Escríbelo en el espacio en blanco.

• diferencia	• redondear
• equivalentes	• suma o total
• operaciones inversas	• sumando

1. La _____ es el resultado de restar un número de otro.

2. Dos números o expresiones que tienen el mismo valor son _____.

3. La respuesta de un problema de suma es la _____.

4. Una manera de estimar una respuesta es _____ los números y luego calcular.

Redondear números decimales

Redondea los números a la décima más cercana.

5. 74.362   6. 28.45   7. 13.09

Redondea los números a la centésima más cercana.

8. 43.017   9. 186.555   10. 222.222

Redondea los números al dígito subrayado.

11. 8<u>4</u>.59   12. 2.9<u>4</u>8   13. 30.1<u>2</u>5

Suma y resta con reagrupación

Halla las sumas o diferencias.

14. $9,536 + 495$ 15. $612 - 357$ 16. $5,052 - 761$

17. Vivica ve que una impresora cuesta $679 y una computadora cuesta $1,358. ¿Cuál es el costo total de la impresora y la computadora?

18. El río Pecos tiene 926 millas de longitud y el río Brazos tiene 1,280 millas de longitud. ¿Cuántas millas más largo que el río Pecos es el río Brazos?

Ⓐ 2,206 millas   Ⓑ 1,206 millas   Ⓒ 364 millas   Ⓓ 354 millas

Mis tarjetas de palabras

Usa los ejemplos de las palabras de las tarjetas para ayudarte a completar las definiciones que están al reverso.

---

números compatibles

Estima 547 + 294 y 547 − 294.

547 es aproximadamente 550; 294 es aproximadamente 300.

547 + 294 es aproximadamente 550 + 300 = 850.

547 − 294 es aproximadamente 550 − 300 = 250.

---

compensación

Halla 648 + 325.

Suma 2.

650 + 325 = 975

Resta 2.

Por tanto, 648 + 325 = 973.

---

propiedad conmutativa de la suma

6,283 + 4,129 = 4,129 + 6,283

10,412 = 10,412

---

propiedad asociativa de la suma

243 + (157 + 732) = (243 + 157) + 732

243 +   889   =   400   + 732

1,132 = 1,132

Mis tarjetas de palabras

Completa cada definición. Para ampliar lo que aprendiste, escribe tus propias definiciones.

La _____ consiste en ajustar un número para que sea más fácil calcular y luego cambiar otro número para equilibrar el ajuste.

Los _____ son números que son fáciles de usar para calcular mentalmente.

La _____

_____ establece que los sumandos se pueden reagrupar y la suma sigue siendo la misma.

La _____

_____ establece que los sumandos se pueden sumar en cualquier orden y la suma sigue siendo la misma.

© Pearson Education, Inc. 5

Nombre _____

Resuélvelo y coméntalo

Tres programas informáticos cuestan $20.75, $10.59 y $18.25. ¿Cuál es el costo total de los programas informáticos? *Calcula mentalmente para resolver el problema.*

Puedes razonar como ayuda. ¿Qué sabes acerca de sumar tres números que pueda ayudarte a resolver este problema?

Puedo...
calcular mentalmente para resolver problemas de suma y resta.

Ⓒ **Estándar de contenido** 5.NBD.B.7
Prácticas matemáticas PM.2, PM.3, PM.4, PM.6, PM.8

¡Vuelve atrás! Ⓒ **PM.3 Construir argumentos** ¿Qué dos números de arriba son fáciles de sumar mentalmente? ¿Por qué?

Pregunta esencial **¿Cómo se puede calcular mentalmente para sumar?**

A

Las propiedades de la suma pueden ayudarte a hallar el costo total de estos tres artículos.

La propiedad conmutativa y la propiedad asociativa hacen que sea fácil sumar $11.45 + $3.39 + $9.55.

La **propiedad asociativa** te permite cambiar la agrupación de los sumandos.
($11.45 + $3.39) + $9.55 =
$11.45 + ($3.39 + $9.55)

La **propiedad conmutativa** te permite sumar dos números decimales en cualquier orden.
$11.45 + $3.39 = $3.39 + $11.45

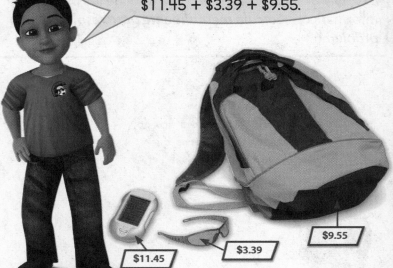

$11.45 $3.39 $9.55

B
Usa la propiedad conmutativa para cambiar el orden.

$11.45 + ($3.39 + $9.55) =
$11.45 + ($9.55 + $3.39)

Usa la propiedad asociativa para cambiar la agrupación.

$11.45 + ($9.55 + $3.39) =
($11.45 + $9.55) + $3.39

C
Suma $11.45 y $9.55 primero porque es fácil calcularlo mentalmente.

$11.45 + $9.55 = $21

$21 + $3.39 = $24.39

Los tres artículos cuestan en total $24.39.

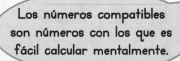 Los números compatibles son números con los que es fácil calcular mentalmente.

¡Convénceme! © **PM.2 Razonar** Calcula mentalmente para hallar la suma. Explica tu razonamiento.

Jim gana $22.50, $14.75 y $8.50 en tres días diferentes. ¿Cuánto ganó en total?

Otro ejemplo

Con la compensación, ajusta uno o los dos números para calcular más fácilmente. Luego ajusta la diferencia o la suma para obtener la respuesta final.

Usa la compensación para restar.

Halla 4.25 − 0.08 mentalmente.

4.25 − 0.10 = 4.15

Se restaron 0.02 de más. Compensa: vuelve a sumar 0.02.

4.25 − 0.08 = 4.17

Usa la compensación para sumar.

Halla $3.47 + $4.35 mentalmente.

$3.50 + $4.35 = $7.85

Suma 0.03. Compensa: resta 0.03.

$3.47 + $4.35 = $7.82

☆ Práctica guiada

¿Lo entiendes?

1. **PM.6 Hacerlo con precisión** En el ejemplo de suma anterior, ¿por qué la respuesta es $0.03 menos que $7.85?

2. ¿En qué problema es más fácil restar: 15.50 − 8.75 o 15.75 − 9? Explícalo.

¿Cómo hacerlo?

Calcula mentalmente para sumar o restar en los Ejercicios **3** a **6**.

3. 12 + 3.04 + 8.28

4. 6.97 + 4.15

5. 9.04 − 6.98

6. 4.02 + 0.19 + 16.48

☆ Práctica independiente

Práctica al nivel Usa las propiedades y calcula mentalmente para sumar o restar en los Ejercicios **7** a **12**.

7. 7.1 + 5.4 + 2.9 =

_____ + 5.4 =

_____

8. 373.4 − 152.9 =

373.4 − _____ = 220.4

_____ + 0.1 = _____

9. $18.25 + $7.99 + $4.75

10. 1.05 + 3 + 4.28 + 0.95

11. 2,504 + 140 + 160

12. 35.7 − 14.8

Prácticas matemáticas y resolución de problemas

13. © **PM.4 Representar con modelos matemáticos** Joanne compró tres libros que costaban $3.95, $4.99 y $6.05. ¿Cuánto gastó en total? Usa la compensación y calcula mentalmente para hallar la suma.

? gastó ⟶

	?	
$3.95	$4.99	$6.05

14. © **PM.3 Construir argumentos** Usa la compensación para hallar las diferencias mentalmente. Explica cómo hallaste cada diferencia.

A   67 − 29

B   456 − 198

15. **Sentido numérico** La tabla muestra cuántos puntos anotó Eduardo en cada partido. Calcula mentalmente para hallar cuántos puntos anotó en los primeros tres partidos.

Partido	Puntos
1	54
2	19
3	26
4	10

16. En tres días diferentes en su trabajo Sue ganó $27, $33 y $49. Necesita ganar $100 para comprar un escritorio para su computadora. Si compra el escritorio ahora, ¿cuánto dinero le quedará?

17. En un estante caben 50 DVD. Jill tiene 27 DVD. Planea comprar 5 nuevos. Cada DVD cuesta $9. Después de que compre los nuevos, ¿cuántos DVD más cabrán en el estante?

18. © **PM.2 Razonar** Cuando hallas la diferencia entre dos números mentalmente, ¿puedes usar la propiedad conmutativa? Explícalo.

19. **Razonamiento de orden superior** Dalia compró una madeja de lana de alpaca a $47.50, una madeja de lana de angora a $32.14 y una madeja de lana común a $16.50, más un par de agujas de tejer a $3.86. ¿Cuánto gastó en total? Describe cómo calculaste tu respuesta.

© **Evaluación de** *Common Core*

20. La clase de la Sra. Healer fue de excursión a un parque a 12.3 millas. La clase del Sr. Dean hizo 4.9 millas para ir a la biblioteca. ¿Cuánto más lejos fue la clase de la Sra. Healer que la clase del Sr. Dean? Explica cómo calculaste mentalmente para hallar la diferencia.

¡Revisemos!

Puedes usar las propiedades de la suma, números compatibles o la compensación como ayuda para hallar las respuestas.

Usa las propiedades de la suma para hallar $5.7 + 6 + 4.3$.	Usa la compensación para hallar $12.7 + 0.9$.	Usa la compensación para hallar $18.3 - 6.9$.
$5.7 + 6 + 4.3$ Usa la propiedad conmutativa. $5.7 + 4.3 + 6$ Suma. $10 + 6 = 16$	$12.7 + 0.9$ Suma 0.1 a 0.9. $12.7 + 1 = 13.7$ Resta 0.1. $12.7 + 0.9 = 13.6$	$18.3 - 6.9$ Suma 0.1 a 6.9. $18.3 - 7 = 11.3$ Se restó 0.1 de más. Suma 0.1. $18.3 - 6.9 = 11.4$

Práctica al nivel Usa las propiedades y calcula mentalmente para resolver en los Ejercicios **1** a **15**.

1. $275 + 180 + 120 =$

$275 +$ _____ $=$

_____

2. $19.5 + 24 + 7.5 =$

$19.5 +$ _____ $+ 24 =$

_____ $+ 24 =$ _____

3. $87.2 - 25.9 =$

$87.2 -$ _____ $= 61.2$

_____ $+ 0.1 =$ _____

4. $8.4 + 6.21 + 2.6$

5. $7.35 + 1.47 + 9.65$

6. $12.32 - 8$

7. $75.25 - 11.92$

8. $34.76 + 170 + 16.24$

9. $54.3 - 19.74$

10. $192.63 - 7.95$

11. $201.96 + 38.7 + 0.84$

12. $100.6 + 296.5$

13. $421.2 - 305.8$

14. $1,050 + 815 + 250$

15. $\$5.40 + \$8.70 + \$6.30$

16. © **PM.4 Representar con modelos matemáticos** James está comprando artículos para la escuela. Compra un cuaderno a $2.45, un paquete de portaminas a $3.79 y un borrador a $1.55. Calcula mentalmente para hallar cuánto gastó en total.

? gastó ⟶

?		
$2.45	$3.79	$1.55

17. © **PM.8 Generalizar** ¿En qué se parece calcular mentalmente para sumar números decimales a calcular mentalmente para sumar números enteros? ¿En qué se diferencia?

18. Isabel hizo la siguiente gráfica para mostrar el precio diario de las acciones de la Compañía XYZ. ¿Cuál fue el cambio de precio del lunes al viernes?

¿Cuál es la escala de la gráfica?

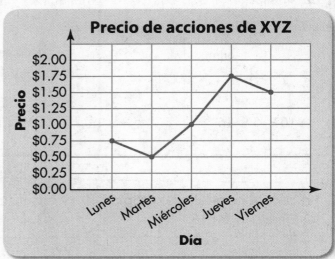

19. **Razonamiento de orden superior** Julia fue al supermercado y compró una docena de huevos, dos libras de plátanos y un frasco de salsa de tomate. No está incluido en la cuenta un cupón por $0.70 de descuento sobre cualquier compra. Si Julia usó el cupón, ¿cuánto gastó en total?

1 docena de huevos $2.51

plátanos 2 lb a $0.99/lb $1.98

salsa de tomate $1.49

© **Evaluación de** *Common Core*

20. En una semana, Karry corrió 9.3 millas y Tricia corrió 4.4 millas. Calcula mentalmente para hallar cuánto más que Tricia corrió Karry. Explica cómo hallaste la diferencia.

Nombre _____

Resuélvelo y coméntalo

Un parque de diversiones tiene dos montañas rusas. Una mide 628 pies de longitud y la otra mide 485 pies de longitud. Si subes a las dos montañas rusas, aproximadamente ¿cuántos pies recorrerás en total? *Haz una estimación para resolver el problema.*

Puedes razonar para decidir qué se te pide que halles. ¿Hay que hallar una respuesta exacta para resolver el problema? ¿Cómo lo sabes?

Lección 2-2
Estimar sumas y diferencias

Puedo...
estimar sumas y diferencias de números decimales.

Ⓒ **Estándares de contenido** 5.NBD.B.7, 5.NBD.A.4
Prácticas matemáticas PM.2, PM.3, PM.4

¡Vuelve atrás! Ⓒ **PM.4 Representar con modelos matemáticos** Aproximadamente, ¿cuánto más larga es una montaña rusa que la otra? Muestra tu trabajo.

Pregunta esencial ¿Cómo se pueden estimar sumas?

A

Los estudiantes están recolectando comida para perros para donar a un albergue para animales. Estima cuántas libras se reunieron en las Semanas 3 y 4.

DATOS Semana	Libras de comida para perros
1	172.3
2	298
3	237.5
4	345.1
5	338

Hay más de una manera de hallar una estimación.

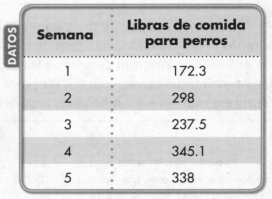

B **Una manera**

Redondea los sumandos a la centena más cercana.

$$237.5 \longrightarrow 200$$
$$+ 345.1 \longrightarrow + 300$$
$$\overline{ 500}$$

237.5 + 345.1 es aproximadamente 500.

Los estudiantes reunieron aproximadamente 500 libras de comida en las Semanas 3 y 4.

C **Otra manera**

Sustituye por números compatibles.

$$237.5 \longrightarrow 250$$
$$+ 345.1 \longrightarrow + 350$$
$$\overline{ 600}$$

237.5 + 345.1 es aproximadamente 600.

Los estudiantes reunieron aproximadamente 600 libras de comida en las Semanas 3 y 4.

¡Los números compatibles son fáciles de sumar!

¡Convénceme! © **PM.3 Evaluar el razonamiento** Tomás dijo: "¡Nos fue muy bien en la Semana 4! Reunimos casi dos veces la cantidad de libras que en la Semana 1".

Haz una estimación para decidir si tiene razón. Explica tu razonamiento.

Otro ejemplo

Puedes estimar diferencias.

Estima $22.8 - 13.9$.

Una manera

Redondea los números al número entero más cercano.

$$
\begin{array}{rcr}
22.8 & \longrightarrow & 23 \\
-\ 13.9 & \longrightarrow & -\ 14 \\
\hline
 & & 9
\end{array}
$$

$22.8 - 13.9$ es aproximadamente 9.

Otra manera

Sustituye por números compatibles.

$$
\begin{array}{rcr}
22.8 & \longrightarrow & 25 \\
-\ 13.9 & \longrightarrow & -\ 15 \\
\hline
 & & 10
\end{array}
$$

$22.8 - 13.9$ es aproximadamente 10.

☆ Práctica guiada *

¿Lo entiendes?

1. © **PM.3 Construir argumentos** En el ejemplo anterior, ¿qué estimación está más cerca de la diferencia real? ¿Cómo puedes saberlo sin restar?

2. En el ejemplo de la página 66, los estudiantes reunieron más libras de comida para perros la Semana 4 que la Semana 3. Estima aproximadamente cuántas libras más.

¿Cómo hacerlo?

Estima las sumas y diferencias en los Ejercicios **3** a **10**.

3. $49 + 22.88$ 4. $86.9 - 18$

5. $179 + 277.1$ 6. $23.2 - 9.71$

7. $23.8 - 4.7$ 8. $87.2 + 3.9$

9. $38.9 - 21.4$ 10. $576 + 94.6$

☆ Práctica independiente

Estima las sumas o diferencias en los Ejercicios **11** a **18**.

11. $79.1 + 32.4$ 12. $788.9 - 572$ 13. $837 + 488.12$ 14. $418.5 - 23.7$

15. $2.9 + 3.9$ 16. $\$12.99 - \$3.95$ 17. $8.1 + 3.7 + 7.9$ 18. $3.8 + 4.1 + 3.3$

Prácticas matemáticas y resolución de problemas

19. **PM.3 Construir argumentos** El costo de un DVD es $16.98 y el costo de otro DVD es $9.29. Ed estimó que el costo de los dos DVD es aproximadamente $27. ¿Su estimación es mayor o menor que el costo real? Explícalo.

20. **Razonamiento de orden superior** Un maestro está organizando una excursión. En cada autobús caben 46 personas sentadas. ¿Es mejor estimar una cantidad mayor o menor que la cantidad real de personas que irán a la excursión? ¿Por qué?

21. Se suele comparar el tamaño y la forma del Parque Golden Gate con el tamaño y la forma del Central Park. Aproximadamente, ¿cuántos acres más tiene el Parque Golden Gate que Central Park?

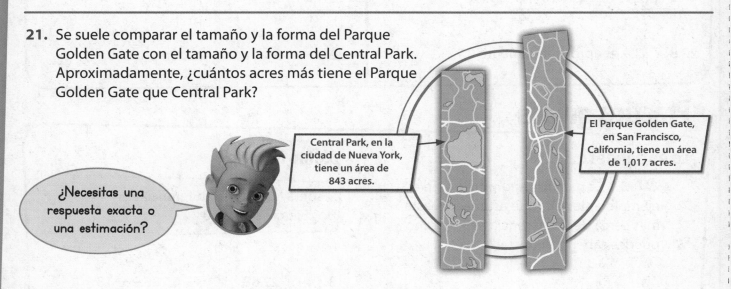

¿Necesitas una respuesta exacta o una estimación?

Central Park, en la ciudad de Nueva York, tiene un área de 843 acres.

El Parque Golden Gate, en San Francisco, California, tiene un área de 1,017 acres.

Evaluación de *Common Core*

22. Tres muestras de roca tienen masas de 74.05 gramos, 9.72 gramos y 45.49 gramos. Un científico estima la masa total de las muestras redondeando cada masa al número entero más cercano. ¿Qué opción incluye los números que sumará?

    Ⓐ   75, 10 y 46

    Ⓑ   74.1, 9.7 y 45.5

    Ⓒ   74, 10 y 45

    Ⓓ   75, 10 y 50

23. Humberto compra un juego a $7.89 y pilas a $5.49. Paga con un billete de $20. ¿Cuál es la mejor estimación de cuánto cambio debe recibir?

    Ⓐ $5.00

    Ⓑ $7.00

    Ⓒ $13

    Ⓓ $17.00

Nombre _____

Ayuda · Amigo de práctica · Herramientas · Juegos

¡Revisemos!

En una semana, el Sr. Graham manejó un camión a cuatro ciudades diferentes para hacer entregas. Estima cuánto manejó en total. Aproximadamente, ¿cuánto más manejó el miércoles que el lunes?

Registro de millaje del Sr. Graham

Día	Ciudades	Millaje
Lunes	Mansley a Mt. Hazel	243.5
Martes	Mt. Hazel a Perkins	303
Miércoles	Perkins a Alberton	279.1
Jueves	Alberton a Fort Maynard	277.4

DATOS

Redondea los números a la centena más cercana.

$$243.5 \longrightarrow 200$$
$$303 \longrightarrow 300$$
$$279.1 \longrightarrow 300$$
$$+\ 277.4 \longrightarrow +\ 300$$
$$1{,}100$$

El Sr. Graham manejó aproximadamente 1,100 millas.

Estima la diferencia redondeada a la decena más cercana.

$$279.1 \longrightarrow 280$$
$$-\ 243.5 \longrightarrow -\ 240$$
$$40$$

El Sr. Graham manejó aproximadamente 40 millas más el miércoles que el lunes.

1. Marisol anduvo en bicicleta todos los días durante cinco días. Estima qué distancia recorrió en total. Redondea los números al número entero más cercano.

$12 + \underline{\quad} + 18 + \underline{\quad} + \underline{\quad} = \underline{\quad}$

Marisol recorrió aproximadamente _____ millas.

Paseos en bicicleta de Marisol

Día	Millaje
Lunes	12.3
Martes	14.1
Miércoles	17.7
Jueves	11.8
Viernes	15.2

DATOS

2. Aproximadamente, ¿cuánto más anduvo en bicicleta el miércoles que el jueves?

$18 - \underline{\quad} = \underline{\quad}$

Anduvo aproximadamente _____ millas más el miércoles.

Estima las sumas o las diferencias.

3. $19.7 - 6.9$

4. $59 + 43.6$

5. $5.82 + 1.69 + 2.3$

6. $87.99 - 52.46$

7. Matemáticas y Ciencias
Aproximadamente, ¿cuántas pulgadas más de lluvia tuvo Asheville que Wichita? Aproximadamente, ¿cuántos días más llovió en Asheville que en Wichita?

Precipitación media anual de ciudades de los EE. UU.		
Ciudad	**Pulgadas**	**Días**
Asheville, Carolina del Norte	47.71	124
Wichita, Kansas	28.61	85

8. © PM.2 Razonar Cuatro amigos hicieron una gráfica de barras para mostrar cuántas tarjetas de beisbol reunieron durante el verano.

Aproximadamente, ¿cuántas tarjetas reunieron en total?

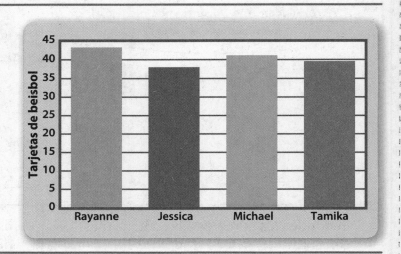

9. © PM.3 Construir argumentos Estima el peso total de dos cajas que pesan 9.4 libras y 62.6 libras redondeando y usando números compatibles. ¿Qué estimación está más cerca del peso total? ¿Por qué?

10. Razonamiento de orden superior Un jardinero estima la cantidad de mantillo que necesita para dos canteros. No hay espacio para guardar el mantillo que sobre. ¿Es mejor estimar una cantidad mayor o menor que el mantillo que necesita? ¿Por qué?

© Evaluación de *Common Core*

11. Martha compró una manzana a $0.89 y una bebida a $1.95. ¿Cuál es la mejor estimación de cuánto dinero gastó?

   Ⓐ $2.00

   Ⓑ $3.00

   Ⓒ $4.00

   Ⓓ $5.00

12. Rachel compró un libro a $5.49 y un juego a $10.98. Pagó con un billete de $20. ¿Cuál es la mejor estimación de la cantidad de cambio que debe recibir?

   Ⓐ $4

   Ⓑ $6

   Ⓒ $14

   Ⓓ $16

Resuelve

Resuélvelo y coméntalo

Gloria anduvo 0.75 millas en bicicleta por la mañana y 1.10 millas por la tarde. ¿Cuántas millas anduvo Gloria en bicicleta en total? *Resuelve este problema de la manera que prefieras.*

Puedo...
representar sumas y diferencias de números decimales.

© **Estándar de contenido** 5.NBD.B.7
Prácticas matemáticas PM.1, PM.3, PM.4, PM.5

Puedes usar herramientas apropiadas, como cuadrículas decimales, como ayuda para calcular cuántas millas anduvo en bicicleta Gloria.

¡Vuelve atrás! © **PM.1 Entender y perseverar** ¿Cómo puedes comprobar si tu respuesta es correcta?

Pregunta esencial **¿Cómo se pueden usar cuadrículas para sumar números decimales?**

A

Usa la tabla de la derecha para hallar el costo total mensual de usar el lavaplatos y el reproductor de DVD.

Se puede usar un modelo para sumar números decimales.

Aparato	Costo mensual
Reproductor de DVD	$0.40
Horno de microondas	$3.57
Luz de techo	$0.89
Lavaplatos	$0.85

DATOS

B Usa cuadrículas de centésimas para sumar $0.85 + $0.40.

Cuesta $0.85 mensuales usar el lavaplatos.

Colorea 85 cuadrados para representar $0.85.

C Cuesta $0.40 mensuales usar el reproductor de DVD.

Usa otro color para colorear 40 cuadrados más y representar $0.40. Cuenta todos los cuadrados coloreados para hallar la suma.

$0.85 + $0.40 = $1.25

El costo mensual de usar el lavaplatos y el reproductor de DVD es $1.25.

¡Convénceme! © PM.3 **Evaluar el razonamiento** Para el ejemplo anterior, Jesse dijo: "El costo total mensual de usar la luz de techo y el lavaplatos fue $0.74". ¿Tiene razón Jesse? Explícalo.

© Pearson Education, Inc. 5

Otro ejemplo

Puedes restar números decimales con cuadrículas.

Usa cuadrículas de centésimas para hallar 1.57 − 0.89.

Paso 1

Colorea 1 cuadrícula y 57 cuadrados para representar 1.57.

Paso 2

Tacha 8 columnas y 9 cuadrados de la cuadrícula coloreada. La diferencia son los cuadrados que están coloreados pero no están tachados.

1.57 − 0.89 = 0.68

☆ Práctica guiada *

¿Lo entiendes?

1. © PM.4 **Representar con modelos matemáticos** Explica cómo usar cuadrículas para hallar la diferencia entre el costo mensual de usar el reproductor de DVD y el lavaplatos. Luego halla la diferencia.

¿Cómo hacerlo?

Usa cuadrículas de centésimas para sumar o restar en los Ejercicios **2** a **7**.

2. 1.22 + 0.34   **3.** 0.63 + 0.41

4. 2.73 − 0.94   **5.** $1.38 − $0.73

6. 0.47 − 0.21   **7.** 2.02 + 0.8

☆ Práctica independiente

Suma o resta en los Ejercicios **8** a **11**. Usa cuadrículas de centésimas como ayuda.

8. 0.1 + 0.73

9. $1.33 − $0.35

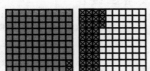

10. $0.37 + $0.47

11. 1.11 + 0.89

Prácticas matemáticas y resolución de problemas

12. © **PM.3 Construir argumentos** ¿En qué se parece sumar 4.56 + 2.31 a sumar $2.31 + $4.56?

13. © **PM.4 Representar con modelos matemáticos** Escribe una expresión que se pueda representar con el siguiente modelo.

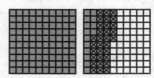

14. ¿La suma de 0.46 + 0.25 es menor o mayor que uno? Explícalo.

15. **Sentido numérico** Haz una estimación para decidir si la suma de 314 + 175 es más o menos de 600.

16. **Razonamiento de orden superior** ¿Piensas que la diferencia de 1.4 − 0.95 es menor o mayor que uno? Explícalo.

17. A-Z **Vocabulario** Estima 53.8 − 27.6. Encierra en un círculo los **números compatibles** que usarías.

54 − 28   53 − 28   55 − 27   55 − 25

18. **Álgebra** Escribe una expresión que pueda usarse para hallar el perímetro de la piscina que se muestra a la derecha. Recuerda que el perímetro es la distancia alrededor de una figura.

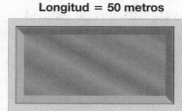

Longitud = 50 metros

Ancho = 25 metros

© Evaluación de *Common Core*

19. Cada área coloreada en las siguientes cuadrículas representa un número decimal.

Parte A

¿Cuál es la suma de los números decimales?

Parte B

Explica cómo hallaste la respuesta.

© Pearson Education, Inc. 5

Nombre _____

Tarea y práctica 2-3

Usar modelos para sumar y restar números decimales

¡Revisemos!

Halla 0.22 + 0.17.

Paso 1

Colorea 22 cuadrados para representar 0.22.

Paso 2

Usa otro color para colorear 17 cuadrados y representar 0.17.

Paso 3

Cuenta todos los cuadrados coloreados. Escribe el número decimal que representa los cuadrados coloreados: 0.39.

Por tanto, 0.22 + 0.17 = 0.39

Halla 0.61 − 0.42.

Paso 1

Colorea 61 cuadrados para representar 0.61.

Paso 2

Tacha 42 cuadrados para representar la resta de 0.42.

Paso 3

Cuenta los cuadrados que están coloreados pero sin tachar. Escribe el número decimal: 0.19.

Por tanto, 0.61 − 0.42 = 0.19.

> Cuenta todos los cuadrados coloreados para hallar la suma y tacha cuadrados coloreados para hallar la diferencia.

Usa cuadrículas de centésimas para sumar o restar en los Ejercicios **1** y **2**.

1. 0.27 + 0.19 = _____

2. 0.39 − 0.14 = _____

3. 0.68 − 0.24 = _____

4. 0.88 + 0.25 = _____

5. 2.88 − 0.59 = _____

6. 1.24 + 0.44 = _____

7. 0.96 + 1.05 = _____

8. 0.52 − 0.19 = _____

9. Escribe la oración numérica que representan las cuadrículas de centésimas de la derecha.

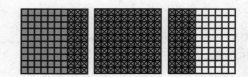

10. © **PM.3 Construir argumentos** ¿La diferencia de 1.48 − 0.25 es menor o mayor que uno? Explícalo.

11. **Razonamiento de orden superior** Un frasco de perfume contiene 0.55 onzas. Un frasco de colonia contiene 0.2 onzas. ¿Cuántas onzas más tiene el frasco de perfume?

12. © **PM.4 Representar con modelos matemáticos** Como parte de su entrenamiento, Jamal hace dos series de 25 flexiones de pecho. Si hace esto 10 veces todos los meses, ¿cuántas flexiones de pecho hace por mes? Escribe una ecuación para mostrar tu trabajo.

13. La cámara de video más pequeña del mundo tiene 0.99 milímetros de diámetro. ¿El diámetro de la cámara de video es menor o mayor que 0.1 milímetros?

14. Un restaurante compró 48.5 libras de manzanas a un huerto local. El mes siguiente, el restaurante compró 65.3 libras de manzanas más y 24.5 libras de peras. ¿Cuántas libras de fruta compró el restaurante?

15. © **PM.4 Representar con modelos matemáticos** Escribe una expresión que pueda representarse con el siguiente modelo.

© **Evaluación de** *Common Core*

16. Cada una de las áreas coloreadas en las siguientes cuadrículas representa un número decimal.

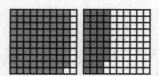

Parte A

¿Cuál es la suma de los números decimales?

Parte B

Explica cómo hallaste la respuesta.

Nombre _____

Resuélvelo y coméntalo

El Sr. Davidson tiene dos bolsas de papas. La primera bolsa pesa 11.39 libras. La segunda bolsa pesa 14.27 libras. ¿Cuántas libras de papas tiene en total el Sr. Davidson? *Resuelve este problema de la manera que prefieras.*

Lección 2-4
Sumar números decimales

Puedo...
sumar números decimales usando el algoritmo convencional.

Estándar de contenido 5.NBD.B.7
Prácticas matemáticas PM.2, PM.3, PM.4, PM.8

Puedes generalizar lo que sabes acerca de la suma de números enteros y aplicarlo a la suma de números decimales.

11.39 lb

14.27 lb

¡Vuelve atrás! **PM.8 Generalizar** ¿En qué se parece sumar números decimales a sumar números enteros?

Pregunta esencial ¿Cómo se pueden sumar números decimales?

A

Un equipo de natación participó en una carrera de relevos. En la tabla se anotaron los tiempos de los nadadores para cada tramo de la carrera. ¿Cuál fue el tiempo combinado de los tramos de Caleb y Bradley en la carrera de relevos?

Puedes hallar 21.49 + 21.59, pero primero haz una estimación: 21 + 22 = 43.

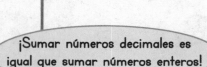

DATOS	Nadadores en carrera de relevos	Tiempo en segundos
	Caleb	21.49
	Bradley	21.59
	Vick	20.35
	Matthew	19.03

B **Paso 1**

Escribe los números y alinea los puntos decimales.

$$\begin{array}{r} 21.49 \\ + \ 21.59 \\ \hline \end{array}$$

¡Sumar números decimales es igual que sumar números enteros!

C **Paso 2**

Suma las centésimas.

Reagrupa si es necesario.

$$\begin{array}{r} \overset{1}{2}1.49 \\ + \ 21.59 \\ \hline 8 \end{array}$$

D **Paso 3**

Suma las décimas, las unidades y las decenas. Alinea el punto decimal de la suma con el punto decimal de los sumandos. Compara la suma con tu estimación.

$$\begin{array}{r} \overset{1}{2}\overset{1}{1}.49 \\ + \ 21.59 \\ \hline 43.08 \end{array}$$

El tiempo combinado de Caleb y Bradley fue 43.08 segundos. La suma está cerca de la estimación.

¡Convénceme! © PM.3 **Evaluar el razonamiento** André dijo que en los últimos dos tramos de la carrera tardaron 3,938 segundos. ¿Cuál fue su error?

© Pearson Education, Inc. 5

Amigo de práctica   Herramientas   Evaluación

Otro ejemplo

Carson corrió 7.81 millas la semana pasada y 14 millas esta semana. ¿Cuántas millas corrió en las dos semanas?

Paso 1

Escribe los números y alinea los puntos decimales.

Agrega dos ceros para que los dos sumandos tengan la misma cantidad de lugares decimales.

$$14.00$$
$$+ \; 7.81$$

Paso 2

Suma las centésimas.

Reagrupa si es necesario.

$$14.00$$
$$+ \; 7.81$$
$$\overline{\hphantom{000}1}$$

Paso 3

Suma las décimas, las unidades y las decenas. Alinea los puntos decimales de la suma con el punto decimal de los sumandos.

$$\overset{1}{14.00}$$
$$+ \; 7.81$$
$$\overline{21.81}$$

Carson corrió 21.81 millas en total.

☆ Práctica guiada*

¿Lo entiendes?

1. En el ejemplo de la página 78, ¿cuál fue el tiempo combinado para los dos tramos del medio de la carrera de relevos?

¿Cómo hacerlo?

Halla las sumas en los Ejercicios **2** a **5**.

2. $\begin{array}{r} 0.82 \\ + \; 4.21 \\ \hline \end{array}$ 3. $\begin{array}{r} 9.1 \\ + \; 7.21 \\ \hline \end{array}$

4. $0.26 + 8.3$ 5. $4.98 + 3.02$

☆ Práctica independiente ☆

Puedes hacer una estimación primero para asegurarte de que tus respuestas sean razonables.

Práctica al nivel Halla las sumas en los Ejercicios **6** a **12**.

6. $\begin{array}{r} 1.03 \\ + \; 0.36 \\ \hline \square.3\square \end{array}$ 7. $\begin{array}{r} 6.9 \\ + \; 2.8 \\ \hline \square.7 \end{array}$ 8. $\begin{array}{r} 45.08 \\ + \; 2.01 \\ \hline 7.\square 9 \end{array}$ 9. $\begin{array}{r} 2.00 \\ + \; 0.78 \\ \hline \end{array}$

10. $\$271.90 + \$34.22$ 11. $7.2 + 3.96 + 8.8$ 12. $16.62 + 4 + 2.38$

13. © **PM.4 Representar con modelos matemáticos** Un granjero vendió 53.2 libras de zanahorias y 29.4 libras de espárragos a un restaurante. ¿Cuántas libras de estas dos verduras compró el restaurante?

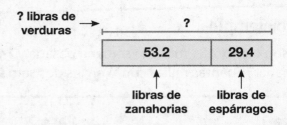

? libras de verduras

| 53.2 | 29.4 |

libras de zanahorias | libras de espárragos

Usa la tabla para resolver los Ejercicios **14** y **15**.

14. **Matemáticas y Ciencias** ¿Qué par de ciudades tienen la mayor cantidad de lluvia en un año típico?

15. **Sentido numérico** ¿Qué lugar tuvo menos de 45 pulgadas de lluvia pero más de 40 pulgadas de lluvia?

DATOS	Lugar	Cantidad de lluvia en un año típico (en pulgadas)
	Macon, GA	45
	Boise, ID	12.19
	Caribou, ME	37.44
	Springfield, MO	44.97

---

16. **Razonamiento de orden superior** Tim ganó $16 cuidando niños y $17.50 cortando césped. Pagó $8.50 por una película y compró un envase chico de palomitas de maíz a $1.95. Escribe una expresión para representar cuánto dinero le queda.

17. © **PM.3 Evaluar el razonamiento** Juan suma 3.8 + 4.6 y obtiene una suma de 84. ¿Es correcta su respuesta? Indica cómo lo sabes.

© Evaluación de *Common Core*

18. Marca todas las expresiones que sean iguales a 12.9.

- ☐ 0.02 + 12 + 0.88
- ☐ 0.06 + 12.03
- ☐ 11.9 + 1
- ☐ 6.2 + 3.4 + 2.3
- ☐ 3.01 + 2.01 + 7.7

19. Marca todas las expresiones que sean iguales a 16.02.

- ☐ 16 + 0.02
- ☐ 3.42 + 8 + 4.6
- ☐ 16.01 + 1
- ☐ 12.06 + 3.14
- ☐ 7.36 + 8.66

Nombre _____

Ayuda Amigo de   Herramientas Juegos
       práctica

¡Revisemos!

Un científico usó 0.62 mililitros de solución
para un experimento y 0.56 mililitros de
solución para otro experimento. ¿Cuánta
solución usó para los dos experimentos?

Puedes hacer una
estimación primero
para asegurarte de que
tu respuesta sea
razonable.

Escribe los números y alinea los
puntos decimales. Incluye los ceros
para mostrar el valor de posición.

$$0.62$$
$$\underline{+\ 0.56}$$

Suma las centésimas y las décimas.

Recuerda que debes escribir el punto decimal en
tu respuesta.

$$\overset{1}{0.62}$$
$$\underline{+\ 0.56}$$
$$1.18$$

El científico usó 1.18 mililitros de solución.

Práctica al nivel Halla las sumas en los Ejercicios **1** a **11**.

1. Halla $55.25 + 2.98 + 16.3$.

$$
\begin{array}{r}
5\,5.2\,5 \\
2.9\,8 \\
+\,1\,6.3 \\
\hline
7\ .\ \ 3
\end{array}
$$

2.
$$
\begin{array}{r}
37.2 \\
103. \\
+\ \ 8.52 \\
\hline
\end{array}
$$

3.
$$
\begin{array}{r}
2.97 \\
+\ 0.35 \\
\hline
\end{array}
$$

4.
$$
\begin{array}{r}
5.62 \\
+\ 7.99 \\
\hline
\end{array}
$$

5.
$$
\begin{array}{r}
23.59 \\
+\ 6.56 \\
\hline
\end{array}
$$

6. $13 + 7.69$

7. $41.5 + 12.61$

8. $39.48 + 26.7$

9. $67.55 + 0.83$

10. $88.8 + 4.27 + 78.95$

11. $2.94 + 45 + 58.06$

Usa la tabla para resolver los Ejercicios 12 y 13.

12. ¿Cuánta nieve cayó en Milwaukee y Oklahoma City juntas?

13. ¿Cuál fue la precipitación total de nieve de las tres ciudades juntas?

DATOS	Ciudad	Caída de nieve (pulgadas) en 2000
	Milwaukee, WI	87.8
	Baltimore, MD	27.2
	Oklahoma City, OK	17.3

En la clase de ciencias, los estudiantes pesaron diferentes cantidades de arcilla. Carmen pesó 4.361 onzas, Kim pesó 2.704 onzas, Simón pesó 5.295 onzas y Angélica pesó 8.537 onzas.

14. ¿Cuántas onzas de arcilla tenían Carmen y Angélica en total?

15. ¿Cuántas onzas de arcilla tenían Kim y Simón en total?

16. © **PM.4 Representar con modelos matemáticos** Tres bolsas de cuentas tienen masas de 10.3 gramos, 5.23 gramos y 3.74 gramos. Completa el diagrama de barras para hallar la masa total de todas las cuentas.

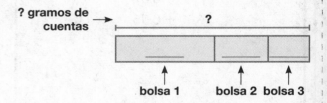

? gramos de cuentas →

bolsa 1   bolsa 2 bolsa 3

---

17. © **PM.2 Razonar** Reilly suma 45.3 y 3.21. ¿La suma debe ser mayor o menor que 48? Indica cómo lo sabes.

18. **Razonamiento de orden superior** Patrick tiene una madeja de 600 metros de lana. Usó 248.9 metros de lana para hacer un gorro. ¿Tiene lana suficiente para hacer una bufanda que lleva 354.03 metros de lana? Explícalo.

© **Evaluación de** *Common Core*

19. Marca todas las expresiones que sean iguales a 15.02.

- ☐ 12.96 + 2.06
- ☐ 0.56 + 14.64
- ☐ 2.62 + 12.4
- ☐ 1.22 + 1.8 + 12
- ☐ 1 + 0.5 + 13.8

20. Marca todas las expresiones que sean iguales a 13.99.

- ☐ 13 + 0.9
- ☐ 6.25 + 3.9 + 3.84
- ☐ 4.635 + 9.355
- ☐ 8 + 5.99
- ☐ 10 + 3.09

Nombre _____

Resuélvelo y coméntalo

La Sra. García es electricista y tiene un cable de 32.7 metros de longitud. También tiene otro cable de 15.33 metros de longitud. ¿Cuánto más largo es un cable que el otro? *Resuelve este problema de la manera que prefieras.*

Lección 2-5
Restar números decimales

Puedo...
restar números decimales usando el algoritmo convencional.

© **Estándar de contenido** 5.NBD.B.7
Prácticas matemáticas PM.1, PM.3, PM.4, PM.7, PM.8

Puedes generalizar lo que sabes acerca de la resta de números enteros y aplicarlo a la resta de números decimales.

¡Vuelve atrás! © **PM.7 Usar la estructura** ¿Cómo puedes usar la suma para comprobar el problema sobre los cables de la Sra. García?

esencial **¿Cómo se pueden restar números decimales?**

A

¿Cuál es la diferencia de envergadura de estas dos mariposas?

5.92 cm   4.37 cm

Haz una estimación antes de hallar la respuesta exacta. 6 − 4 = 2

mariposa grande → | 5.92 |

| 4.37 | ? |

mariposa pequeña   diferencia de envergadura

B **Paso 1**

Escribe los números y alinea los puntos decimales.

```
  5. 9 2
− 4. 3 7
```

C **Paso 2**

Resta las centésimas. Reagrupa si es necesario.

```
    8 12
  5. 9̸ 2̸
− 4. 3 7
        5
```

¡Puedes usar la resta para comparar números!

D **Paso 3**

Resta las décimas y las unidades. Baja el punto decimal.

```
    8 12
  5. 9̸ 2̸
− 4. 3 7
  1. 5 5
```

La diferencia de envergadura es 1.55 centímetros.

La estimación era 2; por tanto, la diferencia es razonable.

¡Convénceme! © **PM.4 Representar con modelos matemáticos** En promedio, la parte alta de la pierna de un adulto mide 19.88 pulgadas y la parte baja de la pierna mide 16.94 pulgadas. ¿Cuánto más larga es la parte alta de la pierna que la parte baja? Usa un diagrama de barras como ayuda.

parte alta de la pierna | 19.88 pulgs. |

parte baja de la pierna | ? | 16.94 pulgs. |

Nombre _____

☆ Práctica guiada *

¿Lo entiendes?

1. **Sentido numérico** Explica por qué 1.55 centímetros es una respuesta razonable para la diferencia de envergadura de las dos mariposas.

2. María volvió a escribir 45.59 − 7.9 como 45.59 − 7.90. ¿Cambia el valor de 7.9 al agregarle el cero después de 7.9? ¿Por qué?

¿Cómo hacerlo?

Resta los números decimales en los Ejercicios **3** a **10**.

3.
$$\begin{array}{r} 16.82 \\ -\ 5.21 \\ \hline \end{array}$$

4.
$$\begin{array}{r} 7.21 \\ -\ 6.1 \\ \hline \end{array}$$

5.
$$\begin{array}{r} 23.06 \\ -\ 8.24 \\ \hline \end{array}$$

6.
$$\begin{array}{r} \$4.08 \\ -\ \$2.12 \\ \hline \end{array}$$

7. 56.8 − 2.76

8. $43.80 − $16.00

9. 22.4 − 10.7

10. $36.40 − $21.16

☆ Práctica independiente

Práctica al nivel Resta para hallar las diferencias en los Ejercicios **11** a **26**.

11.
$$\begin{array}{r} 7.8 \\ -\ 4.9 \\ \hline \blacksquare.9 \end{array}$$

12.
$$\begin{array}{r} \$2\,0.6\,0 \\ \$1\,4.3\,5 \\ \hline \$\ \ \blacksquare.2\blacksquare \end{array}$$

13.
$$\begin{array}{r} 4\,3.\,9\,0 \\ -\ 7.\,5\,2 \\ \hline 3\ \blacksquare.\blacksquare\,8 \end{array}$$

14.
$$\begin{array}{r} 6\,5.9\,\blacksquare \\ -\ 2\,8.3\,8 \\ \hline 3\ \blacksquare.5\,\blacksquare \end{array}$$

15. 15.03 − 4.12

16. 13.9 − 3.8

17. 65.18 − 12.05

18. $52.02 − $0.83

19. 7.09 − 3.65

20. 34.49 − 12.61

21. 85.22 − 43.5

22. $10.05 − $4.50

23. 5.27 − 3.4

24. 23.6 − 8.27

25. 8.04 − 0.3

26. $21.37 − $10.95

Prácticas matemáticas y resolución de problemas

27. Álgebra La pirámide de Kefrén mide 143.5 metros de altura. La pirámide de Micerino mide 65.5 metros de altura. Escribe y resuelve una ecuación para hallar *d*, la diferencia de altura de estas dos pirámides.

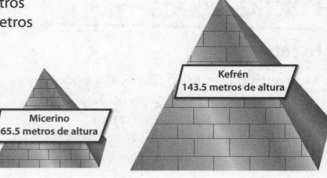

Micerino
65.5 metros de altura

Kefrén
143.5 metros de altura

28. Razonamiento de orden superior Jonah compró una botella de 1.5 litros de soda. Usó 0.8 litros de soda en un refresco. ¿Qué es mayor, la cantidad que usó o la cantidad que le queda? Explica cómo lo decidiste.

29. ☺ PM.3 Evaluar el razonamiento Sue restó 2.9 a 20.9 y obtuvo 1.8. Explica por qué esto no es razonable.

30. ☺ PM.1 Entender y perseverar Abel tenía $156.43 en su cuenta bancaria al comienzo del mes. Hizo los dos retiros que se muestran en su registro de movimientos. ¿Cuánto dinero le queda en su cuenta bancaria? Debe tener al menos $100 en su cuenta al finalizar el mes o le cobrarán un cargo. ¿Cuánto dinero debe depositar para evitar que le cobren ese cargo?

Fecha	Depósito	Retiro	Saldo
9/1	17.85		156.43
9/8		24.97	
9/10		39.41	

☺ Evaluación de *Common Core*

31. ¿Qué dos problemas de resta tienen una diferencia de 1.65? Escribe esos problemas de resta en el recuadro.

Diferencia = 1.65

27.30 − 16.65   11.23 − 9.58
40.4 − 23.9   12.68 − 2.03   21.74 − 20.09

Nombre _____

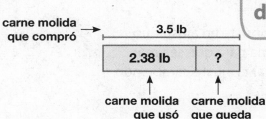
¡Revisemos!

El Sr. Montoya compró 3.5 libras de carne molida. Usó 2.38 libras para hacer hamburguesas. ¿Cuánta carne molida le queda?

carne molida que compró →

|← 3.5 lb →|

| 2.38 lb | ? |

↑ carne molida que usó   ↑ carne molida que queda

Escribe los números y alinea los puntos decimales. Incluye el cero para mostrar el valor de posición.	Resta las centésimas. Reagrupa si es necesario.	Resta las décimas y las unidades.
3.50 − 2.38	$\overset{4\,10}{3.5\cancel{0}}$ − 2.38 —— 2	$\overset{4\,10}{3.5\cancel{0}}$ − 2.38 —— 1.12

Recuerda que debes escribir el punto decimal en tu respuesta.

Por tanto, al Sr. Montoya le quedan 1.12 libras de carne molida.

---

1. Anya compró 1.4 libras de duraznos. Usó 0.37 libras en una ensalada de frutas. ¿Cuánto le queda? Usa el diagrama de barras como ayuda.

libras de duraznos →

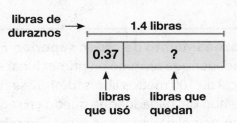

|← 1.4 libras →|

| 0.37 | ? |

↑ libras que usó   ↑ libras que quedan

Práctica al nivel Halla las diferencias en los Ejercicios **2** a **7**.

2. 8 2.7 ▮
     − 5.59

3. 4 3.3 ▮
     − 12.82

4. 7.28
     − 4.9 ▮

5. $72.35
     − 6.19

6. 1.24
     − 0.92

7. 6.04
     − 3.48

---

8. **Vocabulario** Completa la oración con uno de los siguientes términos.

propiedad conmutativa
compensación
números compatibles

La _____ consiste en ajustar un número de un problema para que sea más fácil calcular y equilibrar el ajuste cambiando los otros números.

9. **PM.8 Generalizar** Describe los pasos que usarías para restar 7.6 a 20.39.

Usa la tabla para resolver los Ejercicios **10** y **11**.

10. **Matemáticas y Ciencias** ¿Cuánto mayor fue la cantidad de lluvia anual en Miami que en Albany?

11. La cantidad de lluvia anual en Albany es 0.33 pulgadas menos que la cantidad de lluvia anual en Nashville. ¿Cuánta lluvia menos tuvo Nashville que Miami? Muestra tu trabajo.

Precipitaciones anuales	
Ciudad	**Lluvia (pulgadas)**
Miami	61.05
Albany	46.92

DATOS

---

12. **PM.4 Representar con modelos matemáticos** A Lila le gustaría tomar clases de cerámica. La clase cuesta $120. Ahorró $80 hasta ahora. Usa el diagrama de barras para escribir y resolver una ecuación para hallar la cantidad que aún necesita Lila.

$120

$80	d

---

13. **Razonamiento de orden superior** El tiempo del nadador que terminó en primer lugar en la competencia local de 100 metros libres fue 1.32 segundos menos que el tiempo del nadador que quedó en segundo. ¿Cuál fue el tiempo del nadador que quedó en primer lugar? ¿Cuál fue la diferencia de tiempo entre los nadadores que quedaron en segundo y en tercer lugar?

100 metros libres	
Lugar	**Tiempo (segundos)**
Primero	?
Segundo	9.33
Tercero	13.65

DATOS

Evaluación de *Common Core*

14. ¿Qué dos problemas de resta tienen una diferencia de 10.2? Escribe esos problemas de resta en el recuadro.

Diferencia = 10.2

12.05 − 2.03   16.29 − 6.09   36.1 − 25.9
22.09 − 21.07   10.82 − 9.8

© Pearson Education, Inc. 5

Nombre _____

Resuélvelo y coméntalo

Julie y Paulo están construyendo una casita de árbol. Julie tiene una tabla de madera que mide 1.15 metros de longitud y Paulo tiene una tabla que mide 0.7 metros de longitud. ¿Cuál es la longitud total de las dos tablas? *Resuelve este problema de la manera que prefieras.*

Puedo...
sumar y restar números decimales.

Ⓒ **Estándar de contenido** 5.NBD.B.7
Prácticas matemáticas PM.1, PM.2, PM.3, PM.4, PM.5, PM.7, PM.8

¿Cómo puedes representar con modelos matemáticos para resolver el problema?

1.15 metros

0.7 metros

¡Vuelve atrás! Ⓒ **PM.4 Representar con modelos matemáticos**
¿Cuánto más larga es una tabla que la otra? Usa un diagrama de barras para hallar la respuesta.

Aprende **Glosario**

Pregunta esencial ¿Cómo se pueden sumar o restar números decimales?

A

Kim y Martín nadaron 50 metros. Martín tardó 0.26 segundos más que Kim. ¿Cuál fue el tiempo de Martín en la carrera?

Tiempo de Kim: 50.9 segundos

Si es necesario, agrega un cero para que cada lugar tenga un dígito.

B

Halla 50.9 + 0.26. Primero redondea cada sumando para hacer una estimación.

$$51 + 0.3 = 51.3$$

Para hallar la suma, alinea los puntos decimales. Suma cada lugar. Reagrupa si es necesario.

$$\begin{array}{r} \overset{1}{5}0.90 \\ +\ \ 0.26 \\ \hline 51.16 \end{array}$$

Martín nadó la carrera en 51.16 segundos. La suma 51.16 está cerca de la estimación, 51.3.

C

En otra carrera, el tiempo de Martín fue 53.2 segundos y el de Kim fue 51.79 segundos. ¿Cuánto menor fue el tiempo de Kim?

Halla 53.2 − 51.79. Primero haz una estimación.

$$53 - 52 = 1$$

Para hallar la diferencia, alinea los puntos decimales para restar. Reagrupa si es necesario.

$$\begin{array}{r} \overset{2\ 11}{\cancel{53.20}}^{10} \\ -\ 51.79 \\ \hline 1.41 \end{array}$$

El tiempo de Kim fue 1.41 segundos menor que el tiempo de Martín. La diferencia es razonable y está cerca de la estimación.

¡Convénceme! © **PM.1 Entender y perseverar** En una carrera al día siguiente, el tiempo de Kim fue 51.7 segundos. El tiempo de Martín fue 0.79 segundos más que el tiempo de Kim. Estima el tiempo de Martín y luego halla su tiempo exacto.

Nombre _____

⭐ Práctica guiada*

¿Lo entiendes?

1. © **PM.8 Generalizar** ¿En qué se parece y en qué se diferencia sumar y restar números decimales a sumar y restar números enteros?

2. © **PM.3 Construir argumentos** Describe cómo sabes si debes sumar o restar para resolver un problema de números decimales.

¿Cómo hacerlo?

Halla las sumas o diferencias en los Ejercicios **3** a **10**.

3.
$$\begin{array}{r} 5.9 \\ + 2.7 \end{array}$$

4.
$$\begin{array}{r} 4.01 \\ - 2.95 \end{array}$$

5. $2.57 + 7.7$

6. $1.5 - 1.05$

7. $10 + 3.28$

8. $15 - 6.01$

9. $3.45 - 1.6$

10. $9.12 + 2.06$

⭐ Práctica independiente

Práctica al nivel Halla las sumas o diferencias en los Ejercicios **11** a **24**.

11.
$$\begin{array}{r} 2.1\,7 \\ - 0.8\square \\ \hline 1.\square \end{array}$$

12.
$$\begin{array}{r} 4.3\square \\ + 4.1\,6 \\ \hline 8.\square\,6 \end{array}$$

13.
$$\begin{array}{r} 7.62 \\ - 3.86 \\ \hline \square\,6 \end{array}$$

14.
$$\begin{array}{r} 4.8\,1 \\ + 2.\square\,7 \\ \hline \square.9\square \end{array}$$

15. $5.87 - 0.48$

16. $5.78 + 16.59$

17. $9.5 - 9.45$

18. $14 + 9.8$

19. $46.91 - 28.7$

20. $5.61 + 2.4$

21. $27 + 0.18$

22. $0.46 - 0.33$

23. $8.92 + 56 + 3.08$

24. $219.51 + 127.2 + 2.49$

> Recuerda que debes alinear los puntos decimales.

Prácticas matemáticas y resolución de problemas

25. **© PM.3 Construir argumentos** El Sr. Smith entregó a un cajero un billete de $50 por una compra de $38.70. El cajero le entregó un billete de $10, dos billetes de $1 y tres monedas de 10¢. ¿Recibió el cambio correcto el Sr. Smith? ¿Por qué?

26. **© PM.3 Evaluar el razonamiento** Minh escribió la siguiente oración numérica: $2.6 + 0.33 = 5.9$. Haz una estimación para demostrar que la respuesta de Minh es incorrecta.

27. **© PM.7 Buscar relaciones** Becky está contando hacia atrás desde 18.5. Identifica el patrón que usa y completa la secuencia de números.

18.5, 17.25, 16, _____, _____

28. El precio de una acción de una compañía al final del día lunes fue $126.38. El precio de la acción disminuyó $7.95 al día siguiente. ¿Cuál fue el precio de la acción al final del día martes?

29. **Razonamiento de orden superior** Una turista en el Gran Cañón recorrió el camino South Kaibab y el camino River en un día. Al día siguiente, recorrió el camino Bright Angel. ¿Cuánto caminó el primer día? ¿Cuánto más caminó el primer día que el segundo día? ¿Cuánto más largo fue su recorrido total que si hubiera ido por el camino North Kaibab?

Camino	Longitud (kilómetros)
South Kaibab	10.1
River	2.7
Bright Angel	12.6
North Kaibab	22.9

DATOS: Caminos del Parque Nacional del Gran Cañón

© Evaluación de *Common Core*

30. Marca todas las expresiones que sean iguales a 3.89.

☐ $16.09 - 12.2$
☐ $48.5 - 9.6$
☐ $4.01 - 0.12$
☐ $128 - 124.11$
☐ $6 - 3.89$

31. Marca todos los problemas de suma en los que agregas ceros para alinear los valores de posición de los sumandos.

☐ $4 + 1.23 + 45.62$
☐ $0.09 + 12$
☐ $0.11 + 12.11$
☐ $19.9 + 0.6$
☐ $8.3 + 2 + 6.01$

Nombre _____

Tarea y práctica 2-6
Sumar y restar números decimales

¡Revisemos!

Halla 1.93 + 41.6.

Haz una estimación redondeando al número entero más cercano.
2 + 42 = 44

Escribe los números y alinea los puntos decimales. Agrega ceros para que todos los números tengan la misma cantidad de lugares decimales.

$$\begin{array}{r} \overset{1}{1.93} \\ + 41.60 \\ \hline 43.53 \end{array}$$ ← Agrega un cero.

Suma los números. Reagrupa si es necesario. Escribe el punto decimal en tu respuesta.

43.53 está cerca de 44; por tanto, la respuesta es razonable.

Halla 18.5 − 7.82.

Haz una estimación usando números compatibles. 18.5 − 8 = 10.5

Escribe los números y alinea los puntos decimales. Agrega ceros para que todos los números tengan la misma cantidad de lugares decimales.

$$\begin{array}{r} \overset{14}{\overset{7\ \ 4\!\!\!/ 10}{18.\!\!\!/5 0}} \\ - 7.82 \\ \hline 10.68 \end{array}$$ ← Agrega un cero.

Resta. Reagrupa si es necesario. Escribe el punto decimal en tu respuesta.

10.68 está cerca de 10.5; por tanto, la respuesta es razonable.

Práctica al nivel   Halla las sumas o diferencias en los Ejercicios **1** a **12**.

1. $\begin{array}{r} 17.2\,\square \\ + 6.08 \\ \hline \end{array}$

2. $\begin{array}{r} 14.25 \\ - 5.14 \\ \hline \end{array}$

3. $\begin{array}{r} 45.6 \\ + 26.3 \\ \hline \end{array}$

4. 24.84 − 22.7

5. 13.64 − 8.3

6. 0.21 + 15.9

7. 3.65 − 1.41

8. 18.06 + 9.79 + 12

9. 8 − 6.38

10. 55.5 − 4.56

11. 8.32 + 95 + 12.68

12. 57.3 − 42.81

13. © **PM.3 Evaluar el razonamiento** Jaime escribió $4.4 - 0.33 = 1.1$. ¿Es razonable su respuesta? ¿Por qué?

14. © **PM.3 Evaluar el razonamiento** Trey escribió $9.09 - 0.1 = 9.08$. ¿Es correcta su respuesta? ¿Por qué?

Usa la tabla para resolver los Ejercicios **15** a **17**.

15. **Razonamiento de orden superior** Jane compró tres hojas de cartulina gruesa y un paquete de marcadores. Denise compró dos paquetes de cartulina y un tubo de pegamento. ¿Quién gastó más? ¿Cuánto más?

Materiales de manualidades	
Cartulina gruesa	$1.29/hoja
Marcadores	$4.50/paquete
Cinta adhesiva	$1.99/rollo
Pegamento	$2.39/tubo
Cartulina	$3.79/paquete

16. Si Jane compra dos hojas más de cartulina gruesa, ¿cuánto gasta en total?

17. © **PM.2 Razonar** Julene tiene $25 para hacer carteles. Compra dos paquetes de marcadores, un paquete de cartulina, dos tubos de pegamento y un rollo de cinta adhesiva. ¿Cuántas hojas de cartulina gruesa puede comprar con el dinero que le queda? Explica tu respuesta.

18. © **PM.7 Buscar relaciones** La Sra. Ibarra escribió tres números decimales en el pizarrón seguidos de dos espacios en blanco. Completa la secuencia de números.

Piensa en cómo se relacionan los números.

4.15, 6.3, 8.45, _____, _____

© **Evaluación de Common Core**

19. Marca todas las expresiones que sean equivalentes a 0.8.

- [ ] $15.3 - 14.5$
- [ ] $12.96 - 12.88$
- [ ] $128.2 - 120.2$
- [ ] $1.77 - 0.08$
- [ ] $1.79 - 0.99$

20. Marca todos los problemas de suma en los que agregas ceros para alinear los valores de posición de los sumandos.

- [ ] $0.54 + 12.1$
- [ ] $2.55 + 145.05$
- [ ] $25.59 + 1.2$
- [ ] $23.04 + 124.1 + 34.06$
- [ ] $1.51 + 3.07 + 4.18$

Nombre _____

Resuélvelo y coméntalo

En un partido de beisbol, Sheena compró un sándwich a $6.95 y dos pretzels a $2.75 cada uno. Pagó con un billete de $20. ¿Cuánto cambio recibió? *Resuelve este problema de la manera que prefieras. Usa diagramas de barras como ayuda.*

Lección 2-7
Representar con modelos matemáticos

Puedo...
usar lo que sé de matemáticas para resolver problemas.

Ⓒ Prácticas matemáticas PM.4. También, PM.1, PM.2, PM.3.
Estándar de contenido 5.NBD.B.7

Hábitos de razonamiento

¡Razona correctamente! Estas preguntas te pueden ayudar.

- ¿Cómo puedo usar lo que sé de matemáticas para resolver este problema?
- ¿Cómo puedo usar dibujos, objetos y ecuaciones para representar el problema?
- ¿Cómo puedo usar números, palabras y símbolos para resolver este problema?

¡Vuelve atrás! Ⓒ **PM.4 Representar con modelos matemáticos**
¿De qué otra manera puedes representar la situación de este problema?

Aprende Glosario

A

¿Cómo se puede representar un problema con una gráfica de barras?

Mónica quiere comprar todos los materiales de arte que se muestran en el cartel. Tiene un cupón por $5.50 de descuento del costo de su compra. ¿Cuál será el costo total de Mónica una vez hecho el descuento?

Atril	$59.95
Juego de pinturas	$24.95
Bata	$9.75
Lienzo	$13.50

Representar con modelos matemáticos significa que aplicas lo que aprendiste de matemáticas para resolver problemas.

¿Qué necesito hacer para resolver el problema?

Necesito hallar el costo de los materiales de arte de Mónica.

Este es mi razonamiento...

B **¿Cómo puedo representar con modelos matemáticos?**

Puedo

- usar lo que aprendí de matemáticas como ayuda para resolver el problema.

- hallar y responder preguntas escondidas si las hay.

- usar diagramas de barras y ecuaciones para representar y resolver este problema.

C

Voy a usar diagramas de barras para representar esta situación.

? costo total

| $59.95 | $24.95 | $9.75 | $13.50 |

$59.95 + $24.95 + $9.75 + $13.50 = $108.15

El costo total antes de hacer el descuento es $108.15.

$108.15 total antes del descuento

| $5.50 | ? total después del descuento |

$108.15 − $5.50 = $102.65
El costo de los materiales de Mónica una vez hecho el descuento es $102.65.

¡Convénceme! © PM.4 Representar con modelos matemáticos
¿Cómo puedes decidir si tu respuesta tiene sentido?

Nombre _____

☆ Práctica guiada

© **PM.4 Representar con modelos matemáticos**

Nate tiene $30.50. Quiere comprarle un suéter a su perro que cuesta $15, un juguete que cuesta $3.79 y una correa que cuesta $14.79. ¿Cuánto dinero más necesita?

¡Cuando representas con modelos matemáticos usas lo que ya sabes para resolver nuevos problemas!

1. ¿Qué necesitas hallar antes de poder resolver el problema?

2. Dibuja diagramas de barras para representar el problema y luego resuélvelo. Muestra las ecuaciones que usaste para resolver el problema.

☆ Práctica independiente

© **PM.4 Representar con modelos matemáticos**

Luz María tiene $15. Compra un boleto para una película y un batido de fruta. ¿Cuánto dinero le queda?

3. ¿Qué necesitas hallar antes de poder resolver el problema?

Boleto	$9.50
Palomitas de maíz	$4.50
Batido de fruta	$2.85

4. Dibuja dos diagramas de barras para representar el problema.

5. ¿Cuál es la solución del problema? Muestra las ecuaciones que usaste para resolver el problema.

Prácticas matemáticas y resolución de problemas

© Evaluación de rendimiento de *Common Core* _____

Excursión

Audrey está ahorrando para hacer una excursión
con la escuela. Necesita $180 para los boletos de
autobús, $215 para el hotel y $80 para las comidas.
En la tabla se muestra cuánto dinero ahorraron
ella y su hermana, Kelsey, en un período de
4 meses. ¿Cuánto dinero más necesita Audrey
para la excursión?

DATOS	**Ahorros mensuales**		
	Mes	**Ahorros de Audrey**	**Ahorros de Kelsey**
	Septiembre	$68	$28
	Octubre	$31.50	$42.50
	Noviembre	$158	$90.25
	Diciembre	$74.75	$89

6. PM.1 Entender y perseverar ¿Qué intentas hallar?

7. PM.3 Construir argumentos ¿Debes multiplicar los
ahorros de Audrey en septiembre por 4 porque son cuatro
meses? Explícalo.

> Puedes representar
> con modelos matemáticos
> usando lo que sabes acerca
> de la suma y la resta de
> números enteros para
> sumar y restar números
> decimales.

8. PM.4 Representar con modelos matemáticos Dibuja diagramas de
barras para representar el costo total de la excursión de Audrey y el
total que lleva ahorrado. Luego halla el costo total y los ahorros totales.

9. PM.4 Representar con modelos matemáticos Escribe y resuelve
una ecuación para calcular cuánto dinero más necesita Audrey para
la excursión.

Tarea y práctica 2-7
Representar con modelos matemáticos

¡Revisemos!

Para su cumpleaños, Lucy recibió $20 de su tía, $15 de su abuela y $32 de sus primos. Compró un libro electrónico a $10.85. ¿Cuánto dinero de su cumpleaños le queda a Lucy?

Muestra cómo puedes representar este problema.

Puedo usar un diagrama de barras y ecuaciones para representar y resolver este problema.

¿Cuánto dinero recibió Lucy?

? total de dinero recibido		
$20	$15	$32

$20 + $15 + $32 = $67 recibidos

¿Cuánto dinero le queda a Lucy?

$67 total recibido	
$10.85	? dinero que queda

$67.00 − $10.85 = $56.15. A Lucy le quedan $56.15.

> Puedes representar con modelos matemáticos usando diagramas de barras para mostrar las relaciones entre el todo y las partes.

© PM.4 Representar con modelos matemáticos

Jeffrey ganó $65 haciendo trabajos de jardinería. Compró unos *jeans* a $31.25 y una camiseta a $16.50. Reservó el dinero que le quedó de sus compras para comprarle un regalo a su primo. ¿Cuánto dinero reservó para el regalo de su primo?

1. ¿Qué necesitas hallar antes de poder resolver el problema?

2. Dibuja diagramas de barras para representar el problema.

3. Escribe ecuaciones para representar el problema. Luego resuelve el problema.

> Recuerda que un diagrama de barras muestra con claridad cómo se relacionan las cantidades del problema.

Nevadas

Las nevadas totales el año pasado fueron de 36.4 pulgadas. En la gráfica se muestran las nevadas en 3 meses del año pasado y en los mismos 3 meses de este año. Halla cuánto más nevó en los 3 meses de este año que en los del año pasado.

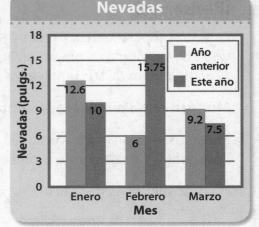

Nevadas

4. **PM.1 Entender y perseverar** ¿Necesitas toda la información dada para resolver el problema? Explícalo.

5. **PM.4 Representar con modelos matemáticos** Dibuja diagramas de barras para representar el total de nevadas del año pasado en los 3 meses y el total de nevadas de este año en los 3 meses. Luego halla el total de nevadas en los 3 meses de cada año.

Cuando representas con modelos matemáticos, **decides qué pasos debes seguir para hallar la respuesta final.**

6. **PM.4 Representar con modelos matemáticos** Escribe y resuelve una ecuación para hallar cuánto más nevó en los 3 meses de este año que en los del año pasado.

7. **PM.2 Razonar** Describe una manera de hallar cuánta nieve más tiene que caer para que el total de este año sea 37.4 pulgadas. Luego halla la respuesta.

Nombre _____

Trabaja con un compañero. Necesitan papel y lápiz. Cada uno escoge un color diferente: celeste o azul.

El Compañero 1 y el Compañero 2 apuntan a uno de los números negros al mismo tiempo. Ambos restan el número menor al número mayor.

Si la respuesta está en el color que escogiste, puedes anotar una marca de conteo. Sigan la actividad hasta que uno de los compañeros tenga doce marcas de conteo.

Puedo...
restar números enteros de varios dígitos.

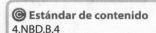 **Estándar de contenido**
4.NBD.B.4

Compañero 1					Compañero 2
500	383	1,705	721	1,517	**17**
750	260	733	5,280	1,891	**54**
961	1,928	907	483	322	**240**
1,945	696	5,503	5,092	72	**367**
5,520	5,153	446	944	594	**428**
	133	533	5,466	1,578	

Marcas de conteo para el Compañero 1	Marcas de conteo para el Compañero 2

Repaso del vocabulario

A-Z
Glosario

Lista de palabras

- compensación
- decimales equivalentes
- números compatibles
- operaciones inversas
- propiedad asociativa de la suma
- propiedad conmutativa de la suma

Comprender el vocabulario

Escoge el mejor término de la Lista de palabras. Escríbelo en el espacio en blanco.

1. Cuando ajustas un número y cambias otro número en un problema para que sea más fácil calcular, usas la
_____.

2. Puedes reemplazar los valores de un problema por
_____ para que sea más fácil calcular
mentalmente.

3. Para alinear los puntos decimales en un problema de suma con números decimales, agrega ceros para escribir
_____ para que todos los sumandos tengan la misma cantidad de lugares decimales.

4. Por la _____, sé que
$477.75 + (76.89 + 196.25) = (76.89 + 196.25) + 477.75$
sin hacer la suma.

5. Tacha los números que NO sean equivalentes a 500.0.

500.00 5×10 5×10^2 50.05 500.500

6. Tacha los números que NO sean equivalentes a $53.2 + 16.8$.

7×10^1 0.070 7.0 $7 \times \frac{1}{10}$ $(7 \times 10) + (0 \times 1)$

Encierra en un círculo el problema en el que se usa la compensación.

7. $32.7 + 15.6 = 32.6 + 15.7$ $45.7 + 26.2 = 45.7 + 26.3 - 0.1$

8. $14.24 - 11.8 = 14.24 - 12 + 0.2$ $168.3 - 53.8 = 168.3 - 53.4 - 0.4$

Usar el vocabulario al escribir

9. Explica cómo te pueden ayudar la propiedad conmutativa de la suma, la propiedad asociativa de la suma y el cálculo mental a hallar $75.2 + (57.376 + 24.8)$. ¿Cuál es la suma?

Nombre _____

| **Grupo A** | páginas 59 a 64 |

Suma 15.3 + 1.1 + 1.7 calculando mentalmente.

15.3 y 1.7 son números compatibles porque con ellos es fácil calcular mentalmente.

La propiedad conmutativa de la suma nos permite sumar en cualquier orden:

15.3 + 1.1 + 1.7 = 15.3 + 1.7 + 1.1
$$= \quad 17.0 \quad + 1.1$$
$$= 18.1$$

Recuerda que puedes usar números compatibles o la compensación para hallar sumas y diferencias.

| Suma o resta mentalmente. |

1. 8.6 + 23.4 + 1.4

2. 27 − 9.9

3. 13.5 + 5.7 + 36.5

4. 205.4 − 99.7

| **Grupo B** | páginas 65 a 70 |

Estima 22.4 − 16.2.

$$\begin{array}{r} 22.4 \\ -\ 16.2 \end{array} \longrightarrow \begin{array}{r} 20 \\ -\ 15 \\ \hline 5 \end{array}$$ Usa números compatibles.

22.4 − 16.2 es aproximadamente 5.

Recuerda que los números compatibles pueden dar una estimación diferente que usando el redondeo.

| Estima las sumas o diferencias. |

1. 358 + 293

2. 15.01 − 4.4

3. 80.01 + 2.89

4. 25,003 − 12,900

| **Grupo C** | páginas 71 a 76 |

Usa cuadrículas de centésimas para restar 1.86 − 0.95.

Colorea una cuadrícula entera y 86 cuadrados para representar 1.86.

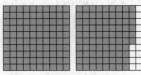

Para restar 0.95, tacha 95 de los cuadrados coloreados en las cuadrículas.

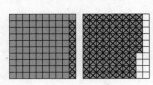

Cuenta los cuadrados que están coloreados pero sin tachar.

1.86 − 0.95 = 0.91

Recuerda que para sumar números decimales, coloreas el primer sumando de un color. Luego continuas coloreando el segundo sumando con otro color.

1. 0.02 + 0.89

2. 0.67 − 0.31

3. 0.34 + 0.34

4. 0.81 − 0.78

Lucy compró 3.12 libras de peras y 9 libras de manzanas. Halla cuántas libras más compró de manzanas que de peras.

Escribe los números. Agrega un punto decimal al número entero. Agrega ceros. Alinea los puntos decimales.

$$\begin{array}{r} 9.00 \\ -\ 3.12 \\ \hline \end{array}$$

Resta las centésimas, las décimas y las unidades.

$$\begin{array}{r} {\overset{8}{\cancel{9}}}.{\overset{\overset{9}{\cancel{10}}}{\cancel{0}}}{\overset{10}{\cancel{0}}} \\ -\ 3.12 \\ \hline 5.88 \end{array}$$

Recuerda que debes agregar ceros para que cada lugar tenga un dígito y que todos los puntos decimales estén alineados.

1. $7.06 + 0.85$

2. $24.07 - 5.316$

3. $51.92 - 28.003$

4. $8.71 - 0.4$

5. $98 + 3.79$

6. Talía midió dos cuerdas. La cuerda verde mide 2.37 cm de longitud. La cuerda azul mide 4 cm de longitud. ¿Cuántos centímetros más larga es la cuerda azul que la cuerda verde?

Piensa en tus respuestas a estas preguntas como ayuda para **representar con modelos matemáticos.**

Hábitos de razonamiento

- ¿Cómo puedo usar lo que sé de matemáticas para resolver este problema?

- ¿Cómo puedo usar dibujos, objetos y ecuaciones para representar el problema?

- ¿Cómo puedo usar números, palabras y símbolos para resolver este problema?

Recuerda que un buen modelo representa con claridad cómo se relacionan las cantidades del problema.

Alberto corrió 15.6 km el lunes, 12.8 km el martes y 6.5 km el miércoles. Dennis corrió 11.25 km el lunes, 14.6 km el martes y 8 km el miércoles. ¿Quién corrió más? ¿Cuánto más?

1. ¿Qué necesitas hallar antes de poder resolver el problema?

2. Escribe ecuaciones para representar este problema. Luego resuelve el problema.

1. Una casa de muñecas mide 15.15 pies cuadrados en la planta baja y 6.25 pies cuadrados en la planta alta. ¿Qué opción es la mejor estimación del área total de la casa de muñecas?

Ⓐ 9 pies cuadrados

Ⓑ 21 pies cuadrados

Ⓒ 78 pies cuadrados

Ⓓ 90 pies cuadrados

2. Calcula mentalmente para hallar la suma de $12.15, $16.85 y $1.74.

Ⓐ $29.00

Ⓑ $30.74

Ⓒ $30.85

Ⓓ $32.74

3. Marca todas las expresiones que sean iguales a 2.65 + 3.78.

☐ 2.56 + 3.87

☐ 3.78 + 2.65

☐ 10 − 3.67

☐ 9.51 − 3.08

☐ 8.21 − 2.78

4. Escoge Sí o No para indicar si el número 7.15 hace que cada ecuación sea verdadera en las preguntas 4a a 4d.

4a. 4.95 + ☐ = 12.1   ○ Sí   ○ No

4b. 10.82 − ☐ = 3.77   ○ Sí   ○ No

4c. 8.47 + ☐ = 15.52   ○ Sí   ○ No

4d. 9.14 − ☐ = 1.99   ○ Sí   ○ No

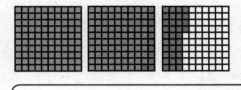

© **Evaluación**

5. Lawrence gastó $1.89 en un frasco de pintura y $0.45 en un pincel.

Parte A

¿Cuánto gastó en total? Usa el modelo como ayuda.

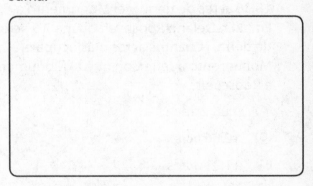

Parte B

Explica cómo te ayuda el modelo a hallar la suma.

6. Traza líneas para unir las expresiones de la izquierda con el número decimal equivalente de la derecha.

3.05 + 1.65	4.8
8.5 − 4.8	5.8
4.25 + 1.55	4.7
11.4 − 6.6	3.7

7. Ed está entrenando para una carrera. Corrió 12.56 millas un día y 12.98 millas al día siguiente.

Parte A

¿Cuál es la distancia combinada de los dos primeros días?

Parte B

¿Cuánto más corrió el segundo día que el primer día?

8. El Monumento a Thomas Jefferson ocupa 18.36 acres de tierra y el Monumento a Franklin Delano Roosevelt ocupa 7.5 acres de tierra. ¿Cuántos acres más ocupa el Monumento a Jefferson que el Monumento a Roosevelt?

Ⓐ 9.86 acres

Ⓑ 10.86 acres

Ⓒ 11.31 acres

Ⓓ 17.61 acres

9. Una caja pesa 23.7 libras. Otra caja pesa 6.91 libras. ¿Cuál es el peso combinado de las dos cajas? Dibuja y rotula un diagrama de barras para representar el problema.

10. Kassandra tiene un patio rectangular detrás de su casa. El patio mide 12.74 metros de longitud y 5.45 metros de ancho.

5.45 m

12.74 m

Parte A

Redondea la longitud y el ancho al número entero más cercano. Luego estima el perímetro del patio de Kassandra. Escribe una ecuación para representar tu trabajo.

Parte B

Redondea la longitud y el ancho a la décima más cercana. Luego estima el perímetro del patio de Kassandra. Escribe una ecuación para representar tu trabajo.

Parte C

Halla el perímetro exacto. ¿Qué estimación está más cerca? Explica por qué piensas que esa estimación está más cerca.

Videojuegos

Cuatro estudiantes están jugando al mismo videojuego. Los puntajes de cada una en los tres primeros niveles se suman para ver si tienen el puntaje suficiente para pasar a la Ronda 2.

© **Evaluación del rendimiento**

1. En la siguiente tabla se muestran los puntajes de las estudiantes.

Ronda 1				
Nivel	**Kim**	**Sally**	**Tina**	**Zoey**
1	7.18	5.49	8.02	8.64
2	6.55	6.18	7.94	8.32
3	6.45	5.72	8.38	8.13
Puntaje total				

Parte A

Un estudiante debe tener al menos 18 puntos para pasar a la Ronda 2. Haz una estimación para decidir si alguna de las estudiantes no obtuvo 18 puntos.

Parte B

Haz una estimación para decidir qué estudiante tuvo la mayor cantidad de puntos. Explica tu razonamiento.

2. Completa la tabla para hallar la cantidad total de puntos de cada estudiante.

3. ¿Cuántos puntos más que Sally hizo Zoey? Escribe una ecuación para representar tu trabajo.

4. Usa los puntajes totales que hizo cada estudiante.

Parte A

Aproximadamente, ¿cuántos puntos hicieron las cuatro estudiantes en la Ronda 1? Haz una estimación redondeando cada puntaje total al número entero más cercano.

Parte B

Completa el diagrama de barras para representar el puntaje total exacto que hicieron las estudiantes.

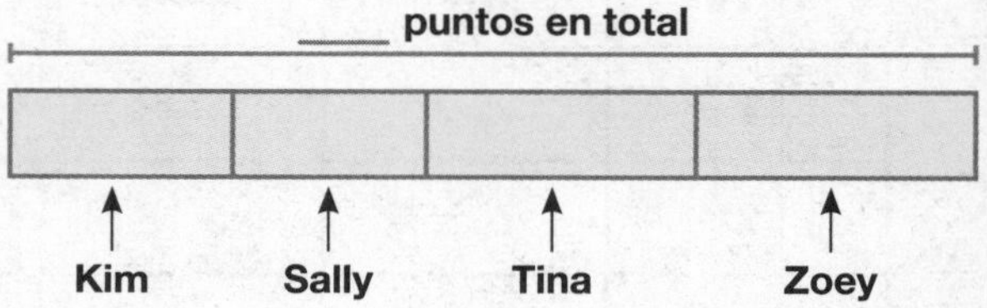

_____ puntos en total

↑ Kim   ↑ Sally   ↑ Tina   ↑ Zoey

5. En la Ronda 2, Zoey hizo 23.43 puntos en total. Hizo 7.96 puntos en el Nivel 2 y 8.03 puntos en el Nivel 3.

Parte A

¿Cuántos puntos hizo en el Nivel 1?

Parte B

Explica cómo hallaste tu respuesta.

6. Kim anotó sus puntajes de la Ronda 2. Para estimar su total, redondea al número entero más cercano y dice: "7 + 9 + 7 = 23; por tanto, mi total es al menos 23 puntos". ¿Estás de acuerdo? Explica tu razonamiento.

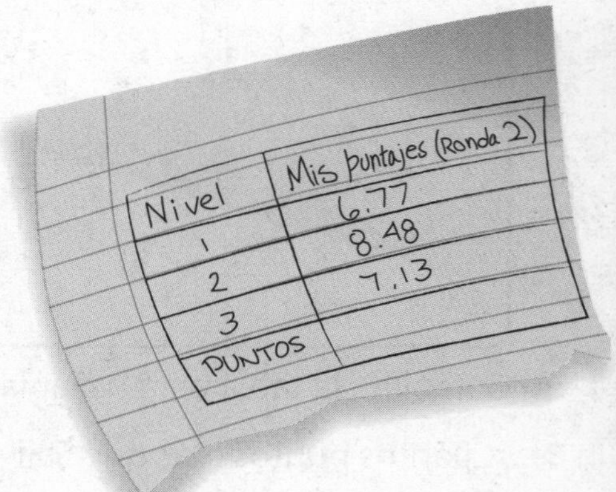

Nivel	Mis puntajes (Ronda 2)
1	6.77
2	8.48
3	7.13
PUNTOS	

Multiplicar números enteros de varios dígitos con facilidad

Pregunta esencial: ¿Cuáles son los procedimientos estándar para estimar y hallar los productos de números de varios dígitos?

Recursos digitales

Resuelve · Aprende · Glosario · Amigo de práctica

Herramientas · Evaluación · Ayuda · Juegos

Los recursos naturales como el agua y el carbón vienen de la Tierra.

El agua es un recurso renovable porque se la puede usar una y otra vez.

¡Conseguiré una pajilla gigante! Este proyecto es sobre el uso del agua y la multiplicación.

Proyecto de Matemáticas y Ciencias: El uso del agua

Investigar Usa la Internet u otras fuentes para hallar cuánta agua se usa en las actividades de la casa, como ducharse o bañarse en la bañera, usar un lavaplatos, lavar los platos a mano y usar un lavarropas.

Diario: Escribir un informe Incluye lo que averiguaste. En tu informe, también:

- escoge 3 de las actividades. Estima cuántas veces hace cada actividad tu familia por semana.

- estima el uso de agua semanal por cada actividad. Organiza tus resultados en una tabla.

- inventa y resuelve problemas de multiplicación basados en tus datos.

Repasa lo que sabes

A-Z Vocabulario

Escoge el mejor término del recuadro.
Escríbelo en el espacio en blanco.

• ecuación   • múltiplo
• exponente   • potencia
• factor   • producto

1. La respuesta a un problema de multiplicación es el _____.

2. Una oración numérica que muestra dos expresiones con el mismo valor es una _____.

3. Un _____ indica la cantidad de veces que la base se usa como _____.

4. 50 es un _____ de 10 porque $5 \times 10 = 50$.

Operaciones

Halla las sumas o diferencias.

5. $9{,}007 + 3{,}128$

6. $7{,}904 - 3{,}199$

7. $27{,}924 - 13{,}868$

8. $9.27 + 3.128$

9. $119.04 - 86.5$

10. $165.2 - 133.18$

Redondear números enteros y números decimales.

Redondea los números al lugar del dígito subrayado.

11. 14.3

12. 385.7

13. 0.545

14. 496.533

15. 496.353

16. 1,857.205

Comparar números decimales

17. Escribe los números en orden de menor a mayor.   8.062   8.26   8.026   8.6

18. Escribe los números en orden de mayor a menor.   0.115   0.15   0.005   0.5

Mis tarjetas de palabras

Usa los ejemplos de las palabras de las tarjetas para ayudarte a completar las definiciones que están al reverso.

A-Z
Glosario

estimación por defecto

70 × 30 es una estimación por defecto de 72 × 34 porque 70 < 72 y 30 < 34.

estimación por exceso

50 × 20 es una estimación por exceso de 45 × 19 porque 50 > 45 y 20 > 19.

productos parciales

$$
\begin{array}{r}
57 \\
\times\ 14 \\
\hline
228 \\
+\ 570 \\
\hline
798
\end{array}
$$

← productos parciales

variable

$$25 + n = 37$$

variable

Mis tarjetas de palabras

Completa cada definición. Para ampliar lo que aprendiste, escribe tus propias definiciones.

El resultado de usar números más grandes para estimar una suma o producto se llama

_____.

El resultado de usar números más pequeños para estimar una suma o producto se llama

_____.

Una letra, como *n*, que representa un número en una expresión o ecuación se

llama _____.

Los _____
son productos que se hallan al descomponer uno de dos factores en unidades, decenas, centenas y así sucesivamente, y luego multiplicar cada uno de estos por el otro factor.

Nombre _____

Resuélvelo y coméntalo

En la tienda de cotillón de Izzy, las invitaciones para fiestas vienen en paquetes de 8. ¿Cuántas invitaciones hay en 10 paquetes? ¿Y en 100 paquetes? ¿Y en 1,000 paquetes?

Puedo...
calcular mentalmente para multiplicar un número entero por una potencia de 10.

Estándar de contenido 5.NBD.A.2
Prácticas matemáticas PM.1, PM.3, PM.5, PM.6, PM.7

Puedes usar herramientas apropiadas. Los bloques de valor de posición son útiles para representar problemas relacionados con potencias de 10.

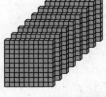

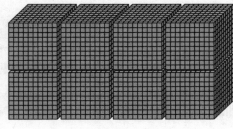

¡Vuelve atrás! **PM.7 Usar la estructura** Las tarjetas de agradecimiento vienen en paquetes de 12. ¿Cuál sería la diferencia entre este modelo de valor de posición y el de arriba?

Aprende **Glosario** **Pregunta esencial**

¿Cómo se pueden usar los patrones y el cálculo mental para multiplicar un número entero por una potencia de 10?

A

Arnold leyó un artículo del periódico acerca de cuánta basura produce cada persona por semana. ¿Cuántas libras de basura producen por semana 10,000 personas?

LAS PERSONAS PRODUCEN MUCHA BASURA

En el condado de Benders, cada persona produce 32 libras de basura por semana. Esto es más de lo que producían las personas

Los patrones te ayudan a demostrar cómo calcular mentalmente para multiplicar por potencias de diez.

Halla 32 × 10,000. Usa las relaciones de los valores de posición y busca patrones.

B **Una manera**

Multiplica 32 por 1; 10; 100; 1,000 y 10,000.

32 × 1 = 32 unidades = 32
32 × 10 = 32 decenas = 320
32 × 100 = 32 centenas = 3,200
32 × 1,000 = 32 millares = 32,000
32 × 10,000 = 32 decenas de millar = 320,000

Por tanto, producen 320,000 libras de basura.

Regla del método abreviado:
Cuenta la cantidad de ceros del múltiplo de 10. Agrega esa cantidad de ceros al otro factor para hallar el producto.

C **Otra manera**

Escribe las potencias de 10 usando exponentes.

$32 \times 1 = 32 \times 10^0 = 32$
$32 \times 10 = 32 \times 10^1 = 320$
$32 \times 100 = 32 \times 10^2 = 3,200$
$32 \times 1,000 = 32 \times 10^3 = 32,000$
$32 \times 10,000 = 32 \times 10^4 = 320,000$

Por tanto, producen 320,000 libras de basura.

Regla del método abreviado:
Mira el exponente de la potencia de 10. Agrega esa cantidad de ceros al otro factor para hallar el producto.

¡Convénceme! © **PM.3 Evaluar el razonamiento** Nellie dice que el producto de 60 × 1,000 es 60,000 porque se agregan tres ceros más a 60. Kara dice que la respuesta es 6,000 porque la respuesta debe tener solo tres ceros. ¿Quién tiene razón? ¿Cómo lo sabes?

☆ Práctica guiada *

¿Lo entiendes?

1. ¿Cuántos ceros tendrá el producto de $39 \times 1{,}000$? ¿Cuántos ceros tendrá el producto de $50 \times 1{,}000$?

2. Explica cómo hallar el producto de 90×10^4.

¿Cómo hacerlo?

Escribe los productos en los Ejercicios **3** y **4**.

3. 60×1
   60×10
   60×100
   $60 \times 1{,}000$
   $60 \times 10{,}000$

4. 13×10^0
   13×10^1
   13×10^2
   13×10^3
   13×10^4

☆ Práctica independiente

Práctica al nivel Halla los productos en los Ejercicios **5** a **24**.

5. 89×1
   89×10
   89×100
   $89 \times 1{,}000$
   $89 \times 10{,}000$

6. 30×1
   30×10
   30×100
   $30 \times 1{,}000$
   $30 \times 10{,}000$

7. 41×10^0
   41×10^1
   41×10^2
   41×10^3
   41×10^4

8. 90×10^0
   90×10^1
   90×10^2
   90×10^3
   90×10^4

9. 4×10^3

10. 85×100

11. 16×10^2

12. $10^3 \times 38$

13. 52×10^5

14. 4×10^4

15. $29 \times 10{,}000$

16. $10 \times 6{,}837$

17. $1{,}000 \times 10$

18. $10^1 \times 615$

19. 250×10^0

20. $382 \times 10{,}000$

21. $1{,}000 \times 57$

22. 80×10^3

23. $10^3 \times 374$

24. 194×100

*Puedes encontrar otro ejemplo en el Grupo A, página 157.

Prácticas matemáticas y resolución de problemas

25. © **PM.7 Usar la estructura** En un partido de un campeonato de futbol americano, el equipo local entregó una pelota a los 100 primeros aficionados que llegaron al estadio. Cada pelota le costó al equipo $28. ¿Cuánto pagó el equipo por las pelotas que regaló?

26. © **PM.3 Construir argumentos** ¿Qué expresión es mayor, 93×10^3 u 11×10^4? ¿Cómo lo sabes?

27. Un camión lleva 10^2 fanegas de cebollas, 10^1 fanegas de duraznos y 10^3 fanegas de mazorcas de maíz. ¿Cuál es el peso total de los cultivos?

DATOS	Cultivo	Peso por fanega (libras)
	Manzanas	48
	Cebollas	57
	Duraznos	50
	Mazorcas de maíz	70

28. © **PM.1 Entender y perseverar** Norman compró una bolsa de 16 libras de carbón a $7.89 y una bolsa de 10.4 libras de carbón a $5.69. ¿Cuál es el peso total de las dos bolsas de carbón?

29. Razonamiento de orden superior Hay 2,000 libras en 1 tonelada. En los Estados Unidos, el límite de peso para un camión y su carga es 40 toneladas. ¿A cuántas libras equivale? ¿Cómo hallaste la respuesta?

© **Evaluación de *Common Core***

30. Marca todas las ecuaciones que sean verdaderas.

- [ ] $48 \times 1{,}000 = 4{,}800$
- [ ] $48 \times 10^2 = 4{,}800$
- [ ] $48 \times 10^4 = 480{,}000$
- [ ] $48 \times 10^3 = 4{,}800$
- [ ] $48 \times 10^3 = 48{,}000$

31. Marca todas las ecuaciones que sean verdaderas.

- [ ] $20 \times 100 = 2{,}000$
- [ ] $20 \times 10^3 = 20{,}000$
- [ ] $20 \times 1{,}000 = 2{,}000$
- [ ] $20 \times 10 = 2{,}000$
- [ ] $20 \times 10^5 = 2{,}000{,}000$

Nombre _____

**Tarea y práctica
3-1**
**Multiplicar números
más grandes por
potencias de 10**

¡Revisemos!

Los patrones te pueden ayudar a multiplicar
por potencias de 10.

$53 \times 1 = 53$ $70 \times 10^0 = 70$
$53 \times 10 = 530$ $70 \times 10^1 = 700$
$53 \times 100 = 5,300$ $70 \times 10^2 = 7,000$
$53 \times 1,000 = 53,000$ $70 \times 10^3 = 70,000$
$53 \times 10,000 = 530,000$ $70 \times 10^4 = 700,000$

Mira la cantidad
de ceros o el exponente
de la potencia de 10.
Agrega esa cantidad
de ceros al otro
factor.

1. Para hallar $61 \times 1,000$, agrega _____ ceros a _____ para formar el producto _____.

2. Para hallar 20×10^4, agrega _____ ceros a _____ para formar el producto _____.

Usa patrones para hallar los productos en los Ejercicios **3** a **6**.

3. 75×1
    75×10
    75×100
    $75 \times 1,000$
    $75 \times 10,000$

4. 50×1
    50×10
    50×100
    $50 \times 1,000$
    $50 \times 10,000$

5. 60×10^0
    60×10^1
    60×10^2
    60×10^3
    60×10^4

6. 18×10^0
    18×10^1
    18×10^2
    18×10^3
    18×10^4

Halla los productos en los Ejercicios **7** a **18**.

7. 84×100

8. 90×10

9. 54×10^2

10. $10^3 \times 12$

11. 72×10^5

12. $278 \times 1,000$

13. 36×10^4

14. $10^2 \times 539$

15. 4×10^1

16. $3,510 \times 10^0$

17. 100×17

18. 102×10^4

19. © **PM.3 Construir argumentos** El primo de la Sra. O´Malley vive a 1,650 millas de distancia. La Sra. O´Malley ganó una tarjeta de regalo por 100 galones de gasolina. Si su carro puede hacer 35 millas por galón, ¿puede viajar ida y vuelta a visitar a su primo con la gasolina que ganó? Explica cómo lo sabes.

20. Cada colmena de la Granja de Miel Larson suele producir 85 libras de miel al año. Aproximadamente, ¿cuántas libras de miel producirán 10^3 colmenas en un año?

21. © **PM.1 Entender y perseverar** Una cadena de hoteles hace un pedido de suministros nuevos. ¿Cuál es el costo total de 1,000 juegos de sábanas, 1,000 almohadas y 100 sillas de escritorio?

DATOS	Artículo	Precio
	Juegos de toallas	$18
	Juegos de sábanas	$24
	Almohadas	$7
	Sillas de escritorio	$114

22. © **PM.6 Hacerlo con precisión** ¿Qué número es mayor, 87 o 13.688? ¿Cómo lo sabes?

23. **Razonamiento de orden superior** El peso de un elefante es 10^3 veces el peso de un gato. Si el elefante pesa 14,000 libras, ¿cuántas libras pesa el gato? ¿Cómo hallaste la respuesta?

© **Evaluación de *Common Core***

24. Marca todas las ecuaciones que sean verdaderas.

- ☐ $14 \times 1,000 = 1,400$
- ☐ $95 \times 10 = 950$
- ☐ $30 \times 100 = 300$
- ☐ $6 \times 10,000 = 60,000$
- ☐ $50 \times 100 = 50,000$

25. Marca todas las ecuaciones que sean verdaderas.

- ☐ $72 \times 10^2 = 7,200$
- ☐ $40 \times 10^3 = 40,000$
- ☐ $164 \times 10 = 16,400$
- ☐ $55 \times 10^2 = 55,000$
- ☐ $97 \times 10^4 = 970,000$

Nombre _____

Resuélvelo y coméntalo

Un club de una escuela quiere comprar camisetas para cada uno de sus 38 miembros. Cada camiseta cuesta $23. Aproximadamente, ¿cuánto dinero costarán todas las camisetas? *Resuelve este problema de la manera que prefieras.*

Lección 3-2
Estimar productos

Puedo...
estimar productos calculando mentalmente.

Ⓒ **Estándar de contenido** 5.NBD.B.5
Prácticas matemáticas PM.1, PM.2, PM.3

Razonar ¿Te piden una respuesta exacta o una estimación?

¡Vuelve atrás! Ⓒ **PM.3 Construir argumentos** ¿Cómo puedes usar el sentido numérico para saber que la respuesta exacta tiene que ser más de $600? Explica cómo lo sabes.

Pregunta esencial ¿Cómo se pueden estimar productos?

A

Una tienda necesita al menos $15,000 en ventas mensuales para tener una ganancia. Si la tienda abre en marzo todos los días y el promedio de ventas es $525 diarios, ¿tendrá ganancias la tienda en marzo?

Puedes redondear para hacer una estimación.

¿El total de ventas en marzo es al menos $15,000?

B **Redondear para hacer estimaciones**

$525 se redondea a $500.

31 se redondea a 30.

Halla 30 × 500.

30 × 500 = 15,000

Sabes que 3 × 5 = 15.

C Los dos números que se usaron para hacer una estimación eran menores que los números reales; por tanto, 15,000 es una estimación por defecto. De hecho, la tienda tendrá más de $15,000 en ventas.

Por tanto, la tienda tendrá ganancias en marzo.

¡Convénceme! © **PM.3 Evaluar el razonamiento** Otra tienda necesita al menos $20,000 en ventas para tener ganancias en marzo. El promedio de sus ventas es $685 diarios ese mes. James usó el redondeo y la estimación y dijo: "$685 es casi $700. $700 × 30 días es $21,000. Pienso que va a ser un cierre con lo justo". ¿Qué piensas tú?

© Pearson Education, Inc. 5

Amigo de   Herramientas   Evaluación
práctica

Otro ejemplo

Estima 24 × 398.

25 y 4 son números compatibles porque su producto es fácil de calcular mentalmente.

25 × 4 = 100

25 × 40 = 1,000

25 × 400 = 10,000

Por tanto, 10,000 es una buena estimación de 24 × 398.

> También puedes usar números compatibles para hacer una estimación.

Los dos números que se usaron para hacer una estimación son mayores que los números reales.

Por tanto, 10,000 es una estimación por exceso.

Práctica guiada

¿Lo entiendes?

1. **Sentido numérico** En cada cartón de huevos cabe una docena de huevos. La granja de pollos de Michael completa 121 cartones de huevos. Michael piensa que hay más de 1,500 huevos. ¿Tiene razón? Haz una estimación para averiguarlo.

¿Cómo hacerlo?

Haz una estimación en los Ejercicios **2** a **5**. Luego, indica si tu estimación es una estimación por exceso o por defecto.

2. 29 × 688

3. 210 × 733

4. 43 × 108

5. 380 × 690

Práctica independiente

Práctica al nivel Estima los productos en los Ejercicios **6** a **17**.

6. 180 × 586

7. 300 × 118

8. 19 × 513

9. 38 × 249

10. 11 × 803

11. 44 × 212

12. 790 × 397

13. 42 × 598

14. 25 × 191

15. 408 × 676

16. 290 × 12

17. 854 × 733

Prácticas matemáticas y resolución de problemas

18. © **PM.2 Razonar** Estima 530 × 375. ¿El producto estimado está más cerca de 150,000 o de 200,000? Explícalo.

19. (A-Z) **Vocabulario** ¿500 es una estimación por defecto o por exceso del producto de 12 y 53?

20. © **PM.3 Construir argumentos** Samuel necesita estimar el producto de 23 × 395. Explica dos métodos diferentes que puede usar Samuel para hacer la estimación.

21. Rebeca dice que 10^3 es 30 porque $10 + 10 + 10 = 30$. ¿Estás de acuerdo? Explícalo.

22. Razonamiento de orden superior Abby cuenta 12 cajas grandes y 18 cajas pequeñas de lápices en el armario de útiles. Cada caja grande tiene 144 lápices. Cada caja pequeña tiene 24 lápices. Estima la cantidad total de lápices. ¿Tu estimación es una estimación por exceso o por defecto? Explica por qué podría ser mejor hacer una estimación por defecto en lugar de una estimación por exceso.

23. © **PM.3 Evaluar el razonamiento** Susan redondeó para estimar 24 × 413 y halló 20 × 400. Jeremy usó números compatibles y halló 25 × 400. ¿Qué método da una estimación más cercana al producto real? Explícalo.

¿Es razonable tu respuesta?

© Evaluación de *Common Core*

24. Lance tiene 102 paquetes de tarjetas de deportes. Cada paquete tiene 28 tarjetas. Redondea para hacer una estimación. Aproximadamente, ¿cuántas tarjetas tiene Lance?

   Ⓐ   2,000

   Ⓑ   2,500

   Ⓒ   3,000

   Ⓓ   3,500

25. ¿Qué opción NO muestra una estimación razonable de 24 × 338?

   Ⓐ   6,000

   Ⓑ   7,000

   Ⓒ   7,500

   Ⓓ   10,000

Nombre _____

¡Revisemos!

La Sra. Carter pide artículos nuevos para un hospital. Aproximadamente, ¿cuánto costará comprar 14 pulsímetros?

DATOS	Artículos	
	Termómetros electrónicos	$19 cada uno
	Pulsímetros	$189 cada uno
	Almohadas	$17 cada una
	Teléfonos	$19 cada uno

Redondea para hacer una estimación.

Estima 14 × 189.

Puedes redondear 14 a 10 y 189 a 200.

10 × 200 = 2,000

Los 14 pulsímetros costarán entre $2,000 y $3,000.

Usa números compatibles para hacer una estimación.

Estima 14 × 189.

Sustituye 14 por 15 y 189 por 200.

15 × 200 = 3,000

---

1. Aproximadamente, ¿cuánto costará comprar 18 reproductores de MP3? Aproximadamente, ¿cuánto costará comprar 18 reproductores de CD/MP3?

DATOS	Precio de productos electrónicos	
	Reproductor de CD	$74.00
	Reproductor de MP3	$99.00
	Reproductor de CD/MP3	$199.00
	Radio AM/FM	$29.00

Estima los productos en los Ejercicios **2** a **15**.

2. 184 × 210
   Redondea 184 a _____.
   Redondea 210 a _____.
   Multiplica _____ × _____ = _____.

3. 77 × 412
   Redondea 77 a _____.
   Redondea 412 a _____.
   Multiplica _____ × _____ = _____.

4. 87 × 403

5. 19 × 718

6. 888 × 300

7. 352 × 20

8. 520 × 797

9. 189 × 46

10. 560 × 396

11. 498 × 47

12. 492 × 22

13. 928 × 89

14. 308 × 18

15. 936 × 410

16. © **PM.2 Razonar** La familia de Laura se va de vacaciones. Viajarán 4,180 millas durante las próximas dos semanas. Aproximadamente, ¿cuántas millas viajarán en promedio cada semana?

17. © **PM.1 Entender y perseverar** Un servicio de autobuses lleva pasajeros entre Milwaukee y Chicago todos los días. Viajan de una ciudad a otra 8 veces por día. La distancia entre las dos ciudades es 89 millas. En febrero hay 28 días. El presupuesto de la empresa considera 28,000 millas totales en febrero. ¿Piensas que el presupuesto es razonable? Explícalo.

18. **Razonamiento de orden superior** Explica si el redondeo o los números compatibles da una estimación más cercana para el siguiente producto.

$48 \times 123 = 5,904$

19. Una caja de 24 pares del mismo tipo de zapatos deportivos cuesta un poco más de $800. Explica si $28 por par con impuestos incluidos es una buena estimación del precio.

20. La cantidad de boletos para adultos es la misma que la cantidad de boletos para niños (5 a 12 años). Se compraron 38 boletos en total. ¿Cuál es el costo total de los boletos? Explícalo.

DATOS	Boleto	Precio (en $)
	Adultos	23
	Niños, 5 a 12 años	17
	Menores de 5 años	8

© **Evaluación de** *Common Core*

21. ¿Qué opción **NO** muestra una estimación razonable de 360×439?

Ⓐ 100,000

Ⓑ 140,000

Ⓒ 160,000

Ⓓ 180,000

22. Un club pide 124 camisetas a un costo de $18 cada una. ¿Qué opción es la mejor estimación del costo total del pedido?

Ⓐ $1,000

Ⓑ $2,000

Ⓒ $3,000

Ⓓ $4,000

Nombre _____

Un centro de beneficencia local reunió 163 latas de comida por día durante 14 días. ¿Cuántas latas reunieron en los primeros 10 días? ¿Cuántas latas reunieron en los últimos 4 días? ¿Cuántas latas reunieron en total? **Resuelve este problema de la manera que prefieras.**

Puedo...
multiplicar números de 3 dígitos por números de 2 dígitos.

© **Estándar de contenido** 5.NBD.B.5
Prácticas matemáticas PM.1, PM.2, PM.3, PM.7, PM.8

Puedes entender y perseverar para resolver este problema. Sabes cómo multiplicar por 10 y por un número de un solo dígito.

COLECTA
DE
ALIMENTOS

¡Vuelve atrás! © **PM.2 Razonar** ¿Cómo puedes comprobar si tu respuesta es razonable?

Pregunta esencial ¿Cómo se pueden multiplicar números de 3 dígitos por números de 2 dígitos?

A

El mes pasado una panadería vendió 389 cajas de roscas. ¿Cuántas roscas vendió la panadería el mes pasado?

12 roscas por caja

Puedes usar la multiplicación para combinar grupos iguales.

B   Paso 1

Multiplica por las unidades y reagrupa si es necesario.

$$\begin{array}{r} {\scriptstyle 1\,1} \\ 389 \\ \times\ \ 12 \\ \hline 778 \end{array}$$

2×9 unidades = 18 unidades o
          1 decena y
          8 unidades

2×8 decenas = 16 decenas

16 decenas + 1 decena = 17 decenas

17 decenas = 1 centena y 7 decenas

2×3 centenas = 6 centenas

6 centenas + 1 centena = 7 centenas

C   Paso 2

Multiplica por las decenas y reagrupa si es necesario.

$$\begin{array}{r} 389 \\ \times\ \ 12 \\ \hline 778 \\ +\ 3890 \end{array}$$

10×9 unidades =
90 unidades

10×8 decenas =
80 decenas, u 8 centenas

10×3 centenas =
30 centenas, o 3 millares

D   Paso 3

Suma los productos parciales.

$$\begin{array}{r} 389 \\ \times\ \ 12 \\ \hline 778 \\ +\ 3890 \\ \hline 4{,}668 \end{array}$$

La panadería vendió 4,668 roscas el mes pasado.

¡Convénceme! © **PM.3 Construir argumentos** ¿Es 300×10 una buena estimación de la cantidad de roscas que vendió la panadería? Explícalo.

Nombre _____

☆Práctica guiada*

¿Lo entiendes?

1. © **PM.7 Usar la estructura** Un teatro tiene capacidad para 540 personas por función. ¿Cuántos boletos se venden si el teatro vende todos los boletos para un mes de 30 días?

2. **Sentido numérico** ¿Es 500 × 30 una buena estimación para la cantidad de boletos vendidos en el teatro en un mes?

¿Cómo hacerlo?

Halla los productos en los Ejercicios **3** a **6**. Haz una estimación para ver si tu respuesta es razonable.

3.   236
     × 46

4.   61
     × 25

5.   951
     × 62

6.   185
     × 5

☆Práctica independiente

Práctica al nivel Halla los productos en los Ejercicios **7** a **22**. Haz una estimación para ver si tu respuesta es razonable.

7.   51
     × 10

8.   892
     × 18

9.   946
     × 33

10.   735
     × 41

11. 25 × 100

12. 81 × 11

13. 106 × 7

14. 90 × 59

15. 18 × 360

16. 75 × 222

17. 481 × 35

18. 659 × 17

19. 340 × 89

20. 439 × 22

21. 273 × 9

22. 64 × 475

Prácticas matemáticas y resolución de problemas

23. Matemáticas y Ciencias ¿Cuántas veces late el corazón de un conejo en 1 hora?

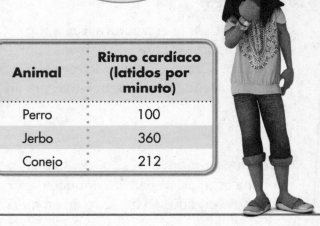

Recuerda que 1 hora tiene 60 minutos.

24. © **PM.1 Entender y perseverar** En 1 hora, ¿cuántas veces más late el corazón de un conejo que el de un perro? Escribe una ecuación para mostrar tu trabajo.

DATOS	Animal	Ritmo cardíaco (latidos por minuto)
	Perro	100
	Jerbo	360
	Conejo	212

---

25. © **PM.3 Construir argumentos** ¿Es 3,198 un producto razonable para 727 × 44? ¿Por qué?

26. Razonamiento de orden superior Un vivero vende plantas en bandejas. Cada plato tiene 6 plantas. Cada bandeja tiene 6 platos. El vivero vendió 18 bandejas el sábado y 21 bandejas el domingo. ¿Cuántas plantas vendió el vivero en total?

© **Evaluación de *Common Core***

27. Tricia está construyendo un patio rectangular. El patio tendrá 108 ladrillos de ancho y 19 ladrillos de longitud. Tricia tiene 2,000 ladrillos. ¿Tiene suficientes ladrillos para construir el patio? Explícalo. Muestra tu trabajo en el recuadro.

Ayuda · Amigo de práctica · Herramientas · Juegos

¡Revisemos!

El año pasado, a 23 estudiantes de quinto grado se les asignó un estudiante de kínder como amigo de lecturas. Cada estudiante leyó durante 1 hora en cada sesión de lectura durante un total de 128 sesiones. ¿Cuántas horas en total leyeron los estudiantes de quinto grado?

Haz una estimación:
130 por 20 es 2,600.

Paso 1
Multiplica por las unidades. Reagrupa si es necesario.

Paso 2
Multiplica por las decenas. Reagrupa si es necesario.

Paso 3
Suma los productos parciales.

$$\begin{array}{r} 128 \\ \times\ 23 \\ \hline 384 \\ +\ 2,560 \\ \hline 2,944 \end{array}$$

$$\begin{array}{r} \overset{2}{1}28 \\ \times\ \ 3 \\ \hline 384 \end{array}$$

$$\begin{array}{r} \overset{1}{1}28 \\ \times\ 20 \\ \hline 2,560 \end{array}$$

Los estudiantes de quinto grado leyeron 2,944 horas en total. La respuesta es razonable porque está cerca de la estimación.

Halla los productos en los Ejercicios **1** a **10**. Haz una estimación para ver si tu respuesta es razonable.

1.
$$\begin{array}{r} 282 \\ \times\ 19 \\ \hline \\ +\ \ \ \ \ \ \ \ \\ \hline \end{array}$$
← Multiplica por las unidades.
← Multiplica por las decenas.
← Suma los productos parciales.

2.
$$\begin{array}{r} 538 \\ \times\ 46 \\ \hline \\ +\ \ \ \ \ \ \ \ \\ \hline \end{array}$$
← Multiplica por las unidades.
← Multiplica por las decenas.
← Suma los productos parciales.

3.
$$\begin{array}{r} 395 \\ \times\ 76 \\ \hline \end{array}$$

4.
$$\begin{array}{r} 83 \\ \times\ 57 \\ \hline \end{array}$$

5.
$$\begin{array}{r} 628 \\ \times\ 33 \\ \hline \end{array}$$

6.
$$\begin{array}{r} 154 \\ \times\ 35 \\ \hline \end{array}$$

7. 682×25

8. 324×71

9. 158×6

10. 16×29

11. © **PM.3 Evaluar el razonamiento**
¿Es 2,750 una respuesta razonable para
917 × 33? Explícalo.

12. A-Z **Vocabulario** ¿Qué dos productos
parciales sumarías para hallar 513 × 46?

13. ¿Cuántos kilómetros puede hacer el carro
rojo en 12 horas? Escribe una ecuación para
mostrar tu trabajo.

14. Razonamiento de orden superior
En 12 horas, ¿cuántos kilómetros más puede
hacer el carro amarillo que el carro rojo?
Muestra tu trabajo.

DATOS	Carro	Promedio de velocidad (km/h)
	Rojo	217
	Amarillo	242

© **Evaluación de** *Common Core*

15. Katie está construyendo una pared rectangular. La pared tendrá
332 ladrillos de ancho y 39 ladrillos de altura. Katie tiene 15,000 ladrillos.
¿Tiene suficientes ladrillos para construir la pared? Explícalo. Muestra tu
trabajo en el recuadro.

Nombre _____

Resuélvelo y coméntalo

Un distrito escolar está reemplazando todos los escritorios de los salones de clase. Hay 103 salones y cada salón necesita 24 escritorios nuevos. ¿Cuántos escritorios necesita comprar el distrito escolar?

Usar la estructura
Aplica lo que sabes acerca de multiplicar números de 3 dígitos y números de 2 dígitos. ¡Muestra tu trabajo!

Lección 3-4
Multiplicar números enteros con ceros

Puedo...
multiplicar números que tienen un cero entre sus dígitos.

Estándar de contenido 5.NBD.B.5
Prácticas matemáticas PM.1, PM.2, PM.3, PM.4, PM.7

¡Vuelve atrás! PM.2 Razonar ¿Cuál sería una buena estimación para el problema de arriba? Explícalo.

Pregunta esencial ¿Cómo se pueden multiplicar números con ceros?

A

Un antiguo tren de vapor hace un recorrido turístico por día. Si se ocupan todos los asientos en cada viaje, ¿cuántos pasajeros puede llevar en 31 recorridos?

Puedes usar la multiplicación para hallar la cantidad total de pasajeros.

El tren tiene 208 asientos en total.

B **Paso 1**

Halla 31 × 208.

Estima:

30 × 200 = 6,000

? pasajeros en total

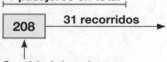

| 208 | → 31 recorridos |

↑
Cantidad de asientos por recorrido

C **Paso 2**

Multiplica las unidades.

Reagrupa si es necesario.

Recuerda que multiplicar por un cero da un producto de cero.

$$\begin{array}{r} 208 \\ \times\ \ 31 \\ \hline 208 \end{array}$$

D **Paso 3**

Multiplica las decenas.

Reagrupa si es necesario.

$$\begin{array}{r} \overset{2}{2}08 \\ \times\ \ \ 31 \\ \hline 208 \\ +\ 6240 \\ \hline 6,448 \end{array}$$

Suma los productos parciales.

El tren puede llevar 6,448 pasajeros.

¡Convénceme! © **PM.4 Representar con modelos matemáticos** Supón que el tren lleva en promedio 102 asientos ocupados en cada recorrido. ¿Cuál es una estimación razonable de la cantidad de pasajeros que puede llevar el tren en 28 recorridos? Escribe una ecuación para mostrar tu trabajo.

Nombre _____

 # ☆Práctica guiada*

¿Lo entiendes?

1. En un auditorio, hay 104 filas con 24 asientos en cada fila. ¿Cuántos asientos hay?

2. © **PM.2 Razonar** ¿Por qué es importante "hacer una estimación para ver si es razonable"?

¿Cómo hacerlo?

Multiplica para hallar el producto en los Ejercicios **3** a **6**. Haz una estimación para ver si es razonable.

3. $\begin{array}{r} 205 \\ \times\ 23 \\ \hline \end{array}$ 4. $\begin{array}{r} 108 \\ \times\ 34 \\ \hline \end{array}$

5. $\begin{array}{r} 410 \\ \times\ 44 \\ \hline \end{array}$ 6. $\begin{array}{r} 302 \\ \times\ 30 \\ \hline \end{array}$

☆Práctica independiente

Práctica al nivel Halla los productos en los Ejercicios **7** a **18**. Haz una estimación para ver si es razonable.

7. $\begin{array}{r} 302 \\ \times\ 17 \\ \hline \end{array}$ 8. $\begin{array}{r} 608 \\ \times\ 23 \\ \hline \end{array}$ 9. $\begin{array}{r} 109 \\ \times\ 47 \\ \hline \end{array}$ 10. $\begin{array}{r} 510 \\ \times\ 72 \\ \hline \end{array}$

11. $\begin{array}{r} 902 \\ \times\ 35 \\ \hline \end{array}$ 12. $\begin{array}{r} 207 \\ \times\ 61 \\ \hline \end{array}$ 13. $\begin{array}{r} 108 \\ \times\ 58 \\ \hline \end{array}$ 14. $\begin{array}{r} 505 \\ \times\ 77 \\ \hline \end{array}$

15. $\begin{array}{r} 407 \\ \times\ 39 \\ \hline \end{array}$ 16. $\begin{array}{r} 280 \\ \times\ 66 \\ \hline \end{array}$ 17. $\begin{array}{r} 105 \\ \times\ 24 \\ \hline \end{array}$ 18. $\begin{array}{r} 360 \\ \times\ 48 \\ \hline \end{array}$

Prácticas matemáticas y resolución de problemas

19. © **PM.1 Entender y perseverar** La clase del Sr. Mello tiene 27 estudiantes. Halla la cantidad total de páginas que leyeron los estudiantes hasta el final de noviembre.

20. Cada estudiante leyó 41 páginas en diciembre. ¿Cuántas páginas en total leyeron los estudiantes hasta el final de diciembre?

DATOS

Progreso con el libro de historia		
Mes	**Capítulo**	**Páginas**
Septiembre	1	35
Octubre	2	38
Noviembre	3	35

21. © **PM.3 Evaluar el razonamiento** Meredith dice que 15.17 es mayor que 15.8 porque 17 es mayor que 8. ¿Estás de acuerdo? Explica tu razonamiento.

22. © **PM.7 Usar la estructura** Trudy quiere multiplicar 66 × 606. Dice que lo único que tiene que hacer es hallar 6 × 606 y luego duplicar ese número. Explica por qué el método de Trudy no dará la respuesta correcta. Luego muestra cómo hallar el producto correcto.

23. **Razonamiento de orden superior** María necesita un trombón solamente durante 12 meses. Alquilar el trombón cuesta $34 por mes. Puede comprar el trombón a $495. ¿Le conviene comprar o alquilar el trombón? Explícalo. ¿Cuánto paga?

24. © **PM.2 Razonar** Otra tienda de música alquila trombones a $30 por mes más un cargo anual de $48. ¿Qué oferta le conviene más? ¿Debe cambiar María su plan de alquiler?

© Evaluación de *Common Core*

25. ¿Qué números son los dos productos parciales que sumarías para hallar 41 × 709? Escribe esos productos parciales en el recuadro.

41 × 709						
709	710	719	2,836	3,545	28,360	28,760

Nombre _____

Tarea y práctica
3-4
Multiplicar números enteros con ceros

¡Revisemos!

Halla el producto de 304 × 23.

$$
\begin{array}{r}
\overset{1}{304} \\
\times \quad 23 \\
\hline
912 \\
+ \quad 6080 \\
\hline
6{,}992
\end{array}
$$

Paso 1:   Primero, multiplica 304 por 3 unidades.

Paso 2:   Luego, multiplica 304 por 2 decenas.

Paso 3:   Por último, suma los productos parciales.

---

1. Usa la tabla de valor de posición de la derecha para multiplicar 36 × 405. Anota los productos parciales en el lugar correcto de la tabla.

¡Una tabla de valor de posición te puede ayudar a colocar los números en el lugar correcto!

período de los millares   período de las unidades

centenas de millar	decenas de millar	millares	centenas	decenas	unidades	
			4	0	5	
×				3	6	Lo que multiplico

Halla los productos en los Ejercicios **2** a **9**. Haz una estimación para ver si es razonable.

2.
$$
\begin{array}{r}
2\,0\,3 \\
\times \quad 1\,2 \\
\hline
\square\square\square \\
+ \square\square\square\square \\
\hline
\square\square\square\square
\end{array}
$$

3.
$$
\begin{array}{r}
3\,0\,6 \\
\times \quad 2\,1 \\
\hline
\square\square\square \\
+ \square\square\square\square \\
\hline
\square\square\square\square
\end{array}
$$

4.
$$
\begin{array}{r}
1\,0\,9 \\
\times \quad 7\,3 \\
\hline
\square\square\square\square \\
+ \square\square\square\square \\
\hline
\square\square\square\square
\end{array}
$$

5.
$$
\begin{array}{r}
6\,0\,1 \\
\times \quad 4\,5 \\
\hline
\square\square\square\square \\
+ \square\square\square\square \\
\hline
\square\square\square\square
\end{array}
$$

6.
$$
\begin{array}{r}
708 \\
\times \quad 34 \\
\hline
\end{array}
$$

7.
$$
\begin{array}{r}
520 \\
\times \quad 63 \\
\hline
\end{array}
$$

8.
$$
\begin{array}{r}
405 \\
\times \quad 70 \\
\hline
\end{array}
$$

9.
$$
\begin{array}{r}
802 \\
\times \quad 94 \\
\hline
\end{array}
$$

10. © **PM.2 Razonar** La Banda de la Escuela Intermedia Memorial tiene 108 miembros. Quieren comprar chaquetas con el nombre de la banda en la espalda. ¿Cuál es la diferencia en el precio total de las chaquetas con serigrafías y las chaquetas bordadas?

DATOS	Chaquetas	Precio (en $)
	Nombre impreso en serigrafía	35
	Nombre bordado	48

11. © **PM.3 Evaluar el razonamiento** Grupos de protección de la fauna construyen casas para murciélagos para ayudar a salvarlos. En una casa para murciélagos caben aproximadamente 300 murciélagos. Larry dice que en 12 casas caben aproximadamente 4,500 murciélagos. ¿Estás de acuerdo? Explícalo.

12. **Razonamiento de orden superior** Sustituye las variables a, b, c y d por los dígitos 2, 4, 6, 8 para formar el mayor producto. Puedes usar cada dígito solo una vez. Explica tus sustituciones.

$$\begin{array}{r} a\,0\,b \\ \times \quad c\,d \\ \hline \end{array}$$

13. En un cajón de embalaje caben 205 aguacates. Se recolectaron 7,000 aguacates en una plantación. El dueño tiene 36 cajones de embalaje. ¿Tiene suficientes cajones de embalaje para despachar los aguacates? Explícalo.

14. © **PM.3 Construir argumentos** Sarah halló que el producto de 49 y 805 es 3,165. ¿Cómo la ayudaría hacer una estimación a saber que la respuesta NO es razonable?

© **Evaluación de** *Common Core*

15. ¿Qué números son los dos productos parciales que sumarías para hallar 990 $\times$ 37? Escribe esos productos parciales en el recuadro.

990 $\times$ 37			
297	2,970	6,930	69,300
693	6,330	29,700	

Nombre _____

Escribe y resuelve un problema de la vida diaria con una pregunta que se pueda responder con la ecuación.

$$36 \times 208 = n$$

Lección 3-5
Multiplicar números de varios dígitos

Puedo...
hallar el producto de factores de varios dígitos.

Ⓒ Estándar de contenido 5.NBD.B.5
Prácticas matemáticas PM.1, PM.2, PM.3, PM.4

Puedes razonar para relacionar las matemáticas con la vida diaria. Piensa en las situaciones que describe la multiplicación.

¡Vuelve atrás! Ⓒ **PM.3 Construir argumentos** Escribe un problema de la vida diaria para la ecuación $208 \times 36 = n$. Indica en qué se parecen tus dos problemas y en qué se diferencian.

Aprende Glosario

Pregunta esencial

¿Cómo se puede usar la multiplicación para resolver problemas?

A

¿Cuánto paga al año la familia Carson por sus teléfonos celulares?

Factura de teléfonos celulares: $271 por mes

Puedo usar las propiedades conmutativa, asociativa y distributiva para calcular más fácilmente.

Un diagrama de barras se puede usar para representar la combinación de grupos iguales.

B ## Paso 1

Dibuja un diagrama de barras que represente el problema.

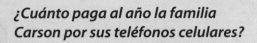

271	271	271	271	271	271	271	271	271	271	271	271

n

Luego escribe una ecuación.

$$12 \times 271 = n$$

C ## Paso 2

Multiplica para resolver.

$$
\begin{array}{r}
\overset{1}{271} \\
\times\ \ 12 \\
\hline
542 \\
+\ 2710 \\
\hline
3{,}252
\end{array}
$$

La familia Carson paga $3,252 al año por sus teléfonos celulares.

¡Convénceme! © PM.2 Razonar ¿Es $3,252 al año una respuesta razonable? Explícalo.

Nombre _____

Amigo de práctica   Herramientas   Evaluación

 Práctica guiada*

¿Lo entiendes?

1. Carlos ahorra 18 centavos todos los días del año. Si este año tiene 365 días, ¿cuántos centavos habrá ahorrado al final del año? Escribe una ecuación que represente el problema. Luego resuelve la ecuación.

2. © PM.4 Representar con modelos matemáticos Lila maneja 129 kilómetros ida y vuelta a su trabajo. ¿Cuántos kilómetros maneja en 31 días? Escribe una ecuación que represente el problema. Luego resuelve la ecuación.

¿Cómo hacerlo?

Estima los productos en los Ejercicios 3 a 6. Luego completa los cálculos. Comprueba si tu respuesta es razonable.

3.
```
    1 3 4
  ×   1 1
```

4.
```
    2 0 8
  ×   2 6
```

5.
```
    4 2 8
  ×   3 5
```

6.
```
    2 7 5
  ×   5 6
```

Práctica independiente

Práctica al nivel Estima y luego calcula los productos en los Ejercicios 7 a 22. Comprueba si tu respuesta es razonable.

7.
```
    5 3 1
  ×   4 7
```

8.
```
    7 5 9
  ×   6 8
```

9.
```
    3 6 7
  ×   9 2
```

10.
```
    8 1 7
  ×   4 5
```

11.
```
    1,206
  ×    77
```

12.
```
     543
  ×   18
```

13.
```
     908
  ×   62
```

14.
```
     750
  ×   81
```

15. $6{,}755 \times 9$

16. 869×46

17. 922×81

18. 783×14

19. 684×15

20. 650×22

21. $2{,}525 \times 37$

22. 615×41

*Puedes encontrar otro ejemplo en el Grupo C, página 157.

Prácticas matemáticas y resolución de problemas

Usa la tabla para resolver los Ejercicios **23** y **24**.

23. © **PM.4 Representar con modelos matemáticos** Jason suele viajar por trabajo. Este año planea hacer 15 viajes a Chicago. ¿Cuál es el costo total en pasajes de avión? Escribe una ecuación que represente el problema. Luego resuelve la ecuación.

> Estos son precios de ida y vuelta.

24. © **PM.2 Razonar** ¿Qué cuesta más: 15 viajes a Boston u 11 viajes a Nueva York? Explícalo.

DATOS

Precios de pasajes de avión

Destino	Costo del pasaje
Boston	$178
Nueva York	$225
Chicago	$489
Los Ángeles	$1,240

---

25. La cocinera de un restaurante está planificando su pedido de alimentos. Planea usar 115 libras de papas por día durante 12 días. ¿Cuántas libras de papas pedirá?

? cantidad de libras

115	115	115	115	115	115	115	115	115	115	115	115

↑
12 días

26. **Razonamiento de orden superior** Carolyn compró un galón de pintura que cubre 250 pies cuadrados. Quiere pintar una pared que mide 16 pies de ancho y 12 pies de altura. Explica si necesitará más de un galón de pintura o no.

© **Evaluación de *Common Core***

27. Jack estima que el producto de 257 × 29 es menos de 6,000. Marta no está de acuerdo. Ella estima que el producto es más de 7,000. ¿Quién hizo la mejor estimación? Explica tu razonamiento.

28. Cuando multiplicas un número de 3 dígitos por un número de 2 dígitos, ¿cuál es la mayor cantidad de dígitos que puede tener el producto? Explícalo.

Nombre _____

Ayuda Amigo de Herramientas Juegos
       práctica

**Tarea y práctica
3-5
Multiplicar números
de varios dígitos**

¡Revisemos!

Una tienda de deportes vende patinetas a $112. El mes pasado, la tienda vendió 45 patinetas. ¿Cuánto dinero obtuvo la tienda por esas ventas?

Calcula mentalmente para multiplicar.

$112 = 100 + 10 + 2$

$2 \times 45 = 90$

$10 \times 45 = 450$

$100 \times 45 = 4,500$

$90 + 450 + 4,500 = 5,040$

La tienda obtuvo $5,040 de esas ventas.

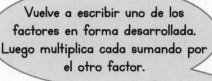
Vuelve a escribir uno de los factores en forma desarrollada. Luego multiplica cada sumando por el otro factor.

---

1. Halla $1,206 \times 5$ usando la forma desarrollada.

   $1,206 = 1,000 + 200 + 0 +$ _____

   $1,000 \times 5 =$ _____

   $200 \times 5 =$ _____

   _____ $\times 5 =$ _____

   $5,000 +$ _____ $+ 30 =$ _____

   Por tanto, $1,206 \times 5 =$ _____ .

2. Halla 240×15 usando los productos parciales.

   $240 \times 5 =$ _____

   $240 \times$ _____ $= 2,400$

   $1,200 +$ _____ $=$ _____

   Por tanto, $240 \times 15 =$ _____ .

Halla los productos en los Ejercicios **3** a **10**.

3. $\begin{array}{r} 423 \\ \times\ 18 \\ \hline \end{array}$	**4.** $\begin{array}{r} 914 \\ \times\ 12 \\ \hline \end{array}$	**5.** $\begin{array}{r} 125 \\ \times\ 15 \\ \hline \end{array}$	**6.** $\begin{array}{r} 425 \\ \times\ 82 \\ \hline \end{array}$
7. $\begin{array}{r} 185 \\ \times\ 24 \\ \hline \end{array}$	**8.** $\begin{array}{r} 1,288 \\ \times\ 33 \\ \hline \end{array}$	**9.** $\begin{array}{r} 6,301 \\ \times\ 47 \\ \hline \end{array}$	**10.** $\begin{array}{r} 3,440 \\ \times\ 75 \\ \hline \end{array}$

11. **A-Z Vocabulario** Encierra en un círculo todos los **productos parciales** de abajo.

$$
\begin{array}{r}
452 \\
\times\ \ 12 \\
\hline
904 \\
+\ 4{,}520 \\
\hline
5{,}424
\end{array}
$$

12. **© PM.2 Razonar** Tomika planea correr 84 millas en 4 semanas. Si continúa el patrón, ¿cuántas millas correrá en 1 año? Explícalo.

1 año = 52 semanas

13. Pete es el dueño de varias pizzerías. Vende las pizzas de queso a $12 cada una. ¿Cuánto dinero obtuvo en enero en la pizzería de Westland?

DATOS

Ventas de pizzas de queso en enero	
Pizzería	**Cantidad vendida**
Centro administrativo	1,356
Centro de la ciudad	998
Westland	1,824

14. ¿Cuántas pizzas más vendió la pizzería del centro administrativo que la del centro de la ciudad? Escribe una ecuación para mostrar tu trabajo.

15. **© PM.1 Entender y perseverar** ¿Cuántas pizzas más necesita vender la pizzería de Westland para igualar la cantidad total de pizzas que venden las pizzerías del centro administrativo y del centro de la ciudad? Explica tu trabajo.

16. **Razonamiento de orden superior** Un granjero tiene 128 plantas de tomates rojos y 102 plantas de tomates amarillos. Cada planta produce aproximadamente 32 tomates. El granjero planea vender cada tomate a $2. Explica cómo hallar una estimación razonable de la cantidad total de dinero que ganará el granjero si vende todos sus tomates.

© Evaluación de *Common Core*

17. Jane multiplicó 825 × 22 y obtuvo 3,300. Flynn multiplicó los mismos números y obtuvo 18,150. ¿Qué estudiante tiene razón? ¿Qué error cometió el otro estudiante?

18. Lisa estima que el producto de 351 × 34 es más de 10,000. Gene no está de acuerdo. Él estima que el producto es menos de 10,000. ¿Quién hizo la mejor estimación? Explica tu razonamiento.

Nombre _____

Resuélvelo y coméntalo

La familia de Kevin tomó 239 fotos en sus vacaciones de verano. Marco y su familia tomaron 12 veces esa cantidad de fotos en sus vacaciones. ¿Cuántas fotos tomó la familia de Marco? *Resuelve este problema de la manera que prefieras.*

Puedo...
resolver problemas verbales sobre multiplicación.

© **Estándar de contenido** 5.NBD.B.5
Prácticas matemáticas PM.1, PM.2, PM.3, PM.4, PM.6

¿Cómo te puede ayudar una ecuación a representar con modelos matemáticos para resolver el problema?

¡Vuelve atrás! © **PM.3 Construir argumentos** ¿Cómo puedes usar la estimación para saber si tu respuesta es razonable? Explícalo.

Pregunta esencial **¿Cómo se puede usar un diagrama de barras para resolver un problema de multiplicación?**

A

En 1980, se vendió una pintura a $1,575. En 2015, la misma pintura se vendió a 5 veces esa cantidad. ¿Cuál fue el precio de la pintura en 2015?

Puedes dibujar un diagrama de barras y usar una variable para hallar el nuevo precio de la pintura.

B *¿Qué me piden que halle?*

El precio de la pintura en 2015.

Sea $p =$ el precio de la pintura en 2015.

Dibuja un diagrama de barras para representar el problema.

precio en 2015 (p)

2015	$1,575	$1,575	$1,575	$1,575	$1,575

5 veces ese precio

1980	$1,575

C Escribe y resuelve una ecuación usando la variable.

$1,575 \times 5 = p$

$1,575 \times 5 = \$7,875$

Por tanto, $p = \$7,875$.

En 2015, la pintura se vendió a $7,875.

Puedes usar la suma repetida o la división para comprobar tu respuesta.

¡Convénceme! © **PM.3 Construir argumentos** ¿Cómo puedes usar la estimación para justificar que la respuesta $7,875 es razonable?

Amigo de práctica · Herramientas · Evaluación

✫ Práctica guiada *

¿Lo entiendes?

1. © **PM.4 Representar con modelos matemáticos** Escribe un problema de la vida diaria que use la multiplicación. Luego dibuja un diagrama de barras y escribe una ecuación para resolver tu problema.

¿Cómo hacerlo?

Escribe y resuelve una ecuación en el Ejercicio **2**.

2. En la librería de Sharon hay 1,219 cajas de tarjetas. La tienda de May tiene 3 veces esa cantidad de cajas de tarjetas. ¿Cuántas cajas de tarjetas tiene la tienda de May?

c cajas de tarjetas

Tienda de May	1,219	1,219	1,219	3 veces esa cantidad
Librería de Sharon	1,219			

✫ Práctica independiente

Dibuja un diagrama de barras para representar la situación en los Ejercicios **3** a **5**. Luego escribe y resuelve una ecuación.

3. Hay 14 salas de cine en el centro comercial. En cada sala hay 175 butacas. ¿Cuántas butacas hay en total?

? butacas →

?

14 salas de cine → | 175 | 175 | 175 | 175 | 175 | 175 | 175 | 175 | 175 | 175 | 175 | 175 | 175 | 175 |

└─ 175 butacas por cada sala

4. La distancia desde la casa de Brad hasta el mar es 12 veces la distancia desde la casa de Jennie. Si Jennie vive a 48 millas del mar, ¿a cuántas millas del mar vive Brad?

5. Una ferretería pidió 13 paquetes de clavos de un proveedor. Cada paquete trae 155 clavos. ¿Cuántos clavos pidió la ferretería?

6. **Álgebra** La escuela de Sandi tiene 1,030 estudiantes. La escuela de Karla tiene 3 veces esa cantidad de estudiantes. Escribe una ecuación para hallar e, la cantidad de estudiantes de la escuela de Karla. Luego resuelve tu ecuación.

	e			
Escuela de Karla	1,030	1,030	1,030	3 veces esa cantidad
Escuela de Sandi	1,030			

7. **Matemáticas y Ciencias** La distancia de Júpiter al Sol es aproximadamente 5 veces la distancia entre la Tierra y el Sol. La Tierra está a aproximadamente 93,000,000 millas del Sol. Aproximadamente, ¿a qué distancia está Júpiter del Sol?

> Busca una relación como ayuda para resolver este problema.

8. **Razonamiento de orden superior** William viaja solamente los sábados y domingos y voló 1,020 millas este mes. Jason viaja todos los días hábiles de la semana y voló 1,200 millas este mes. Si cada hombre viaja aproximadamente la misma cantidad de millas por mes, ¿quién viajó más millas por día este mes? Explícalo.

9. © **PM.2 Razonar** Hwong puede colocar 12 paquetes de café en una caja pequeña y 50 paquetes de café en una caja grande. Tiene 10 cajas pequeñas de café y quiere reorganizar los paquetes en cajas grandes. ¿Cuántas cajas grandes puede llenar? Explícalo.

© Evaluación de *Common Core*

10. Marca todas las expresiones que sean iguales a $25 \times 4,060$.

☐ $4,060 \times 25$

☐ $20 \times 5 \times 4,060$

☐ $25 \times (4,000 + 60)$

☐ $25 \times (406 \times 10^2)$

☐ $(20 + 5) \times 4,060$

11. Marca todas las expresiones que sean iguales a $38 \times 8,500$.

☐ $(85 \times 10^3) \times 38$

☐ $(30 + 8) \times (850 \times 10)$

☐ $30 \times 8 \times 8,500$

☐ $8,500 \times 38$

☐ $(30 + 8) \times 8,500$

Nombre _____

Ayuda Amigo de Herramientas Juegos
práctica

**Tarea y práctica
3-6**
Usar la multiplicación
para resolver
problemas verbales

¡Revisemos!

La familia de Hailey está ahorrando dinero para unas vacaciones.
Si ahorran $525 todos los meses durante 12 meses,
¿cuánto ahorrarán?

Dibuja un diagrama de barras.

a cantidad total ahorrada

$525	$525	$525	$525	$525	$525	$525	$525	$525	$525	$525	$525

Escribe y resuelve una ecuación.

$12 \times 525 = a$

$a = 6,300$

La familia de Hailey ahorrará $6,300 en 12 meses.

La variable *a* representa la
cantidad total ahorrada. Puedes dibujar un
diagrama de barras y escribir una ecuación
para representar el problema.

Dibuja un diagrama de barras y escribe una
ecuación en los Ejercicios **1** a **5**. Resuelve.

1. Un estadio tiene 7,525 asientos. ¿Cuál es la
concurrencia total a 5 partidos si se venden
todas las localidades para todos los juegos?
Completa el diagrama de barras como ayuda.

n cantidad total de personas

2. Un acuario tiene peceras de exhibición que
contienen 175 peces cada una. ¿Cuántos
peces hay en exhibición en 6 peceras?

? peces →

6 peceras →

?					
175	175	175	175	175	175

3. Cada elefante del zoológico come 125 libras
de comida por día. ¿Cuántas libras de comida
comerán 18 elefantes?

4. Joy viaja mucho por su trabajo. Vuela
2,840 millas cada semana durante 4 semanas.
¿Cuántas millas vuela en total?

5. Jerry pesa 105 libras. Si un oso pardo macho
pesa 11 veces lo que pesa Jerry, ¿cuánto pesa
el oso pardo?

6. Meg midió la longitud de algunos trozos de cable. ¿Cuál es la diferencia en longitud entre el trozo más largo y el más corto de cable?

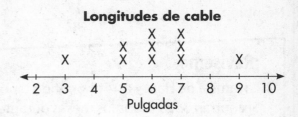

Longitudes de cable

```
                    X   X
                X   X   X
        X       X   X   X           X
  +---+---+---+---+---+---+---+---+---+
  2   3   4   5   6   7   8   9   10
                Pulgadas
```

7. ¿Cuál es la longitud combinada de todos los trozos que midió Meg? Escribe una ecuación con una variable para mostrar tu trabajo.

---

8. Razonamiento de orden superior Daniel tiene 102 estampillas. Manuel tiene dos veces esa cantidad. Kendra tiene dos veces la cantidad de estampillas que tiene Manuel. ¿Cuántas estampillas tienen en total?

9. © PM.1 Entender y perseverar Caroline tiene suficientes semillas de calabaza para cubrir un área de 350 pies cuadrados. Su huerta mide 18 pies por 22 pies. ¿Tiene suficientes semillas de calabaza para cubrir toda su huerta? Explícalo.

¿Qué necesitas hallar para resolver este problema?

---

10. © PM.6 Hacerlo con precisión En la tabla se muestra la cantidad de millas que corrieron 3 corredores la semana pasada. Ordena los números de menor a mayor. ¿Qué corredor corrió más millas? ¿Cómo lo sabes?

Nombre	Millas
Darla	15.2
Casey	15.25
Juan	15.03

DATOS

© Evaluación de *Common Core*

11. Marca todas las expresiones que sean iguales a 4,300 × 17.

- ☐ $(43 \times 10^2) \times 17$
- ☐ $17 \times 4,300$
- ☐ $(43 \times 10) \times (10 + 7)$
- ☐ $10 \times 7 \times 4,300$
- ☐ $4,300 \times (10 + 7)$

12. Marca todas las expresiones que sean iguales a 66 × 7,250.

- ☐ $(725 \times 10^2) \times 66$
- ☐ $(725 \times 10) \times 60 \times 6$
- ☐ $7,250 \times (60 + 6)$
- ☐ $7,250 \times 66$
- ☐ $66 \times (7,000 + 200)$

Nombre _____

Resuélvelo y coméntalo

Un grupo de 44 estudiantes planifica un viaje en tren a Washington, D.C. Organizaron muchos eventos para recaudar fondos y reunieron $10,880. Nathan dijo: "El dinero nos tiene que alcanzar para pagar los boletos de tren. Viajarán aproximadamente 50 estudiantes y un boleto ida y vuelta cuesta aproximadamente $200. Entonces, el costo total de los boletos es menos de $10,000".

¿Tiene sentido el razonamiento de Nathan?

Viaje en tren	
14 de abril Clorisville a Washington, D.C.	$92
18 de abril Washington, D.C. a Clorisville	$92
Precio total del boleto	**$184**

Prácticas matemáticas y resolución de problemas

Lección 3-7
Evaluar el razonamiento

Puedo...
evaluar el razonamiento de otros aplicando lo que sé acerca de estimar productos.

Prácticas matemáticas PM.3. También, PM.1, PM.2, PM.6.
Estándar de contenido 5.NBD.B.5

Hábitos de razonamiento

¡Razona correctamente! Estas preguntas te pueden ayudar.

- ¿Qué preguntas puedo hacer para entender el razonamiento de otros?

- ¿Hay errores en el razonamiento de otros?

- ¿Puedo mejorar el razonamiento de otros?

¡Vuelve atrás! PM.3 Evaluar el razonamiento ¿Qué argumento puedo construir para apoyar la estimación de Nathan?

Pregunta esencial ¿Cómo se puede evaluar el razonamiento de otros?

A

La Sra. Lynch necesita enviar 89 cajas. 47 cajas pesan 150 libras cada una. Cada una de las cajas restantes pesa 210 libras.

María dice que las 89 cajas caben en un contenedor. Razona que 47×150 es menos de 7,500 y 42×210 es un poco más de 8,000; por tanto, la suma de los pesos debe ser menos de 15,400.

CARGA LÍMITE DE PESO 15,400 LB

¿Qué razonamiento de María apoya su estimación?

María estima el peso total de las cajas más livianas y el peso total de las cajas más pesadas y luego suma las dos estimaciones.

B **¿Cómo puedo evaluar el razonamiento de otros?**

Puedo

- hacer preguntas si necesito aclaración.

- decidir si la estrategia que se usó tiene sentido.

- buscar defectos en las estimaciones o los cálculos.

C

Este es mi razonamiento...

El razonamiento de María tiene defectos. María estimó que 42×210 es un poco más de 8,000, pero 9,000 es una mejor estimación.

Estimó los productos por defecto; por tanto, su conclusión no es válida.

El peso de las cajas más pesadas es 8,820 libras. El peso de las cajas más livianas es 7,050 libras.

El peso total es 15,870 libras. La suma es mayor que 15,400. El razonamiento de María no tiene sentido.

¡Convénceme! © PM.3 **Evaluar el razonamiento** Raúl dice que una manera de lograr que la carga no exceda el límite de peso es quitar dos de las cajas más pesadas y una de las más livianas. ¿Cómo puedes saber si el razonamiento de Raúl tiene sentido?

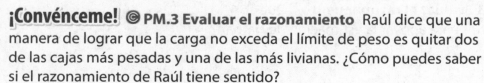

Amigo de práctica   Herramientas   Evaluación

☆Práctica guiada*

© **PM.3 Evaluar el razonamiento**

Un estadio tiene 58 secciones de asientos. Cada sección tiene 288 asientos. Mary estimó la cantidad total de asientos multiplicando 60 × 300. Concluyó que el estadio tiene menos de 18,000 asientos.

1. ¿Cuál es el argumento de Mary? ¿Cómo lo apoya?

2. Describe al menos una cosa que harías para evaluar el razonamiento de Mary.

3. ¿Tiene sentido la conclusión de Mary? Explícalo.

☆Práctica independiente

© **PM.3 Evaluar el razonamiento**

Un gerente tiene $10,000 para gastar en equipos nuevos. Planea comprar 300 lámparas a $72 cada una. Hizo los cálculos de la derecha y concluyó que sobra dinero suficiente para comprar más equipos.

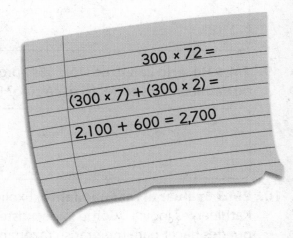

$300 \times 72 =$

$(300 \times 7) + (300 \times 2) =$

$2,100 + 600 = 2,700$

4. ¿Qué hace el gerente para apoyar su razonamiento?

5. Describe cómo podrías decidir si los cálculos del gerente son razonables.

Cuando evalúas razonamientos, necesitas explicar si el método que usó otra persona tiene sentido.

6. ¿Tiene sentido la conclusión del gerente? Explícalo.

Prácticas matemáticas y resolución de problemas

© Evaluación de rendimiento de *Common Core* _____

Comprar un piano

Durante el verano, Kathleen vendió 1,092 frascos de mermelada en mercados al aire libre. Tuvo una ganancia de $12 con cada uno. Quiere usar sus ganancias para comprar el piano Marfil-5K. Dijo: "Dado que 1,000 × 12 = 12,000, y 1,092 es mayor que 1,000, sé que mis ganancias suman más de $12,000. Por tanto, puedo comprar el piano".

Modelo de piano	Precio con impuestos
Armonía-2L	$8,675
Marfil-5K	$11,500
Tono dorado-TX	$14,250

7. **PM.1 Entender y perseverar** ¿Tiene sentido que Kathleen halle una estimación por exceso o por defecto para decidir si ganó suficiente dinero? ¿Por qué?

8. **PM.2 Razonar** ¿Kathleen debe usar la multiplicación para estimar sus ganancias totales? Explica tu razonamiento.

9. **PM.6 Hacerlo con precisión** ¿Es apropiada la estimación de Kathleen? ¿Es correcto su cálculo? Explícalo.

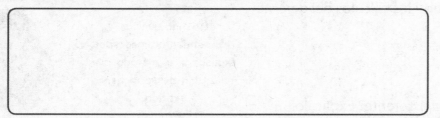

Cuando evalúes razonamientos, haz preguntas para comprender mejor el razonamiento de otra persona.

10. **PM.3 Evaluar el razonamiento** Explica si la conclusión de Kathleen es lógica. ¿Cómo lo decidiste? Si no es lógica, ¿qué puedes hacer para mejorar su razonamiento?

Ayuda   Amigo de   Herramientas   Juegos
        práctica

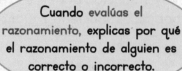
¡Revisemos!

El Sr. Jansen necesita pedir marcos para encuadrar sus pinturas. Tiene $4,000 para comprar 98 marcos a un precio de $42 cada uno. El Sr. Jansen dice que tiene suficiente dinero porque $100 \times \$40 = \$4,000$.

Indica cómo puedes evaluar el razonamiento del Sr. Jansen.

- Puedo decidir si su estrategia tiene sentido para mí.

- Puedo buscar defectos en sus estimaciones.

Evalúa el razonamiento del Sr. Jansen.

Su razonamiento no tiene sentido. Debe hallar una estimación por exceso o una cantidad exacta para estar seguro de que tiene suficiente dinero. Una estimación por exceso sería $100 \times \$42 = \$4,200$ y la cantidad exacta es $98 \times \$42 = \$4,116$.

No tiene suficiente dinero.

Cuando evalúas el razonamiento, explicas por qué el razonamiento de alguien es correcto o incorrecto.

© **PM.3 Evaluar el razonamiento**

Jason tiene 75 pies de una guarda de papel tapiz. Quiere colocar una guarda de papel tapiz alrededor de su dormitorio, que mide 12 pies por 14 pies. Jason multiplica $12 \times 14 = 168$ para obtener una respuesta exacta de la cantidad de guarda que necesita. Llega a la conclusión de que no tiene suficiente guarda de papel tapiz para todo el proyecto.

1. Indica cómo puedes evaluar el razonamiento de Jason.

2. Evalúa el razonamiento de Jason.

3. Jason usa una estimación por exceso para decidir cuántos rollos de papel tapiz necesita para otra habitación. Explica por qué su razonamiento de usar una estimación por exceso tiene sentido o no.

Ⓒ Evaluación de rendimiento de *Common Core* _____

Una bobina de cable

Todd tiene una bobina nueva de cable como la que se muestra. Necesita 48 trozos de cable, cada uno de 22 pies de longitud. Estima que necesita $50 \times 20 = 1,000$ pies, y concluye que 1 bobina de 1,000 pies será suficiente.

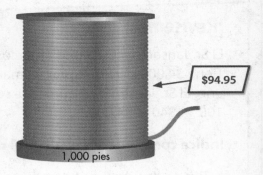

$94.95

1,000 pies

4. **PM.1 Entender y perseverar** ¿Tiene sentido que Todd haga una estimación por exceso o por defecto para decidir si una bobina es suficiente? ¿Por qué?

5. **PM.2 Razonar** ¿Todd debe usar la multiplicación para estimar la cantidad total de cable que necesita? Explica tu razonamiento.

6. **PM.6 Hacerlo con precisión** ¿Calculó Todd correctamente la estimación apropiada? Explícalo.

Cuando evalúas razonamientos, debes considerar detenidamente todas las partes de un argumento.

7. **PM.3 Evaluar el razonamiento** Explica si la conclusión de Todd es lógica. ¿Cómo lo decidiste? Si no es lógica, ¿qué puedes hacer para mejorar su razonamiento?

Nombre _____

Resuelve los problemas. Luego sigue los múltiplos de 10 para sombrear una ruta que vaya desde la **SALIDA** hasta la **META**. Solo te puedes mover hacia arriba, hacia abajo, hacia la derecha o hacia la izquierda.

Actividad de práctica de fluidez

Puedo...

multiplicar números de varios dígitos con facilidad.

 Estándar de contenido
5.NBD.B.5

Salida				
53 × 20	70 × 89	84 × 40	35 × 63	241 × 62
19 × 83	55 × 17	30 × 80	77 × 24	57 × 32
60 × 90	10 × 57	80 × 14	526 × 47	64 × 32
50 × 30	73 × 73	45 × 35	47 × 85	17 × 13
70 × 12	15 × 90	20 × 14	70 × 17	100 × 100

Meta

A-Z
Glosario

Lista de palabras

- estimación por defecto
- estimación por exceso
- expresión
- múltiplo
- potencia
- productos parciales
- variable

Da un ejemplo y un contraejemplo para cada uno de estos términos.

	Ejemplo	Contraejemplo
1. Potencia de 10	_____	_____
2. Múltiplo de 10^2	_____	_____
3. Una expresión con una variable	_____	_____
4. Una estimación por defecto de 532×11	_____	_____

Escribe *siempre, a veces* o *nunca*.

5. La suma de los productos parciales es igual al producto final.

6. Un múltiplo de un número es una potencia de ese número.

7. Una estimación por defecto se obtiene al redondear cada factor a un número más grande.

8. Una potencia de un número es un múltiplo de ese número.

Escribe V si el enunciado es *verdadero* o F si es *falso*.

9. Los productos parciales de 34×321 son 9,630 y 1,284.

10. Los productos parciales de 49×601 son 5,409 y 2,404.

11. $642 \times 12 = 642$ decenas $+ 1,284$ unidades

12. $41 \times 10^6 = 41,000,000$

13. $80 \times 10^3 = 8,000$

14. Supón que los dos factores de un problema de multiplicación son múltiplos de 10. Explica por qué la cantidad de ceros del producto puede ser diferente de la cantidad total de ceros de los factores. Incluye un ejemplo.

Grupo A — páginas 113 a 118

Halla 65×10^3.

Paso 1

Mira el exponente de la potencia de 10.

10^3

Paso 2

Agrega esa cantidad de ceros al otro factor para hallar el producto.

65,000

Recuerda que debes mirar la cantidad de ceros del exponente para la potencia de 10.

1. 12×10^4

2. 100×815

3. $10^2 \times 39$

4. $6{,}471 \times 10^1$

5. 3×10^5

6. $20 \times 1{,}000$

Grupo B — páginas 119 a 124

Estima 37×88.

Paso 1

Redondea los dos factores.

37 es aproximadamente 40 y 88 es aproximadamente 90.

Paso 2

Calcula mentalmente y multiplica los factores redondeados.

$40 \times 90 = 3{,}600$

Recuerda que debes redondear los factores o usar números compatibles.

Estima los productos.

1. 7×396

2. 17×63

3. 91×51

4. 70×523

5. 256×16

6. 45×806

7. 27×89

8. 8×415

Grupo C — páginas 125 a 130, 131 a 136, 137 a 142

Halla 53×406.
Estima $50 \times 400 = 20{,}000$

Multiplica las unidades. Multiplica las decenas. Luego suma los productos parciales.

$$
\begin{array}{r}
\overset{\overset{3}{1}}{406} \\
\times \quad 53 \\
\hline
1218 \quad \longleftarrow \quad 3 \times 406 \\
+ \ 20300 \quad \longleftarrow \quad 50 \times 406 \\
\hline
21{,}518
\end{array}
$$

Recuerda que debes reagrupar si es necesario. Haz una estimación para ver si es razonable.

Halla los productos.

1. 54×9

2. 76×59

3. 47×302

4. 32×871

5.
$$
\begin{array}{r}
604 \\
\times \ 55 \\
\hline
\end{array}
$$

6.
$$
\begin{array}{r}
7{,}133 \\
\times \quad 4 \\
\hline
\end{array}
$$

Haz un dibujo y escribe una ecuación. Resuelve.

La piscina de James mide 16 pies de longitud. La piscina del parque Wing mide 4 veces esa longitud. ¿Cuál es la longitud de la piscina del parque Wing?

Sea $\ell =$ la longitud de la piscina del parque Wing.

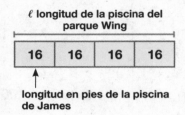

ℓ longitud de la piscina del parque Wing

| 16 | 16 | 16 | 16 |

↑
longitud en pies de la piscina de James

$16 \times 4 = \ell$
$\ell = 64$

La longitud de la piscina del parque Wing es 64 pies.

Recuerda que los dibujos y las ecuaciones pueden ayudarte a representar y resolver problemas.

> Escribe una ecuación con una variable para representar los ejercicios. Si es necesario, haz un dibujo como ayuda.

1. Alexandria tiene una colección de 34 muñecas. Una tienda de juguetes tiene 15 veces la cantidad de muñecas que tiene Alexandria. ¿Cuántas muñecas hay en la tienda?

2. Una tienda recibió un envío de 37 TV valuados en $625 cada uno. ¿Cuál es el valor total del envío?

3. Jessica ahorró $1,250 el año pasado. Courtney ahorró 7 veces la cantidad que ahorró Jessica. ¿Cuánto dinero ahorró Courtney el año pasado?

Piensa en tus respuestas a estas preguntas como ayuda para **evaluar el razonamiento de otros.**

Hábitos de razonamiento

- ¿Qué preguntas puedo hacer para entender el razonamiento de otros?

- ¿Hay errores en el razonamiento de otros?

- ¿Puedo mejorar el razonamiento de otros?

Recuerda que debes considerar detenidamente todas las partes de un argumento.

Sarah da clases de manualidades. Tiene 214 bolsas de cuentas. En cada bolsa hay suficientes cuentas para 22 pulseras. Sarah estima que dado que $200 \times 20 = 4,000$, tiene suficientes cuentas para al menos 4,000 pulseras.

1. Indica cómo puedes evaluar el razonamiento de Sarah.

2. ¿Tiene sentido el argumento de Sarah? Explícalo.

1. La Dra. Peterson trabaja aproximadamente 178 horas cada mes. ¿Qué opción es la mejor estimación de la cantidad de horas que trabaja al año?

Ⓐ 200×20

Ⓑ 180×10

Ⓒ 100×12

Ⓓ 100×10

4. Marca todas las expresiones que sean iguales a 5,600.

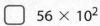 **Evaluación**

☐ 56×10^2

☐ 56×10^3

☐ 56×10^4

☐ 100×56

☐ $1,000 \times 56$

---

2. Un plátano tiene 105 calorías. La semana pasada, Brendan y Lía comieron en total 14 plátanos. ¿Cuántas calorías representa esto?

5. La última novela de misterio cuesta $24. En la tabla se muestran las ventas de esta novela en una librería.

DATOS

Día	Libros vendidos
Jueves	98
Viernes	103
Sábado	157
Domingo	116

Parte A

¿Cuál fue la cantidad de ventas en dólares de la novela de misterio el sábado? Escribe una ecuación para representar tu trabajo.

---

3. En un depósito, se cargaron 127 camiones de entrega con 48 paquetes en cada camión.

Parte A

Estima la cantidad total de paquetes que llevaron los camiones. Escribe una ecuación para representar tu trabajo.

Parte B

¿Calculaste una estimación por exceso o por defecto? Explica cómo lo sabes.

Parte B

¿Cuál fue la cantidad de ventas en dólares de la novela de misterio el viernes? Escribe una ecuación para representar tu trabajo.

6. Hay 45 latas de mezcla de frutos secos. Si en cada lata hay 338 frutos secos, ¿cuál es la cantidad total de frutos secos, *n*, de todas las latas? Escribe y resuelve una ecuación para hallar el valor de *n*.

7. En el zoológico hay 36 peceras grandes. Cada pecera tiene 205 galones de agua. ¿Cuántos galones de agua se necesitan para llenar todas las peceras?

8. Kai pidió 1,012 tarjetas de beisbol. Sharon pidió 5 veces esa cantidad de tarjetas. Escribe y resuelve una ecuación para hallar *b*, la cantidad de tarjetas de beisbol que pidió Sharon.

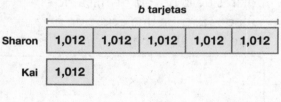

9. El objetivo de ventas de Ted para este mes es $6,000. Ted vende 289 boletos a $16 cada uno. Dice: "Dado que $300 \times \$20 = \$6,000$, cumplí mi objetivo de ventas". ¿Estás de acuerdo con Ted? Explícalo.

10. Traza líneas para unir los números de la izquierda con su expresión equivalente de la derecha.

1,200		12×10^0
120		12×100
12		12×10^3
12,000		12×10^1

11. En las preguntas 11a a 11d, escoge Sí o No para indicar si el número 10^2 hará que la ecuación sea verdadera.

11a. $39 \times \square = 390$ ○ Sí ○ No

11b. $4 \times \square = 400$ ○ Sí ○ No

11c. $20 \times \square = 200$ ○ Sí ○ No

11d. $517 \times \square = 51,700$ ○ Sí ○ No

12. Rosanne tiene 142 canciones en su reproductor de MP3. Teresa tiene 11 veces esa cantidad de canciones. ¿Cuántas canciones tiene Teresa?

Nombre _____

Ropa de beisbol

El entrenador Sandberg quiere comprar ropa para la liga de beisbol. La liga ya tiene gorras con el logotipo de la liga, pero al entrenador le gustaría ofrecer la opción de comprar una camiseta, una sudadera, pantalones de deporte o una chaqueta con el logotipo. Usa la información de la tabla para responder a las preguntas.

TEMA 3

© **Evaluación del rendimiento**

1. Los jugadores preguntaron a sus familiares y amigos si quieren comprar camisetas con el logotipo de la liga. Si 254 personas quieren camisetas, ¿cuál sería el costo total? Escribe una ecuación que represente tu trabajo.

Tienda de deportes de Jackie	
Artículo	Precio del artículo
chaqueta	$53
sudadera	$32
camiseta	$14
pantalones de deporte	$24

2. El entrenador Sandberg quiere pedir 127 sudaderas.

Parte A

¿El costo total de las sudaderas será más o menos de $3,000? Haz una estimación para decidir. Explica tu razonamiento.

Parte B

¿Cuál es el costo total de 127 sudaderas?

3. ¿Qué costaría más, 32 camisetas o 14 sudaderas? ¿Cómo puedes saberlo sin multiplicar?

4. Hay 18×10^1 jugadores en la liga.

Parte A

La liga reunió $1,560 mediante eventos para recaudar fondos. Trenton estima el costo de comprar chaquetas para cada jugador de la liga. Concluye que la liga reunió suficiente dinero. ¿Estás de acuerdo con Trenton? Explícalo.

180 se redondea a 200.

53 se redondea a 50.

200 × $50 = $1,000

Parte B

¿Cuánto costaría pedir pantalones de deporte para cada jugador? Escribe y resuelve una ecuación con una variable para mostrar tu trabajo.

5. ¿Qué cuesta más: 136 pantalones de deporte o 103 sudaderas? ¿Cuánto más?

6. El entrenador Sandberg quiere pedir 115 chaquetas y 27 gorras a $12 cada una.

Parte A

Estima el costo total de este pedido. Muestra tu trabajo.

Parte B

¿Cuál es su costo total? Compara tu respuesta y tu estimación.

Usar modelos y estrategias para multiplicar números decimales

Pregunta esencial: ¿Cuáles son los procedimientos estándar para estimar y hallar los productos de los números decimales?

En una hora, el Sol da energía suficiente para que todo funcione en la Tierra durante un año completo.

Podemos usar la energía solar para obtener calor y electricidad sin contaminar el aire.

Veamos si podemos usar el Sol para cargar mi reproductor de música. Este es un proyecto sobre la energía solar.

Proyecto de Matemáticas y Ciencias: Energía solar

Investigar Usa la Internet u otro recurso para aprender sobre la energía solar. Halla al menos cinco maneras en que usamos la energía solar en la actualidad.

Diario: Escribir un informe Incluye lo que averiguaste. En tu informe, también:

- describe al menos una manera en que podrías usar energía solar. ¿Te ayudaría a ahorrar dinero?

- estima cuánto paga tu familia en costos de energía como luz, gasolina, calefacción y refrigeración.

- inventa y resuelve problemas donde multipliques números enteros y decimales.

Nombre_____

Repasa lo que sabes

Vocabulario

Escoge el mejor término del recuadro. Escríbelo en el espacio en blanco.

- centésimas
- décimas
- estimación por defecto
- estimación por exceso
- exponente
- milésimas
- potencia
- productos parciales
- redondear

1. Una manera de estimar un número es _____ el número.

2. Usar 50 para la cantidad de semanas que hay en un año es una _____.

3. En el número 3.072, el dígito 7 está en la posición de las _____, y el dígito 2 está en la posición de las _____.

4. 10,000 es una _____ de 10 porque $10 \times 10 \times 10 \times 10 = 10,000$.

Multiplicación de números enteros

Halla los productos.

5. 64×100

6. $7,823 \times 10^3$

7. $10 \times 1,405$

8. 53×413

9. 906×57

10. $1,037 \times 80$

Redondear números decimales

Redondea los números a la décima más cercana.

11. 842.121

12. 10,386.145

13. 585.055

Propiedades de la multiplicación

Usa las propiedades conmutativa y asociativa de la multiplicación para completar las multiplicaciones.

14. $96 \times 42 = 4,032$; por tanto, $42 \times 96 =$ _____

15. $4 \times (58 \times 25) = 4 \times (25 \times$ ___$) = ($ ___ $\times$ ___$) \times 58 =$ _____

16. $(293 \times 50) \times 20 = 293 \times (50 \times$ ___$) =$ _____

Nombre _____

Resuélvelo y coméntalo

Javier ayuda a sus padres a pegar carteles en su sala de cine. Cada cartel tiene un grosor de 0.012 pulgadas. ¿Qué grosor tiene una pila de 10 carteles? ¿Y de 100 carteles? ¿Y de 1,000?

Puedo...
hallar el producto de un número decimal y una potencia de 10.

© Estándar de contenido 5.NBD.A.2
Prácticas matemáticas PM.2, PM.3, PM.7

¿Cómo puedes usar la estructura de nuestro sistema numérico y el cálculo mental como ayuda?

¡Vuelve atrás! © **PM.7 Usar la estructura** ¿Cómo es tu respuesta para 1,000 carteles en comparación con 0.012?

Aprende Glosario

Pregunta esencial

¿Qué patrones se pueden usar como ayuda para multiplicar números decimales por potencias de 10?

A

Un panadero tiene una bolsa de 10 lb de nueces y una bolsa de 100 lb de harina. ¿Cuántas tazas de cada ingrediente tiene?

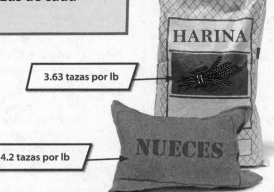

HARINA
3.63 tazas por lb

NUECES
4.2 tazas por lb

Multiplicar números decimales es como multiplicar números enteros.

Puedes usar la multiplicación para juntar grupos iguales.

B Usa patrones para hallar los productos.

Multiplica por		Ejemplos
Forma estándar	Forma exponencial	
10	10^1	$3.63 \times 10^1 = 36.3$
100	10^2	$3.63 \times 10^2 = 363$
1,000	10^3	$3.63 \times 10^3 = 3,630$

Por tanto, $3.63 \times 10^2 = 363$ y $4.2 \times 10^1 = 42$. El panadero tiene 363 tazas de harina y 42 tazas de nueces.

C Continúa el patrón para hallar la cantidad de tazas para 100 lb, 1,000 lb o 10,000 lb de nueces.

$$4.2 \times 10^2 = 420$$

$$4.2 \times 10^3 = 4,200$$

$$4.2 \times 10^4 = 42,000$$

Por tanto, en 100 lb de nueces hay 420 tazas, en 1000 lb de nueces hay 4,200 tazas y en 10,000 lb de nueces hay 42,000 tazas.

¡Convénceme! © PM.7 Usar la estructura Completa la tabla. ¿Qué patrones ves en la ubicación del punto decimal?

	$\times 10^1$	$\times 10^2$	$\times 10^3$
1.275			
26.014			
0.4			

Amigo de práctica   Herramientas   Evaluación

Otro ejemplo

Puedes usar patrones para multiplicar por números decimales.

Multiplica 3.63 por 1, 0.1 y 0.01.

$3.63 \times 1 = 3.63$

$3.63 \times 0.1 = 0.363$

$3.63 \times 0.01 = 0.0363$

¿Qué patrón observas en los productos?

✩ Práctica guiada ✩

¿Lo entiendes?

1. Indica cómo puedes calcular mentalmente para hallar 45.8×10^3 y 45.8×0.01.

¿Cómo hacerlo?

Halla los productos en los Ejercicios **2** a **5**.

2. 0.009×10 3. 3.1×10^3

4. 0.062×10^2 5. 1.24×0.01

✩ Práctica independiente ✩

Los patrones de valor de posición te pueden ayudar a resolver estos problemas.

Práctica al nivel Halla los productos en los Ejercicios **6** y **7**.

6. $42.3 \times 1 = $ _____
   $42.3 \times 0.1 = $ _____
   $42.3 \times 0.01 = $ _____

7. $0.086 \times 10^1 = $ _____
   $0.086 \times 10^2 = $ _____
   $0.086 \times 10^3 = $ _____

Halla los productos en los Ejercicios **8** a **15**.

8. 63.7×0.01 9. 563.7×10^2 10. 0.365×10^4 11. 5.02×0.1

12. 94.6×10^3 13. 0.9463×10^2 14. 0.678×0.1 15. 681.7×0.01

Prácticas matemáticas y resolución de problemas

> **Usa la estructura** y la tabla para hallar las respuestas en los Ejercicios **16** a **18**.

16. Monroe observa especímenes con el microscopio en la clase de Ciencias. El microscopio aumenta los objetos a 100 veces su tamaño real. Halla el tamaño de cada espécimen cuando se lo ve con el microscopio.

Espécimen	Longitud real (cm)	Tamaño en microscopio (cm)
A	0.008	
B	0.011	
C	0.0025	
D	0.004	

17. La maestra de Monroe quiere que cada estudiante dibuje el espécimen más largo. ¿Qué espécimen es el más largo?

18. Visto con el microscopio, un espécimen mide 0.75 cm de longitud. ¿Cuál es su longitud real?

19. © **PM.7 Usar la estructura** Los binoculares de Jon agrandan los objetos a 10 veces su tamaño real. Si la longitud de una hormiga es 0.43 pulgadas, ¿cuál es la longitud cuando se la mira con los binoculares?

20. **Razonamiento de orden superior** Jefferson trazó una recta de 9.5 pulgadas de largo. Brittany trazó una recta de 10 veces ese largo. ¿Cuál es la diferencia en longitud entre las dos rectas?

21. © **PM.2 Razonar** José corrió 2.6 millas. Pavel corrió 2.60 millas. ¿Quién llegó más lejos? Explica tu razonamiento.

© Evaluación de *Common Core*

22. Marca todas las ecuaciones que sean verdaderas.

- ☐ $4.82 \times 1{,}000 = 482{,}000$
- ☐ $4.82 \times 10^2 = 482$
- ☐ $0.482 \times 10^1 = 48.2$
- ☐ $0.482 \times 10^3 = 482$
- ☐ $0.0482 \times 10^4 = 4{,}820$

23. Marca todas las ecuaciones que sean verdaderas.

- ☐ $37 \times 0.01 = 0.37$
- ☐ $0.37 \times 0.1 = 0.037$
- ☐ $370 \times 0.1 = 3.7$
- ☐ $0.37 \times 0.01 = 0.037$
- ☐ $3.7 \times 0.01 = 0.037$

Nombre _____

¡Revisemos!

Un albañil instala baldosas en un restaurante. El área de cada baldosa es 0.25 metros cuadrados. ¿Cuál es el área de 1,000 baldosas?

$$0.25 \times 10 = 0.25 \times 10^1 = 2.5$$
$$0.25 \times 100 = 0.25 \times 10^2 = 25$$
$$0.25 \times 1,000 = 0.25 \times 10^3 = 250$$

Por tanto, el área de 1,000 baldosas es 250 metros cuadrados.

Usa patrones y el valor de posición para ayudarte a multiplicar un número decimal por potencias de 10.

Usa patrones para hallar los productos en los Ejercicios **1** y **2**.

1. $0.057 \times 10 =$ _____

$0.057 \times 100 =$ _____

$0.057 \times 1,000 =$ _____

2. $214.8 \times 1 =$ _____

$214.8 \times 0.1 =$ _____

$214.8 \times 0.01 =$ _____

$214.8 \times 0.001 =$ _____

Halla los productos en los Ejercicios **3** a **16**. Usa patrones de valor de posición como ayuda.

3. 0.62×10

4. 0.0063×100

Usa la cantidad de ceros o el exponente del segundo factor para decidir cómo mover el punto decimal.

5. 7.25×0.1

6. 19.212×10^2

7. 17.6×0.01

8. 6.1×0.01

9. 37.96×0.01

10. $0.024 \times 1,000$

11. 0.418×0.1

12. 92.3×10^4

13. 5.001×10^1

14. 1.675×1

15. 14.8×0.01

16. 843.5×10^2

17. **© PM.7 Usar la estructura** Jennifer plantó un árbol que medía 0.17 metros de alto. Al cabo de 10 años, el árbol medía 100 veces la altura de cuando se plantó. ¿Cuál es la altura del árbol al cabo de 10 años?

18. **© PM.3 Evaluar el razonamiento** Marcos y Suzi multiplicaron 0.721×10^2. El producto que obtuvo Marcos es 7.21. El producto de Suzi es 72.1. ¿Qué estudiante multiplicó correctamente? ¿Cómo lo sabes?

19. **© PM.7 Usar la estructura** La tabla muestra la distancia que puede recorrer una motoneta con un galón de gasolina. Completa la tabla para hallar la cantidad de millas que puede recorrer con otras cantidades de gasolina.

Galones	Millas
0.1	
1	118
10	

¿Qué patrón ves en la tabla?

20. **© PM.2 Razonar** Da un ejemplo de dos números de seis dígitos, en los cuales el número mayor esté determinado por la posición de las centenas.

21. **Razonamiento de orden superior** Una tienda organiza un concurso para adivinar la masa de 10,000 maníes. Si un maní tiene una masa de aproximadamente 0.45 gramos, ¿cuál será una suposición razonable para la masa de 10,000 maníes?

© Evaluación de *Common Core*

22. Marca todas las ecuaciones que **NO** sean verdaderas.

☐ $360 \times 10^3 = 36,000$

☐ $0.36 \times 100 = 3,600$

☐ $360 \times 10^0 = 360$

☐ $0.036 \times 1,000 = 36$

☐ $3.6 \times 10^1 = 36$

23. Marca todas las ecuaciones que **NO** sean verdaderas.

☐ $0.42 \times 0.1 = 0.042$

☐ $42 \times 0.01 = 0.42$

☐ $420 \times 0.1 = 4.2$

☐ $0.42 \times 0.01 = 0.042$

☐ $4.2 \times 0.01 = 0.0042$

Nombre _____

René necesita 32 hebras de cordel para un proyecto de arte. Cada hebra debe medir 1.25 centímetros de largo. Aproximadamente ¿cuántos centímetros de cordel necesita? *¡Resuelve este problema de la manera que prefieras!*

Lección 4-2
Estimar el producto de un número decimal y un número entero

Puedo...
usar el redondeo y los números compatibles para estimar el producto de un número decimal y un número entero.

Ⓒ **Estándar de contenido** 5.NBD.B.7
Prácticas matemáticas PM.2, PM.6, PM.8

Generalizar ¿Cómo puedes relacionar lo que sabes sobre hacer estimaciones con números enteros y hacer estimaciones con números decimales? ¡Muestra tu trabajo!

¡Vuelve atrás! Ⓒ **PM.2 Razonar** ¿Tu estimación es una estimación por exceso o por defecto? ¿Cómo lo sabes?

Pregunta esencial ¿Cuáles son algunas maneras de estimar productos con números decimales?

A

Un organizador de bodas debe comprar 16 libras de queso cheddar en rebanadas. Aproximadamente ¿cuánto costará el queso?

Las palabras *aproximadamente cuánto* significan que necesitas solo una estimación.

Puedes usar diferentes estrategias para estimar un producto.

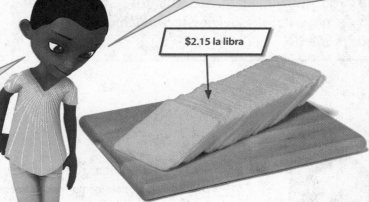

$2.15 la libra

B **Una manera**

Redondea cada número al dólar más cercano y a la decena más cercana.

$$\$2.15 \times 16$$

$$\$2 \quad \times \quad 20$$

$\$2 \times 20 = \$40$

El queso costará aproximadamente $40.

C **Otra manera**

Usa números compatibles que puedas multiplicar mentalmente.

$$\$2.15 \times 16$$

$$\$2 \quad \times \quad 15$$

$\$2 \times 15 = \$30$

El queso costará aproximadamente $30.

¡Convénceme! © PM.2 Razonar Aproximadamente ¿cuánto dinero costarán 18 libras de queso si el precio es $3.95 por libra? Usa dos maneras de estimar el producto. ¿Tus estimaciones son estimaciones por exceso o por defecto? Explica tu respuesta.

Otro ejemplo

Manuel camina un total de 0.75 millas para ir y volver de la escuela cada día. Si hasta ahora hubo 105 días de escuela este año, aproximadamente ¿cuántas millas caminó en total?

Redondea al número entero más cercano.

105 × 0.75

↓   ↓

105 × 1 = 105

Usa números compatibles.

105 × 0.75

↓   ↓

100 × 0.8 = 80

Asegúrate de ubicar el punto decimal correctamente.

Ambos métodos dan estimaciones razonables de cuánto caminó Manuel.

⭐Práctica guiada*

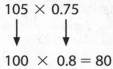

¿Lo entiendes?

1. **Sentido numérico** Hay aproximadamente 20 días de escuela en un mes. Aproximadamente ¿cuántas millas camina Manuel cada mes? Escribe una ecuación para mostrar tu trabajo.

2. **PM.2 Razonar** Sin multiplicar, ¿qué estimación de Otro ejemplo piensas que está más cerca de la respuesta exacta? Explica tu razonamiento.

¿Cómo hacerlo?

Estima los productos usando el redondeo o los números compatibles en los Ejercicios **3** a **8**.

3. 0.87 × 112   4. 104 × 0.33

5. 9.02 × 80   6. 0.54 × 24

7. 33.05 × 200   8. 0.79 × 51

⭐Práctica independiente

Estima los productos en los Ejercicios **9** a **16**.

9. 0.12 × 105   10. 45.3 × 4   11. 99.2 × 82   12. 37 × 0.93

13. 1.67 × 4   14. 3.2 × 184   15. 12 × 0.37   16. 0.904 × 75

17. Aproximadamente ¿cuánto dinero necesita Stan para comprar 5 camisetas y 10 insignias?

18. Joseph compra un par de pantalones cortos a $17.95 y 4 camisetas. Aproximadamente ¿cuánto dinero gasta?

DATOS	Recuerdo	Costo
	Insignia	$1.95
	Camiseta	$12.50

19. Marcy compró 18.8 libras de duraznos en un huerto de autoservicio. Cada libra cuesta $1.28. Aproximadamente ¿cuánto pagó Marcy por los duraznos? Escribe una ecuación para representar tu trabajo.

20. Ⓒ **PM.6 Hacerlo con precisión** Joshua tenía $20. Gastó $4.58 el viernes, $7.43 el sábado y $3.50 el domingo. ¿Cuánto dinero le quedó? Muestra cómo hallaste la respuesta.

21. **Razonamiento de orden superior** La Sra. Webster trabaja 4 días por semana en su oficina y un día por semana en su casa. El camino a la oficina tiene 23.7 millas. El camino a su casa tiene 21.8 millas. Aproximadamente ¿cuántas millas maneja cada semana por trabajo?

Ⓒ **Evaluación de *Common Core***

22. Si redondeas a la décima más cercana, ¿qué opción te dará una **estimación por defecto**?

- ☐ 39.45×1.7
- ☐ 27.54×0.74
- ☐ 9.91×8.74
- ☐ 78.95×1.26
- ☐ 18.19×2.28

23. Si redondeas al número entero más cercano, ¿qué opción te dará una **estimación por exceso**?

- ☐ 11.6×9.5
- ☐ 4.49×8.3
- ☐ 12.9×0.9
- ☐ 0.62×1.5
- ☐ 8.46×7.38

Nombre _____

¡Revisemos!

Zane debe comprar 27 sorpresas para la reunión familiar. Las sorpresas cuestan $2.98 cada una. Aproximadamente ¿cuánto costarán todas las sorpresas?

Estas son dos maneras de hacer una estimación.

Redondea ambos números.

$2.98 × 27

$3 × 30 = $90

Las sorpresas costarán aproximadamente $90.

¿Es mejor una estimación por exceso o por defecto para estimar cuánto costará algo?

Reemplaza los factores con números compatibles y multiplica mentalmente.

$2.98 × 27

$3 × 25 = $75

Las sorpresas costarán aproximadamente $75.

Dado que 27 está entre 25 y 30, el costo total estará entre $75 y $90.

---

1. Redondea a la mayor posición para estimar 23 × 1.75.

23 × 1.75

____ ____

Por tanto, 23 × 1.75 es aproximadamente ____.

2. Usa números compatibles para estimar 12 × 0.49.

12 × 0.49

____ ____

Por tanto, 12 × 0.49 es aproximadamente ____.

Estima los productos en los Ejercicios **3** a **14**.

3. 19.3 × 6

4. 345 × 5.79

5. 9.66 × 0.46

6. 8.02 × 70

7. 1.56 × 48

8. 45.1 × 5

9. 0.13 × 11

10. 99.7 × 92

11. 147 × 10.4

12. 23.7 × 4.76

13. 3 × 0.85

14. 0.35 × 9

15. ¿La Sra. Davis y sus dos hermanas pueden teñirse el pelo por menos de $100 si incluyen una propina de $10? Explica tu respuesta.

16. Si la Sra. Davis y sus hermanas también se cortan el pelo, aproximadamente ¿cuánto pagarán en total?

DATOS	Tratamiento	Costo
	Lavado	$7.95
	Corte de pelo	$14.95
	Tintura	$28.95

17. © **PM.2 Razonar** La Sra. Smith compró impermeables para sus tres hijos. Cada uno costó $25.99. Aproximadamente ¿cuánto gastó en los 3 impermeables? ¿Tu estimación es una estimación por exceso o por defecto? Escribe una ecuación para mostrar tu trabajo.

18. **Razonamiento de orden superior** Algunas tribus de indígenas norteamericanos hacían joyas con conchas de mar. Cada concha de mar mide aproximadamente 1.5 pulgadas de largo. Aproximadamente ¿cuánto más largo será un collar hecho con 24 conchas que uno hecho con 18 conchas de mar? Usa números compatibles.

19. **Álgebra** Una liga de hockey juvenil vende cajas de palomitas de maíz para recaudar dinero para comprar uniformes. Sidney vendió 9 cajas por un total de $72. Usa el diagrama de barras y escribe una ecuación para hallar el valor de c, el costo de cada caja que vendió Sidney.

$72								
c	c	c	c	c	c	c	c	c

© **Evaluación de** *Common Core*

20. Si redondeas a la décima más cercana, ¿qué opción te dará una **estimación por exceso**?

- ☐ 37.63×0.54
- ☐ 54.49×0.45
- ☐ 1.19×1.45
- ☐ 0.81×8.01
- ☐ 27.83×13.64

21. Si redondeas al número entero más cercano, ¿qué opción te dará una **estimación por defecto**?

- ☐ 2.7×13.5
- ☐ 4.51×8.7
- ☐ 9.19×8.48
- ☐ 7.49×11.4
- ☐ 3.6×6.5

Nombre _____

Resuélvelo y coméntalo

Mara tiene 4 lotes en el jardín. El área de cada uno es 0.7 acres. ¿Cuál es el área total de los lotes del jardín? Usa objetos o las cuadrículas de abajo para mostrar tu trabajo.

Representar con modelos matemáticos ¿Cómo puedes representar la multiplicación de un número decimal y un número entero?

Puedo...
usar modelos para representar la multiplicación de un número decimal y un número entero.

Estándar de contenido 5.NBD.B.7
Prácticas matemáticas PM.3, PM.4

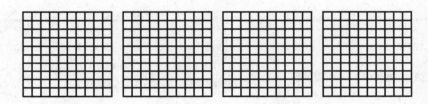

¡Vuelve atrás! © **PM.3 Evaluar el razonamiento** Ed dice que una cuadrícula decimal muestra 10 décimas. Mónica dice que muestra 100 centésimas. ¿Quién tiene razón? Explícalo.

¿Cómo se puede representar la multiplicación de un número decimal por un número entero?

A

Bari exhibió cuatro pinturas en fila, una junto a la otra. Cada pintura tiene el mismo ancho. ¿Cuál es el ancho total de las 4 pinturas?

Puedes usar la multiplicación para hallar el ancho total de las cuatro pinturas.

Cada pintura mide 0.36 metros de ancho.

B Primero haz una estimación:

Redondeando a la décima más cercana, 0.36 se redondea a 0.4.

$4 \times 0.4 = 1.6$; por tanto, la respuesta deberá estar cerca de este número.

Dado que 0.36 es menor que 0.4, 1.6 es una estimación por exceso.

C Halla 4×0.36. Multiplicar 4×0.36 es como sumar 0.36 cuatro veces en una cuadrícula de centésimas.

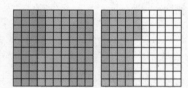

El producto es toda el área sombreada.

Hay 144 cuadrados sombreados; por tanto, $4 \times 0.36 = 1.44$.

El ancho total es 1.44 metros.

¡Convénceme! © PM.4 **Representar con modelos matemáticos** Bari también tiene 5 dibujos que miden 0.27 metros de ancho cada uno. Si se ponen en fila, uno junto al otro, ¿cuál será el ancho total? Completa las cuadrículas para representar el problema. Luego, halla el producto usando una ecuación y compara las respuestas.

⭐ **Práctica guiada** *

¿Lo entiendes?

1. ¿Cómo te ayuda una cuadrícula a hallar el producto de un número decimal y un número entero?

¿Cómo hacerlo?

Halla el producto en los Ejercicios **2** a **5**. Usa cuadrículas si necesitas ayuda.

2. 0.8×4 **3.** 0.7×21

4. 0.5×6 **5.** 0.6×5

⭐ **Práctica independiente** ⭐

Halla el producto en los Ejercicios **6** y **7**. Usa cuadrículas decimales para ayudarte.

6. $0.55 \times 3 =$ _____

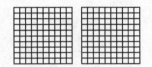

7. $0.45 \times 2 =$ _____

¡Usa las cuadrículas para ayudarte a representar el problema!

Halla el producto en los Ejercicios **8** a **23**. Puedes usar cuadrículas o matrices para ayudarte.

8. 5×0.5 **9.** 4×0.27 **10.** 6×0.13 **11.** 0.78×5

12. 10×0.32 **13.** 6×2.03 **14.** 1.35×5 **15.** 100×0.12

16. 4×0.15 **17.** 3×2.5 **18.** 0.9×7 **19.** 0.35×3

20. 0.25×5 **21.** 2.5×5 **22.** 2.04×2 **23.** 3×4.8

24. ⓒ **PM.4 Representar con modelos matemáticos** Una ciudad está construyendo 3 parques en una nueva subdivisión. Cada parque tendrá 1.25 acres. ¿Cuántos acres tendrán los 3 parques en total? Usa modelos para ayudarte.

¿Cómo puedes usar el valor de posición para comprobar tus respuestas?

25. Razonamiento de orden superior La ciudad compró más tierras cerca de la subdivisión. Si deciden que cada parque tenga 12.5 acres, ¿cuántos acres más ocuparán los parques?

26. ⓒ **PM.4 Representar con modelos matemáticos** Escribe una oración numérica de multiplicación que coincida con el sombreado de la cuadrícula.

27. ⓒ **PM.3 Evaluar el razonamiento** Jen multiplicó 9 por 0.989 y obtuvo 89.01 como resultado. ¿Cómo puedes usar la estimación para mostrar que la respuesta de Jen es incorrecta? ¿Qué error piensas que cometió Jen?

ⓒ Evaluación de *Common Core*

28. Anita necesita 5 libras de plátanos para hacer pan de plátanos para una venta de pasteles. Cada libra de plátanos cuesta $0.50.

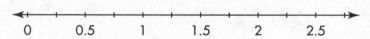

Parte A

¿Cómo puede usar Anita la recta numérica para hallar el costo total de los plátanos? ¿Cuál es el costo total?

Parte B

¿Cómo puede usar Anita patrones de valor de posición para comprobar su respuesta?

Ayuda   Amigo de   Herramientas   Juegos
práctica

Tarea y práctica
4-3
Usar modelos para
multiplicar un
número decimal y
un número entero

¡Revisemos!

Una reserva natural tiene dos caminos para senderismo. El camino 1 mide 1.3 millas de longitud. El camino 2 mide el doble del camino 1. ¿Cuánto mide el camino 2?

Usa una cuadrícula decimal como modelo para hallar el producto.

Sombrea 1.3 dos veces.

Cuenta los cuadrados sombreados en las cuadrículas de centésimas para hallar el producto. Hay 2 cuadrículas completas y seis columnas, o décimas, sombreadas.

Por tanto, $1.3 \times 2 = 2.6$. El camino 2 mide 2.6 millas de longitud.

> Puedes usar patrones de valor de posición para comprobar tu trabajo. ¡Compara tu respuesta con 2×13 y busca un patrón!

Sombrea las cuadrículas para representar los productos en los Ejercicios **1** y **2**. Luego, escribe los productos.

1. $0.45 \times 3 =$

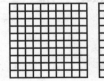

2. $0.08 \times 6 =$

Halla el producto en los Ejercicios **3** a **10**. Si necesitas ayuda, usa modelos.

3. 12×0.08

4. 1.75×4

5. 0.85×3

6. 6×0.12

7. 3×0.33

8. 0.45×10^2

9. 3×2.89

10. 7.6×2

11. Ryan mide el perímetro de su pintura cuadrada para hacer un marco de madera. Halla el perímetro de la pintura en centímetros. Recuerda que la fórmula para el perímetro es $P = 4 \times l$.

|— 30.5 centímetros —|

12. © **PM.4 Representar con modelos matemáticos** Escribe una oración numérica de multiplicación que coincida con el sombreado de la cuadrícula.

Recuerda que cada cuadrado pequeño es 1 centésima.

13. © **PM.4 Representar con modelos matemáticos** Anthony recorre un camino de 16.2 millas en bicicleta. Si lo recorre 4 veces, ¿cuánta distancia habrá recorrido? Dibuja un diagrama de barras para ayudarte.

14. **Matemáticas y ciencias** Si 7 centrales gigantes de energía solar generan 1.3 gigavatios para proveer energía a 900,000 hogares, ¿cuántos gigavatios pueden generar 21 centrales gigantes de energía solar?

15. **Razonamiento de orden superior** Si $0.36 \times 4 = 1.44$, ¿cómo cambiaría el producto si los factores fueran 0.36 y 0.4?

© **Evaluación de Common Core**

16. Doug y su familia compran 7 postales cuando están de vacaciones. Cada postal cuesta $0.25 con el impuesto incluido.

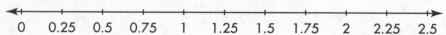

0   0.25   0.5   0.75   1   1.25   1.5   1.75   2   2.25   2.5

Parte A

¿Cómo puede usar Doug la recta numérica para hallar el costo total de las postales? ¿Cuál es el costo total?

Parte B

¿Cómo puede usar Doug patrones de valor de posición para comprobar su respuesta?

Nombre _____

Resuélvelo y coméntalo

Un carro recorre 1.15 kilómetros en 1 minuto. Si viaja a una velocidad constante, ¿qué distancia recorrerá en 3 minutos? ¿Y en 5 minutos? *¡Resuelve este problema de la manera que prefieras!*

Generalizar

Puedes relacionar lo que sabes sobre la multiplicación de números enteros con la multiplicación de un número decimal por un número entero.

Lección 4-4
Multiplicar un número decimal por un número entero

Puedo...
multiplicar un número decimal por un número entero.

 Estándar de contenido 5.NBD.B.7
Prácticas matemáticas PM.2, PM.5, PM.6, PM.8

¡Vuelve atrás! © **PM.2 Razonar** ¿Cómo se puede usar la suma para responder las preguntas de arriba?

Aprende   Glosario

Pregunta esencial ¿Cómo se puede multiplicar un número decimal por un número entero?

A

El precio de los boletos para un partido de beisbol de liga menor aumentó 0.17 veces con respecto al precio del año pasado. Si el precio del año pasado era $26, ¿de cuánto fue el aumento?

Precio de este año

Precio del año pasado

ADULTO BAJA C 12 $30.42
UNA ENTRADA PLATEA FILA ASIENTO PRECIO
PRECIO
Lions Vs. Rangers
7:30 PM

ADULTO BAJA C 12 $26.00
UNA ENTRADA PLATEA FILA ASIENTO PRECIO
PRECIO
$26.00
BAJA
C
12
Lions Vs. Rockets
7:00 PM
ESTE BOLETO VALE POR UNA ENTRADA

Puedes multiplicar 0.17×26 pensando en 17×26 y los patrones de valor de posición.

B Multiplica como lo harías con números enteros.

$$
\begin{array}{r}
\overset{\scriptstyle 1}{\overset{\scriptstyle 4}{17}} \\
\times\ 26 \\
\hline
102 \\
+\ 340 \\
\hline
442
\end{array}
$$

C Usa patrones de valor de posición como ayuda para ubicar el punto decimal.

Dado que 1.7 es $\frac{1}{10}$ de 17, $\qquad$ $26 \times 17 = 442$

26×1.7 es $\frac{1}{10}$ de 442. $\qquad$ $26 \times 1.7 = 44.2$

Dado que 0.17 es $\frac{1}{100}$ de 17,

26×0.17 es $\frac{1}{100}$ de 442. $\qquad$ $26 \times 0.17 = 4.42$

Los factores tienen un total de 2 posiciones decimales; por tanto, el producto tiene 2 lugares decimales.

El aumento fue de $4.42.

¡Convénceme! **PM.8 Generalizar** Estos son dos problemas semejantes:

$\begin{array}{r} 33 \\ \times\ 19 \\ \hline 297 \\ +\ 330 \\ \hline 627 \end{array}$	$\begin{array}{r} 0.33 \\ \times\ 19 \\ \hline 297 \\ +\ 330 \\ \hline 627 \end{array}$

Ubica el punto decimal correctamente en cada respuesta. Explica tu razonamiento.

© Pearson Education, Inc. 5

Nombre _____

☆ Práctica guiada*

¿Lo entiendes?

1. ¿Cuál es la diferencia entre multiplicar un número entero por un número decimal y multiplicar dos números enteros?

2. Usa la información sobre los boletos de la página anterior. ¿Cuánto costará la entrada a un partido de liga menor este año? Explica cómo hallaste la respuesta.

¿Cómo hacerlo?

Halla los productos en los Ejercicios **3** a **8**.

3.
$$\begin{array}{r} 9.8 \\ \times\ 2 \\ \hline \end{array}$$

4.
$$\begin{array}{r} 0.67 \\ \times\ 8 \\ \hline \end{array}$$

5. 34×5.3

6. 4.6×21

7. 0.6×15

8. 55×1.1

☆ Práctica independiente

Halla los productos en los Ejercicios **9** a **20**.

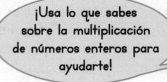

¡Usa lo que sabes sobre la multiplicación de números enteros para ayudarte!

9.
$$\begin{array}{r} 34.6 \\ \times\ 9 \\ \hline \end{array}$$

10.
$$\begin{array}{r} 64.2 \\ \times\ 20 \\ \hline \end{array}$$

11.
$$\begin{array}{r} 40 \\ \times\ 0.22 \\ \hline \end{array}$$

12.
$$\begin{array}{r} 57 \\ \times\ 2.3 \\ \hline \end{array}$$

13. 5.8×11

14. 56×0.4

15. 170×0.003

16. 0.3×99

17. 26×1.61

18. 50×0.914

19. 10.76×100

20. 2.54×12

Prácticas matemáticas y resolución de problemas

21. Matemáticas y Ciencias Para satisfacer el pico de la demanda de energía, una cooperativa de energía eléctrica compra la electricidad generada localmente. Pagan $0.07 por cada kWh (kilovatio por hora) generado con energía solar. ¿Cuánto dinero gana una escuela cuando le vende 956 kWh a la cooperativa?

> Redondea y haz una estimación para comprobar que sea razonable.

22. La aerolínea por la que viaja Vince tiene un límite de equipaje de 41 libras. Vince tiene dos bolsos verdes que pesan 18.4 libras cada uno, y un bolso azul que pesa 3.7 libras. ¿Los bolsos están dentro del límite de peso? Explícalo.

23. © PM.6 Hacerlo con precisión Michael lleva un registro del tiempo por semana que usa la computadora familiar, durante 10 semanas. Hizo una tabla de frecuencias con los datos que reunió. ¿Cuántas horas usó la computadora?

DATOS	Cantidad de horas	Frecuencia
	$3\frac{1}{2}$	2
	4	4
	$4\frac{1}{2}$	3
	5	1

24. © PM.2 Razonar Sara multiplica dos factores, uno con una posición decimal y el otro con dos posiciones decimales. Dice que el producto podría tener dos posiciones decimales. ¿Tiene razón? Explica tu razonamiento.

25. Razonamiento de orden superior Heather limpia una región rectangular en su patio para hacer un huerto. Si la longitud es un número entero de un dígito y el ancho es 5.5 metros, ¿cuál es el área más pequeña posible? ¿Y el área más grande posible? Explica cómo hallaste tus respuestas.

© Evaluación de *Common Core*

26. ¿Cuál de las siguientes ecuaciones **NO** es verdadera?

Ⓐ $75 \times 3 = 225$

Ⓑ $75 \times 0.3 = 22.5$

Ⓒ $7.5 \times 3 = 2.25$

Ⓓ $75 \times 0.03 = 2.25$

27. ¿Cuál de las siguientes ecuaciones **NO** es verdadera?

Ⓐ $50 \times 12 = 600$

Ⓑ $50 \times 0.12 = 6$

Ⓒ $0.5 \times 12 = 60$

Ⓓ $50 \times 1.2 = 60$

**Tarea y práctica
4-4**
Multiplicar un
número decimal por
un número entero

¡Revisemos!

Travis puede leer un capítulo de un libro en 2.3 horas.
El libro tiene 18 capítulos. ¿Cuánto tardará en
leer el libro?

Multiplica como lo harías con números enteros.

$$
\begin{array}{r}
\overset{2}{23} \\
\times\ 18 \\
\hline
184 \\
+\ 230 \\
\hline
414
\end{array}
$$

Por tanto, $23 \times 18 = 414$. Ahora piensa en la
cantidad de posiciones decimales para hallar
2.3×18.

Dado que hay un total de 1 posición
decimal en los factores, hay 1 posición
decimal en el producto.

41.4

Travis tardará 41.4 horas.

41.4 es razonable
porque $2 \times 20 = 40$.

Usa patrones de valor de posición para hallar los productos en los Ejercicios **1** y **2**.

1. $46 \times 3 = 138$

$4.6 \times 3 =$ _____

$0.46 \times 3 =$ _____

2. $17 \times 15 = 255$

$17 \times 1.5 =$ _____

$17 \times 0.15 =$ _____

Halla los productos en los Ejercicios **3** a **14**.

3.
$$
\begin{array}{r}
27.4 \\
\times\ \ 7 \\
\hline
\end{array}
$$

4.
$$
\begin{array}{r}
336 \\
\times\ 0.4 \\
\hline
\end{array}
$$

5.
$$
\begin{array}{r}
88 \\
\times\ 1.8 \\
\hline
\end{array}
$$

6.
$$
\begin{array}{r}
4.02 \\
\times\ \ 9 \\
\hline
\end{array}
$$

7. 1.7×12

8. 105×0.4

9. 1.4×32

10. 0.89×21

11. 4.4×18

12. 0.3×279

13. 95×5.7

14. 46×0.46

15. Si Reno tiene cada mes el mismo promedio de lluvias que en agosto, ¿cuál será la cantidad total de lluvia al cabo de 12 meses?

16. Ordena los desiertos en una lista de la mayor cantidad de lluvia en agosto a la menor cantidad de lluvia en agosto.

Lluvia en el desierto durante agosto

Desierto	Promedio de lluvia (mm)
Mojave	0.1
Reno	0.19
Sahara	0.17

DATOS

17. Sentido numérico Escribe dos números que sean mayores que 32.46 y menores que 32.56. Luego halla la diferencia de tus dos números.

18. Cada botella de jugo contiene 8.6 onzas líquidas. ¿Cuántas onzas líquidas de jugo hay en un envase de 12 botellas?

19. © PM.6 Hacerlo con precisión Un panel de energía solar de 100 vatios suele costar $146. En oferta, cuestan 0.75 del precio normal. Multiplica 146 por 0.75 para hallar el precio de oferta.

20. Razonamiento de orden superior Una familia tiene una gran cantidad de paneles solares para generar electricidad. Si cada mes vende 420 kWh a $0.07 por kWh, ¿cuánto dinero podrán ganar en un año?

21. © PM.5 Usar herramientas apropiadas Carla tenía un pedazo de cuerda que medía $14\frac{7}{8}$ pulgs. de largo. Usó parte de la cuerda para un proyecto de manualidades. Ahora le quedan $14\frac{3}{8}$ pulgs. ¿Cuánta cuerda usó? Usa la recta numérica para ayudarte.

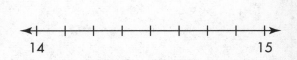

14   15

© Evaluación de *Common Core*

22. ¿Cuál de las siguientes ecuaciones **NO** es verdadera?

Ⓐ $225 \times 4 = 9,000$

Ⓑ $225 \times 0.04 = 9$

Ⓒ $22.5 \times 4 = 90$

Ⓓ $225 \times 0.4 = 90$

23. ¿Cuál de las siguientes ecuaciones **NO** es verdadera?

Ⓐ $80 \times 15 = 1,200$

Ⓑ $0.8 \times 15 = 12$

Ⓒ $80 \times 0.15 = 1.2$

Ⓓ $80 \times 1.5 = 120$

Nombre _____

Resuélvelo y coméntalo

Un rectángulo tiene un área de 0.24 metros cuadrados. ¿Cuál es una posibilidad para la longitud y el ancho del rectángulo? Explica por qué. *Resuelve este problema de la manera que prefieras. Si quieres, puedes usar una cuadrícula de centésimas.*

Puedo...
usar cuadrículas para multiplicar números decimales.

Estándar de contenido 5.NBD.B.7
Prácticas matemáticas PM.3, PM.4, PM.5, PM.6, PM.8

Usar herramientas apropiadas
Puedes hacer un dibujo en una cuadrícula de centésimas para ayudarte a hallar la respuesta. ¡Muestra tu trabajo en el espacio que sigue!

0.1

¡Vuelve atrás! PM.8 Generalizar ¿Hay otro par de dimensiones que podría funcionar? Explica cómo lo sabes.

Pregunta esencial ¿Cómo se puede representar la multiplicación de números decimales?

A

Un carpintero corta dos estantes con las dimensiones que se indican. Muestra cómo usar un modelo para hallar el área de cada estante.

¿Las respuestas serán mayores o menores que 1?

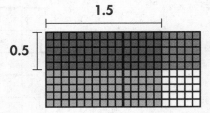

0.3 metros por 0.5 metros   0.5 metros por 1.5 metros

B Para el estante más corto, sombrea las 5 primeras columnas y las 3 primeras filas de la cuadrícula de centésimas.

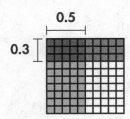

0.5

0.3

El área del estante es el área color café donde se superponen los sombreados. Puedes escribir esa área como un producto de números decimales.

$0.3 \times 0.5 = 0.15$

El área del estante más corto es 0.15 metros cuadrados.

C Para el estante más largo, usa dos cuadrículas de centésimas una junto a la otra. Sombrea 15 columnas y 5 filas.

1.5

0.5

El área del estante es el área color café donde se superponen los sombreados.

$0.5 \times 1.5 = 0.75$

El área del estante más largo es 0.75 metros cuadrados.

¡Convénceme! © **PM.4 Representar con modelos matemáticos** Usa la cuadrícula de centésimas para representar 0.7×0.6. Explica cómo hallaste el producto.

Amigo de   Herramientas   Evaluación
práctica

⭐ Práctica guiada *

¿Lo entiendes?

1. © **PM.4 Representar con modelos matemáticos** Cada cuadrado que se muestra tiene una longitud del lado de una décima de unidad. Escribe una ecuación de multiplicación que coincida con el modelo.

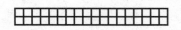

2. © **PM.3 Construir argumentos** Explica por qué 2.7 no es una respuesta razonable para 0.3 × 0.9. ¿Cuál es la respuesta correcta?

¿Cómo hacerlo?

Sombrea las cuadrículas de centésimas para hallar el producto en los Ejercicios **3** y **4**.

3. 0.7 × 0.8

4. 0.1 × 2.1

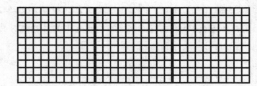

⭐ Práctica independiente ⭐

Sombrea las cuadrículas de centésimas para hallar el producto en los Ejercicios **5** a **8**.

Recuerda que el área donde se superponen los sombreados representa el producto.

5. 0.4 × 0.5

6. 0.3 × 0.7

7. 0.5 × 1.7

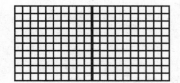

8. 0.6 × 1.2

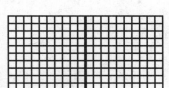

Halla el producto en los Ejercicios **9** a **16**. Puedes usar cuadrículas para ayudarte.

9. 0.2 × 0.8　　**10.** 2.4 × 0.7　　**11.** 3.9 × 0.4　　**12.** 0.5 × 0.7

13. 0.9 × 0.1　　**14.** 0.2 × 1.5　　**15.** 0.6 × 0.6　　**16.** 2.8 × 0.3

17. © **PM.4 Representar con modelos matemáticos** Escribe una ecuación de multiplicación que represente este modelo decimal.

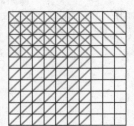

18. Razonamiento de orden superior La calculadora de Tony muestra correctamente que $3.4 \times 0.5 = 1.7$. Explica por qué la cantidad de posiciones decimales del producto no es la misma que la cantidad de posiciones decimales de los dos factores.

19. La estantería de Jack tiene 6 estantes. En cada estante caben 12 libros. Jack ya puso 54 libros en los estantes. ¿Cuántos libros más caben en la estantería?

20. Sentido numérico Escribe un número que tenga un 6 en la posición de las milésimas, un 5 en la posición de las centésimas y un 0 en la posición de las décimas. Luego, escribe un número menor y otro mayor que tu número.

21. © **PM.8 Generalizar** Si multiplicas dos números decimales menores que 1, ¿puedes predecir si el producto será menor o mayor que alguno de los factores? Explícalo.

22. © **PM.3 Evaluar el razonamiento** Judy dice que puede hallar 0.5×2.4 dividiendo 2.4 en dos partes iguales. ¿Tiene razón? Dibuja un modelo decimal para explicar tu respuesta.

© **Evaluación de *Common Core***

23. Halla dos números que puedas multiplicar para obtener un producto de 0.54. Escribe los números en el recuadro.

Producto = 0.54							
6	0.7	0.9	0.8	7	8	0.6	9

Nombre _____

Tarea y práctica 4-5
Usar modelos para multiplicar dos números decimales

¡Revisemos!

Halla 0.7 × 0.9. Usa un modelo de área para hallar el producto.

Usa cada factor como el lado de un rectángulo en una cuadrícula de centésimas.

Sombrea el área del rectángulo de 0.7 por 0.9. Cuenta los cuadrados del área sombreada para hallar el producto.

El área sombreada contiene 63 cuadrados de centésimas; por tanto, 0.7 × 0.9 = 0.63.

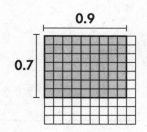

Multiplica las dos dimensiones del área rectangular para hallar el área.

Sombrea las cuadrículas de centésimas para hallar el producto en los Ejercicios **1** a **3**.

1. 0.8 × 0.8

2. 0.5 × 0.6

3. 0.7 × 1.6

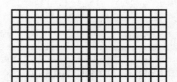

Halla el producto en los Ejercicios **4** a **15**. Puedes usar cuadrículas para ayudarte.

4. 1.9 × 0.4

5. 0.2 × 0.9

6. 2.8 × 0.6

7. 0.3 × 3.4

8. 5.6 × 0.8

9. 0.8 × 0.1

10. 0.9 × 4.1

11. 3.7 × 0.2

12. 4.4 × 0.7

13. 0.9 × 0.5

14. 0.2 × 6.8

15. 9.1 × 0.3

16. © **PM.4 Representar con modelos matemáticos** Phil usa el siguiente modelo como ayuda para multiplicar números decimales. Escribe una ecuación de multiplicación que represente el modelo decimal.

17. Sentido numérico Escribe un problema que requiera multiplicar dos números decimales para hallar la respuesta. El producto debe tener dos posiciones decimales.

18. A-Z **Vocabulario** Describe la diferencia entre una **estimación por defecto** y una **estimación por exceso**.

19. Raúl puede desplazar una pelota de golf 26.4 yardas en un golpe. A. J. puede desplazarla 10 veces esa distancia en un golpe. ¿Qué distancia puede desplazar la pelota A.J.?

20. © **PM.6 Hacerlo con precisión** Marcos quiere instalar 12 turbinas eólicas pequeñas con 3 aspas cada una. Si 4 aspas cuestan $79.64, ¿cuánto costarán todas las aspas? Muestra tu trabajo.

21. Razonamiento de orden superior Explica por qué multiplicar 37.4×0.1 da un producto menor que 37.4.

22. Leslie compra latas de tomates cortados que pesan 14.5 onzas cada una. Si compra 8 latas, ¿cuántas onzas en total compra?

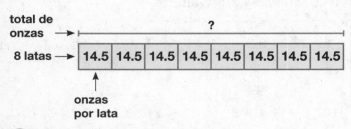

23. Álgebra Jorge lee 15 páginas por día durante 7 días. Escribe y resuelve una ecuación algebraica para hallar p, la cantidad total de páginas que leyó.

© **Evaluación de *Common Core***

24. Halla dos números que puedas multiplicar para obtener un producto de 0.4. Escribe los números en el recuadro.

Producto = 0.4					
0.9	0.5	8 0.1	0.8	9	5

Nombre _____

Resuélvelo y coméntalo

Julie tiene 0.5 de su patio plantado con verduras. Del área de las verduras, 0.4 tiene pimientos. ¿Qué parte del patio tiene pimientos?

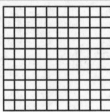

Puedes usar herramientas apropiadas, como una cuadrícula, para representar la multiplicación de números decimales.

Puedo...
multiplicar dos números decimales usando productos parciales.

Ⓒ **Estándar de contenido** 5.NBD.B.7
Prácticas matemáticas PM.1, PM.2, PM.4, PM.5

¡Vuelve atrás! Ⓒ **PM.2 Razonar** ¿Qué observas sobre los factores y su producto en el problema anterior?

Pregunta esencial ¿Cómo multiplicas números decimales usando productos parciales?

A

June caminó 1.7 millas en 1 hora. Si camina a la misma velocidad, ¿cuántas millas caminará en 1.5 horas?

Puedes usar propiedades o un modelo para representar la multiplicación.

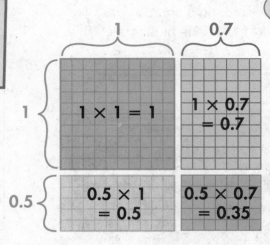

B **Paso 1**

Haz una estimación.

$$1.7 \times 1.5$$
$$\downarrow \qquad \downarrow$$
$$2 \times 2 = 4$$

Dado que 2 es mayor que 1.7 y 1.5, 4 es una estimación por exceso.

C **Paso 2**

Halla los productos parciales.

$1.0 \times 1.0 = 1.0$
$1.0 \times 0.7 = 0.7$
$0.5 \times 1.0 = 0.5$
$0.5 \times 0.7 = 0.35$

Luego, suma los productos parciales.

D **Paso 3**

$$\begin{array}{r} \overset{1}{1.0} \\ 0.7 \\ 0.5 \\ + \ 0.35 \\ \hline 2.55 \end{array}$$

Dado que 2.55 está cerca de tu estimación de 4, la respuesta es razonable.

En 1.5 horas, June caminará 2.55 millas.

¡Convénceme! © **PM.1 Entender y perseverar** En el ejemplo de arriba, ¿cuántas millas caminará June en 2.8 horas? Primero haz una estimación y luego, compara tu respuesta con la estimación.

© Pearson Education, Inc. 5

Nombre _____

Práctica guiada

¿Lo entiendes?

1. © **PM.2 Razonar** ¿En qué se diferencia multiplicar dos números decimales de multiplicar un número decimal por un número entero? Explica tu razonamiento.

2. Carla hizo una salsa y la pone en botellas de 6.5 onzas para dar como regalo. Pudo llenar 7.5 botellas. ¿Cuántas onzas de salsa hizo?

¿Cómo hacerlo?

Primero, haz una estimación en los Ejercicios **3** a **6**. Luego, halla los productos. Comprueba que tu respuesta sea razonable.

3.   9.3
    × 4.1

4.   3.2
    × 0.6

5. 0.7 × 1.9

6. 12.6 × 0.2

Práctica independiente

7. Halla 7.5 × 1.8 usando productos parciales. Haz una estimación: 7.5 × 1.8

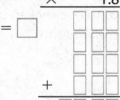

Primero, haz una estimación en los Ejercicios **8** a **19**. Luego, halla los productos. Comprueba que tu respuesta sea razonable.

8.   5.2
   × 4.6

9.   19.1
   × 8.5

10.   0.5
   × 4.5

11.   8.6
   × 0.8

12. 5.5 × 0.6

13. 3.5 × 0.4

14. 6.8 × 7.2

15. 8.3 × 6.4

16. 9.1 × 11.6

17. 18.1 × 3.7

18. 0.6 × 1.5

19. 2.8 × 3.7

Puedes encontrar otro ejemplo en el Grupo C, página 228.

Prácticas matemáticas y resolución de problemas

20. Matemáticas y Ciencias La gravedad de Venus es 0.35 veces la gravedad de Júpiter. ¿Cuál es la gravedad de Venus en relación con la gravedad de la Tierra?

21. ¿Aproximadamente cuántas veces la gravedad superficial de Neptuno es la gravedad superficial de Júpiter?

---

22. © PM.4 Representar con modelos matemáticos Un cuarto de galón de agua pesa aproximadamente 2.1 libras. Hay 4 cuartos en un galón. ¿Cuánto pesa un galón de agua?

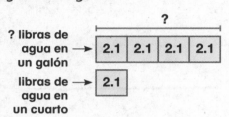

? libras de agua en un galón → | 2.1 | 2.1 | 2.1 | 2.1 |

libras de agua en un cuarto → | 2.1 |

23. Isaac compró tres paquetes de frutos secos. Compró un paquete de maníes que pesaba 3.07 libras y dos paquetes de nueces que pesaban 1.46 libras y 1.5 libras. ¿Qué pesaba más, los maníes o las nueces? ¿Cuánto más?

---

24. © PM.2 Razonar ¿Cómo te ayuda hacer una estimación a ubicar correctamente el punto decimal en un producto? Explica tu razonamiento.

25. Razonamiento de orden superior El área de la superficie de la mesa de Dimitri es un número entero de pies cuadrados. ¿La longitud y el ancho pueden ser números decimales con una posición decimal cada uno? Explica tu respuesta.

© Evaluación de *Common Core*

26. Joy bebe 4.5 botellas de agua por día. Cada botella contiene 16.5 onzas líquidas. ¿Cuántas onzas líquidas de agua bebe por día?

- Ⓐ 20.10 onzas líquidas
- Ⓑ 64.00 onzas líquidas
- Ⓒ 74.25 onzas líquidas
- Ⓓ 82.50 onzas líquidas

27. Una milla cuadrada equivale a 2.6 kilómetros cuadrados. ¿Cuántos kilómetros cuadrados hay en 14.4 millas cuadradas?

- Ⓐ 11.52 kilómetros cuadrados
- Ⓑ 17.00 kilómetros cuadrados
- Ⓒ 37.44 kilómetros cuadrados
- Ⓓ 86.40 kilómetros cuadrados

Nombre _____

¡Revisemos!

Si un camión recorre 9.5 millas con 1 galón de combustible, ¿cuántas millas recorrerá con 5.6 galones de combustible?

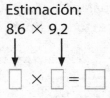

Paso 1

Primero, estima tu producto para que puedas ver si es razonable.

$$9.5 \times 5.6$$

$$10 \times 6 = 60$$

Paso 2

Halla los productos parciales. Luego, suma.

$$
\begin{array}{r}
9.5 \\
\times\ 5.6 \\
\end{array}
$$

$$
\begin{array}{rr}
0.6 \times 0.5 = & 0.30 \\
0.6 \times 9 = & 5.4 \\
5 \times 0.5 = & 2.5 \\
5 \times 9 = & 45 \\
\hline
& 53.2 \\
\end{array}
$$

El camión recorrerá 53.2 millas con 5.6 galones de combustible.
Como 53.2 está cerca de la estimación, 60, la respuesta es razonable.

1. Si un camión recorre 8.6 millas con 1 galón de combustible, ¿cuántas millas recorrerá con 9.2 galones de combustible? Haz una estimación. Luego, halla el producto. ¿Tu respuesta es razonable? Explícalo.

Estimación:
$$8.6 \times 9.2$$

$$\square \times \square = \square$$

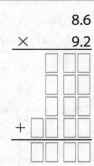

Primero, haz una estimación en los Ejercicios **2** a **13**. Luego, halla los productos. Comprueba que tu respuesta sea razonable.

2.
$$
\begin{array}{r}
0.2 \\
\times\ 4.6 \\
\end{array}
$$

3.
$$
\begin{array}{r}
3.9 \\
\times\ 7.1 \\
\end{array}
$$

4.
$$
\begin{array}{r}
5.4 \\
\times\ 0.1 \\
\end{array}
$$

5.
$$
\begin{array}{r}
15.3 \\
\times\ 6.4 \\
\end{array}
$$

6. 9.3×5.8

7. 23.7×4.4

8. 0.8×0.5

9. 13.2×0.3

10. 7.9×6.8

11. 1.6×26.1

12. 0.9×0.6

13. 0.5×96.4

14. Halla la longitud aproximada de cada autopista en kilómetros.

Una milla es aproximadamente 1.6 kilómetros.

DATOS	Autopista	Longitud (millas)
	A	11.9
	B	46.2
	C	121

---

15. Razonamiento de orden superior ¿Por qué multiplicar números por 10 hace que el punto decimal se mueva hacia la derecha, pero multiplicar por 0.10 hace que el punto decimal se mueva hacia la izquierda?

16. © **PM.1 Entender y perseverar** Una huerta de nogales autoservicio cobra $1.35 por libra de nueces más $0.40 por libra por abrirlas. Amelia recoge 20 libras de nueces y pide que le abran 5 libras. ¿Cuánto paga Amelia en total?

---

17. © **PM.4 Representar con modelos matemáticos** Adrián compró frutas para hacer una ensalada para un picnic. Compró 0.89 libras de uvas, 2.45 libras de naranjas y 1.49 libras de manzanas. ¿Cuánto pesa toda la fruta?

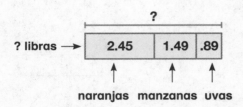

18. En el Ejercicio 17, supón que las uvas cuestan $2.35 la libra, las naranjas cuestan $0.99 la libra y las manzanas cuestan $1.65 la libra. Redondeando al número entero más cercano, ¿aproximadamente cuánto pagó Adrián por la fruta?

© **Evaluación de *Common Core***

19. Karly usó 3.5 latas de salsa de tomate para hacer lasaña. Cada lata contiene 10.5 onzas. ¿Cuántas onzas de salsa de tomate hay en la lasaña?

   Ⓐ   24.00

   Ⓑ   36.75

   Ⓒ   52.50

   Ⓓ   63.00

20. Una bolsa de semillas de césped pesa 5.8 libras. ¿Cuántas libras pesarán 2.5 bolsas?

   Ⓐ   14.5 libras

   Ⓑ   13.8 libras

   Ⓒ   8.3 libras

   Ⓓ   3.3 libras

Nombre _____

El peso de una bolsa pequeña de pasas es 0.3 veces el peso de una bolsa grande. La bolsa grande pesa 0.8 libras. ¿Cuál es el peso de la bolsa pequeña? *Resuelve este problema de la manera que prefieras.*

Puedo...
usar propiedades para multiplicar números decimales.

© **Estándar de contenido** 5.NBD.B.7
Prácticas matemáticas PM.1, PM.2, PM.6, PM.7

Puedes usar el razonamiento para estimar si la respuesta es mayor o menor que 0.5 libras.

Peso neto
0.8 lb

¡Vuelve atrás! © **PM.7 Buscar relaciones** ¿En qué se parece resolver este problema a hallar el producto de 3 y 8? ¿En qué se diferencia?

¿Cómo se pueden usar propiedades para multiplicar números decimales?

Pregunta esencial

A

La longitud de un dragón barbudo es 0.6 veces la longitud de un lagarto basilisco. ¿Cuál es la longitud del dragón barbudo?

Basilisco

0.9 metros

Dragón barbudo

?

Usa lo que sabes sobre números decimales y propiedades para multiplicar 0.6 × 0.9.

B ## Paso 1

Usa fracciones para volver a escribir la expresión de multiplicación.

$0.6 \times 0.9 =$

$\frac{6}{10} \times \frac{9}{10} =$

$\left(6 \times \frac{1}{10}\right) \times \left(9 \times \frac{1}{10}\right)$

C ## Paso 2

Usa las propiedades asociativa y conmutativa para volver a ordenar los factores.

$\left(6 \times \frac{1}{10}\right) \times \left(9 \times \frac{1}{10}\right) =$

$(6 \times 9) \times \left(\frac{1}{10} \times \frac{1}{10}\right)$

D ## Paso 3

Multiplica los números enteros. Multiplica las fracciones. Escribe el producto como un número decimal.

$(6 \times 9) \times \left(\frac{1}{10} \times \frac{1}{10}\right) =$

$54 \times \frac{1}{100} =$

$\frac{54}{100} = 0.54$

Una décima de una décima es una centésima.

El dragón barbudo mide 0.54 metros de largo.

¡Convénceme! © **PM.7 Usar la estructura** Tyler explicó cómo multiplicó 0.7×0.2. "Multipliqué $7 \times 2 = 14$. Sé que una décima por una décima es una centésima; por tanto, usé centésimas para escribir el producto. El producto es 0.14". Usa propiedades para mostrar que Tyler tiene razón.

Amigo de   Herramientas   Evaluación
práctica

Otro ejemplo

Una rebanada de pan tiene 1.25 gramos de grasa. ¿Cuántos gramos de grasa hay en 1.5 rebanadas?

Una décima de una centésima es una milésima.

$$1.25 \times 1.5 = \frac{125}{100} \times \frac{15}{10}$$

$$= \left(125 \times \frac{1}{100}\right) \times \left(15 \times \frac{1}{10}\right)$$

$$= (125 \times 15) \times \left(\frac{1}{100} \times \frac{1}{10}\right)$$

$$= 1,875 \times \frac{1}{1,000}$$

$$= \frac{1875}{1,000} = 1.875$$

Hay 1.875 gramos de grasa en 1.5 rebanadas de pan.

☆ Práctica guiada *

¿Lo entiendes?

1. Mason multiplica $(3 \times 5) \times \left(\frac{1}{10} \times \frac{1}{10}\right)$. ¿Qué multiplicación decimal quiere resolver?

2. Completa el trabajo de Mason para hallar el producto. Escríbelo como un número decimal.

¿Cómo hacerlo?

Usa propiedades para hallar los productos en los Ejercicios **3** a **6**. Escribe el producto como un número decimal.

3. 0.3×0.7 **4.** 0.63×2.8

5. 2.6×1.4 **6.** 4.5×0.08

☆ Práctica independiente

Escribe los productos como un número decimal en los Ejercicios **7** a **15**.

7. 0.6×0.2 **8.** 0.33×0.8 **9.** 1.7×0.22

10. 1.8×0.9 **11.** 0.03×1.6 **12.** 4.2×4.2

13. 11.1×0.8 **14.** 1.16×0.4 **15.** 1.6×0.01

Prácticas matemáticas y resolución de problemas

16. © **PM.7 Usar la estructura** La lluvia total de marzo fue 3.6 pulgadas. En abril, el total de lluvia fue 1.4 veces esa cantidad. ¿Cuál fue el total de lluvia en abril?

17. Un caimán recién nacido mide 0.5 pies de largo. Un caimán adulto mide 16.4 veces ese largo. ¿Cuántos pies de largo más que el caimán bebé mide el caimán adulto?

---

18. © **PM.1 Entender y perseverar** El club Naturaleza organizó un concurso de salto de saltamontes. La distancia que saltó Capitán Brinco es 1.2 veces la distancia que saltó Rayo Verde. La distancia que saltó Gran Saltamontes es 1.5 veces la distancia que saltó Capitán Brinco. Completa la tabla para mostrar las distancias que saltaron Capitán Brinco y Gran Saltamontes.

Saltamontes	Distancia
Rayo verde	1.4 pies
Capitán Brinco	
Gran Saltamontes	

---

19. Amanda compró una bolsa de 6 tazas de queso rallado por $6.89. Usó 2.25 tazas para hacer lasaña y 1.25 tazas para hacer pizza. ¿Cuánto queso le quedó?

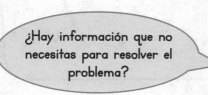

¿Hay información que no necesitas para resolver el problema?

20. **Razonamiento de orden superior** Jimena hizo un dibujo de la Torre Eiffel de 6.5 pulgadas de altura. Le pareció que era muy alta, entonces multiplicó la altura por 0.8. El segundo dibujo era muy bajo, entonces multiplicó la altura por 1.2. Predice si el último dibujo de Jimena fue más bajo, igual, o más alto que el primer dibujo. Comprueba tu predicción hallando la altura del último dibujo.

© **Evaluación de Common Core**

21. ¿Qué expresión es equivalente a 0.4 × 0.3?

Ⓐ $\left(4 \times \frac{1}{100}\right) \times \left(3 \times \frac{1}{100}\right)$

Ⓑ $(4 \times 10) \times (3 \times 10)$

Ⓒ $\left(4 \times \frac{1}{10}\right) \times \left(3 \times \frac{1}{10}\right)$

Ⓓ $\left(4 \times \frac{1}{10}\right) \times \left(3 \times \frac{1}{100}\right)$

22. ¿Qué expresión es equivalente a 0.71 × 2.8?

Ⓐ $(71 \times 28) \times \left(\frac{1}{100} \times \frac{1}{10}\right)$

Ⓑ $(71 \times 28) \times \left(\frac{1}{10} \times \frac{1}{10}\right)$

Ⓒ $(0.71 \times 2.8) \times \left(\frac{1}{100} \times \frac{1}{10}\right)$

Ⓓ $(71 \times 28) \times (100 \times 10)$

Tarea y práctica 4-7
Usar propiedades para multiplicar números decimales

¡Revisemos!

Marcos caminó 2.5 millas en una hora. Si continúa a la misma velocidad, ¿cuánta distancia recorrerá en 3.25 horas?

$$2.5 \times 3.25 = \frac{25}{10} \times \frac{325}{100}$$
$$= (25 \times 325) \times \left(\frac{1}{10} \times \frac{1}{100}\right)$$
$$= 8{,}125 \times \frac{1}{1{,}000}$$
$$= \frac{8125}{1{,}000} = 8.125$$

Marcos recorrerá 8.125 millas en 3.25 horas.

Recuerda que una décima por una centésima es igual a una milésima.

1. Para hallar 0.6×0.35, multiplica los números enteros _____ y _____ por las fracciones _____ y _____. El producto, escrito como número decimal, es _____.

Halla los productos en los Ejercicios **2** a **16**.
Escribe el producto como un número decimal.

2. 0.2×0.9

3. 0.58×0.3

4. 2.5×0.77

5. 3.1×0.4

6. 0.07×1.2

7. 14.3×0.8

8. 0.1×2.85

9. 1.18×0.6

10. 9.2×0.01

11. 0.45×5.5

12. 3.9×3.9

13. 0.16×0.5

14. 0.55×6.9

15. 0.1×7.25

16. 0.13×0.5

17. © **PM.7 Usar la estructura** Helen usa 0.12 kilogramos de nueces en cada tanda de granola que prepara. Si prepara 2.5 tandas, ¿cuántos kilogramos de nueces usará?

18. El peso de un camión vacío es 2.1 veces el peso de un carro vacío. Si el carro vacío pesa 1.8 toneladas, ¿cuántas toneladas pesará el camión si tiene una carga de 0.5 toneladas?

---

19. © **PM.1 Entender y perseverar** El Sr. Chaplin midió los dormitorios rectangulares de sus hijos para ponerles alfombras nuevas. ¿El dormitorio de quién tiene el área más grande?

Dormitorio de George	3.5 metros por 4.4 metros
Dormitorio de Steven	3.8 metros por 3.8 metros
Dormitorio de Andy	3.6 metros por 4.1 metros

---

20. **Razonamiento de orden superior** Hank tiene una tabla de 1.75 metros de largo. Usó 0.8 metros para hacer las paredes de una casita para aves. Usó 0.4 de lo que le quedaba para el piso. Necesita 0.6 metros para el techo. ¿Tiene suficiente madera para el techo? Explícalo.

21. © **PM.6 Hacerlo con precisión** Los tiempos de cinco corredores de una carrera de 50 metros fueron 6.72 segundos, 6.4 segundos, 6.08 segundos, 7.03 segundos y 6.75 segundos. Escribe esos tiempos del más rápido al más lento.

© **Evaluación de *Common Core***

22. ¿Qué expresión es equivalente a 1.18×0.6?

Ⓐ $\left(1.18 \times \frac{1}{100}\right) \times \left(0.6 \times \frac{1}{10}\right)$

Ⓑ $\left(118 \times \frac{1}{100}\right) \times \left(6 \times \frac{1}{10}\right)$

Ⓒ $(118 \times 100) \times (6 \times 10)$

Ⓓ $\left(118 \times \frac{1}{10}\right) \times \left(6 \times \frac{1}{10}\right)$

23. ¿Qué expresión es equivalente a 0.4×8.7?

Ⓐ $(4 \times 87) \times \left(\frac{1}{100} \times \frac{1}{10}\right)$

Ⓑ $(4 \times 87) \times (100 \times 10)$

Ⓒ $(4 \times 87) \times \left(\frac{1}{100} \times \frac{1}{100}\right)$

Ⓓ $(4 \times 87) \times \left(\frac{1}{10} \times \frac{1}{10}\right)$

Nombre _____

Tres estudiantes de la clase de la Sra. Cho escribieron los siguientes problemas en el pizarrón. Los dígitos de los productos que se muestran son correctos, pero todavía no se ubicó el punto decimal. ¿Dónde debería ir el punto decimal en cada producto?

Puedo...
usar el sentido numérico para ubicar el punto decimal en un producto.

1. $7.85 \times 16 = 1256$

2. $0.98 \times 0.5 = 49$

3. $1.06 \times 1.5 = 159$

© **Estándar de contenido** 5.NBD.B.7
Prácticas matemáticas PM.1, PM.2, PM.3, PM.8

Puedes usar el razonamiento para considerar el tamaño de cada factor cuando ubicas el punto decimal. ¡Muestra tu trabajo!

¡Vuelve atrás! © **PM.8 Generalizar** Si ambos factores son menores que 1, ¿qué sabes sobre su producto?

¿Cómo se puede usar el sentido numérico para multiplicar números decimales?

A

Aprendiste cómo hacer una estimación cuando multiplicas números decimales. También puedes usar el sentido numérico para razonar sobre el tamaño relativo de los factores y el producto.

Puedes usar el sentido numérico para ubicar el punto decimal en el lugar correcto.

$$49.20 \times 0.55 = 2706$$

B Piensa en el tamaño relativo de los factores.

Multiplicar un número por un número decimal menor que 1 da un producto menor que el otro factor.

Dado que 0.55 es menor que 1, el producto es menor que 49.2.

Dado que 0.55 es aproximadamente un medio, el producto es aproximadamente la mitad de 49.2, o aproximadamente la mitad de 50. Por tanto, el punto decimal debería estar entre el 7 y el 0.

$$49.2 \times 0.55 = 27.06$$

C Usa el sentido numérico para razonar sobre el producto.

¿Cómo puedes ubicar el punto decimal en el producto de la siguiente ecuación?

6.2×5.1 es 3162.

Observa que la unidad más pequeña en ambos factores es una décima (0.1). Dado que el producto de 0.1 y 0.1 es 0.01, el producto de 6.2 y 5.1 tendrá dos lugares decimales.

Por tanto, $6.2 \times 5.1 = 31.62$.

Tiene sentido porque 6 veces 5 es igual a 30.

¡Convénceme! © **PM.2 Razonar** En los siguientes problemas falta el punto decimal de la respuesta. Usa el sentido numérico para decidir dónde debería estar el punto decimal. Explica tu razonamiento.

$$54.7 \times 0.53 = 28991$$

$$54.7 \times 5.3 = 28991$$

☆ Práctica guiada *

¿Lo entiendes?

1. Describe el factor desconocido.

_____ × 5 es aproximadamente 300.

2. Sentido numérico Janelle escribió 23.4 para el producto de 7.8 × 0.3. Usa el sentido numérico para decidir si Janelle ubicó el punto decimal en el lugar correcto del producto. Si es incorrecto, escribe el producto correcto.

¿Cómo hacerlo?

Usa el sentido numérico para decidir en qué parte del producto debe ir el punto decimal. Indica cuál es el lugar.

3. 5 × 3.4 = 17

4. 3.1 × 6.2 = 1922

5. 0.6 × 0.4 = 24

☆ Práctica independiente

El producto se muestra sin el punto decimal en los Ejercicios **6** a **9**. Usa el sentido numérico para ubicar correctamente el punto decimal.

6. 5.01 × 3 = 1503

7. 6.22 × 3 = 1866

8. 0.9 × 0.9 = 81

9. 1.8 × 1.9 = 342

Indica si el punto decimal se ubicó correctamente en el producto en los Ejercicios **10** a **15**. Si no es así, vuelve a escribir el producto con el punto decimal correctamente ubicado.

10. 12 × 4.8 = 57.6

11. 5.2 × 6.4 = 3.328

12. 6.99 × 21 = 14.679

13. 0.05 × 12.4 = 6.2

14. 18 × 3.38 = 60.84

15. 9.01 × 91 = 81.991

¡Usa el sentido numérico o la estimación para ayudarte!

Prácticas matemáticas y resolución de problemas

16. **PM.2 Razonar** Un criador de cerdos necesita 60 pies cuadrados para albergar un cerdo. ¿El chiquero de la ilustración es lo suficientemente grande? Explica tu razonamiento.

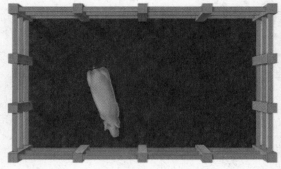

6.4 pies

10.5 pies

---

17. **PM.3 Evaluar el razonamiento** Quincey dice que 3 es una buena estimación para 3.4×0.09. ¿Tiene razón? ¿Por qué?

18. Ron compró 2 DVD a $12.95 cada uno y gastó $25 en revistas. ¿Gastó más en DVD o en revistas? ¿Cuánto más? Escribe ecuaciones para mostrar tu trabajo.

---

19. Los galones se pueden convertir en litros usando un factor de 3.79. Es decir, 1 galón es aproximadamente 3.79 litros. Aproximadamente, ¿cuántos litros hay en 37 galones? ¿Tu respuesta es una estimación por defecto o por exceso? Explícalo.

20. **Razonamiento de orden superior** Halla dos factores que den un producto de 0.22.

Evaluación de *Common Core*

21. ¿Cuál de los siguientes es el factor que falta?

    _____ $\times 2.3 = 34.73$

    Ⓐ 0.151

    Ⓑ 1.51

    Ⓒ 15.1

    Ⓓ 151

22. ¿Qué dos factores dan un producto de 7.5?

    Ⓐ 0.3 y 0.25

    Ⓑ 0.3 y 2.5

    Ⓒ 3 y 0.25

    Ⓓ 3 y 2.5

Nombre _____

Tarea y práctica 4-8

Usar el sentido numérico para multiplicar números decimales

¡Revisemos!

Amelia puede caminar 3.6 millas en una hora. ¿Qué distancia puede recorrer si camina durante 2.1 horas?

$3.6 \times 2.1 = 756$
Usa el sentido numérico para ubicar el punto decimal en el producto.

75.6 y 756 no son respuestas razonables.

Estimación: $3 \times 2 = 6$ y $4 \times 2 = 8$
Por tanto, la respuesta está entre 6 y 8.

Amelia caminará 7.56 millas en 2.1 horas.

> Usa la estimación y el sentido numérico para ayudarte a ubicar el punto decimal.

El producto se muestra sin el punto decimal en los Ejercicios **1** a **4**.
Usa el sentido numérico para ubicar correctamente el punto decimal.

1. $6 \times 5.01 = 3006$

2. $12.8 \times 3.2 = 4096$

3. $4.06 \times 20.1 = 81606$

4. $24 \times 6.3 = 1512$

Indica si el punto decimal se ubicó correctamente en el producto en los Ejercicios **5** a **10**.
Si no es así, vuelve a escribir el producto con el punto decimal correctamente ubicado.

5. $0.6 \times 0.7 = 0.042$

6. $1.1 \times 13.8 = 1.518$

7. $8.06 \times 3 = 241.8$

8. $19 \times 8.3 = 157.7$

9. $2.8 \times 345.1 = 966.28$

10. $56.2 \times 7.9 = 4,439.8$

11. Jordan escribe 3.4×6.8 en su calculadora. Copia los dígitos 2312 de la pantalla pero olvida copiar el punto decimal. ¿Dónde debería escribir el punto decimal? Explícalo.

12. La Sra. Cooper tiene $20. ¿Puede comprar un boleto para el museo para su hija de 10 años, otro para ella y un libro que cuesta $3.99? Explícalo.

Museo de Ciencias	
Boleto	**Precio**
Niño	$5.75
Adulto	$11.25

13. Estima el producto de 3.9 y 4.6 calculando mentalmente. Explica el método que usaste.

14. © **PM.2 Razonar** ¿El producto real de 7.69 × 5 será mayor o menor que la estimación 8 × 5? Explica tu razonamiento.

15. Una porción de yogur tiene 95 calorías. ¿Cuál es una estimación razonable para la cantidad de calorías en 2.5 porciones de yogur?

16. **Razonamiento de orden superior** Bruce va y vuelve trotando de su casa a la biblioteca cuando da clases a estudiantes. La distancia de su casa a la biblioteca es 0.28 millas. Si dio clases 328 días el año pasado, aproximadamente ¿cuántas millas trotó?

17. © **PM.1 Entender y perseverar** Alicia dibujó un pentágono con longitudes del lado y ángulos iguales. Luego, agregó a su dibujo ejes de simetría rojos. ¿Cuántos ejes trazó? Usa la ilustración para mostrar cómo lo sabes.

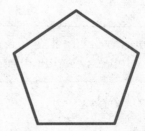

© **Evaluación de Common Core**

18. ¿Cuál de los siguientes es el factor que falta?

_____ × 0.7 = 0.287

Ⓐ 0.041

Ⓑ 0.41

Ⓒ 4.1

Ⓓ 41

19. ¿Qué dos factores dan un producto de 8.34?

Ⓐ 0.06 y 1.39

Ⓑ 0.06 y 13.9

Ⓒ 0.6 y 1.39

Ⓓ 0.6 y 13.9

Nombre _____

Lección 4-9
Multiplicar números decimales

Resuélvelo y coméntalo

La maestra de Kala les pidió a los estudiantes que escribieran un dígito en cada espacio en blanco y hallaran los productos. ¿Cómo puedes completar las expresiones? ¿Cuáles son los productos? *¡Resuelve este problema de la manera que prefieras!*

a. 0._____ × 0._____

b. 0._____ × _____

c. 0._____ × 0.0_____

d. _____._____ × 0._____ _____

Puedo...
multiplicar números decimales usando el algoritmo convencional.

Ⓒ **Estándar de contenido** 5.NBD.B.7
Prácticas matemáticas PM.1, PM.3, PM.6, PM.7, PM.8

Busca relaciones entre la cantidad de posiciones decimales de los factores y la cantidad de posiciones decimales del producto.

¡Vuelve atrás! Ⓒ **PM.8 Generalizar** ¿Cuántas posiciones decimales habrá en el producto de 3.5 y 0.21? Explica tu respuesta.

Pregunta esencial ¿Cómo se puede usar el algoritmo convencional para multiplicar números decimales?

A

Melissa hace refresco de frutas. Quiere preparar 2.5 tandas usando la receta de la derecha.

¿Cuánto jugo de arándano rojo debe usar Melissa?

> Puedes usar el algoritmo convencional de multiplicación para multiplicar 1.5×2.5.

Refresco de frutas de tía Sandy
0.5 litros de agua mineral
1.5 litros de jugo de arándano
1 litro de jugo de naranja
6 cucharadas de azúcar

B Paso 1

Estima el producto.

Usa números compatibles que puedas multiplicar mentalmente.

1.5×2.5

$2 \times 2.5 = 5$ litros

C Paso 2

Multiplica como lo harías con números enteros.

$$\begin{array}{r} 25 \\ \times\ 15 \\ \hline 125 \\ 250 \\ \hline 375 \end{array}$$

> Dado que 2 es mayor que 1.5, 5 es una estimación por exceso.

D Paso 3

Suma la cantidad de posiciones decimales de cada factor para hallar la cantidad de posiciones decimales del producto.

Dado que hay un total de 2 posiciones decimales en los factores, habrá 2 posiciones decimales en el producto.

Melissa debe usar 3.75 litros de jugo de arándano rojo.

3.75 litros es un poco menos que la estimación de 5 litros; por tanto, la respuesta es razonable.

¡Convénceme! ⊙ **PM.7 Buscar relaciones** ¿Cuántas cucharadas de azúcar necesita Melissa? Explica cómo hallaste la respuesta.

Otro ejemplo

Halla 0.5 × 0.03.

Multiplica como lo harías con números enteros.

$$\begin{array}{r} 5 \\ \times\ 3 \\ \hline 15 \end{array}$$

Ubica el punto decimal en el producto.

    0.5   1 lugar decimal
  × 0.03   2 lugares decimales
  0.015   3 lugares decimales

Dado que el producto 15 no tiene suficientes dígitos para mostrar 3 lugares decimales, agrega ceros a la izquierda del producto.

Recuerda que una décima por una centésima es igual a una milésima.

Usa el sentido numérico o la estimación para comprobar tu respuesta.

Dado que 0.5 < 1, el producto debe ser menor que el otro factor, 0.03. 0.015 < 0.03; por tanto, la respuesta es razonable.

☆Práctica guiada

¿Lo entiendes?

1. Sasha quiere multiplicar 0.5 × 0.8. ¿Cuántos lugares decimales tendrá el producto? Explica tu respuesta.

2. Si 112 × 38 = 4,256, ¿cuál es el producto de 1.12 × 3.8?

¿Cómo hacerlo?

Halla los productos en los Ejercicios **3** a **6**. Usa el sentido numérico o la estimación para comprobar tu respuesta.

3. $\begin{array}{r} 12.5 \\ \times\ 0.09 \\ \hline \end{array}$

4. $\begin{array}{r} 9.1 \\ \times\ 6.8 \\ \hline \end{array}$

5. 0.8 × 5.4

6. 0.4 × 0.07

☆Práctica independiente

Halla los productos en los Ejercicios **7** a **14**. Usa el sentido numérico o la estimación para comprobar tu respuesta.

7. 0.4 × 1.3

8. 0.63 × 5.5

9. 6.5 × 4.4

10. 10.3 × 0.3

11. 2.9 × 2.9

12. 27 × 4.9

13. 0.8 × 0.09

14. 5.6 × 100

Prácticas matemáticas y resolución de problemas

15. **© PM.6 Hacerlo con precisión** Preston compró una batería que costaba $187.90. Halló el impuesto sobre la venta multiplicando el precio de la batería por 0.08. ¿Cuál fue el costo total de la batería con el impuesto incluido? Redondea al centavo más cercano.

16. La Sra. White maneja 8 millas de ida y 8 millas de vuelta cuando va a la oficina. Si va 5 días por semana, durante 10 semanas, ¿cuántas millas manejará en total?

17. **© PM.1 Entender y perseverar** Jordan compró 3.8 libras de pavo, 2.2 libras de queso y 3.6 libras de ensalada de huevo para una fiesta. ¿Cuál fue el costo total sin impuesto sobre la venta? Redondea tu respuesta al centavo más cercano.

Pavo
$4.19 por libra

Queso
$3.79 por libra

Ensalada de huevo
$3.05 por libra

18. **Razonamiento de orden superior** ¿Cuántos lugares decimales piensas que hay en el producto de $3.2 \times 0.77 \times 1.6$? Explica tu respuesta. Luego, multiplica para comprobar.

© Evaluación de *Common Core*

19. Elsa midió algunas distancias en un mapa de su condado. En el mapa, cada pulgada representa 4.5 millas.

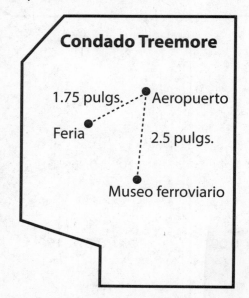

Condado Treemore

1.75 pulgs.   Aeropuerto

Feria

2.5 pulgs.

Museo ferroviario

Parte A

¿Cuál es la distancia real entre el aeropuerto y el museo ferroviario?

Parte B

¿Cuál es la distancia real entre el aeropuerto y la feria?

Nombre _____

¡Revisemos!

Javier tiene dos aves como mascotas. Una pesa 1.25 veces lo que pesa la otra. El ave más pequeña pesa 0.7 libras. ¿Cuánto pesa el ave más grande?

Paso 1

Estima el producto.

1.25×0.7

$1 \times 1 = 1$ libra

También puedes usar el sentido numérico para comprobar que ubicaste el punto decimal en el lugar correcto.

Paso 2

Multiplica como lo harías con números enteros.

$$\begin{array}{r} 125 \\ \times\ 7 \\ \hline 875 \end{array}$$

Paso 3

Suma la cantidad de lugares decimales de los factores para hallar la cantidad de lugares decimales del producto.

$$\begin{array}{rl} 1.25 & \text{2 lugares decimales} \\ \times\ 0.7 & \text{1 lugar decimal} \\ \hline 0.875 & \text{3 lugares decimales} \end{array}$$

El ave más grande pesa 0.875 libras.

0.875 libras está cerca de la estimación de 1 libra; por tanto, la respuesta es razonable.

1. Para hallar 1.56×2.7, multiplica _____ × _____. Luego, ubica el punto decimal en el producto para mostrar _____ lugares decimales.

Halla los productos en los Ejercicios **2** a **13**. Usa el sentido numérico para comprobar tu respuesta

2. 9.7×0.4 3. 2.2×0.73 4. 8.1×8.1 5. 0.5×3.04

6. 0.75×3.2 7. 5.2×88 8. 0.4×0.7 9. $1,000 \times 0.94$

10. 2.5×64 11. 1.17×5.7 12. 0.16×0.3 13. 0.33×9.2

14. **© PM.6 Hacerlo con precisión** Anna y su familia tuvieron una fiesta en un restaurante. La cuenta de la comida fue $214.58. La propina para los empleados se halló multiplicando la cuenta por 0.18. ¿Cuál fue el costo de la comida y la propina sin incluir el impuesto? Redondea al centavo más cercano.

15. **© PM.1 Entender y perseverar** Una porción de huevos revueltos contiene 7.8 gramos de grasa. El Sr. Jensen está tratando de no comer más de 60 gramos de grasa por día. Si come 1.5 porciones de huevos revueltos en el desayuno, ¿cuántos gramos de grasa más puede comer ese día?

16. **© PM.1 Entender y perseverar** La huerta de verduras de Megan se muestra en la ilustración. ¿Cuál es el área?

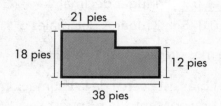

¿Cómo puedes descomponer el área para hallar la respuesta?

17. **© PM.3 Construir argumentos** Sin multiplicar ni hacer una estimación, explica cómo puedes decir qué producto es mayor: 4.5×7.32 o 0.45×732.

18. **Razonamiento de orden superior** Usa la operación $147 \times 16 = 2{,}352$ para escribir dos multiplicaciones diferentes que tengan un producto de 2.352.

© Evaluación de *Common Core*

19. El oro de 14 quilates es una mezcla de oro puro y otros metales. Una onza de oro de 14 quilates contiene 0.58 onzas de oro puro.

Parte A

Si un collar de oro de 14 quilates pesa 1.8 onzas, ¿cuántas onzas de oro puro contiene?

Parte B

Si un anillo de 14 quilates pesa 0.5 onzas, ¿cuántas onzas de oro puro contiene?

Nombre _____

Susana prepara sándwiches para un picnic. Necesita 1.2 libras de jamón, 1.5 libras de salchichón y 2 libras de queso. ¿Cuánto gastará en total? *Resuelve este problema de la manera que prefieras. Usa modelos para ayudarte.*

Resuelve

Puedo...
aplicar lo que sé de matemáticas para resolver problemas.

Ⓒ **Prácticas matemáticas** PM.4. También, PM.1, PM.2, PM.6.
Estándar de contenido 5.NBD.B.7

precio por libra	
Jamón	$3.40
Salchichón	$2.90
Queso	$4.99

Hábitos de razonamiento

¡Razona correctamente! Estas preguntas te pueden ayudar.

- ¿Cómo puedo usar lo que sé de matemáticas para resolver el problema?

- ¿Cómo puedo usar dibujos, objetos y ecuaciones para representar el problema?

- ¿Cómo puedo usar números, palabras y símbolos para resolver este problema?

¡Vuelve atrás! Ⓒ **PM.4 Representar con modelos matemáticos**
¿Qué elementos de matemáticas usaste para resolver el problema?

A

Pregunta esencial

¿Cómo se puede representar un problema con una ecuación?

Alex compra verduras para la cena. Compra 6 mazorcas de maíz, 1.4 libras de habichuelas verdes y 2.5 libras de papas. ¿Cuánto dinero gasta?

Habichuelas verdes	$1.80/lb
Papas	$0.70/lb
Maíz	$0.35/mazorca

¿Qué debo hacer para resolver el problema?

Debo hallar cuánto dinero gasta Alex en verduras.

B **¿Cómo puedo representar con modelos matemáticos?**

Puedo

- usar las destrezas y los conceptos que aprendí antes.

- decidir qué pasos deben completarse para hallar la respuesta final.

- usar una ecuación para representar y resolver el problema.

C

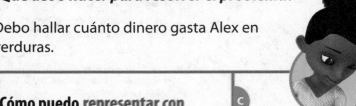
Este es mi razonamiento...

Usaré una ecuación para representar la situación.

Sea *t* el costo total.
$t = (6 \times \$0.35) + (1.4 \times \$1.80) + (2.5 \times \$0.70)$

Multiplica el dinero como multiplicarías números decimales.

Maíz	Habichuelas verdes	Papas
$\overset{2\ 3}{0.35}$	$\overset{\ \ 3}{1.80}$	$\overset{1\ \ \ }{\underset{3}{0.70}}$
$\times\quad 6$	$\times\quad 1.4$	$\times\quad 2.5$
2.10	720	350
	$+ 1800$	$+ 1400$
	2.520	1.750

Ahora, suma los subtotales.

$\$2.10 + \$2.52 + \$1.75 = \$6.37$

Por tanto, Alex gasta $6.37 en verduras.

¡Convénceme! **PM.4 Representar con modelos matemáticos** Beth compra 3.2 libras de papas y paga con un billete de $5. Escribe una ecuación que muestre cuánto cambio recibirá. Explica cómo tu ecuación representa el problema.

Amigo de práctica   Herramientas   Evaluación

☆Práctica guiada*

© PM.4 Representar con modelos matemáticos

Jackie descargó 14 canciones de $0.99 cada una, y una canción de $1.29. Tenía un cupón de $2.50. ¿Cuánto pagó Jackie en total?

> Puedes representar con modelos matemáticos **escribiendo una ecuación para mostrar cómo se relacionan las cantidades en un problema.**

1. ¿Qué necesitas hallar primero?

2. Escribe una ecuación para representar el problema.

3. ¿Cuál es la solución del problema?

☆Práctica independiente

© PM.4 Representar con modelos matemáticos

George compró 2.5 libras de cada tipo de las frutas que se ven en el cartel. ¿Cuál fue el costo total de la fruta que compró George?

4. ¿Qué necesitas hallar?

Manzanas	$1.30/lb
Uvas	$1.65/lb
Plátanos	$0.49/lb

5. Escribe una ecuación para representar el problema.

6. ¿Cuál es la solución del problema?

Prácticas matemáticas y resolución de problemas

© Evaluación de rendimiento de *Common Core*

Colección de monedas

Tina y Shannon contaron las monedas de su colección. Tina descubrió que tenía 538 monedas más que Shannon. ¿Cuál de las dos colecciones vale más? ¿Cuánto más?

	Cantidad de monedas	
Tipo de moneda	**Tina**	**Shannon**
	917	488
	100	23
	45	10
	19	22

7. **PM.1 Entender y perseverar** ¿Necesitas toda la información dada para resolver el problema? Explica tu respuesta.

8. **PM.2 Razonar** ¿En qué se parece hallar el valor de la colección de monedas de Tina a hallar el valor de la colección de monedas de Shannon?

Decidir qué pasos debes seguir para hallar la respuesta final te puede ayudar a representar con modelos matemáticos.

9. **PM.4 Representar con modelos matemáticos** Escribe y resuelve una ecuación para representar el valor total de las monedas de la colección de Tina. Luego, escribe y resuelve una ecuación para representar el valor total de las monedas de la colección de Shannon.

10. **PM.6 Hacerlo con precisión** ¿Cuál de las dos colecciones vale más? ¿Cuánto más? Muestra tu trabajo.

Nombre _____

Ayuda Amigo de Herramientas Juegos
        práctica

**Tarea y práctica
4-10**
**Representar con
modelos matemáticos**

¡Revisemos!

La biblioteca de la escuela Franklin está formada por dos regiones rectangulares, la Sala de lectura y el Laboratorio de computación. ¿Cuál es el área total de la biblioteca?

Escribe una ecuación que represente esta situación. Sea *A* la letra que representa el área total.

$A = (24 \times 19.6) + (9.2 \times 8.5)$

Biblioteca de la escuela Franklin	
Sección	**Dimensiones**
Sala de lectura	24 metros por 19.6 metros
Laboratorio de computación	9.2 metros por 8.5 metros

Multiplica para hallar el área de cada habitación.

```
  1 1
  3 2
  19.6            9.2
×   24          × 8.5
  ────          ────
  784            460
 3920           7360
 ────           ────
 470.4          78.20
```

Suma para hallar el área total.

```
   1
  470.4
+  78.2
 ──────
  548.6
```

El área total es 548.6 metros cuadrados.

> Puedes usar ecuaciones para aplicar lo que sabes y así resolver un problema.

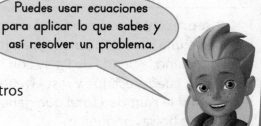

© **PM.4 Representar con modelos matemáticos**

La Sra. Gordon midió tres habitaciones rectangulares en las que quiere poner baldosas. ¿Cuál es el área total de las habitaciones?

Sala	24.5 pies por 16 pies
Cocina	15 pies por 12.75 pies
Lavadero	10.5 pies por 10.5 pies

1. Describe los pasos que usarías para resolver el problema.

2. Escribe una ecuación para representar el problema.

3. ¿Cuál es la solución del problema?

Venta de mezcla de frutos

La tabla muestra la cantidad de bolsas de mezcla de nueces y frutos secos que se vendieron el mes pasado en la tienda de Patsy y en la tienda de Mo. Cada bolsa pequeña de mezcla se vende a $5.87 en la tienda de Patsy y a $4.59 en la tienda de Mo. ¿Qué tienda ganó más dinero con la venta de bolsas pequeñas de mezcla de nueces y frutos secos? ¿Cuánto más?

DATOS		Cantidad de bolsas vendidas	
	Bolsa de mezcla	**Tienda de Patsy**	**Tienda de Mo**
	Pequeña (1.5 lb)	31	40
	Mediana (3 lb)	14	68
	Grande (4.5 lb)	53	35

4. PM.1 Entender y perseverar ¿Qué se te pide que halles?

5. PM.4 Representar con modelos matemáticos Escribe y resuelve una ecuación para representar la cantidad total que ganó la tienda de Patsy con la venta de bolsas pequeñas. Luego, escribe y resuelve una ecuación para representar la cantidad total que ganó la tienda de Mo con la venta de bolsas pequeñas.

> Puedes representar con modelos matemáticos usando lo que sabes acerca de la multiplicación de números enteros para multiplicar números decimales.

6. PM.6 Hacerlo con precisión ¿Qué tienda ganó más dinero con la venta de bolsas pequeñas de mezcla de nueces y frutos secos? ¿Cuánto más? Muestra tu trabajo.

7. PM.2 Razonar En las tiendas de Patsy y Mo, cada bolsa mediana de mezcla de nueces y frutos se vende a $8.49. Explica cómo hallar qué tienda ganó más dinero con la venta de bolsas medianas sin hacer los cálculos.

Emparéjalo

Trabaja con un compañero.

Señala una pista y léela.

Mira la tabla de la parte de abajo de la página y busca la pareja de esa pista. Escribe la letra de la pista en la casilla al lado de su pareja.

Halla una pareja para cada pista.

Puedo...
multiplicar números enteros de varios dígitos.

© **Estándar de contenido**
5.NBD.B.5

Pistas

A El producto es 240.

B El producto es 100.

C El producto es 462.

D El producto es 255.

E El producto es 400.

F El dígito del producto en la posición de las milésimas es 9.

G El dígito del producto en la posición de las milésimas es 3.

H El dígito del producto del lugar de las centésimas es 9.

□ 51 × 63	□ 10 × 10	□ 42 × 11	□ 20 × 12
□ 15 × 17	□ 40 × 23	□ 331 × 29	□ 25 × 16

Repaso del vocabulario

Glosario

Lista de palabras

- números compatibles
- estimación por defecto
- estimación por exceso
- exponente
- hacer una estimación
- potencia de 10
- producto
- productos parciales

Escribe *siempre*, *a veces* o *nunca*.

1. Multiplicar un número decimal por 10^4 corre el punto decimal 4 lugares a la derecha.

2. El producto de un número entero y un número decimal es un número entero.

3. El producto de dos números decimales menores que 1 es mayor que cualquiera de los dos factores.

4. El producto de un número multiplicado por 0.1 es igual a multiplicar 10 veces ese número por 0.01.

Tacha los números que **NO** son potencias de 10.

5. 10^6 40×10^3 $1 \times \frac{1}{1,000}$ 0.55   0.001

Traza una línea de cada número de la columna A al mismo valor en la columna B.

Columna A	Columna B
6. $7.2 \times 1{,}000$	3,800
7. 0.38×10^4	0.38
8. 240×0.03	0.072
9. 3.8×0.1	7.2×10^3
10. 0.08×0.9	7.2

Usar el vocabulario al escribir

11. Los dígitos del producto de 0.48 y un número decimal entre 350 y 400 son 182136. Explica cómo ubicar correctamente el punto decimal sin saber el otro factor. Luego, ubica el punto decimal en el producto.

Grupo A   páginas 165 a 170, 171 a 176 _____

Usa los patrones de la tabla para hallar
8.56×10 y 0.36×100.

Multiplica por	Mueve el punto decimal a la derecha
10	1 lugar
100	2 lugares
1,000	3 lugares

$8.56 \times 10 = 85.6 = 85.6$

$0.36 \times 100 = 36.0 = 36$

Recuerda que puedes redondear
o usar números compatibles
para hacer una estimación.

Halla los productos.

1. 10×4.5 **2.** $10^3 \times 3.67$

3. 100×4.5 **4.** 0.008×10^2

Estima los productos.

5. 0.38×99 **6.** 8×56.7

7. 11×4.89 **8.** 24×3.9

Grupo B   páginas 177 a 182, 183 a 188 _____

Halla 12×0.15.

Paso 1

Multiplica como lo harías con
números enteros.

$$\begin{array}{r} 12 \\ \times\ 0.15 \\ \hline 60 \\ +\ 120 \\ \hline 180 \end{array}$$

Paso 2

Cuenta los lugares decimales de
ambos factores. Luego, ubica el
punto decimal en el producto,
en la misma cantidad de lugares
desde la derecha.

$$\begin{array}{r} 12 \\ \times\ 0.15 \quad \text{2 lugares} \\ \hline 60 \\ +\ 120 \\ \hline 1.80 \end{array}$$

Por tanto, $12 \times 0.15 = 1.8$.

Recuerda que debes contar los lugares
decimales de ambos factores antes de
ubicar el punto decimal en el producto.

Halla los productos. Usa cuadrículas o
matrices si es necesario.

1. 50×3.67 **2.** 5.86×5

3. 14×9.67 **4.** 8×56.7

5. 11×0.06 **6.** 2.03×6

7. 25×1.63 **8.** 5.62×75

Grupo C páginas 189 a 194, 195 a 200

Halla 8.2 × 3.7.

Halla los productos parciales y suma.

$$
\begin{array}{r}
8.2 \\
\times\ 3.7 \\
\hline
0.14 \\
5.6 \\
0.6 \\
+\ 24 \\
\hline
30.34
\end{array}
$$

$= 0.7 \times 0.2$
$= 0.7 \times 8$
$= 3 \times 0.2$
$= 3 \times 8$

Por tanto, 8.2 × 3.7 = 30.34.

Recuerda que los modelos de área y las matrices te pueden ayudar a hallar el producto.

Halla los productos.

1. 1.3 × 0.4   **2.** 5.8 × 5.2

3. 8.3 × 10.7   **4.** 3.4 × 0.7

5. 2.4 × 3.6   **6.** 9.7 × 11.2

7. 1.5 × 0.6   **8.** 67.5 × 9.2

Grupo D páginas 201 a 206

Usa propiedades para hallar 0.8 × 0.4.

Vuelve a escribir cada número decimal como fracción. A continuación, vuelve a escribirlos usando fracciones unitarias. Luego, usa las propiedades asociativa y conmutativa para volver a ordenar las fracciones.

$$0.8 \times 0.4 = \frac{8}{10} \times \frac{4}{10}$$
$$= \left(8 \times \frac{1}{10}\right) \times \left(4 \times \frac{1}{10}\right)$$
$$= (8 \times 4) \times \left(\frac{1}{10} \times \frac{1}{10}\right)$$
$$= 32 \times \frac{1}{100}$$
$$= 32 \times 0.01$$
$$= 0.32$$

Por tanto, 0.8 × 0.4 = 0.32.

Recuerda que si se multiplican dos factores menores que uno, el producto es menor que cualquiera de los dos factores.

Usa propiedades para hallar los productos. Escribe el producto como número decimal.

1. 0.6 × 0.3   **2.** 2.5 × 0.7

3. 0.04 × 1.9   **4.** 0.23 × 0.8

5. 0.1 × 8.2   **6.** 5.7 × 3.6

7. 4.2 × 6.5   **8.** 9.11 × 0.3

Nombre _____

Grupo E páginas 207 a 212 _____

En el siguiente producto, falta el punto decimal. Usa el sentido numérico para ubicar correctamente el punto decimal.

43.5 × 1.7 = 7395

Dado que 1.7 es mayor que 1, el producto será mayor que 43.5. Dado que 1.7 es aproximadamente 2, el punto decimal debe ubicarse entre el 3 y el 9.

```
   43.5
×   1.7
  73.95
    ↑
```

Por tanto, 43.5 × 1.7 = 73.95.

Recuerda que puede ser útil comparar cada factor con 1 para determinar el tamaño relativo del producto.

En los siguientes productos, falta el punto decimal. Usa el sentido numérico para ubicar correctamente el punto decimal.

1. 4 × 0.21 = 84   **2.** 4.5 × 6.2 = 279

3. 7 × 21.6 = 1512   **4.** 6.4 × 3.2 = 2048

5. 31.5 × 0.01 = 315   **6.** 1.4 × 52.3 = 7322

7. 0.12 × 0.9 = 108   **8.** 12.5 × 163.2 = 2040

Grupo F páginas 213 a 218 _____

Halla 52.5 × 1.9.

Estima 50 × 2 = 100.

```
   52.5  ← 1 lugar decimal
×   1.9  ← + 1 lugar decimal
   4725
   5250
  99.75  ← 2 lugares decimales
```

La respuesta es razonable porque 99.75 está cerca de 100.

Recuerda que debes contar la cantidad de lugares decimales de ambos factores para poder ubicar correctamente el punto decimal en el producto.

Halla los productos.

1. 0.9 × 0.11   **2.** 2.4 × 3.67

3. 8.3 × 10.4   **4.** 0.25 × 0.3

5. 23.3 × 6.5   **6.** 0.7 × 31.4

7. 11.2 × 9.7   **8.** 1.4 × 9.67

Piensa en estas preguntas para ayudarte a **representar con modelos matemáticos**.

Recuerda que puedes escribir una ecuación para mostrar cómo se relacionan las cantidades en un problema.

El Sr. Jennings hizo la siguiente ventana de vidrio de colores con las dimensiones que se muestran. ¿Cuál es el área total de la ventana?

1.8 pies por 1.25 pies	1.5 pies por 0.75 pies
	1.5 pies por 0.5 pies

Hábitos de razonamiento

- ¿Cómo puedo usar lo que sé de matemáticas para resolver este problema?

- ¿Cómo puedo usar dibujos, objetos y ecuaciones para representar el problema?

- ¿Cómo puedo usar números, palabras y símbolos para resolver este problema?

1. ¿Qué necesitas hallar primero?

2. Escribe una ecuación para representar el problema. Luego, resuélvelo.

Patti fue a la panadería. Compró un pan por $3.49, 6 pastelitos por $1.25 cada uno y una botella de jugo por $1.79. Pagó con un billete de $20.

3. ¿Qué necesitas hallar primero?

4. ¿Cuánto cambio recibirá Patti? Escribe ecuaciones para mostrar tu trabajo.

1. Las tarjetas de crédito miden 0.76 mm de grosor. ¿Cuál es el grosor de una pila de 10^3 tarjetas de crédito puestas una sobre la otra?

Ⓐ 760 mm

Ⓑ 76 mm

Ⓒ 0.076 mm

Ⓓ 0.00076 mm

2. Leo tiene 59 ladrillos que miden 0.19 m de longitud cada uno y los ordena para formar una hilera.

Parte A

Estima la longitud de la hilera de ladrillos que hizo Leo. Escribe una ecuación para representar tu trabajo.

Parte B

Halla la longitud real de la hilera de ladrillos.

3. Susana pintó recuadros en la siguiente cuadrícula decimal. ¿Qué expresión muestra el área de la cuadrícula que pintó?

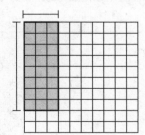

Ⓐ 0.08 × 0.03

Ⓑ 0.8 × 0.3

Ⓒ 0.7 × 0.2

Ⓓ 0.4 × 0.6

4. Traza líneas para unir las expresiones de la izquierda con el producto correcto de la derecha.

5 × 0.08		4
0.5 × 0.08		40
50 × 0.8		0.4
5 × 0.8		0.04

5. Michelle compró 4.6 metros de tela. Cada metro de tela cuesta $3.50.

Parte A

¿Cuáles son los productos parciales de 4.6 × 3.5? Escribe ecuaciones para representar tu trabajo.

Parte B

¿Cuánto gastó Michelle en la tela?

6. Marca todas las expresiones que equivalen a 0.75 × 0.5.

☐ $\frac{5}{10} \times \frac{75}{10}$

☐ $\frac{5}{100} \times \frac{75}{100}$

☐ $\frac{75}{100} \times \frac{5}{10}$

☐ $\frac{5}{10} \times \frac{75}{100}$

☐ $\frac{50}{100} \times \frac{75}{100}$

7. Escoge Sí o No en las preguntas 7a a 7d para indicar si el número 10^2 hará que la ecuación sea verdadera.

7a. $0.031 \times \boxed{} = 31$ ○ Sí   ○ No

7b. $0.501 \times \boxed{} = 501$ ○ Sí   ○ No

7c. $4.08 \times \boxed{} = 408$ ○ Sí   ○ No

7d. $0.97 \times \boxed{} = 97$ ○ Sí   ○ No

---

8. Nadia dibujó un cuadrado en su cuaderno. Cada lado mide 2.5 centímetros.

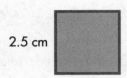

2.5 cm

Parte A

¿Cuál es el perímetro del cuadrado de Nadia? Escribe una ecuación para representar tu trabajo.

Parte B

¿Cuál es el área del cuadrado de Nadia? Escribe una ecuación para representar tu trabajo.

---

9. Traza líneas para unir las expresiones de la izquierda con el producto correcto de la derecha.

3.04×10^2	0.304
0.304×10^4	30.4
$304 \times \frac{1}{10}$	304
$30.4 \times \frac{1}{10^2}$	3,040

10. Marca todas las expresiones que sean igual a 0.09×0.4.

☐ $\frac{9}{100} \times \frac{4}{10}$

☐ $\frac{4}{100} \times \frac{9}{100}$

☐ $\frac{9}{10} \times \frac{4}{10}$

☐ $\frac{4}{10} \times \frac{9}{100}$

☐ $\frac{40}{100} \times \frac{9}{100}$

---

11. A Natalia le gusta enviar postales cuando se va de vacaciones. En 2014, el costo de una estampilla era $0.34.

Parte A

Natalia compra 10 estampillas. ¿Cuál es el costo total?

Parte B

Natalia y sus amigos deciden comprar 100 estampillas. ¿Cuál será el costo total?

Parte C

¿Qué patrón notas en la ubicación del punto decimal cuando multiplicas 0.34 por 10 y por 100?

Nombre _____

12. Escoge Sí o No en las preguntas 12a a 12d para indicar si el número decimal 0.65 hará que la ecuación sea verdadera.

12a. $10^2 \times \square = 65$ ○ Sí ○ No

12b. $10^4 \times \square = 650$ ○ Sí ○ No

12c. $10^1 \times \square = 6.5$ ○ Sí ○ No

12d. $10^3 \times \square = 65$ ○ Sí ○ No

13. Alicia pinta de azul 3 de las paredes de su estudio de arte. Cada pared mide 8.3 pies de altura y 7.5 pies de ancho.

Parte A

Redondea la longitud y el ancho al número entero más cercano. Luego, estima el área que Alicia va a pintar. Escribe ecuaciones para representar tu trabajo.

Parte B

Halla el área exacta. Escribe ecuaciones para representar tu trabajo.

Parte C

Compara tu estimación con la respuesta exacta. ¿Por qué tu respuesta es razonable?

14. Derrick corre 2.25 millas por día. ¿Cuántas millas habrá corrido a los 10 días?

15. Un vaso de limonada tiene 115 calorías. ¿Cuántas calorías hay en 3.5 vasos de limonada? Escribe una ecuación para representar tu trabajo.

16. Un granjero planta trigo en 0.4 de un campo. El campo mide 2.3 acres.

Parte A

Sombrea las cuadrículas para representar la multiplicación.

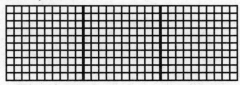

Parte B

¿En cuántos acres se plantó trigo? Escribe una ecuación para representar tu trabajo.

Parte C

¿Cómo te ayuda el modelo a hallar el producto?

17. Bradley camina 0.65 millas todos los viernes para ir a la casa de su amigo. Para volver, toma otro camino que mide 1.2 millas. ¿Cuántas millas caminará Bradley para ir a la casa de su amigo y volver durante un año? Muestra tu trabajo. Recuerda: Hay 52 semanas en 1 año.

18. El área de un cuadrado de tela es 4.85 pulgadas cuadradas. ¿Cuál es el área de una colcha hecha con 10^2 cuadrados de tela?

19. Jen compró 3.72 libras de manzanas en el mercado. Andrea compró 4 veces la cantidad de manzanas que compró Jen. ¿Cuántas libras de manzanas compró Andrea? Usa el diagrama de tiras como ayuda.

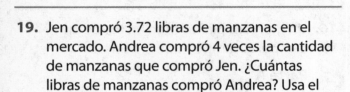

? libras

| Andrea | 3.72 | 3.72 | 3.72 | 3.72 |
| Jen | 3.72 |

20. Sin hacer la multiplicación, traza líneas para unir las expresiones de la izquierda con el producto correcto de la derecha. Usa el sentido numérico para ayudarte.

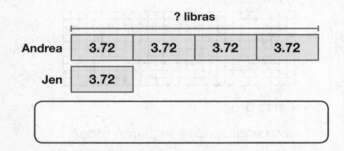

8.32 × 1.15	19.716
5.78 × 0.35	29.682
6.12 × 4.85	2.023
7.95 × 2.48	9.568

21. Leticia y Jamal fueron a la panadería.

Rosca	$0.95
Pastelito	$1.99
Pastel de frutas	$3.29

Parte A

Jamal quiere comprar 6 pastelitos. ¿Cuánto costarán? Escribe una ecuación para representar tu trabajo.

Parte B

Leticia quiere comprar 12 roscas. Para hallar el total, usa productos parciales. Dice: "$16.80 está cerca de mi estimación de $12 \times \$1 = \$12$; por tanto, el total es razonable". ¿Estás de acuerdo con ella? Explica tu razonamiento.

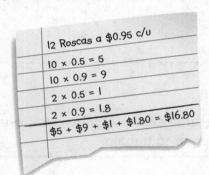

12 Roscas a $0.95 c/u
$10 \times 0.5 = 5$
$10 \times 0.9 = 9$
$2 \times 0.5 = 1$
$2 \times 0.9 = 1.8$
$\$5 + \$9 + \$1 + \$1.80 = \$16.80$

La *tasa de cambio* es la cantidad en moneda (dinero) de un país que recibes a cambio de una cantidad de dinero de otro país. La siguiente tabla muestra la tasa de cambio reciente entre el dólar estadounidense ($) y las monedas de otros países.

Por ejemplo, si tienes 2 dólares, puedes cambiarlos por 26.48 pesos mexicanos:

$2 \times 13.24 = 26.48$.

EE. UU. $1.00 =
6.29 bolívares venezolanos
6.45 coronas suecas
61.92 rupias de la India
101.82 yenes japoneses
86.4 chelines kenianos
13.24 pesos mexicanos

1. James tiene $10, Julio tiene $100 y Ana tiene $1,000. ¿Cuántos yenes japoneses recibirá cada uno a cambio de sus dólares?

2. Ivana tiene $5.50. Luc tiene 1.4 veces esa cantidad de dinero.

   Parte A
   ¿Cuántas rupias de la India recibe Ivana?

   Parte B
   ¿Cuántos dólares tiene Luc? ¿Cuántas rupias puede recibir por ese dinero? Redondea tu respuesta a la centésima más cercana.

3. Usa la estimación para resolver el problema. Marcos tiene $250. Aproximadamente ¿cuántos bolívares venezolanos puede obtener? ¿Tu estimación es una estimación por exceso o por defecto? Explica tu respuesta.

4. Jorge va a viajar a Kenia para fotografiar la fauna local. ¿Cuántos chelines kenianos puede obtener por $500? Sus amigos le dieron un certificado de regalo por $50 para que gaste en su viaje. ¿Cuántos chelines kenianos puede obtener por ese monto?

5. Kofi viajará a México para ver las pirámides aztecas y mayas. Quiere cambiar $300 antes de llegar a su destino. ¿Cuántos pesos mexicanos puede obtener? Escribe y resuelve una ecuación para representar tu trabajo.

6. Mary planea irse de vacaciones a Europa. La tasa de cambio entre el dólar estadounidense y el euro es 0.73.

Parte A

Sombrea la cuadrícula para representar cuántos euros recibirá Mary por 3 dólares estadounidenses.

Parte B

¿Cuántos euros puede obtener Mary por $3? Escribe una ecuación para representar tu trabajo.

Parte C

¿Cómo te ayuda el modelo a hallar el producto?

Usar modelos y estrategias para dividir números enteros

Pregunta esencial: ¿Cuál es el procedimiento estándar para la división y por qué funciona?

Recursos digitales

Resuelve   Aprende   Glosario   Amigo de práctica

Herramientas   Evaluación   Ayuda   Juegos

Uno de los veranos más calurosos de la historia de EE. UU. fue el de 2012.

¿Alguien quiere más té helado? Este es un proyecto sobre cómo hallar el promedio de las temperaturas usando la división.

Proyecto de Matemáticas y Ciencias: Promedio de la temperatura

Investigar Consulta un sitio sobre el clima en la Internet u otro recurso que tenga informes diarios del clima. Usa los informes para hallar el promedio diario de la temperatura de tu ciudad para todos los días durante un mes. El promedio diario de la temperatura es la temperatura promedio durante un período de 24 horas.

Diario: Escribir un informe Incluye lo que averiguaste. En tu informe, también:

- halla el promedio diario de la temperatura máxima durante un mes. ¿Qué día se registró la temperatura más alta?

- halla el promedio diario de la temperatura mínima durante un mes. ¿Qué día se registró la temperatura más baja?

- inventa problemas de división basados en tus datos y resuélvelos.

✫Repasa lo que sabes✫

A-Z Vocabulario

Escoge el mejor término del recuadro.
Escríbelo en el espacio en blanco.

• cociente	• divisor
• dividendo	• residuo

1. En la ecuación $80 \div 10 = 8$, el número 80 es el _____.

2. El número que se usa para dividir otro número es el _____.

3. El resultado de dividir dos números es el _____.

Multiplicación y división

Multiplica o divide.

4. $630 \div 9$

5. $480 \div 6$

6. $755 \div 5$

7. $657 \div 9$

8. 57×13

9. 71×109

10. Se ofrecieron 132 personas como voluntarias para planear las actividades de la feria estatal del mes próximo. Los voluntarios formaron 12 grupos iguales. ¿Cuántos voluntarios había en cada grupo?

11. Un pueblo organizó una competencia de varios juegos deportivos. Cada comunidad tiene 14 participantes. En los juegos compiten 112 comunidades. ¿Cuántos participantes compiten?

Ⓐ 1,676   Ⓑ 1,568   Ⓒ 126   Ⓓ 98

Estimación

12. Un condado tiene el objetivo de construir 12,000 refugios para paradas de autobús en 48 meses. Si el condado construye 215 refugios por mes, ¿cumplirá el objetivo? Explica una manera de estimar la respuesta.

Nombre _____

Una panadería vende pastelitos en cajas de 20 a las tiendas locales. ¿Cuántas cajas se usaron si se vendieron 60 pastelitos? ¿Y si se vendieron 600? ¿Y 6,000? *Resuelve este problema de la manera que prefieras.*

Halla la respuesta para 60 pastelitos. Luego, puedes buscar relaciones para ayudarte a hallar la respuesta para 600 y 6,000 pastelitos. *¡Muestra tu trabajo!*

Pastelitos vendidos	Pastelitos por caja	Cantidad de cajas
60	20	
600	20	
6,000	20	

Lección 5-1
Usar patrones y el cálculo mental para dividir

Puedo...
usar patrones para hallar cocientes.

Ⓒ **Estándar de contenido** 5.NBD.B.6
Prácticas matemáticas PM.2, PM.3, PM.6, PM.7, PM.8

¡Vuelve atrás! Ⓒ **PM.8 Generalizar** ¿Cómo puedes usar la multiplicación para ayudarte a dividir 6,000 por 20?

Pregunta esencial

¿Cómo se pueden usar patrones para dividir múltiplos de 10?

A

Un avión lleva 18,000 pasajeros en 90 viajes. El avión está lleno en cada viaje. ¿Cuántos pasajeros caben en el avión?

Halla 18,000 ÷ 90, la cantidad de pasajeros en cada viaje.

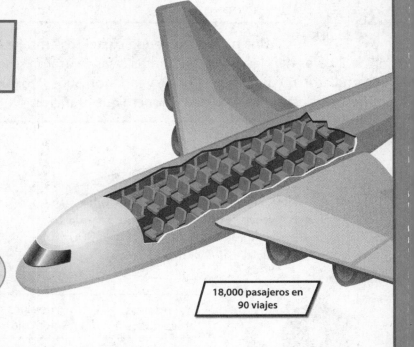

18,000 pasajeros en 90 viajes

B Piensa en una operación básica para ayudarte.

$18 \div 9 = 2$

Piensa en múltiplos de 10:

$180 \div 90 = 18$ decenas $\div\ 9$ decenas $= 2$

$1,800 \div 90 = 180$ decenas $\div\ 9$ decenas $= 20$

$18,000 \div 90 = 1,800$ decenas $\div\ 9$ decenas $= 200$

C El patrón muestra que $18,000 \div 90 = 200$.

Por tanto, en el avión caben 200 pasajeros en cada viaje.

$200 \times 90 = 18,000$

Multiplica para comprobar tu respuesta.

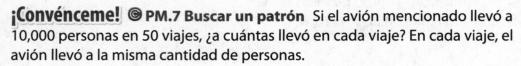

¡Convénceme! © **PM.7 Buscar un patrón** Si el avión mencionado llevó a 10,000 personas en 50 viajes, ¿a cuántas llevó en cada viaje? En cada viaje, el avión llevó a la misma cantidad de personas.

¿Qué operación básica te ayudó a hallar la respuesta?

☆Práctica guiada*

¿Lo entiendes?

1. © **PM.8 Generalizar** ¿Por qué 210 ÷ 30 es lo mismo que 21 decenas ÷ 3 decenas?

2. Un avión llevó a 12,000 personas en 40 viajes. Si en cada viaje el avión estaba lleno, ¿cuántas personas llevó en cada viaje?

> Usa una operación básica como ayuda.

¿Cómo hacerlo?

> Halla los cocientes en los Ejercicios **3** a **9**. Usa el cálculo mental.

3. 210 ÷ 30 = 21 decenas ÷ 3 decenas = _____

4. 480 ÷ 60 = 48 decenas ÷ 6 decenas = _____

5. 15,000 ÷ 30 = 1,500 decenas ÷ 3 decenas = _____

6. 8,100 ÷ 90 = _____   **7.** 2,800 ÷ 70 = _____

8. 30,000 ÷ 50 = _____   **9.** 1,800 ÷ 60 = _____

☆Práctica independiente

Práctica al nivel Calcula mentalmente para hallar los números que faltan en los Ejercicios **10** a **25**.

10. 560 ÷ 70 = 56 decenas ÷ 7 decenas = _____

11. 360 ÷ 60 = 36 decenas ÷ 6 decenas = _____

12. 6,000 ÷ 50 = 600 decenas ÷ 5 decenas = _____

13. 24,000 ÷ 60 = 2,400 decenas ÷ 6 decenas = _____

14. 2,000 ÷ 20 = _____   **15.** 6,300 ÷ 90 = _____   **16.** _____ ÷ 10 = 24

17. 21,000 ÷ _____ = 700   **18.** 2,500 ÷ 50 = _____   **19.** 72,000 ÷ _____ = 800

20. 56,000 ÷ _____ = 800   **21.** _____ ÷ 10 = 100   **22.** 45,000 ÷ 90 = _____

23. 42,000 ÷ 70 = _____   **24.** 64,000 ÷ _____ = 800   **25.** 32,000 ÷ _____ = 400

Prácticas matemáticas y resolución de problemas

26. La tabla muestra la cantidad de pasajeros que entraron y salieron de un aeropuerto. Cada vuelo llevaba la misma cantidad de pasajeros. ¿Cuántos pasajeros había en cada vuelo?

DATOS	
Total de pasajeros	27,000
Cantidad de vuelos	90
Tripulación	900

27. **Álgebra** Un camión entrega 478 docenas de huevos por día a varias tiendas. Escribe y resuelve una ecuación para hallar *n*, la cantidad de huevos que entrega el camión por día.

28. Paula quiere distribuir en partes iguales 480 tomates en 80 canastas. ¿Cuántos tomates pondrá Paula en cada canasta?

29. © **PM.6 Hacerlo con precisión** Ernesto midió el ancho de las siguientes monedas.

0.7 pulgadas   **0.84 pulgadas**   **0.74 pulgadas**

¿Cuál es la diferencia entre el ancho de la moneda más ancha y el de la menos ancha?

30. **Razonamiento de orden superior** Un panadero usa 30 gramos de sal marina en cada tanda de pan. La sal marina viene en un paquete de 18 kilogramos o en uno de 800 gramos. ¿Qué tamaño de paquete debería comprar el panadero para que no sobre sal marina después de hacer todo el pan? Explícalo.

> 1 kilogramo es igual a 1,000 gramos.

© **Evaluación de *Common Core***

31. ¿Cuánto es 2,400 dividido por 80?

Ⓐ 3

Ⓑ 4

Ⓒ 30

Ⓓ 40

32. ¿Qué expresión tiene un cociente de 70?

Ⓐ 420 ÷ 60

Ⓑ 4,200 ÷ 6

Ⓒ 4,200 ÷ 60

Ⓓ 4,200 ÷ 600

Nombre _____

¡Revisemos!

Una escuela compra 20 computadoras nuevas por $12,000. Cada computadora cuesta lo mismo. ¿Cuánto cuesta cada computadora?

Halla una operación básica y, luego, usa patrones.

Una operación básica que se puede usar para $12,000 \div 20$ es $12 \div 2 = 6$.

$120 \div 20 = 6$
$1,200 \div 20 = 60$
$12,000 \div 20 = 600$

Multiplica para comprobar: $600 \times 20 = 12,000$.

Cada computadora cuesta $600.

Usa patrones de valor de posición como ayuda para hallar el cociente.

Práctica al nivel Usa una operación básica y un patrón para resolver los Ejercicios **1** a **16**.

1. $720 \div 90 = 72$ decenas $\div$ 9 decenas = _____

2. $4,800 \div 60 = 480$ decenas $\div$ 6 decenas = _____

3. $1,200 \div 30 =$ _____ decenas $\div$ _____ decenas = _____

4. $25,000 \div 50 =$ _____ decenas $\div$ _____ decenas = _____

5. $320 \div 40$

6. $9,000 \div 30$

7. $1,800 \div 90$

8. $2,000 \div 40$

9. $24,000 \div 80$

10. $32,000 \div 40$

11. $3,600 \div 90$

12. $40,000 \div 50$

13. $42,000 \div 60$

14. $5,400 \div 60$

15. $49,000 \div 70$

16. $56,000 \div 80$

17. ⓒ **PM.7 Usar la estructura** Una caja de grapas tiene 50 paquetes. En la caja hay 25,000 grapas en total. ¿Cuántas grapas hay en cada paquete? Explica cómo usar una operación básica para hallar la respuesta.

18. ⓒ **PM.2 Razonamiento** Un club recolectó $3,472 para comprar computadoras. Estima la cantidad de computadoras que puede comprar el club si cada una cuesta $680. Explícalo.

19. Razonamiento de orden superior Un contenedor de ferrocarril puede cargar 42,000 libras. El Sr. Evans quiere enviar 90 hornos y algunos congeladores en el mismo contenedor. Si cada congelador pesa 600 libras, ¿cuántos congeladores se pueden enviar en el contenedor? Explícalo.

Cada horno pesa 200 libras.

20. ⓒ **PM.3 Evaluar el razonamiento** En el condado Kalb hay 50 comunidades. Cada comunidad tiene aproximadamente la misma cantidad de personas. Marty estima que en cada comunidad viven aproximadamente 300 personas. ¿Es razonable la estimación? Justifica tu respuesta.

Población de condados

Cantidad de personas vs **Nombre del condado**

ⓒ **Evaluación de *Common Core*** _____

21. ¿Cuánto es 2,000 dividido por 50?

- Ⓐ 4
- Ⓑ 40
- Ⓒ 400
- Ⓓ 4,000

22. ¿Qué expresión tiene un cociente de 400?

- Ⓐ 800 ÷ 20
- Ⓑ 8,000 ÷ 2
- Ⓒ 8,000 ÷ 20
- Ⓓ 80,000 ÷ 20

Nombre _____

Resuélvelo
y coméntalo

La escuela de Kyle necesita comprar carteles para una función para recaudar fondos. Tiene un presupuesto de $147 y cada cartel cuesta $13. Aproximadamente, ¿cuántos carteles puede comprar la escuela de Kyle? *Resuelve este problema de la manera que prefieras.*

Lección 5-2
Estimar cocientes con divisores de 2 dígitos

Puedo...
estimar cocientes.

© **Estándar de contenido** 5.NBD.B.6
Prácticas matemáticas PM.1, PM.2, PM.3, PM.4

Puedes usar el razonamiento para hallar números compatibles para estimar cocientes. ¡Muestra tu trabajo!

¡Vuelve atrás! © **PM.1 Entender y perseverar** ¿Qué números que están cerca de 147 y 13 se podrían dividir con facilidad calculando mentalmente?

Pregunta esencial ¿Cómo se pueden usar números compatibles para estimar cocientes?

A

Betty ganó $159 con la venta de 75 pulseras. Todas las pulseras tenían el mismo precio. Aproximadamente, ¿cuánto costaba cada pulsera?

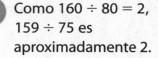
$159 por 75 pulseras

Puedes usar la división para hallar el precio.

Conoces la cantidad de dinero que se ganó y la cantidad de pulseras.

B La pregunta dice: "Aproximadamente, ¿cuánto?". Por tanto, con hacer una estimación alcanza.

Usa números compatibles para estimar $159 \div 75$.

160 y 80 están cerca de 159 y 75, y 160 se divide por 80 en cantidades iguales.

Por tanto, 160 y 80 son números compatibles.

16 se puede dividir por 8 en cantidades iguales.

C Como $160 \div 80 = 2$, $159 \div 75$ es aproximadamente 2.

Betty cobró *aproximadamente* $2 por cada pulsera.

Usa la multiplicación para comprobar si es razonable:

$2 \times 80 = 160$.

¡Convénceme! ☺ **PM.1 Entender y perseverar** Supón que Betty gana $230 con la venta de las 75 pulseras. Estima el costo de cada pulsera. ¿Qué números compatibles usaste?

☆ Práctica guiada ☆

¿Lo entiendes?

1. ⊛ **PM.3 Evaluar el razonamiento** Betty tiene 425 pulseras más para vender. Quiere guardarlas en bolsas donde caben 20 pulseras. Betty estima que necesitará aproximadamente 25 bolsas. ¿Estás de acuerdo? ¿Por qué?

¿Cómo hacerlo?

Haz estimaciones usando números compatibles en los Ejercicios **2** a **7**.

2. $287 \div 42$ **3.** $320 \div 11$

4. $208 \div 72$ **5.** $554 \div 62$

6. $815 \div 23$ **7.** $2,491 \div 48$

☆ Práctica independiente ☆

Práctica al nivel Completa los espacios en blanco para hallar las estimaciones en los Ejercicios **8** a **10**.

8. $412 \div 84$
$400 \div \boxed{} = \boxed{}$

9. $288 \div 37$
$280 \div \boxed{} = \boxed{}$

10. $2,964 \div 73$
$2,800 \div \boxed{} = \boxed{}$

Haz estimaciones usando números compatibles en los Ejercicios **11** a **22**.

11. $228 \div 19$ **12.** $1,784 \div 64$ **13.** $7,260 \div 83$

14. $2,280 \div 12$ **15.** $485 \div 92$ **16.** $540 \div 61$

17. $1,710 \div 32$ **18.** $2,740 \div 67$ **19.** $4,322 \div 81$

20. $5,700 \div 58$ **21.** $7,810 \div 44$ **22.** $6,395 \div 84$

23. © **PM.4 Representar con modelos matemáticos**
El cartel muestra el precio de paquetes de gorras de beisbol de diferentes tamaños. El entrenador Lewis comprará el paquete de gorras medianas. Aproximadamente, ¿cuánto costará cada gorra? Escribe una ecuación para mostrar tu trabajo.

Paquetes de gorras de beisbol

| 20 gorras pequeñas $180.00 | 32 gorras medianas $270.00 | 50 gorras grandes $360.00 |

24. © **PM.1 Entender y perseverar** Faltan 91 días para la venta de manualidades. Andrea debe hacer 817 anillos para ese día. Quiere hacer aproximadamente la misma cantidad de anillos por día. Aproximadamente, ¿cuántos anillos debería hacer Andrea por día? Explica cómo puede usar números compatibles para hacer estimaciones.

25. **Razonamiento de orden superior** Una empresa compró 3,128 botellas de agua. Cada departamento necesita 55 botellas. ¿Qué números compatibles dan una mejor estimación de la cantidad de departamentos que recibirían las botellas necesarias: 3,000 ÷ 60 o 3,000 ÷ 50? Explícalo. Luego, haz la estimación.

26. © **PM.4 Representar con modelos matemáticos** Rita tenía $20. Luego, ahorró $5.85 por semana durante 8 semanas. ¿Cuánto dinero tiene ahora? Usa el diagrama de barras para resolver el problema. Muestra tu trabajo.

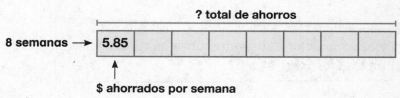

? total de ahorros

8 semanas →

5.85

$ ahorrados por semana

© **Evaluación de Common Core**

27. Lía compró 225 flores y 12 floreros. Colocó aproximadamente la misma cantidad de flores en cada florero. ¿Cuál es la mejor estimación de la cantidad de flores que puso en cada florero?

Ⓐ 40 flores

Ⓑ 30 flores

Ⓒ 20 flores

Ⓓ 10 flores

28. Una escuela tiene 617 estudiantes. Cada clase tiene entre 28 y 32 estudiantes. ¿Cuál es la mejor estimación de la cantidad de clases en la escuela?

Ⓐ 14 clases

Ⓑ 20 clases

Ⓒ 30 clases

Ⓓ 60 clases

Ayuda Amigo de práctica Herramientas Juegos

¡Revisemos!

El Camino de las Ranas mide 1,976 metros. Shondra camina 43 metros por minuto. Aproximadamente, ¿cuántos minutos tardará Shondra en recorrer todo el camino?

Halla números compatibles. Piensa en una operación básica. Luego, usa patrones de valor de posición.

$1{,}976 \div 43$

$2{,}000 \div 40 = 50$

$2{,}000 \div 40 = 50$; por tanto, $1{,}976 \div 43$ es aproximadamente 50.

Shondra tardará aproximadamente 50 minutos.

Puedes usar una operación básica y patrones de valor de posición.

Práctica al nivel Completa los espacios en blanco para hallar las estimaciones en los Ejercicios **1** a **3**.

1. $1{,}769 \div 23$

$1{,}800 \div \boxed{} = \boxed{}$

2. $516 \div 48$

$500 \div \boxed{} = \boxed{}$

3. $891 \div 32$

$\boxed{} \div \boxed{} = \boxed{}$

Haz estimaciones usando números compatibles en los Ejercicios **4** a **15**.

4. $231 \div 34$

5. $705 \div 11$

6. $8{,}968 \div 22$

7. $5{,}624 \div 72$

8. $1{,}043 \div 23$

9. $986 \div 12$

10. $642 \div 94$

11. $4{,}870 \div 58$

12. $5{,}721 \div 79$

13. $148 \div 51$

14. $9{,}073 \div 11$

15. $3{,}514 \div 58$

16. © **PM.3 Evaluar el razonamiento** Meredith dice "Como 1 por 1 es igual a 1, entonces 0.1 por 0.1 es igual a 0.1". ¿Estás de acuerdo? Explica tu razonamiento.

17. **Matemáticas y Ciencias** Una ballena gris se desplazó 152 kilómetros en un día. La ballena nadó entre 7 y 8 kilómetros por hora. Aproximadamente, ¿cuántas horas tardó la ballena en nadar esa distancia? Muestra dos maneras diferentes de usar números compatibles para hallar una respuesta. Luego, resuelve el problema.

18. © **PM.3 Construir argumentos** Meg quiere hallar aproximadamente cuántos teléfonos activó la empresa en un minuto. Explica por qué Meg puede usar 15,000 ÷ 50 para hallar la respuesta.

DATOS

Empresa Conexiones Claras

Teléfonos activados: 14,270 en 50 minutos

Llamadas realizadas: 59,835

Mensajes de texto enviados: 2,063

19. **Razonamiento de orden superior** El coro de Ester quiere aprender una canción nueva para el concierto escolar dentro de 7 semanas. La canción tiene 3,016 versos. El coro aprende la misma cantidad de versos por día. Aproximadamente, ¿cuántos versos deben aprender por día para aprender la canción a tiempo para el concierto? Explícalo.

Canción nueva ⟶ 3,016 versos

50 días

?

? versos por día

7 semanas tienen aproximadamente 50 días.

© **Evaluación de** *Common Core*

20. La granja del Sr. Crane tiene 593 acres. El Sr. Crane divide la granja en 32 partes iguales. ¿Cuál es la mejor estimación de la cantidad de acres de cada parte?

   Ⓐ   10 acres

   Ⓑ   20 acres

   Ⓒ   100 acres

   Ⓓ   200 acres

21. Una científica contó 3,921 huevos en 49 nidos de tortugas marinas. Cada nido tenía aproximadamente la misma cantidad de huevos. ¿Cuál es la mejor estimación de la cantidad de huevos que contó la científica en cada nido?

   Ⓐ   800 huevos

   Ⓑ   100 huevos

   Ⓒ   80 huevos

   Ⓓ   10 huevos

Nombre _____

Resuelve

Lección 5-3
Usar modelos para
dividir con divisores
de 2 dígitos

Resuélvelo y coméntalo

Un estacionamiento tiene 270 lugares para estacionar. En cada fila hay 18 espacios. ¿Cuántas filas tiene el estacionamiento? *Resuelve este problema de la manera que prefieras.*

Puedes usar herramientas apropiadas, como papel cuadriculado, para resolver el problema. ¡Muestra tu trabajo!

Puedo...
usar modelos como ayuda para hallar cocientes.

 Estándar de contenido 5.NBD.B.6
Prácticas matemáticas PM.1, PM.2, PM.4, PM.5, PM.6

¡Vuelve atrás! PM.1 Entender y perseverar ¿Cómo puedes usar la estimación para comprobar que la respuesta del problema de arriba es razonable?

Pregunta esencial

¿Cómo se pueden usar modelos de área para hallar cocientes?

A

Emily tiene un jardín rectangular con un área de 360 pies cuadrados. La longitud del jardín es 20 pies. ¿Cuántos pies de ancho mide el jardín?

Piensa: $20 \times a = 360$, o $360 \div 20 = a$.

Puedes usar *a* para representar el lado desconocido.

a

20 pies   360 pies²

B **Halla la longitud del lado desconocido.**

? decenas ? unidades

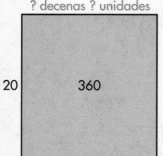

20   360

C **Halla la cantidad de decenas.**

10   ?

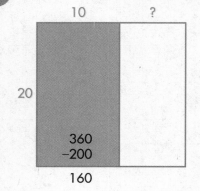

20

360
−200

160

D **Halla la cantidad de unidades.**

1 decena + 8 unidades = 18

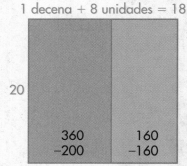

20

360   160
−200   −160

160   0

1 decena + 8 unidades = 18

Por tanto, el jardín mide 18 pies de ancho.

¡Convénceme! © **PM.1 Entender y perseverar** Usa el modelo para hallar el cociente de $408 \div 12$. Pista: Halla el valor de *x* y resuelve el problema.

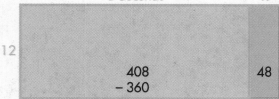

3 decenas   *x*

12

408   48
− 360

48

☆ Práctica guiada *

¿Lo entiendes?

1. Escribe los números que faltan para hallar 154 ÷ 11.

____ decena   +   ____   =   ____

```
       | 154   |  44
  11   | −110  | −44
       |  __   |  __
```

Por tanto, 154 ÷ 11 = ____

2. © **PM.1 Entender y perseverar** Escribe una ecuación de multiplicación y una ecuación de división que representen el siguiente modelo. Luego, resuélvelas.

? decenas ? unidades

```
32
      672
```

¿Cómo hacerlo?

3. Usa el modelo para hallar 156 ÷ 12.

____ decena   +____   = ____

```
       | 156   |  36
  12   | −120  | −36
```

____   ____

Por tanto, 156 ÷ 12 = ____

Usa papel cuadriculado o haz un dibujo para hallar los cocientes en los Ejercicios **4** y **5**.

4. 682 ÷ 22   **5.** 143 ÷ 11

Comienza estimando cuántas decenas habrá en el cociente.

☆ Práctica independiente

Práctica al nivel Usa papel cuadriculado o haz un dibujo para hallar los cocientes en los Ejercicios **6** a **12**.

6. Usa el modelo para hallar 182 ÷ 13.

Por tanto, 182 ÷ 13 = ____.

____ decena(s)   ____   = ____

```
       |  182  |  __
  13   | − ___ | − __
       |   52  |   0
```

7. 342 ÷ 38   **8.** 720 ÷ 16   **9.** 608 ÷ 19

10. 752 ÷ 47   **11.** 375 ÷ 25   **12.** 576 ÷ 24

Prácticas matemáticas y resolución de problemas

13. © **PM.4 Representar con modelos matemáticos** Ángelo entrena para una carrera de bicicletas de larga distancia. Ángelo recorre 15 millas por hora. ¿Cuántas horas tardará en recorrer 210 millas?

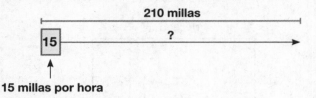

210 millas

15

?

15 millas por hora

14. Pensamiento de orden superior Un felpudo rectangular mide 21 pulgadas de longitud y tiene un área de 714 pulgadas cuadradas. Halla el ancho. ¿Cabrá el felpudo en una entrada que mide 36 pulgadas de ancho? Muestra tu trabajo.

---

15. © **PM.6 Hacerlo con precisión** Usa el mapa. ¿Cuantas millas de más recorrerías yendo desde la biblioteca hasta la estación de tren por el parque en lugar de ir directamente desde la biblioteca hasta la estación de tren?

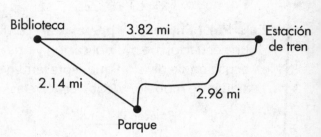

Biblioteca — 3.82 mi — Estación de tren

2.14 mi

2.96 mi

Parque

16. Álgebra Si caminas de la estación de tren a la biblioteca, luego, al parque y, por último, de vuelta a la estación, ¿cuántas millas habrás caminado en total? Escribe una ecuación para representar tu trabajo.

---

17. © **PM.1 Entender y perseverar** Explica cómo puedes usar la ilustración para mostrar que 391 ÷ 23 = 17.

	1 decena	7 unidades
23	391 −230	161 −161

© Evaluación de *Common Core*

18. Hay 16 filas de sillas en el auditorio. Cada fila tiene la misma cantidad de sillas. Hay 512 sillas en total. ¿Cuántas sillas hay en cada fila?

Ⓐ 22 sillas

Ⓑ 30 sillas

Ⓒ 32 sillas

Ⓓ 33 sillas

19. Un patio tiene un área de 286 pies cuadrados. Si la longitud del patio es 22 pies, ¿cuál es el ancho?

Ⓐ 10 pies

Ⓑ 13 pies

Ⓒ 14 pies

Ⓓ 144 pies

Nombre _____

¡Revisemos!

La tienda de Hal acaba de recibir un envío de 195 latas de sopa. Hal quiere acomodar las latas en cantidades iguales en 13 estantes. ¿Cuántas latas debe poner en cada estante?

¿Hay suficientes latas para 1 decena en cada grupo? ¿Y para 2 decenas en cada grupo?

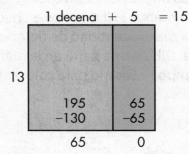

Paso 1

Divide las decenas. Anota.

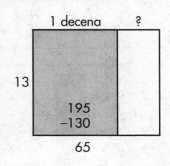

Paso 2

Divide las unidades. Anota.

| 1 decena | + | 5 | = 15 |

13

195	65
−130	−65
65	0

Hal debe poner 15 latas en cada estante.

Usa el modelo para hallar los cocientes en los Ejercicios **1** y **2**.

1. 12)‾168‾

_____ + _____ = _____

| | 168 | 48 |
| 12 | −120 | −48 |

_____   _____

2. 16)‾208‾

_____ + _____ = _____

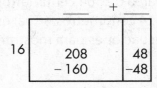

| | 208 | 48 |
| 16 | −160 | −48 |

_____   _____

Usa papel cuadriculado o haz un dibujo para hallar los cocientes en los Ejercicios **3** a **8**.

3. 420 ÷ 14

4. 385 ÷ 11

5. 744 ÷ 24

6. 675 ÷ 27

7. 558 ÷ 18

8. 228 ÷ 19

9. © **PM.2 Razonamiento** Anna tiene 10^2 monedas de 25¢. Jazmín tiene 10^2 monedas de 10¢. ¿Quién tiene más dinero, Anna o Jazmín? ¿Cuánto más? Explica tu razonamiento.

10. © **PM.1 Entender y perseverar** Una carretera de 208 yardas se divide en 16 partes de igual longitud. El Sr. Ward pinta una franja de 4 yardas de longitud en cada parte. ¿Cuánto mide la franja sin pintar de cada parte de la carretera?

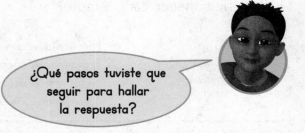

¿Qué pasos tuviste que seguir para hallar la respuesta?

11. Usa la gráfica de barras. Un grupo de astronautas colocaron 15 losetas nuevas en el exterior de la estación espacial. Tardaron 390 minutos en hacer la tarea. Tardaron la misma cantidad de tiempo en colocar cada loseta. Dibuja una barra en la gráfica para mostrar el tiempo necesario para colocar una loseta. Explícalo.

12. ¿Cuánto tiempo más tarda un astronauta en instalar una luz que en colocar un cable?

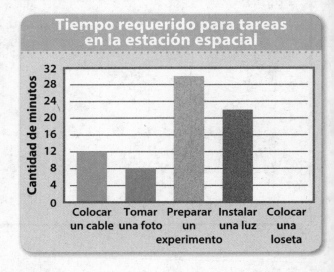

13. Razonamiento de orden superior Un cartel rectangular tiene un área de 504 centímetros cuadrados. El ancho del cartel es 14 centímetros. ¿Cuál es la longitud del cartel? Escribe ecuaciones para mostrar tu trabajo.

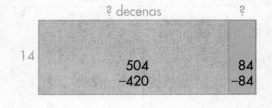

© **Evaluación de** *Common Core*

14. ¿Cuánto es 540 dividido por 30?

- Ⓐ 17
- Ⓑ 18
- Ⓒ 170
- Ⓓ 180

15. ¿Cuánto es 391 dividido por 17?

- Ⓐ 23
- Ⓑ 24
- Ⓒ 230
- Ⓓ 240

Nombre _____

Resuélvelo y coméntalo   Un hotel prepara mesas para una conferencia para 156 personas. Si en cada mesa caben 12 personas, ¿cuántas mesas se necesitarán? *Resuelve este problema de la manera que prefieras.*

Puedes usar la estimación y el razonamiento para resolver este problema. Piensa en cuántos grupos de 12 puedes quitar de 156. *¡Muestra tu trabajo!*

Lección 5-4
Usar cocientes parciales para dividir

Puedo...
hallar cocientes de números enteros.

© **Estándar de contenido** 5.NBD.B.6
Prácticas matemáticas PM.1, PM.2, PM.3, PM.4, PM.6, PM.8

¡Vuelve atrás! © **PM.8 Generalizar** ¿Cómo puedes comprobar que la respuesta a un problema de división es correcta?

¿Cómo se pueden usar cocientes parciales para resolver problemas de división?

A

Un teatro tiene 357 asientos dispuestos en filas de 15 asientos cada una. ¿Cuántas filas tiene el teatro? Sea f *igual a la cantidad de filas.*
Piensa: $15 \times f = 375$, o $375 \div 15 = f$.

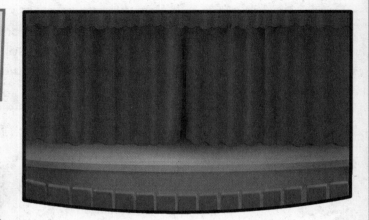

El modelo de área te puede ayudar a ver los pasos de la división.

B

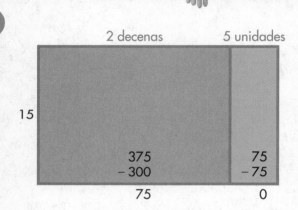

2 decenas   5 unidades

15

375   75
− 300   − 75
75   0

$$5$$
$$20$$
$$15)\overline{375}$$
$$-\ 300$$
$$75$$
$$-\ 75$$
$$0$$

Haz una estimación: ¿Cuántos grupos de 15 hay en 375? Intenta con 20.

Multiplica 20 por 15 y resta.

Haz una estimación: ¿Cuántos grupos de 15 hay en 75? Intenta con 5.

Multiplica 5 por 15 y resta.

Detente cuando la diferencia sea 0.

Suma los cocientes parciales: $20 + 5 = 25$.

$375 \div 15 = 25$

Por tanto, el teatro tiene 25 filas.

¡Convénceme! © **PM.3 Evaluar el razonamiento** A la derecha se muestra la solución de Dinah al problema de arriba. ¿Es correcta su solución? Explícalo.

$$5$$
$$10$$
$$10$$
$$15)\overline{375}$$
$$-150$$
$$225$$
$$-150$$
$$75$$
$$-75$$
$$0$$

Nombre _____

☆Práctica guiada *

¿Lo entiendes?

1. Muestra una manera de usar cocientes parciales para hallar 231 ÷ 11.

2. ¿Cómo puedes hacer una estimación para comprobar que la respuesta al Ejercicio 1 es razonable?

¿Cómo hacerlo?

Usa cocientes parciales para dividir en los Ejercicios **3** a **6**. Muestra tu trabajo.

3. $15\overline{)210}$ **4.** $13\overline{)286}$

5. $25\overline{)575}$ **6.** $32\overline{)960}$

☆Práctica independiente

Práctica al nivel Usa cocientes parciales para dividir en los Ejercicios **7** a **16**. Muestra tu trabajo.

7. $19\overline{)247}$
-190 Multiplica ___ por 19.
$\ \ \ 57$
-57 Multiplica ___ por 19.
$\ \ \ \ 0$

Suma los productos parciales:
___ + ___ = ___

8. $14\overline{)630}$
-560 Multiplica ___ por 14.
$\ \ \ 70$
-70 Multiplica ___ por 14.
$\ \ \ \ 0$

Suma los productos parciales:
___ + ___ = ___

9. $11\overline{)132}$ **10.** $21\overline{)840}$

11. $16\overline{)304}$ **12.** $32\overline{)480}$

13. $23\overline{)713}$ **14.** $30\overline{)660}$ **15.** $43\overline{)731}$ **16.** $16\overline{)608}$

17. En una reserva natural de 969 acres hay 19 guepardos. Aproximadamente, ¿cuántos acres hay para cada guepardo si cada uno recorre la misma cantidad de acres?

18. © **PM.6 Hacerlo con precisión** Una fábrica produce 272 sillas en una jornada de 8 horas. Si la fábrica produce la misma cantidad de sillas por hora, ¿cuántas sillas produce en 30 minutos?

19. En una cafetería hay asientos para 5×10^2 estudiantes. Cada mesa tiene 2×10^1 asientos. ¿Cuántas mesas hay en la cafetería?

20. © **PM.4 Representar con modelos matemáticos** Peter maneja 992 millas de Chicago a Dallas. Su hermana, Anna, maneja 1,068 millas de Phoenix a Dallas. Escribe y resuelve una ecuación para hallar cuántas millas más que Peter conduce Anna.

21. © **PM.1 Entender y perseverar** Escribe una ecuación de multiplicación y una ecuación de división para representar el siguiente modelo.

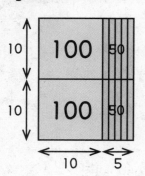

22. **Razonamiento de orden superior** ¿Cómo puedes usar cocientes parciales para hallar $325 \div 13$? Explícalo.

© Evaluación de *Common Core*

23. ¿Qué expresiones son equivalentes a 35?

- ☐ $1,400 \div 4$
- ☐ $420 \div 12$
- ☐ $875 \div 25$
- ☐ $7,700 \div 22$
- ☐ $14,000 \div 40$

24. ¿Qué expresiones son equivalentes a 22?

- ☐ $704 \div 32$
- ☐ $1,078 \div 49$
- ☐ $1,890 \div 30$
- ☐ $1,430 \div 65$
- ☐ $4,500 \div 50$

Ayuda   Amigo de   Herramientas   Juegos
práctica

¡Revisemos!

Un panadero hizo 312 roscas en un día. Si el panadero llenó cada paquete con 12 roscas, ¿cuántos paquetes hizo ese día?

$$
\begin{array}{r}
6 \\
20 \\
12\overline{)312} \\
-240 \\
72 \\
-72 \\
0
\end{array}
$$

Intenta con 20.
Multiplica 20 por 12 y resta.
Prueba con 6.
Intenta con 6 por 12 y resta.
Detente cuando la diferencia sea 0.

Suma los cocientes parciales: $20 + 6 = 26$.

Por tanto, el panadero hizo 26 paquetes de roscas.

Puedes usar la multiplicación para comprobar tu respuesta.

Práctica al nivel Usa cocientes parciales para dividir en los Ejercicios **1** a **13**. Muestra tu trabajo.

1. $21\overline{)714}$ Prueba con ___.
Multiplica ___ por 21 y resta.
Prueba con ___.
Multiplica ___ por 21 y resta.

Por tanto, $714 \div 21 =$ ___.

2. $41\overline{)533}$ 36

3. $15\overline{)330}$ 13

4. $39\overline{)780}$ 15-

5. $50\overline{)700}$ 67

6. $11\overline{)792}$ 12

7. $24\overline{)648}$ 25

8. $33\overline{)396}$ 12

9. $17\overline{)765}$ 41

10. $23\overline{)920}$ 56

11. $30\overline{)810}$ 38

12. $16\overline{)464}$ 12

13. $53\overline{)954}$ 80

14. Usa la tabla. ¿Cuánta electricidad consumen en total una computadora, un televisor y un calefactor en 1 hora? Muestra tu trabajo.

15. Sentido numérico ¿Cuántas horas tarda un foco en consumir la misma cantidad de electricidad que una hora de calefactor?

Electricidad usada	
Aparato	**Kilovatios por hora**
Computadora	0.09
Calefactor	1.5
Foco	0.1
Televisor	0.3

DATOS

16. El costo de cada boleto de avión para las vacaciones de la familia Baltazar es $329. Si la familia tiene 7 integrantes, ¿cuál es el costo total de los boletos de avión?

17. © **PM.2 Razonamiento** Shannon participó en una carrera de resistencia en bicicleta. Recorrió 2,912 millas y anduvo aproximadamente 95 millas por día. Aproximadamente, ¿cuántos días tardó en terminar la carrera?

18. Álgebra Doce autobuses llevan a un total de 420 personas a La Alhambra, en Granada, España. Cada autobús lleva la misma cantidad de personas. ¿Cuántas personas hay en cada autobús? Escribe y resuelve una ecuación para hallar p, la cantidad de personas en cada autobús.

19. Razonamiento de orden superior ¿Cómo puedes usar cocientes parciales para hallar $684 \div 57$? Explícalo.

Haz una estimación para ver si tu respuesta tiene sentido.

© **Evaluación de *Common Core***

20. ¿Qué expresiones son equivalentes a 28?

- ☐ $980 \div 35$
- ☐ $480 \div 16$
- ☐ $1,400 \div 50$
- ☐ $625 \div 25$
- ☐ $1,680 \div 60$

21. ¿Qué expresiones son equivalentes a 53?

- ☐ $1,680 \div 40$
- ☐ $2,385 \div 45$
- ☐ $1,612 \div 62$
- ☐ $3,127 \div 59$
- ☐ $3,763 \div 71$

Nombre _____

Resuélvelo y coméntalo

El equipo de futbol de Cameron tiene $168 para comprar uniformes que cuestan $20 cada uno. ¿Cuántos uniformes puede comprar el equipo? ¿Le sobrará algo de dinero? *Resuelve este problema de la manera que prefieras.*

Puedo...
hallar el cociente cuando el divisor es un múltiplo de 10.

© **Estándar de contenido** 5.NBD.B.6
Prácticas matemáticas PM.1, PM.2, PM.3, PM.4, PM.7, PM.8

Generalizar Piensa en cómo se pueden usar la estimación y la multiplicación. ¡Muestra tu trabajo!

¡Vuelve atrás! © **PM.2 Razonamiento** ¿Cuánto dinero más se necesita para comprar otro uniforme?

Pregunta esencial ¿Cuáles son los pasos para dividir por un múltiplo de diez?

A

Este año, un grupo de 249 estudiantes se irá de excursión. Se necesita un autobús por cada 20 estudiantes. ¿Cuántos autobuses se necesitan?

20 estudiantes por autobús

Puedes dividir para hallar cuántos grupos de 20 hay en 249.

B Paso 1

Halla $249 \div 20$.

Estima: $240 \div 20 = 12$

$$
\begin{array}{r}
1 \\
20\overline{)249} \\
-\,20 \\
\hline
4
\end{array}
$$

Divide $24 \div 20$
Multiplica 1×20
Resta $24 - 20$
Compara $4 < 20$

C Paso 2

Baja las unidades. Divide las unidades.

$$
\begin{array}{r}
12 \text{ R}9 \\
20\overline{)249} \\
-\,20\downarrow \\
\hline
49 \\
-\,40 \\
\hline
9
\end{array}
$$

Divide $49 \div 20$
Multiplica 2×20
Resta $49 - 40$

Compara $9 < 20$

Como hay residuo, se necesita un autobús más. En total, se necesitan 13 autobuses.

La respuesta es razonable porque 13 está cerca de la estimación.

¡Convénceme! © **PM.3 Construir argumentos** Para el ejemplo de arriba, muestra cómo puedes comprobar que el cociente es correcto. Explica tu respuesta.

Amigo de | Herramientas | Evaluación
práctica

⭐ Práctica guiada *

¿Lo entiendes?

1. Si en el ejemplo de la parte superior de la página 264 fueran solo 137 estudiantes a la excursión, ¿cuántos autobuses se necesitarían?

2. © PM.2 Razonamiento ¿Por qué 12 autobuses es una estimación razonable en el ejemplo de la página 264?

¿Cómo hacerlo?

Divide en los Ejercicios **3** y **4**. Escribe los números que faltan.

3.
```
        □□
   20)2 8 0
    −□□
        8□
    −8 0
        0
```

4.
```
           □ R 46
   80)7 6 6
    −□□□
        □□
```

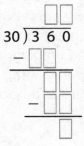

Una estimación te puede ayudar a decidir si tu respuesta es razonable.

⭐ Práctica independiente

Práctica al nivel Divide en los Ejercicios **5** a **13**. Escribe los números que faltan.

5.
```
        □5
   20)3 0 0
    −2□
      □0
    −1□□
        □
```

6.
```
        □ R □
   60)5 9 3
    −□□□
      □□
```

7.
```
        □□
   30)3 6 0
    −□□
      □□
    −□□
        □
```

8. 40)453

9. 50)250

10. 70)867

11. 60)720

12. 80)492

13. 40)375

Prácticas matemáticas y resolución de problemas

14. © **PM.2 Razonamiento** Rita y su familia se mudan de Grand Junction a Dallas. El camión de mudanza viaja a un promedio de 60 millas por hora. Aproximadamente, ¿cuántas horas tardará el camión en llegar a Dallas? Explica tu trabajo.

DATOS	
Dallas, TX, a Grand Junction, CO	980 millas
Nashville, TN, a Norfolk, VA	670 millas
Charleston, SC, a Atlanta, GA	290 millas
Denver, CO, a Minneapolis, MN	920 millas
Little Rock, AR, a Chicago, IL	660 millas

15. Debido a demoras por reparaciones en el viaje de Little Rock a Chicago, un camionero tuvo que viajar a 50 millas por hora. Aproximadamente, ¿cuánto duró ese viaje?

16. **Razonamiento de orden superior** Una científica tiene que hacer 15 experimentos y necesita 70 mililitros de agua destilada para cada uno. Tiene una botella de 975 mililitros de agua destilada. ¿Hay suficiente agua en la botella para los 15 experimentos? Explícalo.

17. **PM.4 Representar con modelos matemáticos** El muelle de pesca de Port Lavaca mide 3,200 pies de longitud. Hay un pescador cada diez pies de longitud. Escribe y resuelve una ecuación para hallar cuántos pescadores hay en el muelle.

18. © **PM.1 Entender y perseverar**
Todd hizo una tabla para mostrar diferentes planes para ahorrar $500. Completa la tabla. ¿Qué plan puede usar Todd para ahorrar $500 en menos de 16 semanas y tener $20 adicionales? Explica cómo hallaste la respuesta.

Plan para ahorrar $500		
Plan	Cantidad para ahorrar por semana	Cantidad de semanas para alcanzar la meta
A	$20	25
B	$30	
C	$40	
D	$50	

© **Evaluación de *Common Core***

19. Halla una expresión que dé un cociente de 9 R15. Escribe la expresión en el recuadro.

Cociente: 9 R15

$335 \div 40$ $360 \div 40$ $365 \div 40$
$375 \div 40$ $409 \div 40$ $415 \div 40$

Ayuda   Amigo de   Herramientas   Juegos
práctica

Tarea y práctica 5-5

Dividir por múltiplos de 10

¡Revisemos!

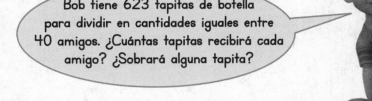

Bob tiene 623 tapitas de botella para dividir en cantidades iguales entre 40 amigos. ¿Cuántas tapitas recibirá cada amigo? ¿Sobrará alguna tapita?

Paso 1	**Paso 2**	**Paso 3**	**Paso 4**
Divide las decenas.	Resta las decenas. Baja las unidades.	Divide las unidades.	Resta las unidades. Escribe el residuo.

Paso 1

Divide las decenas.

$$1$$
$$40\overline{)623}$$ ← 62 decenas ÷ 40
$$40$$

↑

40 × 1 decena = 40 decenas

Paso 2

Resta las decenas. Baja las unidades.

$$1$$
$$40\overline{)623}$$
$$-40↓$$
$$223$$

Paso 3

Divide las unidades.

$$15$$
$$40\overline{)623}$$
$$-40$$
$$223$$ ← 223 unidades ÷ 40
$$200$$

↑

40 × 5 unidades = 200 unidades

Paso 4

Resta las unidades. Escribe el residuo.

$$15 \text{ R } 23$$
$$40\overline{)623}$$
$$-40$$
$$223$$
$$-200$$
$$23$$

Cada amigo recibirá 15 tapitas y sobrarán 23 tapitas.

Práctica al nivel Halla los cocientes en los Ejercicios **1** a **8.**

1.

☐☐ R ☐
20)3 5 9
− ☐☐ ↓
☐☐☐
− ☐☐☐
☐☐

2.

☐☐
30)4 8 0
− ☐☐
☐☐☐
− ☐☐☐
☐

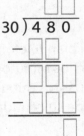

Recuerda que debes comparar el residuo con el divisor.

3. 40)7 4 6

4. 50)8 0 0

5. 70)6 3 2

6. 60)7 7 9

7. 40)9 2 0

8. 30)3 3 2

9. © **PM.7 Usar la estructura** ¿Por qué los cálculos en rojo se pueden pensar como problemas más sencillos? Describe los problemas más sencillos.

$$
\begin{array}{r}
12\ \text{R}13 \\
80)\overline{973} \\
-\ 80 \\
\hline
173 \\
-160 \\
\hline
13
\end{array}
$$

←— 97 decenas ÷ 80 grupos
←— 80 × 1 decena
←— 173 unidades ÷ 80 grupos
←— 80 × 2 unidades

10. © **PM.3 Construir argumentos** Un condado tiene 90 escuelas. El condado recibió 992 computadoras nuevas. ¿Hay computadoras suficientes para que cada escuela reciba 11 computadoras? Explícalo.

11. El campo de futbol Gemelos Robles es un rectángulo. El lado más largo del campo mide 108 yardas de longitud. ¿Cuál es el perímetro del campo?

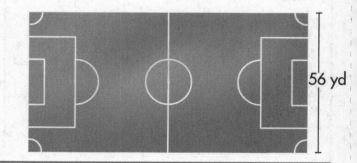

56 yd

12. **Razonamiento de orden superior** Liza habla por teléfono 20 minutos por día. ¿Qué plan le dará a Liza suficientes minutos para junio, y entre 30 y 50 minutos sobrantes? Muestra tu trabajo.

13. Mark y su hermano se suscribieron al plan telefónico Comunicar. Los hermanos comparten los minutos mensuales en cantidades iguales. ¿Cuántos minutos puede usar Mark por día sin pasarse de su cantidad de minutos?

DATOS

Compañía Conexión Rápida
Planes telefónicos

Nombre del plan	Cantidad de minutos mensuales
Conectar	550
Conversar	625
Compartir	650
Comunicar	700

© **Evaluación de Common Core**

14. Halla una expresión que dé un cociente de 16. Escribe la expresión en el recuadro.

Cociente: 16

600 ÷ 40   620 ÷ 40   640 ÷ 40
644 ÷ 40   660 ÷ 40   680 ÷ 40

Nombre _____

Resuélvelo y coméntalo

La maestra de Marty les pidió a los estudiantes que predijeran cuántos dígitos hay en el cociente de un problema de división. Todos los cocientes son números enteros. Traza líneas hasta las cubetas para mostrar cómo deben clasificar las tarjetas los estudiantes. **No resuelvas los problemas.** Usa el razonamiento, el sentido numérico y la estimación para tomar tus decisiones.

Lección 5-6
Usar la estimación para situar el primer dígito del cociente

Puedo...
decidir dónde situar el primer dígito del cociente cuando divido números enteros.

© **Estándar de contenido** 5.NBD.B.6
Prácticas matemáticas PM.1, PM.2, PM.3, PM.7

Usar la estructura En cada problema, ¿cómo es el dividendo en comparación con 10 veces el divisor y con 100 veces el divisor?

Cociente de 1 dígito

Cociente de 2 dígitos

Cociente de 3 dígitos

615 ÷ 15

360 ÷ 45

4,945 ÷ 23

8,589 ÷ 21

4,674 ÷ 82

8,827 ÷ 91

7,752 ÷ 76

¡Vuelve atrás! © **PM.7 Usar la estructura** ¿Será el cociente de 7,825 ÷ 25 mayor que 100 o menor que 100? ¿Cómo lo sabes?

Pregunta esencial ¿Cómo se puede decidir dónde situar el primer dígito de un cociente?

A

Jake trabaja en una florería. La tienda acaba de recibir una entrega de 2,535 rosas. Jake divide 2,535 por 12 para hallar la cantidad de ramos que puede hacer. ¿Dónde debe situar el primer dígito del cociente?

Puedes usar la estructura para decidir dónde situar el primer dígito del cociente. Piensa en la relación entre la multiplicación y la división.

**Ramo de rosas
1 docena de rosas**

B Multiplica por potencias de 10 para hacer una estimación.

$12 \times 10 = 120$

$12 \times 100 = 1,200$

$12 \times 1,000 = 12,000$ ⟵——— 2,535

Como 2,535 está entre 1,200 y 12,000, el cociente está entre 100 y 1,000.

C El cociente está en las centenas; por tanto, Jake debe situar el primer dígito del cociente en el lugar de las centenas.

$$12\overline{)2,535}$$

Usa números compatibles para comprobar tu respuesta. Como $24 \div 12 = 2$, sabes que $2,400 \div 12 = 200$. Por tanto, $2,535 \div 12$ será aproximadamente 200. El cociente tendrá 3 dígitos.

¡Convénceme! © **PM.2 Razonamiento** ¿Puede hacer Jake al menos 100 ramos? ¿Puede hacer al menos 1,000 ramos? Explícalo.

Amigo de práctica Herramientas Evaluación

Otro ejemplo

¿Dónde situarías el primer dígito del cociente de 4,108 ÷ 80?

Como 4,108 está entre 800 y 8,000, el cociente está entre 10 y 100.

$80 \times 10 = 800$

$\longleftarrow 4,108$

$80 \times 100 = 8,000$

$80 \times 1,000 = 80,000$

El cociente está en las decenas; por tanto, debes situar el primer dígito en el lugar de las decenas.

☆ Práctica guiada *

¿Lo entiendes?

1. ¿En qué lugar debes escribir el primer dígito del cociente de 3,710 ÷ 18? Completa las siguientes operaciones para ayudarte a decidir.

$18 \times 10 =$

$18 \times 100 =$

$18 \times 1,000 =$

¿Cómo hacerlo?

Sin resolver la división, indica en qué lugar hay que escribir el primer dígito del cociente en los Ejercicios **2** a **5.**

2. $4,632 \div 15$ 3. $3,332 \div 30$

4. $25\overline{)1,013}$ 5. $40\overline{)916}$

☆ Práctica independiente ☆

Sin resolver la división, colorea un recuadro para mostrar la ubicación del primer dígito del cociente en los Ejercicios **6** a **8.**

6. $16\overline{)3,4\ 1\ 8}$ ☐☐☐☐   7. $50\overline{)1,5\ 7\ 7}$ ☐☐☐☐   8. $24\overline{)8,0\ 4\ 5}$ ☐☐☐☐

Sin resolver la división, indica en qué lugar hay que escribir el primer dígito del cociente en los Ejercicios **9** a **14.**

9. $7,905 \div 35$ 10. $5,500 \div 90$ 11. $2,838 \div 11$

12. $46\overline{)875}$ 13. $28\overline{)1,240}$ 14. $18\overline{)6,020}$

✩ Prácticas matemáticas y resolución de problemas

15. Sentido numérico Los miembros del club de simpatizantes de un equipo recolectaron 1,370 manzanas. Piensan vender bolsas con 15 manzanas cada una. ¿Pueden llenar al menos 100 bolsas? ¿Cómo lo sabes?

16. © PM.1 Entender y perseverar Jason da clases de patinaje sobre hielo. Gana $24.50 por cada clase. ¿Cuánto gana Jason en 5 días si da 6 clases por día?

17. © PM.2 Razonamiento A la derecha, se muestra una entrega a la florería. La tienda hace arreglos florales para centros de mesa con 36 flores del mismo tipo. ¿Podrán hacer al menos 10 arreglos florales usando cada tipo de flor? ¿Y al menos 100 arreglos florales? Explícalo.

580 tulipanes
2,410 margaritas
4,000 claveles

18. © PM.3 Construir argumentos Amelia y Ben tienen respuestas diferentes para $1,955 \div 85$. Sin dividir, ¿cómo puedes saber quién tiene razón?

Amelia: $1,955 \div 85 = 23$
Ben: $1,955 \div 85 = 203$

19. Razonamiento de orden superior Indica dónde situarías el primer dígito del cociente de $4,839 \div 15$. Luego, determina el primer dígito y explica cómo lo decidiste.

© Evaluación de *Common Core*

20. ¿En qué lugar debes escribir el primer dígito del cociente de $5,075 \div 38$? ¿Cómo puedes determinarlo sin hacer la división?

Ayuda Amigo de práctica Herramientas Juegos

¡Revisemos!

¿En qué lugar debes escribir el primer dígito del cociente de $5{,}890 \div 65$?

$65 \times 10 = 650$

$\longleftarrow$ 5,890

$65 \times 100 = 6{,}500$

$65 \times 1{,}000 = 65{,}000$

Como 5,890 está entre 650 y 6,500, el cociente está entre 10 y 100.

El cociente está en las decenas; por tanto, debes escribir el primer dígito en el lugar de las decenas.

Puedes usar la relación entre la multiplicación y la división como ayuda.

1. Como $43 \times 10 =$ _____, $43 \times 100 =$ _____ y

$43 \times 1{,}000 =$ _____, el primer dígito del cociente

de $5{,}816 \div 43$ está en el lugar de las _____.

Sin resolver la división, colorea un recuadro para mostrar la ubicación del primer dígito del cociente en los Ejercicios **2** a **4**.

☐☐☐☐
2. $11\overline{)2{,}0\ 1\ 4}$

☐☐☐☐
3. $34\overline{)7{,}0\ 0\ 6}$

☐☐☐☐
4. $70\overline{)5{,}5\ 9\ 1}$

Sin resolver la división, indica en qué lugar hay que escribir el primer dígito del cociente en los Ejercicios **5** a **13**.

5. $1{,}620 \div 18$

6. $4{,}400 \div 30$

7. $8{,}899 \div 61$

8. $40\overline{)8{,}175}$

9. $28\overline{)770}$

10. $14\overline{)1{,}726}$

11. $75\overline{)688}$

12. $29\overline{)5{,}123}$

13. $17\overline{)1{,}699}$

14. Sentido numérico ¿El cociente de 7,818 ÷ 25 será mayor que 100 o menor que 100? ¿Cómo lo sabes?

15. © PM.2 Razonamiento Escoge entre las siguientes opciones la mejor estimación de 2,819 ÷ 13:

$$100 \quad 200 \quad 500$$

¿Cómo decidiste?

16. © PM.1 Entender y perseverar Jordan compró 1.8 libras de jamón, 2.15 libras de cebollas y 8 latas de sopa. ¿Cuál fue el costo total sin el impuesto sobre la venta? Redondea tu respuesta al centavo más cercano.

17. El impuesto sobre la venta de la comida que compró Jordan es $0.87. Jordan tiene un cupón de descuento de $1.75 en cualquier compra. Usa la respuesta al Ejercicio 16 para hallar la cantidad que Jordan debe pagar en total.

| Jamón: $3.95 la libra | Cebolla: $0.89 la libra | Sopa: $1.05 la lata |

18. © PM.3 Construir argumentos ¿Tienen los cocientes de las siguientes divisiones la misma cantidad de dígitos? Explica cómo puedes saberlo sin hacer la división.

$$3,444 \div 42$$
$$4,368 \div 42$$

19. Razonamiento de orden superior 347 estudiantes irán de excursión. En cada autobús caben 44 estudiantes. Si cada autobús cuesta $85, ¿es el costo total de los autobuses mayor que $1,000? ¿Cómo puedes decidirlo sin hacer la división?

© Evaluación de *Common Core*

20. ¿En qué lugar debes escribir el primer dígito del cociente de 3,381 ÷ 47? ¿Cómo puedes determinarlo sin hacer la división?

Resuelve

★ Resuélvelo y coméntalo ★

Una panadería debe hacer una tanda de 198 roscas. En todas las placas para horno cabe la misma cantidad de roscas. ¿Cuántas placas para horno se necesitan? **Resuelve este problema de la manera que prefieras.**

Puedo...
usar la estimación para decidir si un cociente es razonable cuando divido por divisores de 2 dígitos.

Estándar de contenido 5.NBD.B.6
Prácticas matemáticas PM.1, PM.2, PM.4

Puedes entender y perseverar usando el redondeo o números compatibles. ¡Muestra tu trabajo!

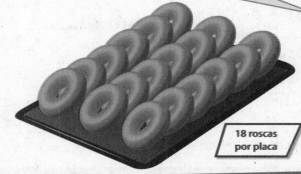

18 roscas por placa

¡Vuelve atrás! © PM.2 Razonamiento ¿Cómo te ayudó la estimación a hallar el cociente?

Aprende Glosario

Pregunta esencial

¿Cómo se puede usar la estimación para decidir si un cociente es razonable?

A

Los trabajadores de una huerta tienen plántulas de toronja para plantar en 23 filas iguales. ¿Cuántas plántulas habrá en cada fila?

828 plántulas de toronja

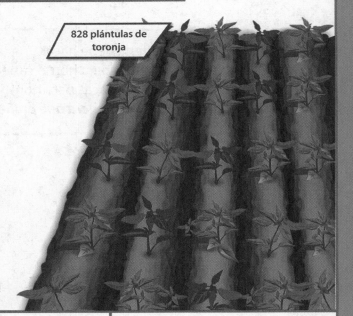

Puedes usar números compatibles para estimar $828 \div 23$.

B ## Paso 1

828 es aproximadamente 800.
23 es aproximadamente 20.

$800 \div 20 = 40$

El primer dígito está en el lugar de las decenas. Comienza dividiendo las decenas.

$$\begin{array}{r} 4 \\ 23\overline{)828} \\ -92 \end{array}$$

La estimación es muy alta.

C ## Paso 2

Intenta con 3.

$$\begin{array}{r} 3 \\ 23\overline{)828} \\ -69 \\ \hline 13 \end{array}$$

Baja las unidades.
Continúa
dividiendo.

$$\begin{array}{r} 36 \\ 23\overline{)828} \\ -69 \\ \hline 138 \\ -138 \\ \hline 0 \end{array}$$

D ## Paso 3

Compara la respuesta con tu estimación.

Habrá 36 plántulas de toronja en cada fila.

36 está cerca de 40. Por tanto, la respuesta es razonable.

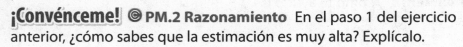

¡Convénceme! © **PM.2 Razonamiento** En el paso 1 del ejercicio anterior, ¿cómo sabes que la estimación es muy alta? Explícalo.

Nombre _____

☆ Práctica guiada *

¿Lo entiendes?

1. ¿Puede el residuo ser mayor que el divisor? ¿Por qué?

2. ¿Cómo puedes usar la estimación para comprobar si el cociente es razonable?

¿Cómo hacerlo?

3. Estima 452 ÷ 21.

4. Completa.

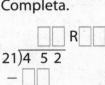

```
        □□ R□□
21)4 5 2
  −□□
    □□
  −□□
    □□
```

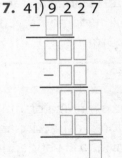

Recuerda que debes comprobar si tu respuesta es razonable.

☆ Práctica independiente

Práctica al nivel Completa los recuadros en los Ejercicios **5** a **7.**

5.
```
     □□
18)4 6 8
  −□□
   □□□
  −□□□
      □
```

6.
```
      □
94)6 5 8
 −□□□
     □
```

7.
```
        □□□ R□
41)9 2 2 7
  −□□
   □□□
   −□□
    □□□
   −□□□
```

Haz una estimación y, luego, halla el cociente en los Ejercicios **8** a **15.** Usa la estimación para comprobar si el cociente es razonable.

8. 54)378

9. 83)664

10. 761 ÷ 5

11. 510 ÷ 30

12. 7,704 ÷ 24

13. 7,830 ÷ 33

14. 3,136 ÷ 64

15. 6,253 ÷ 71

*Puedes encontrar otro ejemplo en el Grupo G, página 291.

Prácticas matemáticas y resolución de problemas

Usa la tabla de la derecha en los Ejercicios **16** a **18**.

16. Ⓒ **PM.1 Entender y perseverar** La huerta Cultivos Cítricos de Bob vende cajas de obsequio de cítricos. Tiene 5,643 naranjas para hacer las cajas de obsequio. ¿Cuántas cajas puede preparar?

Cajas de cítricos de Bob	
Cítrico	**Cantidad por caja**
Toronjas	18
Naranjas	24
Tangelos	12

17. De las 4,325 toronjas cosechadas hasta el momento, Bob vendió 1,250 en un mercado de frutas y verduras. ¿Cuántas cajas puede preparar Bob con las toronjas que quedan? ¿Cuántas toronjas sobrarán?

18. Bob vende cajas de obsequio de tangelos cada diciembre. El año pasado, la huerta vendió un total de 3,800 tangelos. Si cada caja se vende a $28, ¿cuánto dinero ganó Bob con la venta de cajas de obsequio de tangelos?

19. **Razonamiento de orden superior** Un grupo de 20 unidades de algo se llama *veintena*. La Estatua de la Libertad fue obsequiada en 1886. Aproximadamente, ¿cuántas veintenas de años pasaron?

20. Ⓒ **PM.4 Representar con modelos matemáticos** En una planta automotriz, 34 trabajadores inspeccionan cada carro antes de enviarlo al vendedor. Un día, los trabajadores hicieron 9,690 inspecciones. ¿Cuántos carros se enviaron? Explícalo.

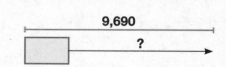

Ⓒ Evaluación de *Common Core*

21. ¿Qué problemas de división tienen un cociente de 46? Anota esos problemas en el recuadro.

Cociente = 46
$10\overline{)4,600}$ $21\overline{)966}$ $53\overline{)2,385}$
$43\overline{)946}$ $46\overline{)2,116}$

Nombre _____

¡Revisemos!

En un campo de golf, los golfistas pueden alquilar cubetas de 32 pelotas de golf. El campo tiene una reserva de 2,650 pelotas de golf. ¿Cuántas cubetas se necesitan para las pelotas?

Usa números compatibles para estimar 2,650 ÷ 32. Puedes usar 2,700 ÷ 30 = 90.

Haz una estimación para situar el primer dígito del cociente.	Completa la división.	Se pueden llenar 82 cubetas con pelotas de golf. Se necesita 1 cubeta más para las 26 pelotas que sobran. Por tanto, se necesitan 83 cubetas.

Haz una estimación para situar el primer dígito del cociente.

$$\begin{array}{r} 9 \\ 32\overline{)2,650} \\ -2\,88 \end{array}$$

← La estimación es muy alta porque 288 > 265.

Intenta con 8.

$$\begin{array}{r} 8 \\ 32\overline{)2,650} \\ -2\,56 \end{array}$$

Completa la división.

$$\begin{array}{r} 82\ R26 \\ 32\overline{)2,650} \\ -2\,56 \\ \hline 90 \\ -64 \\ \hline 26 \end{array}$$

Se pueden llenar 82 cubetas con pelotas de golf. Se necesita 1 cubeta más para las 26 pelotas que sobran. Por tanto, se necesitan 83 cubetas.

83 está cerca de 90; por tanto, la respuesta es razonable.

Práctica al nivel Completa los recuadros en los Ejercicios **1** a **4**.

1. 2☐ R☐
   42)9 2 6

2. ☐☐
   38)1,5 5 8

3. ☐
   77)6 9 3

4. ☐☐☐ R☐
   21)2,5 6 7

Haz una estimación y, luego, halla el cociente en los Ejercicios 5 a 16. Usa la estimación para comprobar si tu respuesta es razonable.

5. 462 ÷ 77

6. 44)817

7. 21)777

8. 35)280

9. 2,465 ÷ 29

10. 203 ÷ 29

11. 8,114 ÷ 46

12. 13)1,748

13. 6,264 ÷ 87

14. 5,578 ÷ 68

15. 9,855 ÷ 45

16. 7,308 ÷ 12

17. © **PM.1 Entender y perseverar** Un granjero tiene 4,700 zanahorias para preparar atados de 15 zanahorias. El granjero piensa vender las zanahorias a $5 el atado en el puesto de verduras de su granja. Aproximadamente, ¿cuántos atados preparará el granjero?

¿Hay información que no necesitas?

18. Razonamiento de orden superior Supón que divides 3,972 por 41. Explica por qué el primer dígito del cociente debería situarse sobre la posición de las decenas del dividendo.

19. A-Z **Vocabulario** Escribe un problema-cuento de división que tenga 53 como divisor y 2,491 como dividendo. Resuelve el problema.

20. © **PM.2 Razonamiento** ¿De qué manera la estimación del cociente puede ayudarte a comprobar si tu respuesta a un problema de división es razonable?

21. Sentido numérico Maya tiene 462 monedas de 1¢. Usa el cálculo mental para hallar cuántas monedas de 1¢ sobran si Maya las ordena en pilas de 50 monedas de 1¢. Explica tu razonamiento.

22. © **PM.4 Representar con modelos matemáticos** Una caravana cruzó 1,378 millas de desierto en 85 días. La caravana recorrió 22 millas el primer día y 28 millas el segundo día. Si la caravana recorrió la misma cantidad de millas cada uno de los días restantes, ¿cuántas millas recorrió cada uno de esos días? Completa el diagrama de barras para mostrar cómo hallaste la respuesta.

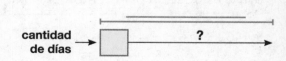

cantidad de días → ☐ ?

© **Evaluación de** *Common Core*

23. ¿Qué problemas de división tienen un cociente de 54? Anota esos problemas de división en el recuadro.

Cociente = 54
45)2,430   12)660   81)3,645
11)594   19)950

Nombre _____

Resuélvelo y coméntalo

Hay 120 estudiantes en la banda de la escuela. La banda desfila formando una matriz que tiene la misma cantidad de estudiantes en cada fila. ¿Cuáles son las dimensiones de las diferentes matrices que puede formar la banda?

Lección 5-8
Entender y perseverar

Puedo...
entender los problemas y seguir trabajando si no puedo seguir adelante.

Prácticas matemáticas PM.1. También, PM.2, PM.3, PM.4, PM.6, PM.7. **Estándar de contenido** 5.NBD.B.6

Hábitos de razonamiento

¡Razona correctamente! Estas preguntas te pueden ayudar.

- ¿Qué necesito hallar?
- ¿Qué sé?
- ¿Cuál es mi plan para resolver el problema?
- ¿Qué más puedo intentar si no puedo seguir adelante?
- ¿Cómo puedo comprobar si mi solución tiene sentido?

¡Vuelve atrás! **PM.7 Usar la estructura** ¿Cómo te ayuda a resolver el problema de arriba hallar las matrices para 12 miembros de la banda?

Pregunta esencial ¿Cómo puedes entender los problemas y perseverar para resolverlos?

A

Durante 3 meses, una clase de quinto grado recaudó dinero para beneficencia. Si la clase divide el dinero en cantidades iguales entre 30 organizaciones diferentes, ¿cuánto recibirá cada organización?

Dinero recaudado	
Septiembre	$435
Octubre	$450
Noviembre	$615

DATOS

Puedes entender el problema respondiendo estas preguntas. ¿Cuánto dinero se recaudó en total? ¿Cuánto debe recibir cada organización?

B **¿Cómo puedo entender el problema y resolverlo?**

Puedo

- identificar las cantidades dadas.

- entender cómo se relacionan las cantidades.

- escoger e implementar una estrategia apropiada.

- comprobar para asegurarme de que mi trabajo y mi respuesta tienen sentido.

C Este es mi razonamiento...

Primero, escribo una ecuación para hallar la cantidad recaudada en total:

$435 + $450 + $615 = $1,500.

Luego, escribo una ecuación de división para representar la repartición en cantidades iguales:

$1,500 ÷ 30 =

Puedo calcular mentalmente para hallar el cociente:

150 decenas ÷ 3 decenas = 50

Por tanto, cada organización recibirá $50.

¡Convénceme! © **PM.3 Evaluar el razonamiento** Julio dice que se puede resolver el problema dividiendo por 30 el total de cada mes y sumando, luego, los tres cocientes. ¿Estás de acuerdo? ¿Crees que este método es más fácil o más difícil? Justifica tu respuesta.

¿No puedes seguir adelante? Intenta resolver un problema más sencillo.

☆ Práctica guiada*

© PM.1 Entender y perseverar

Dana comienza su colección de estampillas con 875 estampillas. Sus abuelos le dan 332 estampillas. Luego, Dana compra 72 más. ¿Cuántas páginas de su álbum puede completar?

24 estampillas en una página

1. ¿Qué sabes?

2. ¿Qué intentas hallar?

3. ¿Cómo se relacionan las cantidades? ¿Cuál es la respuesta al problema? Escribe ecuaciones para representar tu trabajo.

☆ Práctica independiente ☆

© PM.1 Entender y perseverar

Tania ahorra para sus vacaciones. Quiere tener al menos $75 para cada uno de los 12 días de su viaje. Si ahorra $85 por mes durante 10 meses, ¿tendrá suficiente dinero?

4. Usa la estrategia de cálculo mental para hallar la cantidad total que ahorrará Tania. Luego, escribe un problema de división para ver si ahorrará suficiente dinero.

5. Jorge dice que puede resolver el problema de otra manera. Dice que puede comparar 85×10 y 75×12. ¿Estás de acuerdo? Explica tu razonamiento.

Prácticas matemáticas y resolución de problemas

© Evaluación de rendimiento de *Common Core* _____

Huerto de Calabazas

La tabla muestra la cantidad de semillas que recibieron de diferentes proveedores los dueños de Huerto de Calabazas. Cada calabaza que cosechan suele pesar entre 10 y 12 libras. Hay 60 filas, y los granjeros plantarán la misma cantidad de semillas en cada fila. ¿Cuántas semillas plantarán en cada fila?

DATOS	Proveedor de semillas	Cantidad de semillas
	Las semillas de Sem	1,220
	Tienda de semillas Vicki	750
	El Palacio de la Semilla	1,450

6. **PM.1 Entender y perseverar** ¿Qué sabes? ¿Qué intentas hallar?

7. **PM.2 Razonamiento** ¿Cómo se relacionan las cantidades del problema? ¿Qué pasos se necesitan para resolver el problema?

8. **PM.4 Representar con matemáticas** Escribe ecuaciones con variables para representar los pasos necesarios para resolver el problema.

¡Piensa en las estrategias de resolución de problemas para ayudarte!

9. **PM.6 Hacerlo con precisión** Resuelve las ecuaciones y responde la pregunta.

10. **PM.2 Razonamiento** ¿Qué estrategia puedes usar para comprobar si tu respuesta tiene sentido?

Tarea y práctica
5-8
Entender y perseverar

¡Revisemos!

Dex trabaja en un albergue de adopción de perros. Tiene 4 cajas grandes de galletas para perros, de 34 galletas por caja, y 3 cajas chicas, de 28 galletas por caja. ¿Cuántas bolsas de 20 galletas puede hacer Dex con todas las galletas?

Puedes usar diagramas de barras para representar los pasos que necesitas resolver.

¿Qué sabes?   Hay 4 cajas grandes de 34 galletas cada una y 3 cajas pequeñas de 28 galletas cada una.

¿Qué intentas hallar?   La cantidad de bolsas de 20 galletas que puede hacer Dex.

Usa diagramas de barras y ecuaciones para hallar la cantidad de galletas en las cajas grandes y las pequeñas.

g total de galletas en las cajas grandes

34	34	34	34

$4 \times 34 = g$, $g = 136$ galletas

Suma para hallar la cantidad total de galletas.

Divide para hallar la cantidad de bolsas que puede hacer Dex con 220 galletas.

Dex puede hacer 11 bolsas de galletas.

p total de galletas en las cajas pequeñas

28	28	28

$3 \times 28 = p$, $p = 84$ galletas.

$136 + 84 = 220$

$220 \div 20 = c$, $c = 11$

Resuelve los problemas de varios pasos en los Ejercicios **1** y **2**.

1. Una tormenta tropical se ha ido desplazando a 15 millas por hora durante los últimos dos días. Bess registró que la tormenta se desplazó 135 millas ayer y 75 millas hoy. ¿Durante cuántas horas estuvo Bess llevando registro de la tormenta? Dibuja un diagrama de barras y escribe ecuaciones para resolver el problema.

2. Un estacionamiento tiene 6 pisos. Cada piso tiene 15 filas. Cada fila tiene la misma cantidad de espacios para estacionar. ¿Cuántos espacios para estacionar hay en cada fila? Escribe una ecuación o más para mostrar tu trabajo.

Refresco de frutas

La clase de quinto grado de Ana prepara una receta grande de refresco de frutas para la feria de ciencias que durará todo el día. Hay 25 estudiantes en la clase de Ana. Los ingredientes que mezclaron para preparar el refresco están anotados en la receta. La clase servirá porciones de 12 onzas. ¿Cuántas porciones completas pueden servir?

Receta de refresco de frutas

Ingredientes	Cantidad de onzas
Jugo de uva	240
Jugo de manzana	480
Jugo de naranja	640
Ginger ale	150

3. **PM.1 Entender y perseverar** ¿Qué sabes? ¿Qué debes hallar?

4. **PM.2 Razonamiento** ¿Cómo se relacionan las cantidades del problema? ¿Qué pasos se necesitan para resolver el problema?

5. **PM.4 Representar con modelos matemáticos** Escribe ecuaciones con variables para representar los pasos necesarios para resolver el problema.

¡Piensa en los pasos necesarios para resolver el problema!

6. **PM.6 Hacerlo con precisión** Resuelve las ecuaciones y responde el problema.

7. **PM.3 Evaluar el razonamiento** Alejandro dice que la división tiene un residuo de 10; por tanto, se puede servir una porción más. ¿Estás de acuerdo? Explícalo.

Actividad de práctica de fluidez

Trabaja con un compañero. Necesitan papel y lápiz. Cada uno escoge celeste o azul.

El Compañero 1 y el Compañero 2 apuntan a uno de los números negros al mismo tiempo. Ambos hallan el producto de esos números.

El compañero que escogió el color en el que aparece el producto puede anotar una marca de conteo. Sigan la actividad hasta que uno de los compañeros tenga siete marcas de conteo.

Puedo...
multiplicar números enteros de varios dígitos.

© **Estándar de contenido**
5.NBD.B.5

Compañero 1					Compañero 2
52	884	5,238	3,672	5,964	**17**
68	24,354	11,502	7,668	2,808	**54**
97	1,649	1,156	2,448	20,746	**46**
451	12,628	2,716	1,456	4,462	**36**
213	1,872	2,392	7,667	9,798	**28**
	16,236	3,128	3,621	1,904	

Marcas de conteo del Compañero 1	Marcas de conteo del Compañero 2

Repaso del vocabulario

A-Z
Glosario

Lista de palabras

- cociente
- décimas
- dividendo
- estimación
- múltiplo
- números compatibles
- producto
- residuo

Comprender el vocabulario

Escoge el mejor término de la Lista de palabras. Escríbelo en el espacio en blanco.

1. Una manera de estimar la respuesta a un problema de división es reemplazar el divisor y el dividendo con _____.

2. La parte que sobra cuando se divide en grupos iguales se llama _____ .

3. Para decidir dónde situar el primer dígito de un cociente, se hace una _____ de la cantidad de dígitos de la respuesta.

4. La respuesta a un problema de división es el _____ .

Da un ejemplo y un contraejemplo para los siguientes términos.

	Ejemplo	Contraejemplo
5. Múltiplo de 10	_____	_____
6. Producto de 10	_____	_____
7. Cociente de 10	_____	_____

Usar el vocabulario al escribir

8. Escribe un problema de división con un dividendo de 3 dígitos, 20 como divisor y un residuo de 10. Usa al menos tres términos de la Lista de palabras para explicar cómo escogiste los números de tu ejemplo.

Nombre _____

Grupo A páginas 239 a 244

Halla 32,000 ÷ 80 calculando mentalmente.

Usa operaciones básicas y patrones de valor de posición para ayudarte.

32 ÷ 8 = 4
320 ÷ 80 = 4
3,200 ÷ 80 = 40
32,000 ÷ 80 = 400

Recuerda que debes buscar una operación básica de división en los números. Comprueba tu respuesta con la multiplicación.

Halla los cocientes. Usa el cálculo mental.

1. 360 ÷ 40   **2.** 270 ÷ 90

3. 2,100 ÷ 30   **4.** 4,800 ÷ 80

5. 72,000 ÷ 80   **6.** 81,000 ÷ 90

Grupo B páginas 245 a 250

Estima 364 ÷ 57.

Usa números compatibles y patrones para dividir.

364 ÷ 57
↓   ↓
360 ÷ 60 = 6

Por tanto, 364 ÷ 57 es aproximadamente 6.

Recuerda que los números compatibles son números con los que se puede calcular mentalmente con facilidad.

Haz estimaciones usando números compatibles.

1. 168 ÷ 45   **2.** 525 ÷ 96

3. 379 ÷ 63   **4.** 234 ÷ 72

5. $613 ÷ 93   **6.** $748 ÷ 92

Grupo C páginas 251 a 256

Halla 195 ÷ 13

Dibuja un modelo como ayuda para hallar la cantidad de decenas y unidades del cociente.

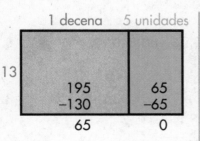

1 decena + 5 unidades = 15.

Por tanto, 195 ÷ 13 = 15.

Recuerda que primero debes hallar la cantidad de decenas y, luego, la cantidad de unidades.

Usa un modelo para hallar los cocientes.

1. 180 ÷ 15   **2.** 154 ÷ 14

3. 351 ÷ 27   **4.** 192 ÷ 16

5. 143 ÷ 11   **6.** 217 ÷ 31

7. 130 ÷ 26   **8.** 270 ÷ 18

Halla 336 ÷ 21 usando cocientes parciales.

```
      6
     10
21)336      Estima: ¿Cuántos grupos de 21 hay en 336?
  −210      Intenta con 10.
   126      Multiplica 10 por 21 y resta.
  −126      Estima: ¿Cuántos grupos de 21 hay en 126?
     0      Intenta con 6.
            Multiplica 6 por 21 y resta.
```

Suma los cocientes parciales: 10 + 6 = 16.

Por tanto, 336 ÷ 21 = 16.

Recuerda que debes sumar los cocientes parciales para hallar el cociente real.

> Usa cocientes parciales para dividir.

1. 30)570   **2.** 17)714

3. 24)984   **4.** 40)920

5. 13)858   **6.** 29)986

7. 35)980   **8.** 73)803

Halla 461 ÷ 50.

Haz una estimación para decidir dónde situar el primer dígito del cociente.

Usa números compatibles. 450 ÷ 50 = 9

Por tanto, escribe 9 en el lugar de las unidades del cociente. Multiplica y resta. Compara el residuo con el divisor.

```
    9 R11
50)461
 −  450      Multiplica 9 × 50 = 450
    11
```

Por tanto, 461 ÷ 50 = 9 R11. El cociente está cerca de la estimación; por tanto, la respuesta es razonable.

Recuerda que puedes comprobar tu respuesta multiplicando el cociente por el divisor y, luego, sumando el residuo.

1. 20)420   **2.** 30)540

3. 40)387   **4.** 50)653

5. 60)840   **6.** 70)910

7. 80)698   **8.** 90)849

9. Iván usa 30 palillos de manualidades para hacer una cabaña de juguete. Iván tiene una caja de 342 palillos. ¿Cuántas cabañas de juguete puede hacer? ¿Cuántos palillos sobrarán?

Nombre _____

Grupo F | páginas 269 a 274

Indica en qué lugar hay que escribir el primer dígito del cociente de 3,657 ÷ 23.

Multiplica 23 por potencias de 10 para hacer una estimación.

$23 \times 10 = 230$
$23 \times 100 = 2,300$
$23 \times 1,000 = 23,000$

Como 3,657 está entre 2,300 y 23,000, el cociente está entre 100 y 1,000.

Por tanto, el cociente está en las centenas. Escribe el primer dígito del cociente en el lugar de las centenas.

Recuerda que puedes multiplicar el divisor por potencias de 10 para estimar el cociente.

> Sin hacer el problema de división, indica en qué lugar hay que escribir el primer dígito del cociente.

1. $14\overline{)966}$ **2.** $53\overline{)6,519}$

3. $91\overline{)728}$ **4.** $72\overline{)2,376}$

5. $26\overline{)8,164}$ **6.** $68\overline{)612}$

7. $40\overline{)5,520}$ **8.** $39\overline{)3,861}$

Grupo G | páginas 275 a 280

Halla 789 ÷ 19.

Primero, haz una estimación: $800 \div 20 = 40$.

Por tanto, el primer dígito del cociente está en el lugar de las decenas.

Divide las decenas.
Multiplica, resta y compara.

Baja las unidades. Divide las unidades. Multiplica, resta y compara. Compara el cociente con tu estimación.

$$
\begin{array}{r}
41 \text{ R}10 \\
19\overline{)789} \\
-76 \\
\hline
29 \\
-19 \\
\hline
10
\end{array}
$$

Recuerda que puedes comprobar tu respuesta multiplicando el cociente por el divisor y, luego, sumando el residuo.

1. $16\overline{)224}$ **2.** $38\overline{)792}$

3. $42\overline{)504}$ **4.** $47\overline{)5,170}$

5. $58\overline{)7,211}$ **6.** $12\overline{)3,549}$

7. $25\overline{)1,352}$ **8.** $33\overline{)1,500}$

9. $42\overline{)5,825}$ **10.** $28\overline{)2,941}$

Piensa en estas preguntas para ayudarte a **entender y perseverar** cuando resuelves problemas.

Hábitos de razonamiento

- ¿Qué sé?
- ¿Qué necesito hallar?
- ¿Cuál es mi plan para resolver el problema?
- ¿Qué más puedo intentar si no puedo seguir adelante?
- ¿Cómo puedo comprobar si mi solución tiene sentido?

Selena planea visitar a su tía dentro de 5 semanas. Ahorró $365 pero cree que el viaje costará $500. Selena piensa ahorrar la misma cantidad por semana hasta que tenga $500 para el viaje. ¿Cuánto debe ahorrar Selena por semana?

Se puede escribir una ecuación para hallar cuánto dinero más necesita Selena:

$500 - 365 = 135$

Luego, se divide la cantidad necesaria por 5 semanas: $135 \div 5 = 27$.

Selena debe ahorrar $27 por semana.

Mi respuesta es razonable porque $365 + 27 + 27 + 27 + 27 + 27 = 500$.

Recuerda que debes pensar en qué pasos se necesitan para resolver cada problema.

> Resuelve los problemas. Muestra tu trabajo.

1. El entrenador de futbol americano gastó un total de $890, con $50 de impuesto incluidos, en 35 camisetas para el equipo. Cada camiseta costó lo mismo. ¿Cuál era el precio de una camiseta antes de agregar el impuesto?

2. Una gimnasta entrena 6 días por semana. Entrena la misma cantidad de horas cada día. Si entrena un total de 120 horas en un período de 4 semanas, ¿cuántas horas entrena por día?

3. Nathan trabaja la misma cantidad de horas cada día, 5 días por semana. Gana $12 por hora. La semana pasada ganó $420. ¿Cuántas horas trabajó por día la semana pasada? Escribe una ecuación para representar tu trabajo.

4. Un edificio de apartamentos tiene 15 pisos con 26 apartamentos en cada uno. Hay 3 clases de apartamentos en el edificio: de 1, 2 o 3 ambientes. El edificio tiene la misma cantidad de cada clase de apartamento. ¿Cuántos apartamentos de cada clase hay? Muestra tu trabajo.

Nombre _____

1. En las opciones 1a a 1d, escoge Sí o No para indicar si el número 60 hace verdadera cada ecuación.

1a. $420 ÷ \boxed{} = 70$ ⚪ Sí ⚪ No

1b. $1{,}800 ÷ \boxed{} = 300$ ⚪ Sí ⚪ No

1c. $5{,}400 ÷ \boxed{} = 90$ ⚪ Sí ⚪ No

1d. $24{,}000 ÷ \boxed{} = 400$ ⚪ Sí ⚪ No

2. ¿Cuál de las siguientes es la mejor estimación de $487 ÷ 67$?

Ⓐ 80

Ⓑ 70

Ⓒ 10

Ⓓ 7

3. El comité de la feria compró 985 premios pequeños. Los premios se dividirán en cantidades iguales entre 20 puestos de juegos.

Parte A

¿En qué lugar estará el primer dígito del cociente?

Parte B

¿Cuántos premios habrá en cada puesto?

Parte C

¿Cuántos premios sobrarán?

4. Una sala rectangular tiene un área de 425 pies cuadrados. El ancho de la sala es 17 pies.

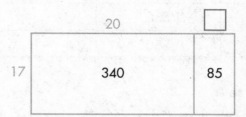

Escribe un número en el recuadro para mostrar la dimensión que falta.

¿Cuál es la longitud de la sala?

____ pies

5. Escoge todas las expresiones que sean equivalentes a $27{,}000 ÷ 30$.

☐ $270 ÷ 30$

☐ 270 decenas $÷$ 3 decenas

☐ 2,700 decenas $÷$ 3 decenas

☐ $2{,}700 ÷ 3$

☐ 2,700 decenas $÷$ 30 decenas

6. La granja Cinco Estrellas compró 2,400 manzanos. Si se pueden plantar 80 manzanos en cada acre de tierra, ¿cuántos acres se necesitarán para plantar todos los manzanos?

7. Usa la tabla.

Planes de Althea para ahorrar $384		
Plan	Cantidad para ahorrar por semana	Cantidad de semanas que le tomará
A	$20	20
B	$30	
C	$50	8

Parte A

Usando el plan B, ¿cuántas semanas tardará Althea en alcanzar su meta de ahorro? Escribe el número que falta en la tabla.

Parte B

Muestra cómo hallaste tu respuesta a la parte A.

8. Traza líneas para unir las expresiones de la izquierda con el cociente de la derecha.

420 ÷ 6		700
420 ÷ 60		7
4,200 ÷ 6		60
4,200 ÷ 70		70

9. La Sra. Reiss tiene 264 crayones para su clase de arte de 22 estudiantes. ¿Cuántos crayones recibirá cada estudiante si los crayones se dividen en cantidades iguales? Usa el modelo.

22 | 264

10. Dan divide 16)608. ¿En qué lugar debe escribir el primer dígito del cociente?

11. Kari quiere hallar 3,277 ÷ 29.

Parte A

¿En qué posición debe escribir el primer dígito del cociente?

Parte B

Indica cómo decidiste dónde escribir el primer dígito del cociente.

12. El costo de alquiler de un hotel para una reunión familiar es $975. Si asisten 65 personas y pagan el mismo precio, ¿cuánto paga cada persona?

Ⓐ $16

Ⓑ $15

Ⓒ $14

Ⓓ $13

13. El campamento de verano Arroyo tiene 188 excursionistas esta semana. Si hay 22 excursionistas en cada cabaña, ¿cuál es la menor cantidad de cabañas que se necesita?

Ⓐ 7 cabañas

Ⓑ 8 cabañas

Ⓒ 9 cabañas

Ⓓ 10 cabañas

14. El área de un salón de banquetes rectangular es 7,400 pies cuadrados. La longitud de un lado del salón es 82 pies. Explica cómo puedes usar números compatibles para estimar el ancho del salón.

15. El costo de alquiler de un autobús es $1,344. Tony quiere saber cuánto pagará cada persona si viajan 32 personas en el autobús y comparten el costo en partes iguales. Completa los cocientes parciales que faltan en el trabajo de Tony.

$$
\begin{array}{r}
\square\square \\
32\overline{)1{,}344} \\
-1{,}280 \\
\hline
64 \\
-\quad 64 \\
\hline
0
\end{array}
$$

16. Jessie hizo 312 barras nutritivas pequeñas. Puso 24 barras en cada bolsa y planea vender cada bolsa a $6.

Parte A

Escribe dos ecuaciones con variables que puede usar Jessie para hallar la cantidad de dinero que ganará si vende todas las bolsas.

Parte B

¿Cuánto ganará Jessie si vende todas las bolsas?

17. En las opciones 17a a 17d, escoge Sí o No para indicar si el número 40 hace verdadera cada ecuación.

17a. $280 \div \square = 7$ ○ Sí   ○ No

17b. $800 \div \square = 20$ ○ Sí   ○ No

17c. $4,000 \div \square = 10$ ○ Sí   ○ No

17d. $32,000 \div \square = 800$ ○ Sí   ○ No

---

18. Traza líneas para unir cada expresión de la izquierda con el cociente de la derecha.

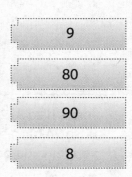

$2,700 \div 30$		9
$270 \div 30$		80
$2,400 \div 30$		90
$240 \div 30$		8

---

19. Charles consume 4,350 calorías caminando 15 millas del Camino de los Apalaches. Consume la misma cantidad de calorías en cada milla. ¿Cuántas calorías consume por milla?

---

20. Mary debe hallar $432 \div 48$. ¿En qué lugar debe escribir el primer dígito del cociente?

---

21. ¿Qué cocientes parciales se pueden sumar para hallar $465 \div 15$?

  Ⓐ   20 y 1

  Ⓑ   30 y 1

  Ⓒ   30 y 9

  Ⓓ   30 y 10

---

22. La tabla muestra la cantidad de estudiantes que irán a una excursión. Se necesita un chaperón por cada 12 estudiantes.

DATOS	Grado	Cantidad de estudiantes
	Quinto grado	310
	Sexto grado	305
	Séptimo grado	225

Parte A

Escribe dos ecuaciones con variables que puedas usar para hallar la cantidad de chaperones que se necesitan.

Parte B

¿Cuántos chaperones se necesitan?

Útiles escolares

Una tienda tuvo una oferta de útiles escolares en agosto. El gerente de la tienda anotó cuántas unidades de distintos tipos de artículo se vendieron. Cada unidad del mismo artículo costó la misma cantidad. Usa la información de la tabla para responder las preguntas.

DATOS	Útiles escolares	Mochilas	Papel	Cuadernos	Bolígrafos	Lápices
	Cantidad vendida	60	616	432	568	784

1. El total de ventas de las mochilas fue $1,200. ¿Cuánto costó cada mochila? Escribe una ecuación para representar tu trabajo.

2. La tienda vendió 71 paquetes de bolígrafos. Usa números compatibles para estimar cuántos bolígrafos había en cada paquete. Muestra tu trabajo.

3. Había 16 lápices en cada caja. Olivia quiere hallar cuántas cajas de lápices se vendieron.

Parte A

Cuando Olivia divide 784 por 16, ¿en qué lugar debe escribir el primer dígito del cociente? Indica cómo lo sabes sin hacer la división.

Parte B

¿Cuántas cajas de lápices se vendieron?

4. El gerente de la tienda encargó las calculadoras que se muestran, pero el envío se demoró.

Parte A

Si se venden todas las calculadoras encargadas, el total de ventas sería $2,014. ¿La cantidad de calculadoras encargadas fue menor o mayor que 100? ¿Cómo lo sabes sin hacer la división?

$19 cada calculadora

Parte B

¿Cuántas calculadoras se encargaron? Escribe una ecuación para representar tu trabajo.

5. El gerente quiere encargar 408 cuadernos más. Los cuadernos se envían en paquetes de 12. El gerente usó cocientes parciales para hallar la cantidad de paquetes que encargará. A la derecha se muestra su trabajo. ¿Es correcta la solución? Explícalo.

$$
\begin{array}{r}
40 \\
30 \\
12\overline{)408} \\
-360 \\
\hline
48 \\
-48 \\
\hline
0
\end{array}
$$

6. Se encargaron 40 paquetes más de papel a un costo total de $520. ¿Cuánto costó cada paquete de papel? Escribe una ecuación para representar tu trabajo.

Usar modelos y estrategias para dividir números decimales

Pregunta esencial: ¿Cuáles son los procedimientos estándar para estimar y hallar los cocientes de los números decimales?

Recursos digitales

Resuelve   Aprende   Glosario   Amigo de práctica

Herramientas   Evaluación   Ayuda   Juegos

El agua es la única sustancia de la Tierra que existe en la naturaleza en estado sólido, líquido y gaseoso.

El agua sólida es hielo. El agua gaseosa es vapor de agua. Las moléculas de agua que hay en el agua líquida también están en el vapor de agua y en el hielo: H_2O.

¡Qué bueno! ¡Puedo patinar sobre el agua! Agua sólida, ¡no líquida! Este es un proyecto sobre los estados del agua.

Proyecto de Matemáticas y Ciencias: Estados del agua

Investigar Usa la Internet u otros recursos para aprender sobre los estados del agua. Halla al menos 5 ejemplos en la naturaleza del agua en estado sólido, líquido y gaseoso. ¿A qué temperatura el agua líquida se transforma en hielo? ¿A qué temperatura el agua líquida se transforma en vapor de agua?

Diario: Escribir un informe Incluye lo que averiguaste. En tu informe, también:

• explica cómo se transforma el agua líquida en hielo y en vapor de agua.

• convierte 2 pulgadas de lluvia a pulgadas de nieve, sabiendo que a 23 °F, 1 pulgada de lluvia equivale a 10 pulgadas de nieve.

• inventa problemas de división con números decimales y resuélvelos.

Repasa lo que sabes

A-Z Vocabulario

Escoge el mejor término del recuadro.
Escríbelo en el espacio en blanco.

• cociente	• divisor
• dividendo	• número decimal

1. El _____ es el nombre del resultado de un problema de división.

2. Un número que se divide por otro número se llama _____.

Operaciones con números enteros

Halla los valores.

3. $9{,}007 - 3{,}128$ 4. $725{,}864 + 39{,}798$ 5. 35×17

6. 181×42 7. $768 \div 6$ 8. $506 \div 22$

9. $6{,}357 \div 60$ 10. $3{,}320 \div 89$ 11. $88{,}888 \div 20$

Redondear números decimales

Redondea los números al lugar del dígito subrayado.

12. 0.3̲4   13. 96̲.5   14. 81.2̲7   15. 2̲05.3

Números decimales

16. Un insecto mide 1.25 cm de longitud. ¿Qué número es menor que 1.25?

Ⓐ 1.35   Ⓑ 1.3   Ⓒ 1.26   Ⓓ 1.2

17. **Explicar** ¿Qué número decimal representa el modelo? Explícalo.

Operaciones con números decimales

Halla los valores.

18. $23.7 - 11.82$ 19. $66.8 + 3.64$ 20. 9×1.4 21. 3.2×7.6

Nombre _____

Resuélvelo y coméntalo

Un objeto mide 279.4 centímetros de ancho. Si divides el objeto en 10 partes iguales, ¿cuánto medirá de ancho cada parte? *Resuelve este problema de la manera que prefieras.*

Puedo...
usar patrones para resolver problemas de división con números decimales.

Estándar de contenido 5.NBD.A.2
Prácticas matemáticas PM.2, PM.3, PM.7

¿Cómo puedes usar la estructura y la relación entre la multiplicación y la división para ayudarte?

¡Vuelve atrás! PM.2 Razonamiento ¿Qué observas sobre el ancho del objeto y el ancho de cada parte?

Pregunta esencial ¿Cómo se pueden dividir números decimales por potencias de 10?

A

Shondra quiere cortar una tela en 10 retazos. Todos los retazos deben tener exactamente el mismo tamaño. ¿Cuánto medirá cada retazo?

Puedes dividir para hallar partes iguales de un entero.

89.5 cm

Recuerda que $10 = 10^1$ y $100 = 10^2$.

B Halla $89.5 \div 10$.

Un número dividido por 10 es menor que ese número. Al mover el punto decimal a la izquierda, se disminuye el valor del número.

El valor de posición se basa en 10; por tanto, dividir por 10 da el mismo resultado que mover el punto decimal un lugar hacia la izquierda.

C Observa los patrones de la tabla.

Divisor		
Forma estándar	Forma exponencial	Ejemplos
1	10^0	$89.5 \div 1 = 89.5$
10	10^1	$89.5 \div 10 = 8.95$
100	10^2	$89.5 \div 100 = 0.895$
1,000	10^3	$89.5 \div 1,000 = 0.0895$

$89.5 \div 10^1 = 8.95$

Cada retazo de tela medirá 8.95 centímetros de longitud.

¡Convénceme! © **PM.7 Usar la estructura** Imagina que tienes una cuerda que mide 293.5 cm de longitud. Si cortas la cuerda en 10^1 partes iguales, ¿cuánto medirá de longitud cada parte? Si cortas la cuerda en 10^2 partes iguales, ¿cuánto medirá de longitud cada parte? ¿Cómo se relacionan los cocientes que hallaste?

Nombre _____

☆ Práctica guiada*

¿Lo entiendes?

1. Ⓒ **PM.7 Usar la estructura** Imagina que Shondra quiere cortar la tela en 10^2 retazos. ¿Cuánto medirá de ancho cada retazo?

2. Ⓒ **PM.3 Construir argumentos** Krista divide un número por 10. Luego, divide el mismo número por 50. ¿Qué cociente es mayor? ¿Cómo lo sabes?

¿Cómo hacerlo?

Calcula mentalmente para hallar los cocientes en los Ejercicios **3** a **10**.

3. $370.2 \div 10^2$ **4.** $126.4 \div 10^1$

5. $7.25 \div 10$ **6.** $72.5 \div 10^3$

7. $281.4 \div 10^0$ **8.** $2{,}810 \div 10^4$

9. $3{,}642.4 \div 10^2$ **10.** $364.24 \div 10^1$

☆ Práctica independiente

Práctica al nivel Halla los cocientes en los Ejercicios **11** a **25**. Usa el cálculo mental.

11. $4{,}600 \div 10$
$460 \div 10$
$46 \div 10$
$4.6 \div 10$

12. $134.4 \div 10^3$
$134.4 \div 10^2$
$134.4 \div 10^1$
$134.4 \div 10^0$

13. $98.6 \div 1$
$98.6 \div 100$
$98.6 \div 10$
$98.6 \div 1{,}000$

14. $136.5 \div 10$ **15.** $753 \div 100$ **16.** $890.1 \div 10^0$ **17.** $3.71 \div 10^2$

18. $8{,}100 \div 10^4$ **19.** $864 \div 10^3$ **20.** $0.52 \div 10^1$ **21.** $15.7 \div 1{,}000$

22. $7{,}700 \div 10^2$ **23.** $770 \div 10^2$ **24.** $77 \div 10^1$ **25.** $7.7 \div 10^1$

Prácticas matemáticas y resolución de problemas

La tabla muestra los tiempos ganadores de la competencia de natación de la escuela intermedia Pacífico. Usa la tabla en los Ejercicios **26** a **28**.

DATOS	
50 yardas estilo libre	22.17 segundos
100 yardas espalda	53.83 segundos
100 yardas mariposa	58.49 segundos

26. ¿Cuál fue la diferencia entre el tiempo ganador de estilo mariposa y el tiempo ganador de estilo espalda?

27. El tiempo ganador de las 100 yardas estilo libre fue el doble del tiempo de las 50 yardas estilo libre. ¿Cuál fue el tiempo ganador de las 100 yardas estilo libre?

28. ¿Cuál fue la diferencia entre el tiempo ganador de las 100 yardas estilo libre y el tiempo ganador del estilo mariposa?

29. ⓒ **PM.2 Razonamiento** Un camión con una carga de 10^3 ladrillos idénticos pesa 6,755 libras. Si el camión vacío pesa 6,240 libras, ¿cuál es el peso de cada ladrillo? Explica cómo resolver el problema.

30. **Razonamiento de orden superior** Katie observó un patrón en las respuestas a las siguientes expresiones. ¿Qué observas tú?

14.6×0.1 $\qquad$ $14.6 \div 10$

146×0.01 $\qquad$ $146 \div 100$

146×0.001 $\qquad$ $146 \div 1,000$

ⓒ Evaluación de *Common Core*

31. Escoge todas las ecuaciones en las que $n = 1,000$ hace verdadera la ecuación.

☐ $2.5 \div n = 0.025$

☐ $947.5 \div n = 0.9475$

☐ $8,350 \div n = 8.35$

☐ $16.4 \div n = 0.0164$

☐ $0.57 \div n = 0.0057$

32. Escoge todas las ecuaciones en las que $d = 10^2$ hace verdadera la ecuación.

☐ $386.2 \div d = 3.862$

☐ $4,963.6 \div d = 4.9636$

☐ $0.6 \div d = 0.006$

☐ $5.8 \div d = 0.58$

☐ $15.3 \div d = 0.153$

Nombre _____

Tarea y práctica 6-1
Patrones para dividir números decimales

¡Revisemos!

Sanjai tiene 275 libras de arcilla. Usa la arcilla para hacer 100 tazones idénticos. ¿Cuánta arcilla usa para cada tazón?

Para dividir por 10, o 10^1, mueve el punto decimal 1 lugar hacia la izquierda.

Para dividir por 100, o 10^2, mueve el punto decimal 2 lugares hacia la izquierda.

$275 \div 100 = \mathbf{2.75} = 2.75$

Sanjai usa 2.75 libras de arcilla para cada tazón.

Práctica al nivel Usa el cálculo mental y patrones para completar los problemas en los Ejercicios **1** a **18**.

1. $2{,}500 \div 10 = $ _____

$250 \div$ _____ $= 25$

_____ $\div 10 = 2.5$

$2.5 \div 10 = $ _____

2. $20 \div$ _____ $= 2$

$20 \div 10^2 = $ _____

$20 \div 10^3 = $ _____

$20 \div 10^4 = $ _____

3. _____ $\div 10 = \$675$

$\$675 \div$ _____ $= \$67.50$

$\$6{,}750 \div 10^2 = $ _____

$\$6{,}750 \div 10^3 = $ _____

4. $9{,}600 \div 10^1 = $ _____

$960 \div 10^1 = $ _____

$96 \div 10^1 = $ _____

$9.6 \div 10^1 = $ _____

5. $\$800 \div$ _____ $= \$80$

_____ $\div 10 = \$8$

$\$8 \div 10 = $ _____

$\$0.80 \div 10 = $ _____

6. $1{,}200 \div 10^3 = $ _____

$120 \div$ _____ $= 12$

_____ $\div 10^1 = 1.2$

$1.2 \div 10^2 = $ _____

7. $4 \div 100$

8. $15 \div 10^0$

9. $450 \div 10$

10. $60 \div 100$

11. $55 \div 10$

12. $30.9 \div 100$

13. $8{,}020 \div 10^2$

14. $150 \div 10^3$

15. $16 \div 10^3$

16. $1.8 \div 10^1$

17. $720 \div 100$

18. $3{,}500 \div 10^4$

Recuerda que tal vez necesites agregar ceros cuando muevas el punto decimal hacia la izquierda.

19. La ciudad tiene un sector de tierras que mide 3,694.7 pies de longitud. Se quiere dividir esa longitud para formar 10 lotes del mismo tamaño para hacer huertas. ¿Cuál será la longitud de cada lote?

20. Razonamiento de orden superior Una pila de 10^2 monedas de 1¢ mide 6.1 pulgadas de altura. Una pila de 10^2 monedas de 10¢ mide 5.3 pulgadas de altura. ¿Cuánto más alta que una pila de 10 monedas de 10¢ es una pila de 10 monedas de 1¢?

21. Para una fiesta, 10 amigos compran 100 vasos, 100 platos, un tazón grande para el refresco y 200 globos. Si los amigos comparten los costos equitativamente, ¿cuánto debe pagar cada amigo?

¿Qué pasos necesitas resolver para hallar la respuesta?

Artículos para fiestas	
100 globos	$7.80
100 platos	$4.75
100 vasos	$5.45
100 servilletas	$2.09
10 invitaciones	$1.60
tazón de plástico	$11.50

22. © **PM.3 Evaluar el razonamiento** Luis dice que $2,376 \div 10^2$ es lo mismo que $2,376 \times 0.1$. ¿Tiene razón? ¿Por qué?

23. © **PM.2 Razonamiento** En un mapa grande, la distancia de Austin, Texas, a Milwaukee, Wisconsin, es 13.7 pulgadas. La distancia real es aproximadamente 1,000 millas. ¿Cuál es la distancia en el mismo mapa de Indianápolis, Indiana, a Louisville, Kentucky, si la distancia real es aproximadamente 100 millas? Redondea tu respuesta a la décima más cercana.

© **Evaluación de _Common Core_**

24. Escoge todas las ecuaciones en las que $n = 100$ hace verdadera la ecuación.

☐ $12.4 \div n = 0.124$

☐ $3.8 \div n = 0.038$

☐ $52,350 \div n = 52.35$

☐ $850.4 \div n = 85.04$

☐ $0.41 \div n = 0.0041$

25. Escoge todas las ecuaciones en las que $d = 10^3$ hace verdadera la ecuación.

☐ $37,162 \div d = 3.7162$

☐ $1,041.6 \div d = 1,041.6$

☐ $2.7 \div d = 0.0027$

☐ $168.2 \div d = 1.682$

☐ $80.7 \div d = 0.0807$

Nombre _____

Resuélvelo y coméntalo

Un trozo de material de construcción de 135.8 pies se debe cortar en partes de 16 pies de longitud. Aproximadamente ¿cuántas partes se pueden cortar? **Resuelve este problema de la manera que prefieras.**

Puedo...
estimar cocientes en problemas con números decimales.

Estándar de contenido 5.NBD.B.7
Prácticas matemáticas PM.1, PM.2, PM.3

135.8 es aproximadamente _____.

16 es aproximadamente _____.

Puedes usar el razonamiento para estimar cocientes decimales.

¡Vuelve atrás! PM.2 Razonamiento ¿Puedes hallar otra manera de estimar el resultado del problema de arriba? Explícalo.

Pregunta esencial **¿Cómo se puede usar la estimación para hallar cocientes?**

A

Diego compró un equipo de videojuegos por $473.89 (impuesto incluido). Aproximadamente ¿cuánto serán sus pagos mensuales si quiere pagar todo en un año?

Puedes usar la división para hallar grupos iguales.

Versión $473.89

B **Una manera**

Estima $473.89 ÷ 12. Usa el redondeo.

Redondea a la decena más cercana: 473.89 se redondea a 470; 12 se redondea a 10.

$473.89 ÷ 12 es aproximadamente $470 ÷ 10 = $47.

Cada pago mensual será aproximadamente $47.

C **Otra manera**

Estima $473.89 ÷ 12. Usa números compatibles.

Busca números compatibles.

$473.89 ÷ 12 está cerca de $480 ÷ 12 = $40.

Cada pago mensual será aproximadamente $40.

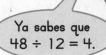

Ya sabes que 48 ÷ 12 = 4.

¡Convénceme! © **PM.3 Construir argumentos** En el ejemplo de arriba, ¿qué estimación está más cerca de la respuesta exacta? Indica cómo lo decidiste.

Amigo de práctica   Herramientas   Evaluación

☆Práctica guiada*

¿Lo entiendes?

1. Sentido numérico Leo estima 53.1 ÷ 8.4. ¿Piensas que debería usar 53 ÷ 8 o 54 ÷ 9 para hacer una estimación? ¿Por qué?

2. © PM.3 Construir argumentos ¿Los cocientes son mayores o menores que 1? ¿Cómo lo sabes?

A 0.2 ÷ 4

B 1.35 ÷ 0.6

¿Cómo hacerlo?

Estima los cocientes en los Ejercicios **3** a **8**. Usa el redondeo o números compatibles.

3. 42 ÷ 6.8

4. 102 ÷ 9.6

5. 48.9 ÷ 4

6. 72.59 ÷ 7

7. 15.4 ÷ 1.9

8. 44.07 ÷ 6.3

☆Práctica independiente

Práctica al nivel Completa el trabajo para estimar los cocientes en los Ejercicios **9** y **10**.

9. Estima 64.5 ÷ 12.3 usando el redondeo.

65 ÷ 10 = ____

10. Estima 64.5 ÷ 12.3 usando números compatibles.

60 ÷ 12 = ____

Estima los cocientes en los Ejercicios **11** a **19**.

11. 7 ÷ 0.85

12. 9.6 ÷ 0.91

13. 17.7 ÷ 3.2

14. 91.02 ÷ 4.9

15. 45.64 ÷ 6.87

16. 821.22 ÷ 79.4

17. 22.5 ÷ 3

18. 15.66 ÷ 9.3

19. 156.3 ÷ 14.5

Prácticas matemáticas y resolución de problemas

20. La mamá de Luci le dio $7.50 para comprar 8 cuadernos de espiral. Con el impuesto, el costo de cada cuaderno es $1.05. ¿Tiene Luci dinero suficiente para comprar los cuadernos? Usa números compatibles y haz una estimación para decidir.

21. © **PM.3 Evaluar el razonamiento** Kerri dijo que el cociente de 4.2 ÷ 5 es aproximadamente 8 décimas. Su razonamiento fue que 4.2 ÷ 5 está cerca de 40 décimas ÷ 5. ¿Estás de acuerdo con el razonamiento de Kerri? Explícalo.

22. **Razonamiento de orden superior** Escribe un problema de división con números decimales que tenga un cociente estimado de 4. Explica cómo se obtiene esa estimación.

23. © **PM.2 Razonamiento** El carro de Lía consume un promedio de un galón cada 14.5 millas. El carro de Román consume un galón cada 28.5 millas. Haz una estimación para hallar cuántas veces más millas por galón recorre el carro de Román en comparación con el de Lía.

Usa la tabla en los Ejercicios **24** a **26**.

24. **Matemáticas y Ciencias** ¿Qué muestra del experimento tuvo la menor masa? ¿Cuál tuvo la temperatura más baja?

Muestra	Masa	Temperatura
1	0.98 g	37.57 °C
2	0.58 g	57.37 °C
3	0.058 g	75.50 °C
4	0.098 g	73.57 °C

DATOS

25. La Muestra 3 se usó en otro experimento. Se registró una temperatura de 82.14 °C. ¿Cuántos grados cambió la temperatura?

26. ¿Cuál es la diferencia de masa entre la Muestra 1 y la Muestra 2?

© Evaluación de *Common Core*

27. Mauricio anotó un total de 34.42 puntos en cinco eventos deportivos. ¿Qué oración numérica muestra la mejor manera de estimar la puntuación de Mauricio en cada evento?

Ⓐ 35 ÷ 5 = 7

Ⓑ 35 ÷ 7 = 5

Ⓒ 30 ÷ 10 = 3

Ⓓ 40 ÷ 10 = 4

28. Terry pagó $117.50 por 18 unidades de memoria portátil idénticas. ¿Cuál es la mejor estimación del costo de cada unidad de memoria portátil?

Ⓐ $6

Ⓑ $10

Ⓒ $12

Ⓓ $60

Nombre _____

Tarea y práctica
6-2
Estimar cocientes decimales

¡Revisemos!

Para hacer estimaciones en la división con números decimales, puedes usar el redondeo o números compatibles.

Estima 28.4 ÷ 9.5.

Una manera

Usa el redondeo. Redondea al número entero más cercano.

28.4 ÷ 9.5
↓   ↓
28 ÷ 10 = 2.8

Escribe el problema original.

Redondea 28.4 a 28.
Redondea 9.5 a 10.

Otra manera

Usa números compatibles.

28.4 ÷ 9.5   Escribe el problema original.
↓   ↓
27 ÷ 9 = 3   Usa números compatibles.

Práctica al nivel Completa el trabajo para estimar los cocientes en los Ejercicios **1** y **2**.

1. Estima 52.3 ÷ 11.4 usando el redondeo.

52.3 ÷ 11.4
↓   ↓
52 ÷ 10 = _____

2. Estima 52.3 ÷ 11.4 usando números compatibles.

52.3 ÷ 11.4
↓   ↓
55 ÷ 11 = _____

Estima los cocientes en los Ejercicios **3** a **11**.

3. 25.1 ÷ 8

4. 59.67 ÷ 11.1

5. 82.77 ÷ 7.5

6. 496.3 ÷ 98

7. 1.76 ÷ 0.91

8. 13.07 ÷ 7.41

9. 41.3 ÷ 6.76

10. 81.4 ÷ 10.03

11. 384.4 ÷ 88.1

12. La Sra. Barton y sus tres vecinos compraron una máquina para quitar la nieve. La máquina costó $439.20. Describe cómo puedes estimar el costo que debe pagar cada persona.

13. © **PM.2 Razonamiento** ¿Es 100 una estimación razonable para 915.25 ÷ 88.22? Explícalo.

14. © **PM.1 Entender y perseverar** Hodi construye una pajarera. Cada una de las cuatro paredes de la pajarera debe medir 5.5 pulgadas de longitud. Hodi tiene una tabla de 24.5 pulgadas de longitud. ¿Tiene la tabla la longitud suficiente para cortar las cuatro paredes de la pajarera? Haz una estimación usando números compatibles.

15. El lunes cayeron 3.11 pulgadas de lluvia y el martes cayeron 0.81 pulgadas de lluvia. El miércoles cayó el doble de lluvia que el martes. ¿Cuánta lluvia cayó durante esos tres días?

16. **Sentido numérico** Una veterinaria pesa tres gatos. El americano de pelo corto pesa 13.35 libras. El persa pesa 13.07 libras. El americano de pelo largo pesa 13.6 libras. Haz una lista de los gatos en orden del menos pesado al más pesado.

17. **Razonamiento de orden superior** Usa la estimación para decidir cuál es el mejor precio: 12 pares de calcetines por $37.75 u 8 pares de calcetines por $31.15. Explica tu respuesta.

© Evaluación de *Common Core*

18. Elena quiere estimar 197.6 ÷ 5.48. ¿Qué oración numérica muestra la mejor manera de estimar el cociente?

    Ⓐ $100 ÷ 5 = 20$

    Ⓑ $100 ÷ 10 = 10$

    Ⓒ $200 ÷ 5 = 40$

    Ⓓ $200 ÷ 10 = 20$

19. Connor corta una tabla que mide 78.5 centímetros de longitud en cuatro partes iguales. ¿Cuál es la mejor estimación de la longitud de cada parte?

    Ⓐ   2 cm

    Ⓑ   5 cm

    Ⓒ   20 cm

    Ⓓ   25 cm

Nombre _____

☆Resuélvelo☆
y coméntalo

Chris pagó $3.60 por 3 bolígrafos de colores. Cada bolígrafo cuesta la misma cantidad de dinero. ¿Cuánto cuesta cada bolígrafo? *Resuelve este problema de la manera que prefieras.*

Puedo...
usar modelos para hallar cocientes en problemas con números decimales.

© **Estándar de contenido** 5.NBD.B.7
Prácticas matemáticas PM.2, PM.3, PM.4, PM.5, PM.8

Puedes usar herramientas apropiadas, como los bloques de valor de posición, como ayuda para dividir. ¡Muestra tu trabajo!

¡Vuelve atrás! © **PM.2 Evaluar el razonamiento** Sin dividir, ¿cómo sabes que la respuesta al problema de arriba debe ser mayor que 1?

Pregunta esencial ¿Cómo se pueden usar modelos para hallar un cociente decimal?

A

Tres amigos recibieron $2.58 por las latas de aluminio que reciclaron. Los amigos decidieron repartir el dinero en partes iguales. ¿Cuánto recibirá cada uno?

 Puedes dividir porque el dinero se reparte en partes iguales.

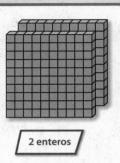

| 2 enteros | 5 décimas | 8 centésimas |

B Lo que piensas

Halla 2.58 ÷ 3. Haz una estimación usando números compatibles.

3 ÷ 3 = 1; por tanto, 2.58 ÷ 3 < 1.

Divide los modelos en 24 décimas y 18 centésimas para repartir en partes iguales.

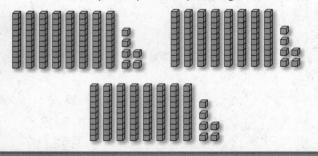

C Lo que escribes

 Usa la estimación para comenzar a dividir en el lugar de las décimas.

$$\begin{array}{r} 0.86 \\ 3\overline{)2.58} \\ -24 \\ \hline 18 \\ -18 \\ \hline 0 \end{array}$$

Ubica el punto decimal en el cociente, sobre el punto decimal del dividendo. Divide como siempre.

Cada uno de los tres amigos recibirá $0.86.

¡Convénceme! © **PM.2 Razonamiento** La semana siguiente, 4 amigos recibieron $8.24 por las latas que recolectaron. ¿Cuánto dinero recibirá cada amigo? Haz una estimación usando números compatibles y, luego, haz el cálculo.

☆ Práctica guiada *

¿Lo entiendes?

1. Ⓒ **PM.3 Construir argumentos** Para hallar 9.36 ÷ 4, ¿debes comenzar a dividir primero las unidades o las décimas? Explica tu respuesta.

2. Ⓒ **PM.8 Generalizar** ¿En qué se parece dividir un número decimal por un número entero a dividir un número entero por un número entero? Explícalo.

¿Cómo hacerlo?

3. Usa modelos para dividir 2.16 ÷ 4. Completa la división.

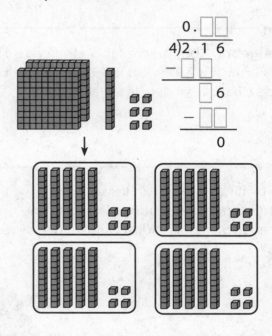

$$0.\square\square$$
$$4\overline{)2\,.\,1\;6}$$
$$-\square\square$$
$$\square\;6$$
$$-\square\square$$
$$0$$

☆ Práctica independiente

Práctica al nivel Divide en los Ejercicios **4** a **11.** Usa modelos como ayuda.

4.
$$0\,.\,4\,\square$$
$$3\overline{)1\,.\,3\;5}$$
$$-\square\square$$
$$\square\;5$$
$$-\square\square$$
$$\square$$

5.
$$0\,.\,\square\square$$
$$6\overline{)2\,.\,7\;6}$$
$$-\square\square$$
$$\square\;6$$
$$-\square\square$$
$$\square$$

6.
$$1\,.\,\square\square$$
$$5\overline{)6\,.\,8\;5}$$
$$-\;5$$
$$\square\;8$$
$$-\square\square$$
$$\square\;5$$
$$-\square\square$$
$$\square$$

7.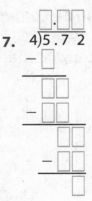
$$\square\,.\,\square\square$$
$$4\overline{)5\,.\,7\;2}$$
$$-\square$$
$$\square\square$$
$$-\square\square$$
$$\square\square$$
$$-\square\square$$
$$\square\square$$

8. 2.38 ÷ 7

9. 4.71 ÷ 3

10. 1.76 ÷ 8

11. 5.36 ÷ 2

Prácticas matemáticas y resolución de problemas

12. **© PM.4 Representar con modelos matemáticos** Alan representa 2.65 ÷ 5. ¿Cómo podría intercambiar los bloques de valor de posición para formar 5 grupos iguales?

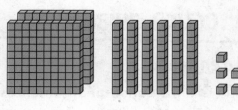

13. **Álgebra** Abby quiere saber el valor de *n* en la ecuación 7.913 × *n* = 791.3. ¿Qué valor de *n* hará verdadera la ecuación?

14. **© PM.3 Construir argumentos** Para hallar 5.16 ÷ 6, ¿debes dividir primero las unidades o las décimas? ¿Por qué?

15. 264 niños irán de excursión. ¿Son suficientes 5 autobuses si en cada uno caben 52 niños? Indica cómo lo decidiste.

16. **Razonamiento de orden superior** Ginny ganó $49.50 por 6 horas de jardinería y $38.60 por cuidar niños durante 4 horas. ¿En qué trabajo ganó más dinero por hora? ¿Cuánto más dinero por hora ganó? Explica cómo hallaste las respuestas.

> Piensa en qué información del problema debes comparar.

© Evaluación de *Common Core*

17. Nati dibujó el siguiente modelo para 1.35 ÷ 3.

Parte B

Dibuja el modelo correcto y halla el cociente.

Parte A

Explica el error que cometió Nati.

Nombre _____

Ayuda Amigo de práctica Herramientas Juegos

¡Revisemos!

Dibuja un modelo como ayuda para hallar 3.25 ÷ 5.

3 enteros, 2 décimas y 5 centésimas

↓

32 enteros y 5 centésimas

↓

30 décimas y 25 centésimas

Piensa cómo puedes intercambiar bloques de valor de posición para formar 5 grupos iguales.

Lo que muestras

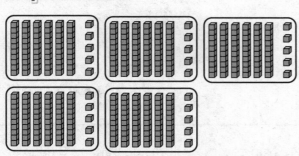

Lo que escribes

$$\begin{array}{r} 0.6\,5 \\ 5\overline{)3.2\,5} \\ -\,3\,0 \\ \hline 2\,5 \\ -\,2\,5 \\ \hline 0 \end{array}$$

Piensa:
Cada grupo igual tiene 6 décimas y 5 centésimas.

Práctica al nivel Divide en los Ejercicios **1** a **8.** Usa modelos como ayuda.

1.
```
      0.☐☐
  4)3.4 8
  -  ☐☐
      2☐
   - ☐☐
       0
```

2.
```
      0.☐☐
  5)4.2 5
  -  ☐☐
      ☐5
   - ☐☐
       ☐
```

3.
```
     ☐.2☐
  6)7.4 4
  - 6
    ☐☐
  - 1 2
    ☐☐
   - ☐☐
      ☐
```

4.
```
      1.☐☐
  8)9.6 8
  -  ☐
     1☐
   - ☐☐
      ☐☐
    - ☐☐
       ☐
```

5. 3)2.91

6. 4)6.52

7. 7.02 ÷ 6

8. 4.75 ÷ 5

9. © **PM.4 Representar con modelos matemáticos** Janice divide $1.92 \div 6$. ¿Por qué Janice intercambió los bloques de valor de posición que se muestran por 18 décimas y 12 unidades?

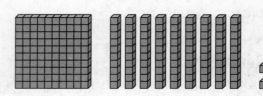

---

10. Keith tiene 7.8 onzas de ensalada de atún. Si hace 3 sándwiches con la misma cantidad de atún en cada uno, ¿cuánto atún pone en cada sándwich?

11. **Álgebra** Un puesto de periódicos vendió 1,000 ejemplares del periódico de la ciudad por $1,600. Escribe y resuelve una ecuación para hallar el costo de un ejemplar.

---

12. **Razonamiento de orden superior** Inés compró un paquete de papel para regalo y 4 moños. Si envolvió 4 regalos idénticos con el papel y los moños, ¿cuánto costó envolver cada regalo?

$3.76/paquete

moños: $1.05 c/u

---

13. **Sentido numérico** Sin dividir, ¿cómo puedes decidir si el cociente de $7.16 \div 4$ será menor o mayor que 2?

14. Nati compra 5 libras de papas a $4.35 y 3 libras de zanahorias a $3.57. ¿Cuánto cuesta una libra de papas?

© **Evaluación de Common Core** _____

15. Glen dibujó el siguiente modelo para $1.95 \div 5$.

Parte A

Explica el error que cometió Glen.

Parte B

Dibuja el modelo correcto y halla el cociente.

Nombre

Resuélvelo y coméntalo

Un albañil separó 107.25 libras de arena en partes iguales en tres recipientes. ¿Cuánta arena puso en cada recipiente? *Resuelve este problema de la manera que prefieras.*

Lección 6-4
Dividir por un número entero de 1 dígito

Puedo...
dividir números decimales por un número entero.

© **Estándar de contenido** 5.NBD.B.7
Prácticas matemáticas PM.1, PM.2, PM.3, PM.4, PM.8

Generalizar ¿Cómo puedes relacionar lo que sabes sobre dividir números enteros con dividir un número decimal por un número entero? ¡Muestra tu trabajo!

107.25 lb

107.25		
x	x	x

¡Vuelve atrás! © **PM.2 Razonamiento** ¿Cómo puedes estimar la respuesta al problema de arriba?

¿Cómo se puede dividir un número decimal por un número entero?

A

En un viaje de mochilero, Bradley caminó 23.6 millas en 8 horas. Si caminó la misma cantidad de millas cada hora, ¿cuántas millas caminó por hora?

 Puedes usar la división para hallar grupos iguales.

 Piensa: $8 \times m = 23.6$, o $23.6 \div 8 = m$.

23.6 millas

| m | m | m | m | m | m | m | m |

$$23.6 \div 8 = m$$

B ## Paso 1

Haz una estimación.

Como $24 \div 8 = 3$, comienza dividiendo en el lugar de las unidades.

$$
\begin{array}{r}
2 \\
8\overline{)23.6} \\
-16 \\
\hline
7
\end{array}
$$

Compara: $7 < 8$

C ## Paso 2

Divide las décimas.

$$
\begin{array}{r}
2.9 \\
8\overline{)23.6} \\
-16\downarrow \\
\hline
76 \\
-72 \\
\hline
4
\end{array}
$$

Ubica el punto decimal.

Baja.

Compara: $4 < 8$

D ## Paso 3

Divide las centésimas.

$$
\begin{array}{r}
2.95 \\
8\overline{)23.60} \\
-16\downarrow \\
\hline
76 \\
-72\downarrow \\
\hline
40 \\
-40 \\
\hline
0
\end{array}
$$

Agrega un cero.

Baja.

Bradley caminó 2.95 millas por hora.

¡Convénceme! © **PM.2 Razonamiento** Escribe un problema que se pueda representar con la expresión $5.68 \div 8$. Luego, explica cómo usar números compatibles para estimar la solución.

Amigo de práctica Herramientas Evaluación

⭐Práctica guiada*

¿Lo entiendes?

1. Cuando divides un número decimal por un número entero, ¿dónde ubicas el punto decimal del cociente?

2. © **PM.2 Razonamiento** En el ejemplo de la página anterior, ¿por qué se agregó un cero al dividendo?

¿Cómo hacerlo?

Completa las divisiones en los Ejercicios **3** y **4**.

3.
```
       7.☐
   6)4 3 . 8
    - 4☐
       1
     - 1 8
       ☐
```

4.
```
       9 . 2☐
   4)3 7 . ☐☐
    - ☐6
       1 ☐
      -  8
       ☐☐
      -☐☐
         0
```

⭐Práctica independiente

Práctica al nivel Halla los cocientes en los Ejercicios **5** a **16**.

5.
```
      0.☐☐
  6)4 . 5 6
  -☐☐
      ☐ 6
    -☐☐
       ☐
```

6.
```
     ☐ . ☐
  5)3 2 . ☐
  -☐☐
     2 0
   -☐☐
      ☐
```

7.
```
     ☐ . ☐
  7)2 0 . 3
  -☐☐
     ☐☐
   -☐☐
      ☐
```

8.
```
      ☐ . ☐☐
  4)3 3 . 8☐
  -☐☐
     ☐☐
   -☐☐
      ☐☐
    -☐☐
       ☐
```

9. $19 \div 5$

10. $7.83 \div 3$

11. $48.62 \div 2$

12. $62 \div 8$

13. $35.5 \div 5$

14. $100 \div 8$

15. $1.44 \div 9$

16. $\$7.20 \div 6$

17. © **PM.4 Representar con modelos matemáticos** Un envase de yogur de 32 onzas contiene 5 porciones. Escribe y resuelve una ecuación para hallar cuántas onzas de yogur hay en 1 porción.

18. Sentido numérico Escribe tres números decimales cuyo redondeo a la décima más cercana sea igual a 2.7.

19. © **PM.3 Construir argumentos** ¿Qué paquete de queso tiene las rebanadas más gruesas? ¿Cómo lo sabes?

Queso cheddar
6 rebanadas

7.2 onzas

Queso americano
8 rebanadas

7.6 onzas

20. Razonamiento de orden superior Harriet calculó 27 ÷ 4 = 6.75. ¿Cómo puede hallar 270 ÷ 4 sin hacer la división?

21. Manny tiene $75. Quiere comprar un árbol de $24. ¿Tendrá suficiente dinero para comprar 4 arbustos que cuestan $12.25 cada uno? Muestra cómo hallaste tu respuesta.

© **Evaluación de _Common Core_**

22. Patrick compró las 10 estampillas que se muestran a la derecha.

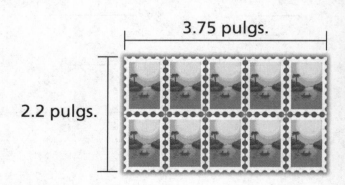

3.75 pulgs.

2.2 pulgs.

Parte A

¿Cuál es la altura de una sola estampilla? Muestra tu trabajo.

Parte B

¿Cuál es el ancho de una sola estampilla? Muestra tu trabajo.

Nombre _____

Ayuda   Amigo de   Herramientas   Juegos
         práctica

Tarea y práctica 6-4
Dividir por un número entero de 1 dígito

¡Revisemos!

La masa de 6 pulseras de oro idénticas es 75 gramos. ¿Cuál es la masa de cada pulsera?

Paso 1

Haz una estimación. Como $72 \div 6 = 12$, comienza dividiendo en el lugar de las décimas.

```
   1
6)75
 - 6
   1
```

Paso 2

Divide las unidades.

```
   12
6)75
 - 6↓
   15    Baja.
 - 12
    3
```

Paso 3

Divide las décimas.

```
   12.5
6)75.0    Ubica el punto decimal.
 - 6      Agrega un cero.
   15
 - 12↓
   3 0    Baja.
 - 3 0
     0
```

La masa de cada pulsera es 12.5 gramos.

Práctica al nivel Halla los cocientes en los Ejercicios **1** a **12**.

1.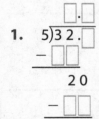
```
5)32.
 -
  2 0
 -
```

2.
```
7)3.36
```

3.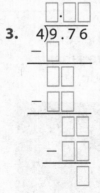
```
4)9.76
```

4.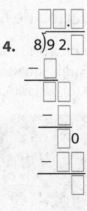
```
8)92.
```

5. $13 \div 2$

6. $5.58 \div 9$

7. $27.6 \div 8$

8. $30.17 \div 7$

9. $15 \div 4$

10. $37.8 \div 7$

11. $4.95 \div 9$

12. $5.04 \div 6$

13. ©**PM.2 Razonamiento** Ned calculó $17 \div 4 = 4.25$. Usa la estimación para ver si la respuesta es razonable. ¿Cómo puedes comprobar la respuesta exacta?

14. Nathan manejó 275.2 millas con 8 galones de combustible. Divide 275.2 por 8 para hallar el promedio de la cantidad de millas por galón del carro de Nathan.

15. ©**PM.4 Representar con modelos matemáticos** Sara prepara un refresco de frutas para su fiesta. Su tazón tiene una capacidad de 600 onzas, que son 80 porciones de refresco. Escribe y resuelve una ecuación para hallar cuántas onzas de refresco hay en cada porción.

En una taza hay 8 onzas.

16. ©**PM.1 Entender y perseverar** El auditorio de una escuela tiene tres secciones con asientos. Una sección tiene 16 filas con 14 asientos en cada fila. Las otras secciones tienen 18 filas con 10 asientos en cada una. ¿Cuántos asientos hay en total en las tres secciones?

17. **Razonamiento de orden superior** Paul y Richard dividen $36.25 \div 5$. Paul dice que el primer dígito del cociente está en el lugar de las unidades. Richard dice que está en el lugar de las decenas. ¿Quién tiene razón? ¿Cómo lo sabes?

© **Evaluación de *Common Core*** _____

18. Gayle hizo una colcha para bebé con 24 cuadrados iguales. Gayle quiere saber la longitud de lado de un cuadrado.

3 pies

4.5 pies

Parte A

Describe una manera de hallar la respuesta.

Parte B

¿Cuál es la longitud de lado de un cuadrado? Escribe una ecuación para mostrar tu trabajo.

Nombre _____

Resuelve

Resuélvelo y coméntalo

Stan tiene un pedazo de alfombra rectangular que tiene un área de 23.4 metros cuadrados. El pedazo de alfombra mide 13 metros de longitud. ¿Cuál es el ancho del pedazo de alfombra? *Resuelve este problema de la manera que prefieras.*

Puedo...
dividir números decimales por un número entero de 2 dígitos.

Ⓒ **Estándar de contenido** 5.NBD.B.7
Prácticas matemáticas PM.1, PM.2, PM.4, PM.7

Representar con modelos matemáticos
Puedes escribir una ecuación para representar el problema.

¡Vuelve atrás! Ⓒ **PM.2 Razonar** ¿Cómo puedes estimar el ancho del pedazo de alfombra?

A

¿Cómo se pueden dividir números decimales por números de 2 dígitos?

El huerto de Erin tiene un área de 84.8 pies cuadrados. Erin sabe que la longitud es 16 pies. ¿Cuál es el ancho del huerto de Erin? ¿Cómo puedes resolver $84.8 \div 16 = a$?

Puedes dividir números decimales por números de 2 dígitos de la misma manera en que divides números decimales por números de 1 dígito.

a

16 pies

B

Puedes hallar el ancho dividiendo.

$$\begin{array}{r} 5.3 \\ 16\overline{)84.8} \\ -80 \\ \hline 48 \\ -48 \\ \hline 0 \end{array}$$

El punto decimal del cociente va encima del punto decimal del dividendo.

El ancho de la huerta es 5.3 pies.

C

El modelo muestra que cuando la huerta tiene un área de 84.8 pies cuadrados y una longitud de 16 pies, el ancho es 5.3 pies.

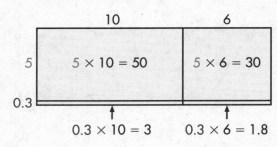

	10	6
5	$5 \times 10 = 50$	$5 \times 6 = 30$
0.3		

$0.3 \times 10 = 3$ $0.3 \times 6 = 1.8$

$50 + 30 + 3 + 1.8 = 84.8$

$16 \times 5.3 = 84.8$

$84.8 \div 16 = 5.3$

¡Convénceme! © **PM.2 Razonamiento** Para hallar el ancho del huerto del ejercicio anterior, Amy dividió 848 por 16 y obtuvo 53. ¿Cómo pudo usar la estimación para ubicar el punto decimal?

Nombre _____

Amigo de práctica Herramientas Evaluación

☆ Práctica guiada *

¿Lo entiendes?

Usa el ejemplo de la página anterior en los Ejercicios **1** y **2**.

1. ¿En qué parte del diagrama se muestra 5.3?

2. © **PM.7 Usar la estructura** ¿Cómo puedes comprobar que el cociente 5.3 es razonable? Explícalo.

¿Cómo hacerlo?

Completa el problema de división en los Ejercicios **3** y **4**.

3.
```
        □ . 2 □
   49)3 0 6 . 2 5
    -  □ 9
       1 □□
      -  9 8
       □□□
      - 2 4 5
         □
```

4.
```
        0 . □□
   15)1 4 . 4 □
     - □□□
         9 □
       - □ 0
          □
```

☆ Práctica independiente

Práctica al nivel Halla los cocientes en los Ejercicios **5** a **12**.

5.
```
       □□
   17)7 8 . 2
    - □□
      □□□
    - □□□
        0
```

6.
```
        □□
   40)2 3 2.0
    - □□□
      □□□
    - □□□
        0
```

7.
```
       □ . 7 □
   53)3 0 4 . 7 5
    - □ 6 □
       3 □□
    - 3 7 1
      □□□
    - 2 6 5
        □
```

8.
```
       0 . □□
   18)1 5 . 3 □
    - □□□
        9 □
    -   □ 0
          □
```

9. 27)91.8

10. 15)3.9

11. 88)396

12. 50)247.5

13. Sharon paga $98.75 por veinticinco cajas de cereal Copos Deliciosos de 14 onzas. ¿Cuánto cuesta una caja de cereal?

14. © **PM.2 Razonamiento** Javier compró un televisor nuevo por $479.76. Hará pagos mensuales iguales durante 2 años. ¿Cómo puede usar números compatibles para estimar cada pago?

15. Razonamiento de orden superior El área del cantero rectangular que se muestra es 20.4 metros cuadrados. ¿Cuántos metros de borde se necesitan para rodear el cantero? Explícalo.

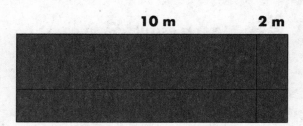

10 m   2 m

16. © **PM.1 Entender y perseverar** La Sra. Wang va a comprar un refrigerador nuevo. La Marca A cuesta $569 y consume 635 kilovatios por hora por año. La Marca B cuesta $647 y consume 582 kilovatios por hora por año. Si la electricidad cuesta $0.18 el kilovatio por hora, ¿cuánto ahorrará la Sra. Wang en electricidad por año si compra la Marca B?

17. Pat maneja de Seattle a Los Angeles. La distancia es 1,135 millas. En las primeras 250 millas, cada milla recorrida le cuesta a Pat $0.29. Después, el costo es $0.16 por milla. ¿Cuál es el costo total del viaje de Pat?

© Evaluación de *Common Core*

18. ¿Qué opción es igual a 27.3 dividido por 13?

   Ⓐ   0.21

   Ⓑ   2.01

   Ⓒ   2.1

   Ⓓ   21

19. ¿Qué opción es igual a 73.5 dividido por 21?

   Ⓐ   0.35

   Ⓑ   3.05

   Ⓒ   3.5

   Ⓓ   30.5

Ayuda   Amigo de   Herramientas   Juegos
         práctica

¡Revisemos!

El área de un bloc de dibujo es 93.5 pulgadas cuadradas. La longitud del bloc es 11 pulgadas. ¿Cuál es el ancho del bloc de dibujo?

> Primero, estima el ancho:
> 93.5 ÷ 11 es aproximadamente
> 90 ÷ 10 = 9.

Divide 93.5 por 11.

```
      8.5
11)93.5
   -88
    55
   -55
     0
```

8.5 está cerca de la estimación de 9; por tanto, la respuesta es razonable.

El ancho del bloc de dibujo es 8.5 pulgadas.

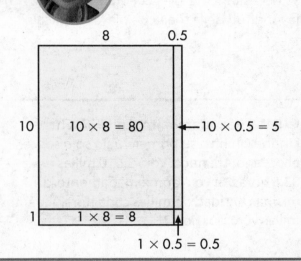

8   0.5

10 | 10 × 8 = 80 | ← 10 × 0.5 = 5

1 | 1 × 8 = 8

1 × 0.5 = 0.5

Práctica al nivel Halla los cocientes en los Ejercicios **1** a **12**.

1. 23)71.3

2. 80)192.0

3. 42)23.94

4. 18)40.50

5. 26)98.8

6. 17)14.62

7. 25)160

8. 60)343.2

9. 83.2 ÷ 26

10. 25.6 ÷ 4

11. 90.54 ÷ 18

12. 2.4 ÷ 16

13. El tiempo más largo de hacer girar una pelota de básquetbol con el dedo es 255 minutos. Aproximadamente ¿cuántas horas son?

14. Karen pagó $24.64 para enviar 11 paquetes. Cada paquete tenía el mismo tamaño y el mismo peso. ¿Cuánto costó enviar 1 paquete?

15. Razonamiento de orden superior Liza necesita un total de 22.23 metros cuadrados de tela para hacer una toalla y un bolso de playa. Para el bolso se necesitan 5.13 pies cuadrados de tela. ¿Cuál es la longitud de la toalla de playa? Explícalo.

3 pies

16. © PM.2 Razonamiento En 1927, Charles Lindbergh hizo su primer vuelo solo sobre el océano Atlántico. Voló 3,610 millas en 33.5 horas. Si voló aproximadamente la misma cantidad de millas cada hora, ¿cuántas millas voló por hora?

17. Tiffany depositó las siguientes cantidades en su cuenta de ahorro el mes pasado: $6.74, $5.21, $5.53 y $3.52. Divide la suma por 30 para hallar el promedio de lo que ahorró Tiffany por día en todo el mes. Muestra tu trabajo.

18. © PM.1 Entender y perseverar Susan compró 3 plantas que cuestan $2.75 cada una. Quiere comprar 3 macetas de arcilla que cuestan $4.15 cada una. Si Susan tenía $20 al comienzo, ¿tiene suficiente dinero para comprar también las macetas? Explícalo.

19. Todd ahorra para las vacaciones. El costo de las vacaciones es $1,089. Todd tiene un año para ahorrar el dinero. Aproximadamente ¿cuánto necesita ahorrar por mes para alcanzar su meta?

© Evaluación de *Common Core*

20. ¿Qué opción es igual a 78.2 dividido por 17?

   Ⓐ   0.46

   Ⓑ   4.06

   Ⓒ   4.6

   Ⓓ   46

21. ¿Qué opción es igual a 12.74 dividido por 13?

   Ⓐ   0.09

   Ⓑ   0.98

   Ⓒ   9.08

   Ⓓ   9.8

Nombre _____

Resuélvelo y coméntalo

En las siguientes ecuaciones, decide dónde ubicar el punto decimal de los cocientes. Explica tu razonamiento para una de las ecuaciones. *Resuelve este problema de la manera que prefieras.*

Puedo...
usar el sentido numérico para resolver problemas de división con números decimales.

Ⓒ Estándar de contenido 5.NBD.B.7
Prácticas matemáticas PM.2, PM.3

Puedes usar el sentido numérico y el razonamiento como ayuda para resolver los problemas.

$$16.38 \div 0.52 = 3\ 1\ 5$$

$$35.49 \div 1.2 = 2\ 9\ 5\ 7\ 5$$

$$0.4 \div 0.32 = 1\ 2\ 5$$

¡Vuelve atrás! Ⓒ **PM.3 Construir argumentos** Explica cómo puedes usar el sentido numérico para ubicar el punto decimal en la siguiente ecuación.

$$163.8 \div 5.2 = 315$$

Pregunta esencial ¿Cómo se puede usar el sentido numérico para la división con números decimales?

A

¿Cuántas monedas de 25¢ hay en $15.50? Falta el punto decimal en el cociente de la siguiente ecuación. Usa el sentido numérico para ubicar el punto decimal en la posición correcta.

$15.50 ÷ $0.25 = 6 2 0

Piensa en el tamaño relativo del dividendo y del divisor.

B La estimación y el sentido numérico son útiles para ubicar el punto decimal en los cocientes.

Sabes que $15.50 ÷ 1 = $15.50.

Como 0.25 es menor que 1, el cociente $15.50 ÷ $0.25 es mayor que $15.50.

Como hay 4 monedas de 25¢ en $1, hay aproximadamente 4 × 15 = 60 monedas de 25¢ en $15.50.

Por tanto, el punto decimal está entre el 2 y el 0.

$15.50 ÷ $0.25 = 62.0

Hay 62 monedas de 25¢ en $15.50.

C ¿Dónde debes ubicar el punto decimal en la siguiente ecuación?

1.2 ÷ 2.5 = 4 8 0

Sabes que 1.2 ÷ 1.2 = 1.

Como el divisor 2.5 es mayor que el dividendo 1.2, sabes que el cociente será menor que 1.

Como 1.2 es aproximadamente la mitad de 2.5, el cociente estará cerca de 0.5.

Por tanto, el punto decimal está antes del 4.

1.2 ÷ 2.5 = .480 o 0.48

¡Convénceme! © **PM.3 Evaluar el razonamiento** Malcom dice que 3.9 ÷ 0.52 es aproximadamente 2. Cory dice que el cociente es aproximadamente 8. ¿Quién tiene razón? Explica tu razonamiento.

Amigo de práctica   Herramientas   Evaluación

☆Práctica guiada*

¿Lo entiendes?

1. Ⓒ **PM.2 Razonamiento** Si el dividendo es 2.63 y el divisor es menor que 1, ¿qué puedes decir sobre el cociente?

2. Lena halló que $1.44 \div 1.2 = 0.12$. ¿Ubicó el punto decimal en el lugar correcto? Explícalo.

¿Cómo hacerlo?

Usa el sentido numérico para decidir dónde va el punto decimal del cociente en los Ejercicios **3** a **6**.

3. $7.68 \div 1.5 = 5\ 1\ 2$

4. $256.5 \div 2.5 = 1\ 0\ 2\ 6$

5. $1127.84 \div 3.8 = 2\ 9\ 6\ 8$

6. $96.0 \div 0.96 = 1\ 0\ 0\ 0\ 0$

☆Práctica independiente

Usa el sentido numérico para decidir dónde va el punto decimal del cociente en los Ejercicios **7** a **12.**

7. $14.73 \div 6.96 = 2\ 1\ 1\ 6\ 3\ 7\ 9\ 3$

8. $20.15 \div 31.2 = 6\ 4\ 5\ 8\ 3\ 3\ 3$

9. $0.98 \div 0.50 = 1\ 9\ 6$

10. $107.22 \div 0.99 = 1\ 0\ 8\ 3\ 0\ 3\ 0$

11. $16.456 \div 2.2 = 7\ 48$

12. $1.26 \div 0.48 = 2\ 6\ 25$

El punto decimal de cada cociente puede estar en el lugar incorrecto. Usa el sentido numérico en los Ejercicios **13** a **16** para determinarlo. Si el lugar es incorrecto, indica el correcto.

13. $7.02 \div 2.6 = 2.7$

14. $49.84 \div 0.56 = 8.9$

15. $337.5 \div 0.75 = 450$

16. $0.36 \div 0.12 = 30.0$

17. Sentido numérico Jane necesita saber cuántas monedas de 10¢ hay en $45.60. Al dividir con la calculadora, ve que la pantalla muestra 4 5 6 0. ¿Dónde debe poner Jane el punto decimal de la respuesta?

---

18. El Sr. Jones tiene un carro nuevo. El fabricante dice que el carro debe rendir 28 millas por galón en la ciudad. Aproximadamente, ¿cuántas millas puede conducir el Sr. Jones con 11.5 galones de combustible? Si el galón cuesta $2.89, ¿cuánto costará ese viaje?

19. Razonamiento de orden superior Sergio y Thomas resuelven un problema de división con números decimales. Sergio dice que $3.96 \div 0.3 = 1.32$. Thomas dice que el cociente es 13.2. ¿Quién tiene razón?

Explica tu respuesta.

---

20. Escribe dos números decimales cuyo cociente esté cerca de 2.3.

_____ ÷ _____ es aproximadamente 2.3

21. © **PM.3 Construir argumentos** En un maratón de 26.2 millas hay estaciones de agua cada 0.5 millas. ¿Es razonable decir que hay aproximadamente 40 estaciones de agua? Explica tu respuesta.

© **Evaluación de *Common Core***

22. ¿Cuál es el cociente de $0.42 \div 1.4$?

- Ⓐ 30
- Ⓑ 3
- Ⓒ 0.3
- Ⓓ 0.03

23. ¿Cuál es el cociente de $3.36 \div 3.2$?

- Ⓐ 105
- Ⓑ 10.5
- Ⓒ 1.05
- Ⓓ 0.105

Nombre _____

Ayuda Amigo de Herramientas Juegos
práctica

¡Revisemos!

¿Cómo se relacionan el dividendo, el divisor y el cociente en la división decimal?

Ejemplo	Divisor	Cociente
$4.41 \div 0.3 = 14.7$	Menor que 1	Mayor que el dividendo
$4.41 \div 4.5 = 0.98$	Cerca del dividendo	Cerca de 1
$4.41 \div 9.8 = 0.45$	Mayor que el dividendo	Menor que 1

En el último ejemplo, el dividendo, 4.41, es aproximadamente la mitad del divisor, 9.8, y el cociente, 0.45, está cerca de 0.5, o $\frac{1}{2}$.

Puedes usar el sentido numérico para ubicar el punto decimal en el cociente.

1. Sin dividir, considera lo que sabes sobre el cociente de $4.7 \div 15.25$. Completa los espacios en blanco.

¿Cuál es el divisor? _____   ¿Cuál es el dividendo? _____

¿El divisor es menor que 1? _____   ¿El divisor es mayor que el dividendo? _____

El cociente de $4.7 \div 15.25$ es _____ que 1.

Usa el sentido numérico para decidir dónde debe ir el punto decimal en el cociente en los Ejercicios **2** a **5.**

2. $\$3.75 \div \$0.25 = 1\ 5\ 0\ 0$

3. $2.28 \div 0.95 = 2\ 4\ 0$

4. $4.08 \div 6.4 = 6\ 3\ 7\ 5$

5. $730.5 \div 1.5 = 4\ 8\ 7$

El punto decimal de los cocientes puede estar en el lugar incorrecto. Usa el sentido numérico en los Ejercicios **6** a **9** para determinarlo. Si el lugar es incorrecto, indica el correcto.

6. $0.36 \div 0.24 = 1.5$

7. $2.6 \div 6.4 = 40.625$

8. $\$3.40 \div \$0.05 = \$6.80$

9. $191.88 \div 23.4 = 8.2$

10. Sentido numérico ¿El cociente de 63.2 ÷ 0.8 es mayor o menor que 63.2? Explícalo.

11. © PM.3 Evaluar el razonamiento Kelly dice que 5 es una buena estimación de 4.8 ÷ 0.9. ¿Tiene razón? ¿Por qué?

12. En una gasolinera, el precio del combustible común el lunes era $3.80 el galón. El martes, el precio aumentó a $3.85 el galón. Redondea el precio por galón de cada día a la décima de dólar más cercana.

13. Jillian usa 1.41 libras de nueces y 3.27 libras de pasas para preparar una mezcla de nueces y frutas secas. Luego, divide la mezcla en cantidades iguales en 6 bolsas. ¿Cuánta mezcla hay en cada bolsa?

14. A-Z Vocabulario Escribe una ecuación de división con números decimales. Identifica el dividendo, el divisor y el cociente.

15. El fin de semana pasado, participaron 1,270 estudiantes en el festival de música. Escribe 1,270 en forma desarrollada con exponentes.

16. Razonamiento de orden superior Los rótulos de las imágenes muestran la velocidad en millas por hora a la que puede correr un caballo de carreras y la velocidad a la que se desplaza un caracol de jardín. Aproximadamente, ¿cuántas veces más rápida que la velocidad del caracol es la velocidad del caballo? Explícalo.

Caballo: 53.16 mph

Caracol: 0.02 mph

© **Evaluación de *Common Core***

17. ¿Cuál es el cociente de 3.12 ÷ 6.5?

Ⓐ 0.048

Ⓑ 0.48

Ⓒ 4.8

Ⓓ 48

18. ¿Cuál es el cociente de 1.26 ÷ 0.15?

Ⓐ 0.084

Ⓑ 0.84

Ⓒ 8.4

Ⓓ 84

Nombre _____

Resuélvelo y coméntalo

Aaron compra borradores para sus lápices. Cada borrador cuesta $0.20. El costo total es $1.20. ¿Cuántos borradores compra Aaron? *Resuelve este problema de la manera que prefieras.*

Puedo...
dividir un número decimal por otro número decimal.

Ⓒ **Estándar de contenido** 5.NBD.B.7
Prácticas matemáticas PM.2, PM.3, PM.4, PM.6, PM.7, PM.8

Representar con modelos matemáticos Puedes representar el problema usando cuadrículas de centésimas u otros dibujos. ¡Muestra tu trabajo!

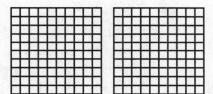

¡Vuelve atrás! Ⓒ **PM.2 Razonamiento** ¿Por qué potencia de 10 puedes multiplicar 1.20 y 0.20 y obtener números enteros? ¿Qué números enteros obtienes?

Aprende Glosario

Pregunta esencial **¿Cómo se puede dividir un número decimal por otro número decimal?**

A

Michelle compró varias botellas de agua. Antes de agregar el impuesto, el costo total es $3.60 y el costo de cada botella es $1.20. ¿Cuántas botellas compró Michelle?

Divide $3.60 por $1.20.

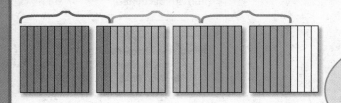

Puedes usar cuadrículas para mostrar cuántos grupos de 1.2 hay en 3.6. Recuerda que 1.20 = 1.2 y 3.60 = 3.6.

B ## Paso 1

Estima el cociente:
$4 \div 1 = 4$

Multiplica el divisor por una potencia de 10 para que el producto sea un número entero.

$1.2\overline{)3.6}$

Multiplica 1.2 por 10^1 o 10.

C ## Paso 2

Multiplica el dividendo por la misma potencia de 10 que usaste para el divisor y ubica el punto decimal en el cociente.

$1.2\overline{)3.6}$ $1.2 \times 10 = 12$
        $3.6 \times 10 = 36$

Por tanto, halla $12\overline{)36}$.

D ## Paso 3

Divide.

$$12\overline{)36} \begin{array}{r} 3 \\ \hline \end{array}$$
$$\underline{-36}$$
$$0$$

3 está cerca de la estimación de 4; por tanto, la respuesta es razonable.

Michelle compró 3 botellas de agua.

¡Convénceme! © **PM.3 Construir argumentos** ¿3.6 ÷ 1.2 es igual, menor o mayor que 36 ÷ 12? Explícalo.

© Pearson Education, Inc. 5

Amigo de práctica   Herramientas   Evaluación

☆ Práctica guiada*

¿Lo entiendes?

1. ⓒ **PM.8 Generalizar** Cuando divides por un número decimal, ¿por qué multiplicas el divisor y el dividendo por la misma potencia de 10?

2. ¿Por qué potencia de 10 debes multiplicar el dividendo y el divisor para que dividir $2.85 \div 0.95$ sea más fácil?

¿Cómo hacerlo?

Halla los cocientes en los Ejercicios **3** a **6**.

3. $2 \div 0.5$

4. $1.25 \div 0.25$

5. $2.1 \div 0.7$

6. $6.6 \div 0.3$

Piensa en cómo se relacionan el dividendo, el divisor y el cociente.

☆ Práctica independiente

Escribe una potencia de 10 por la que multiplicarías el divisor para obtener un número entero en los Ejercicios **7** a **10**. Luego, escribe el problema equivalente.

7. $23.56 \div 0.04$ **8.** $73.2 \div 0.6$ **9.** $0.3 \div 0.5$ **10.** $2.73 \div 0.78$

Halla los cocientes en los Ejercicios **11** a **22**.

11. $0.25\overline{)0.62}$ **12.** $0.04\overline{)4.56}$ **13.** $0.05\overline{)0.02}$ **14.** $0.1\overline{)182.8}$

15. $0.03\overline{)17.25}$ **16.** $0.8\overline{)56.8}$ **17.** $0.06\overline{)6.24}$ **18.** $2.5\overline{)1.5}$

19. $5.5\overline{)24.2}$ **20.** $0.85\overline{)0.34}$ **21.** $0.09\overline{)0.36}$ **22.** $0.22\overline{)48.62}$

Prácticas matemáticas y resolución de problemas

23. ¿Por qué número multiplicarías el dividendo y el divisor para que dividir $5.72 \div 0.52$ sea más fácil?

24. © **PM.6 Hacerlo con precisión** Carol compró 4 costillas de cerdo y 3 bistecs. Cada costilla de cerdo pesaba 0.35 libras y cada bistec pesaba 0.8 libras. ¿Cuántas libras de carne compró Carol en total?

25. © **PM.3 Construir argumentos** Tim estima que $60 \div 5.7$ es aproximadamente 10. ¿El cociente real será mayor o menor que 10? Explícalo.

26. © **PM.2 Razonamiento** Dex estima que $4,989 \div 0.89$ es aproximadamente 500. ¿Es razonable la estimación? ¿Por qué?

27. **Razonamiento de orden superior** Susan resuelve $1.4 \div 0.2$ usando el diagrama de la derecha. ¿Su razonamiento es correcto? Explica el razonamiento de Susan.

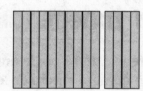

28. © **PM.7 Usar la estructura** El mismo dividendo se divide por 0.1 y 0.01. ¿Cómo se relacionan los cocientes? Explica tu razonamiento.

29. **A-Z Vocabulario** Da tres ejemplos de una **potencia** de 10. Explica por qué uno de tus ejemplos es una potencia de 10.

© Evaluación de *Common Core*

30. ¿La expresión tiene un cociente de 4? Escoge Sí o No.

$2.8 \div 0.7$ ○ Sí ○ No

$0.28 \div 7$ ○ Sí ○ No

$2.8 \div 0.07$ ○ Sí ○ No

$0.28 \div 0.07$ ○ Sí ○ No

31. ¿La expresión tiene un cociente de 9? Escoge Sí o No.

$1.35 \div 1.5$ ○ Sí ○ No

$1.35 \div 0.15$ ○ Sí ○ No

$13.5 \div 1.5$ ○ Sí ○ No

$13.5 \div 0.15$ ○ Sí ○ No

Nombre _____

Tarea y práctica
6-7
Dividir por un número decimal

¡Revisemos!

Halla $1.47 \div 0.42$.

> Recuerda que debes multiplicar el divisor y el dividendo por la misma potencia de 10.

Paso 1

Piensa en una potencia de 10 para multiplicar por el divisor para obtener un número entero.

$$0.42$$

Multiplica por 10^2 o 100.

Paso 2

Multiplica el dividendo por la misma potencia de 10 y ubica el punto decimal en el cociente.

$0.42 \times 10^2 = 42$

$1.47 \times 10^2 = 147$

$$0.42 \overline{)1.47} = 42 \overline{)147}$$

Paso 3

Divide.

$$
\begin{array}{r}
3.5 \\
42 \overline{)147.0} \\
-126 \\
\hline
210 \\
-210 \\
\hline
0
\end{array}
$$

Por tanto,
$1.47 \div 0.42 = 3.5$.

Escribe una potencia de 10 para multiplicar el divisor y obtener un número entero en los Ejercicios **1** a **4**. Luego, escribe el problema equivalente.

1. $80.5 \div 3.5$

2. $12.74 \div 0.98$

3. $26.4 \div 0.3$

4. $1.65 \div 0.05$

Halla los cocientes en los Ejercicios **5** a **16**.

5. $0.32 \overline{)1.92}$

6. $3.5 \overline{)21.7}$

7. $0.01 \overline{)8.64}$

8. $0.4 \overline{)0.3}$

9. $1.6 \overline{)8.8}$

10. $3.4 \overline{)79.9}$

11. $0.03 \overline{)3.21}$

12. $0.75 \overline{)5.25}$

13. $2.3 \overline{)27.6}$

14. $0.07 \overline{)1.05}$

15. $0.12 \overline{)11.16}$

16. $0.04 \overline{)8.52}$

17. © **PM.4 Representar con modelos matemáticos** Tres amigos pagaron $26.25 para ver una película. ¿Cuánto costó cada boleto?

$26.25

? precio → | ? | ? | ? |
por boleto

---

18. En una prueba cronometrada de mecanografía, Lara escribió 63 palabras por minuto. Estima la cantidad de palabras por minuto que podría escribir Lara en media hora. Muestra tu trabajo.

19. Una pila de pañuelos de papel mide aproximadamente 2.5 pulgadas de altura. Cada pañuelo mide 0.01 pulgadas de grosor. ¿Cuántos pañuelos hay en la pila? Muestra tu trabajo.

---

20. © **PM.2 Razonamiento** ¿El cociente de 41 ÷ 0.8 es mayor o menor que 41? Explícalo.

21. © **PM.3 Construir argumentos** ¿Cómo se relaciona el cociente de 10.5 ÷ 1.5 con el cociente de 105 ÷ 15? Explícalo.

---

22. Sentido numérico La valla que está junto al arroyo próximo a la casa de Adam se inclina un poco más cada año porque la orilla del arroyo se está erosionando. Si la valla se inclina aproximadamente 3.7 grados más por año, estima cuántos grados más se inclinará al cabo de 5 años.

23. Razonamiento de orden superior Este año, la familia Clark debe pagar $2,820 en impuestos a la propiedad por su casa. El pago de la casa es $752 por mes. ¿Cuánto es el pago mensual con el impuesto? Supón que el impuesto se paga en pagos mensuales iguales.

© Evaluación de *Common Core*

24. ¿La expresión tiene un cociente de 8? Escoge Sí o No.

0.56 ÷ 0.07	○ Sí	○ No
0.56 ÷ 0.7	○ Sí	○ No
5.6 ÷ 0.07	○ Sí	○ No
5.6 ÷ 0.7	○ Sí	○ No

25. ¿La expresión tiene un cociente de 4? Escoge Sí o No.

4.8 ÷ 0.12	○ Sí	○ No
4.8 ÷ 1.2	○ Sí	○ No
0.48 ÷ 1.2	○ Sí	○ No
0.48 ÷ 0.12	○ Sí	○ No

Nombre _____

Resuélvelo y coméntalo

Steven le da a su conejo 2.4 libras de alimento por semana. ¿Cuántas semanas durará una bolsa de alimento?

Alimento para conejos

8.4 libras

Lección 6-8
Más sobre dividir números decimales

Puedo...
dividir números decimales agregando uno o más ceros al dividendo si es necesario.

© **Estándar de contenido** 5.NBD.B.7
Prácticas matemáticas PM.1, PM.3, PM.6, PM.8

Generalizar
¿Cómo puedes cambiar el problema de división por un problema equivalente con un divisor que sea un número entero?

¡Vuelve atrás! © **PM.1 Entender y perseverar** ¿Cómo puedes comprobar si tu respuesta al problema tiene sentido?

Pregunta esencial **¿Cómo se pueden agregar ceros al dividendo para dividir números decimales?**

A

¿Cuánta proteína hay en 1 litro de jugo de naranja?

Divide 9.12 por 1.5.

A veces es necesario agregar ceros al dividendo para poder seguir dividiendo.

1.5 litros
9.12 gramos de proteínas

B

Paso 1

Estima el cociente. Usa la multiplicación y el sentido numérico.

$$\square \times 1.5 = 9.12$$
$$1 \times 1.5 = 1.5$$
$$10 \times 1.5 = 15 \quad \longleftarrow 9.12$$

Como 9.12 está entre 1.5 y 15, el cociente está entre 1 y 10.

C

Paso 2

Multiplica el divisor y el dividendo por la misma potencia de 10 para que el divisor sea un número entero. Luego, ubica el punto decimal en el cociente.

$$1.5\overline{)9.12} \ = \ 15\overline{)91.2}$$

D

Paso 3

Divide. Agrega ceros si es necesario.

$$
\begin{array}{r}
6.08 \\
15\overline{)91.20} \\
-\,90 \\
\hline
1\,2 \\
-\,0 \\
\hline
1\,20 \\
-\,1\,20 \\
\hline
0
\end{array}
$$

6.08 está entre 1 y 10; por tanto, la respuesta es razonable.

1 litro de jugo de naranja contiene 6.08 gramos de proteína.

¡Convénceme! © **PM.6 Hacerlo con precisión** Muestra cómo comprobar que el cociente es correcto.

☆ Práctica guiada *

¿Lo entiendes?

1. Janie resolvió 5.4 ÷ 1.2. Gary resolvió 4.8 ÷ 1.6. ¿Por qué Janie puso un cero a la derecha del dividendo pero Gary no?

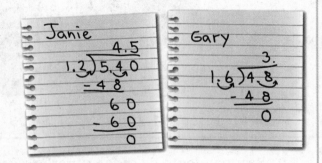

¿Cómo hacerlo?

Halla los cocientes en los Ejercicios **2** a **5.** Agrega ceros si es necesario.

2. 1.8)‾0.72‾

3. 0.45)‾4.14‾

4. 5.6 ÷ 0.14

5. 0.76 ÷ 0.25

☆ Práctica independiente ☆

Halla los cocientes en los Ejercicios **6** a **14.** Agrega ceros si es necesario.

6. 0.32)‾2.08‾

7. 0.43)‾3.01‾

8. 6.2)‾6.51‾

9. 35 ÷ 0.5

10. 102.3 ÷ 4.4

11. 9.3 ÷ 0.31

12. 25.44 ÷ 0.06

13. 90 ÷ 0.45

14. 3.24 ÷ 0.48

15. Un servicio de mantenimiento de jardines trata el césped con herbicida. Para cada acre de césped, se mezclan 2.5 galones de herbicida con agua. ¿Cuántos acres se pueden tratar con 18.5 galones de herbicida?

16. Cindy pagó $1.74 por 0.25 libras de ensalada de atún. ¿Cuál era el costo de 1 libra de ensalada de atún?

---

17. © **PM.3 Construir argumentos** ¿Qué bolsa de carbón cuesta menos por libra? Explícalo.

Divide el precio por la cantidad de libras de cada bolsa para comparar los costos.

BRIQUETAS DE CARBÓN

15 lb

$11.70

BRIQUETAS DE CARBÓN

6.6 lb

$4.95

---

18. © **PM.1 Entender y perseverar** Los boletos para un concierto de rock cuestan $32.50 cada uno. El coro de la escuela compró 54 boletos para el concierto del sábado y 33 boletos para el concierto del domingo. ¿Cuánto pagó el coro por todos los boletos?

19. **Razonamiento de orden superior** Grace usa una manera diferente de dividir 2.16 por 0.25. Divide el divisor y el dividendo por 0.01 para hacer un problema equivalente con un número entero como divisor. ¿Está bien el trabajo de Grace? Explícalo.

© **Evaluación de _Common Core_**

20. ¿Cuál es el cociente de 3.57 ÷ 0.84?

- Ⓐ 0.0425
- Ⓑ 0.425
- Ⓒ 4.25
- Ⓓ 42.5

21. Un pote de helado de 2.5 litros contiene 93.5 gramos de grasas saturadas. ¿Cuántos gramos de grasas saturadas hay en un litro de helado?

- Ⓐ 0.364 gramos
- Ⓑ 37.4 gramos
- Ⓒ 36.4 gramos
- Ⓓ 3.74 gramos

Nombre _____

Ayuda   Amigo de   Herramientas   Juegos
práctica

Tarea y práctica
6-8
Más sobre dividir
números decimales

¡Revisemos!

El costo de un viaje en taxi al aeropuerto es $48.06.
El costo por milla es $0.72. ¿Cuántas millas hay en el
viaje al aeropuerto?

> Puedes agregar ceros al
> dividendo para seguir dividiendo.

Estima el cociente redondeando:
$48 \div 1 = 48$. La respuesta real es
mayor que 48.06, el dividendo,
porque el divisor es menor que 1.

Multiplica el divisor y el dividendo
por la misma potencia de 10 para
que el divisor sea un número
entero. Ubica el punto decimal en
el cociente.

$0.72\overline{)48.06} = 72\overline{)4806}.$

Divide. Agrega ceros si es necesario.

```
          66.75
    72)4806.00
     −432
       486
      −432
        540
       −504
         360
        −360
           0
```

En el viaje en taxi hay 66.75 millas.

La respuesta es razonable porque está
cerca de la estimación.

> Halla los cocientes en los Ejercicios **1** a **9.** Agrega ceros si es necesario.

1. $0.64\overline{)5.44}$

2. $0.28\overline{)1.12}$

3. $4.2\overline{)12.81}$

4. $0.5\overline{)65}$

5. $4.8\overline{)85.2}$

6. $0.17\overline{)6.8}$

7. $0.07\overline{)32.34}$

8. $0.75\overline{)60}$

9. $0.35\overline{)2.352}$

10. Muestra cómo comprobar tu respuesta al Ejercicio 9.

11. Olivia compró un trozo de cinta que costaba $0.56 la yarda. El costo total fue $1.54. ¿Cuántas yardas compró Olivia?

12. Matemáticas y Ciencias Una *termia* es una unidad de calor. Los Hogan pagan $0.38 por termia de gas natural. En septiembre, pagaron $19.57 de gas natural. ¿Cuántas termias consumieron?

---

13. Un diseñador de joyas hace anillos con diferentes gemas. Haz una lista de las gemas ordenadas de menor a mayor según la masa.

14. ¿Cuántas veces mayor que la masa de la esmeralda es la masa del zafiro?

DATOS	Gema	Masa (gramos)
	Diamante	0.145
	Rubí	0.206
	Zafiro	0.315
	Esmeralda	0.18

---

15. © **PM.3 Evaluar el razonamiento** Neil recibió de regalo un vale de $20 para una tienda de Internet. Quiere comprar 5 aplicaciones que cuestan $0.99 cada una y unos auriculares que cuestan $15.49, con el impuesto y el envío incluidos. Neil usa el redondeo para estimar el costo total: $(5 \times \$1) + \$15 = \$20$. Neil dice que el vale tiene más valor más que el costo total. ¿Tiene razón? Explícalo.

16. Razonamiento de orden superior Usa $4.86 \div 0.45 = 10.8$ para hallar $4.86 \div 4.5$ sin dividir. Explica tu trabajo.

© **Evaluación de Common Core**

17. ¿Cuál es el cociente de $0.9 \div 0.75$?

Ⓐ 102

Ⓑ 12

Ⓒ 0.12

Ⓓ 1.2

18. Julia paga $4.56 para enviar un paquete que pesa 9.5 onzas. ¿Cuál es el costo de enviar 1 onza?

Ⓐ $0.48

Ⓑ $0.46

Ⓒ 4.8¢

Ⓓ $4.80

348 **Tema 6** | Lección 6-8

© Pearson Education, Inc. 5

Nombre _____

Resuélvelo y coméntalo

Aaron tiene tres barras de cera de abeja. Planea derretirlas y usar toda la cera para hacer 36 velas. Si todas las velas tienen el mismo tamaño y el mismo peso, ¿cuánto pesará cada vela? Usa el razonamiento para decidir.

CERA DE ABEJA
8.2 lb

CERA DE ABEJA
8.1 lb

CERA DE ABEJA
8.9 lb

Puedo...
entender las cantidades y las relaciones en situaciones o problemas.

Ⓒ **Prácticas matemáticas** PM.2. También, PM.1, PM.3, PM.4, PM.6.
Estándar de contenido 5.NBD.B.7

Hábitos de razonamiento

¡Razona correctamente! Estas preguntas te pueden ayudar.

- ¿Qué significan los números y los signos o símbolos del problema?
- ¿Cómo están relacionados los números o las cantidades?
- ¿Cómo puedo representar un problema verbal usando dibujos, números o ecuaciones?

¡Vuelve atrás! Ⓒ **PM.2 Razonamiento** Supón que Aaron quiere que cada vela pese 0.5 libras. ¿Cuántas velas podría hacer con la cera?

Aprende Glosario

Pregunta esencial

¿Cómo se puede usar el razonamiento para resolver problemas?

A

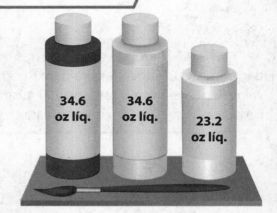

La Sra. Watson prepara pintura verde menta para la clase de arte. Combina botellas enteras de pintura azul, amarilla y blanca. ¿Cuántos frascos de 3.5 onzas líquidas puede llenar con la pintura? Usa el razonamiento para decidir.

¿Qué debo hacer para resolver el problema?

Debo sumar las tres cantidades de pintura. Luego, debo dividir la suma por la capacidad del frasco.

B **¿Cómo puedo usar el razonamiento para resolver el problema?**

Puedo

- identificar las cantidades que conozco.

- dibujar un diagrama de barras para mostrar relaciones.

- dar la respuesta usando la unidad correcta.

C Este es mi razonamiento...

Usa diagramas de barras para mostrar cómo están relacionadas las cantidades.

Primero, halla la suma de las tres cantidades de pintura de la mezcla.

? total de onzas líquidas		
34.6	34.6	23.2

```
  34.6
  34.6
+ 23.2
  92.4
```

Luego, divide 92.4 por 3.5 para mostrar la cantidad de frascos que se pueden llenar. Agrega ceros si es necesario.

```
        26.4
  3.5)92.40
     - 70
      224
    - 210
      140
    - 140
        0
```

92.4

| 3.5 | ? |

La Sra. Watson puede llenar 26 frascos. El frasco número 27 estará parcialmente lleno.

¡Convénceme! © **PM.2 Razonar** La Sra. Watson mezcla 34.6 onzas líquidas de pintura roja y 18.6 onzas líquidas de pintura amarilla para hacer pintura anaranjada. ¿Cuántos frascos de 3.5 onzas líquidas puede llenar? Usa el razonamiento para decidir.

350 **Tema 6** | Lección 6-9

© Pearson Education, Inc. 5

Amigo de   Herramientas   Evaluación
práctica

☆ Práctica guiada *

© PM.2 Razonar

Miranda mezcló 34.5 onzas líquidas de pintura azul, 40.5 onzas líquidas de pintura roja y 2 onzas líquidas de pintura negra para hacer pintura morada. Puso la misma cantidad de pintura morada en 14 frascos. ¿Cuánta pintura puso en cada frasco?

> Usa el razonamiento para determinar cómo se relacionan las cantidades en un problema.

1. Explica lo que significan las cantidades en el problema.

2. Describe una manera de resolver el problema.

3. ¿Cuál es la solución al problema? Explícalo.

☆ Práctica independiente

© PM.2 Razonamiento

Sue preparó sopa de pollo mezclando la lata entera de sopa con una lata llena de agua. ¿Cuántos tazones de 10 onzas líquidas puede llenar con la sopa? ¿Cuánta sopa sobrará?

4. Explica lo que significan las cantidades en el problema.

5. Describe una manera de resolver el problema.

6. ¿Cuál es la solución al problema? Explícalo.

18.6 oz líq.

Prácticas matemáticas y resolución de problemas

© Evaluación de rendimiento de *Common Core*

Competencia de cocina

La clase de cocina de Lucas tiene una competencia de cocina. Hay 6 equipos. Cada estudiante llevó ingredientes que los equipos compartirán en forma equitativa. La tabla muestra los artículos que llevó Lucas. Si los equipos comparten de forma equitativa los ingredientes, ¿qué cantidad de cada uno recibirá cada equipo?

DATOS	Ingredientes	Precio
	2 bolsas de harina, 4.5 libras por bolsa	$2.67 la bolsa
	3 cajas de arroz, 3.5 tazas por caja	$1.89 la caja
	15 libras de pavo molido	$2.36 la libra

7. **PM.1 Entender y perseverar** ¿Necesitas toda la información dada para resolver el problema? Explícalo.

8. **PM.2 Razonamiento** Describe cómo resolver el problema.

Usa el razonamiento para pensar en lo que representan las cantidades de la tabla.

9. **PM.4 Representar con modelos matemáticos** Escribe ecuaciones para representar la cantidad de los ingredientes que recibirá cada equipo.

10. **PM.6 Hacerlo con precisión** ¿Cuál es la solución al problema? Explícalo.

11. **PM.3 Evaluar el razonamiento** Lucas dice que para hallar el costo total del arroz hay que multiplicar 3.5 por $1.89. ¿Estás de acuerdo? Explícalo.

Nombre _____

¡Revisemos!

Kim compró barras de granola para el equipo de futbol. Cada barra costó $0.89. Kim pagó $38.13, que incluían $0.75 de impuesto sobre la venta. ¿Cuántas barras de granola compró?

Indica cómo puedes usar el razonamiento para resolver el problema.

- Puedo escribir una ecuación para mostrar relaciones.

- Puedo dar la respuesta usando la unidad correcta.

Escribe una ecuación para hallar el costo total de las barras de granola antes de incluir el impuesto.

$38.13 − $0.75 = $37.38

Divide para hallar la cantidad de barras de granola.

Puedes usar el razonamiento para determinar cómo se relacionan las cantidades.

$$0.89)\overline{37.38}$$

```
        42
0.89)37.38
    −356
      178
     −178
        0
```

Por tanto, Kim compró 42 barras de granola para el equipo de futbol.

© **PM.2 Razonar**

En el verano, el Sr. Patel llenó 24 veces un comedero de aves con 6 tazas de semillas cada vez. Una bolsa de semillas contiene 32 tazas. ¿Cuántas bolsas de semillas usó el Sr. Patel?

1. Describe una manera de resolver el problema.

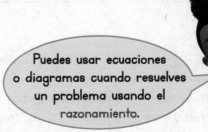

Puedes usar ecuaciones o diagramas cuando resuelves un problema usando el razonamiento.

2. Escribe una ecuación o dibuja un diagrama de barras para representar el problema.

3. ¿Cuál es la solución al problema? Explícalo.

Tarjetas de felicitación

Jana hace tarjetas de felicitación que miden 4 pulgadas de longitud y 3.5 pulgadas de ancho para vender en una feria de arte. Decora cada tarjeta con una tira de cinta roja a lo largo del borde de toda la tarjeta. La tabla muestra la cantidad de cinta que tiene a mano.

DATOS	Cinta	Longitud (pulgadas)
	Dorada	144
	Roja	96
	Anaranjada	152

4. PM.1 Entender y perseverar Explica lo que significa cada cantidad. ¿Todas las cantidades se dan en la misma unidad?

5. PM.4 Representar con modelos matemáticos Dibuja un diagrama de la tarjeta y muestra cómo está decorada. Rotula el ancho y la longitud de la tarjeta.

6. PM.2 Razonamiento ¿Cómo puedes determinar la cantidad de cinta roja que hace falta para una tarjeta?

> Recuerda que puedes usar el razonamiento para hallar la cantidad de cinta que lleva cada tarjeta.

7. PM.6 Hacerlo con precisión ¿Cuántas tarjetas puede decorar Jana con la cinta roja? Muestra tu trabajo.

8. PM.3 Evaluar el razonamiento Jana decide hacer algunas tarjetas más que miden 7.5 pulgadas de longitud y 5 pulgadas de ancho. Pega una tira de cinta dorada en cada borde de los lados más largos. Jana dice que como 144 ÷ 7.5 = 19.2, puede decorar 19 tarjetas con la cinta dorada. ¿Estás de acuerdo? Explícalo.

Nombre _____

Sigue la ruta

Resuelve los problemas. Sigue los productos que son múltiplos de 20 para colorear una ruta que vaya desde la **SALIDA** hasta la **META.** Solo te puedes mover hacia arriba, hacia abajo, hacia la derecha o hacia la izquierda.

Puedo...

multiplicar números enteros de varios dígitos.

 Estándar de contenido 5.NBD.B.5

Salida				
120 × 35	745 × 30	123 × 37	350 × 63	241 × 67
312 × 40	300 × 80	486 × 40	860 × 36	523 × 28
526 × 45	101 × 57	670 × 35	606 × 90	647 × 27
105 × 50	273 × 73	475 × 85	464 × 65	173 × 23
710 × 71	157 × 86	243 × 42	660 × 16	12,345 × 76
				Meta

A-Z
Glosario

Lista de palabras

- centésimas
- cociente
- décimas
- estimación
- exponente
- milésimas
- potencia
- redondeo

Comprender el vocabulario

Escribe *siempre*, *a veces* o *nunca*.

1. Un dígito en el lugar de las centésimas tiene $\frac{1}{10}$ del valor del mismo dígito en el lugar de las décimas.

   _____

2. La respuesta a un problema de división es menor que el divisor.

   _____

3. Un número entero dividido por un número decimal da como resultado un número entero. _____

4. Dividir por 10^3 mueve el punto decimal del dividendo tres lugares a la izquierda. _____

5. Multiplicar el dividendo y el divisor por la misma potencia de 10 cambia el cociente. _____

6. La respuesta a un problema de división es mayor que el divisor.

   _____

Escribe V si es el enunciado es verdadero o F si es falso.

_____ **7.** $3.65 \div 5.2 < 1$

_____ **8.** $48 \div 0.6 = 0.8$

_____ **9.** $2.42 \div 2.1 > 1$

_____ **10.** $4.9 \div 0.8 < 4.9$

Usar el vocabulario al escribir

11. Mary dice que los dígitos del cociente de $381.109 \div 0.86$ son 4 4 3 1 5, pero no sabe dónde debe ubicar el punto decimal. ¿Cómo puede usar Mary el sentido numérico para ubicar el punto decimal? Usa al menos tres términos de la Lista de palabras en tu respuesta.

Grupo A | páginas 301 a 306 _____

Halla $340.5 \div 100$.

Dividir por 10, o 10^1, significa mover el punto decimal un lugar a la izquierda.

Dividir por 100, o 10^2, significa mover el punto decimal dos lugares a la izquierda.

Dividir por 1,000, o 10^3, significa mover el punto decimal tres lugares a la izquierda.

$340.5 \div 10^2 = 3.405 = 3.405$

Recuerda que cuando divides números decimales por una potencia de 10, tal vez tengas que usar uno o más ceros para ocupar valores de posición.

Calcula mentalmente para hallar los cocientes.

1. $34.6 \div 10^1$

2. $6,483 \div 10^2$

3. $148.3 \div 100$

4. $29.9 \div 10^1$

5. $70.7 \div 10$

6. $5,913 \div 10^3$

Grupo B | páginas 307 a 312 _____

Estima $27.3 \div 7.1$. Usa números compatibles.

$27.3 \div 7.1$
$\downarrow \quad \downarrow$
$28 \div 7 = 4$

Por tanto, $27.3 \div 7.1$ es aproximadamente 4.

Estima $42.5 \div 11$. Usa el redondeo.

$42.5 \div 11$
$\downarrow \quad \downarrow$
$40 \div 10 = 4$

Por tanto, $42.5 \div 11$ es aproximadamente 4.

Recuerda que los números compatibles son números con los que se puede calcular mentalmente con facilidad.

Escribe una oración numérica que muestre una manera de estimar los cocientes.

1. $26.2 \div 5$

2. $49.6 \div 7.8$

3. $121 \div 12.75$

4. $32.41 \div 10.9$

5. $82.4 \div 3.7$

6. $28.5 \div 0.94$

Halla 1.14 ÷ 3.

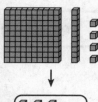

Primero, haz una estimación. 1.14 ÷ 3 es menor que 1; por tanto, comienza dividiendo en el lugar de las décimas.

$$
\begin{array}{r}
0.38 \\
3{\overline{\smash{\big)}\,1.14}} \\
-\,9 \\
\hline
24 \\
-\,24 \\
\hline
0
\end{array}
$$

Recuerda que debes ubicar el punto decimal del cociente sobre el punto decimal del dividendo. Agrega ceros si es necesario.

Divide. Usa modelos para ayudarte.

1. 6.58 ÷ 7

2. 156 ÷ 8

3. 34.2 ÷ 3

4. 5.84 ÷ 4

5. Michelle paga $66.85 por un molde para un vestido y 8 yardas de tela. El molde cuesta $4.85. ¿Cuánto cuesta cada yarda de tela?

Halla 94.5 ÷ 15.

Primero, haz una estimación.

94.5 ÷ 15 está cerca de 100 ÷ 20 = 5; por tanto, comienza dividiendo en el lugar de las unidades.

$$
\begin{array}{r}
6.3 \\
15{\overline{\smash{\big)}\,94.5}} \\
-\,90 \\
\hline
45 \\
-\,45 \\
\hline
0
\end{array}
$$

Por tanto, 94.5 ÷ 15 = 6.3.

Recuerda que puedes comprobar tus cálculos multiplicando el cociente por el divisor.

Halla los cocientes.

1. 91.2 ÷ 16

2. 361.5 ÷ 15

3. 29.04 ÷ 22

4. 144 ÷ 45

5. Una botella de champú de 12 onzas cuesta $4.20. Una botella de 16 onzas cuesta $6.88. ¿Qué champú cuesta menos por onza? ¿Cómo lo sabes?

Grupo E páginas 331 a 336

En el cociente siguiente falta el punto decimal. Usa el sentido numérico para ubicar correctamente el punto decimal.

$$4.35 \div 5.8 = 7\,5\,0$$

El divisor, 5.8, es mayor que el dividendo, 4.35; por tanto, el cociente será menor que 1. El punto decimal se debe ubicar antes del 7.

Por tanto, $4.35 \div 5.8 = .750$ o 0.75.

Recuerda que si el divisor es menor que el dividendo, el cociente será mayor que 1.

Usa el sentido numérico para ubicar correctamente el punto decimal.

1. $339.48 \div 6.9 = 4\,9\,2$

2. $18.72 \div 15.6 = 1\,2\,0$

3. $7.77 \div 21 = 3\,7\,0$

4. $4,185.44 \div 7.4 = 5\,6\,5\,6$

Grupo F páginas 337 a 342, 343 a 348

Halla $57.9 \div 0.6$.

Como 0.6 tiene un lugar decimal, mueve el punto decimal un lugar a la derecha en el divisor y en el dividendo. Luego, divide.

```
        96.5
0.6)57.90
    54
    39
    36
    30
    30
     0
```

Agrega más ceros al dividendo si es necesario.

Por tanto, $57.9 \div 0.6 = 96.5$.

Recuerda que debes ubicar el punto decimal del cociente sobre el punto decimal del dividendo antes de dividir.

1. $84 \div 3.2$ **2.** $81 \div 3.6$

3. $16.4 \div 0.8$ **4.** $136.5 \div 4.2$

5. $22.22 \div 2.2$ **6.** $54.78 \div 6.6$

7. $71.04 \div 7.4$ **8.** $40.02 \div 8.7$

9. $9.6 \div 0.03$ **10.** $74.48 \div 9.8$

Piensa en estas preguntas para ayudarte a **razonar de manera abstracta y cuantitativa.**

Hábitos de razonamiento

- ¿Qué significan los números y los signos o símbolos del problema?

- ¿Cómo están relacionados los números o las cantidades?

- ¿Cómo puedo representar un problema verbal usando dibujos, números o ecuaciones?

Zoey tiene la meta de ahorrar $750 para las vacaciones. Sus vacaciones durarán 6 días. Zoey quiere ahorrar la misma cantidad por semana durante 12 semanas. ¿Cuánto debe ahorrar por semana?

¿Qué cantidades necesitas para resolver el problema?

La meta de ahorro es $750; Zoey ahorrará durante 12 semanas.

¿Zoey deberá ahorrar más o menos de $80 por semana? Explica tu razonamiento.

Menos; 12 × $80 = $960; pero Zoey solo necesita ahorrar $750.

¿Cuánto debe ahorrar por semana? Escribe una ecuación para representar el problema.

$62.50; $750 ÷ 12 = $62.50

Recuerda que debes comprobar si una solución es razonable asegurándote de que tus cálculos son correctos y que respondiste todas las preguntas que se formularon.

Ian usa 4 pies de cinta para envolver cada paquete. ¿Cuántos paquetes puede envolver con 5.6 yardas de cinta?

Recuerda que hay 3 pies en una yarda.

1. Describe una manera de resolver el problema.

2. ¿Cuál es la solución al problema? Muestra tu trabajo.

Una fanega de manzanas pesa aproximadamente 42 libras. Hay 4 celemines en una fanega. Se necesitan 2 libras de manzanas para hacer un pastel. ¿Cuántos pasteles se pueden hacer con un celemín de manzanas?

3. ¿Cómo están relacionadas las cantidades del problema?

4. Describe una manera de resolver el problema.

5. Resuelve el problema. Muestra tu trabajo.

1. El Sr. Dodd llenó el tanque de su cortadora de césped con 3.8 galones de combustible. Cortó el césped de su jardín 10 veces con el mismo tanque de combustible. Usó la misma cantidad de combustible cada vez. ¿Cuánto combustible usó cada vez?

(A) 0.038 galones

(B) 0.38 galones

(C) 38 galones

(D) 380 galones

2. Kimberly sumó un total de 35.08 puntos en cuatro eventos de la competencia de gimnasia. Si Kimberly sumó la misma cantidad en cada evento, ¿cuántos puntos sumó en cada uno?

3. Traza líneas para unir las expresiones de la izquierda con el cociente correcto de la derecha. Usa el sentido numérico y la estimación para ayudarte.

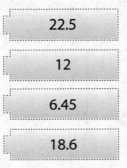

$21.6 \div 1.8$	22.5
$10.23 \div 0.55$	12
$78.75 \div 3.5$	6.45
$29.67 \div 4.6$	18.6

4. Escoge Sí o No en las opciones 4a a 4d para indicar si el número 10^3 hace verdadera cada ecuación.

4a. $8.5 \div \square = 0.085$ ○ Sí   ○ No

4b. $850 \div \square = 0.85$ ○ Sí   ○ No

4c. $8,500 \div \square = 8.5$ ○ Sí   ○ No

4d. $0.85 \div \square = 850$ ○ Sí   ○ No

5. La chef de un restaurante compró 37 libras de ensalada a $46.25. ¿Cuánto pagó por cada libra de ensalada?

(A) $0.125

(B) $1.25

(C) $1.30

(D) $12.50

6. Kathleen gastó $231 en boletos para un concierto para ella y 11 amigos. Cada boleto costó lo mismo.

Parte A

Estima el costo de cada boleto. Escribe una ecuación para mostrar tu trabajo.

Parte B

Halla el costo exacto de cada boleto. Comprueba si tu respuesta es razonable comparándola con la estimación.

7. Escoge todas las expresiones equivalentes a $1.25 \div 10$.

☐ $12.5 \div 10^2$

☐ $0.125 \div 100$

☐ $1,250 \div 10^4$

☐ $12.5 \div 1$

☐ $125 \div 1,000$

8. ¿Qué problema de división representa el modelo de Tess?

- Ⓐ $1.35 \div 3 = 0.45$
- Ⓑ $1.35 \div 3 = 0.54$
- Ⓒ $1.62 \div 3 = 0.45$
- Ⓓ $1.62 \div 3 = 0.54$

9. Si 8 onzas de calabaza en lata tienen 82 calorías, ¿cuántas calorías hay en una onza?

- Ⓐ 16.25 calorías
- Ⓑ 12.5 calorías
- Ⓒ 10.25 calorías
- Ⓓ 10.025 calorías

10. Marisol escribe la ecuación $1.6 \div n = 0.016$.

Parte A

¿Qué valor de n hace verdadera la ecuación? Escribe tu respuesta con un exponente.

Parte B

Explica cómo sabes que tu respuesta es correcta.

11. Eileen compró 8 rosas por $45.50. ¿Cuál es la mejor manera de estimar el costo de una rosa?

- Ⓐ $45 \div 5 = \$9.00$
- Ⓑ $48 \div 8 = \$6.00$
- Ⓒ $45 \div 10 = \$0.45$
- Ⓓ $40 \div 8 = \$0.50$

12. El grifo de Toby gotea un total de 1.92 litros de agua en 24 horas. Gotea la misma cantidad de agua por hora.

Parte A

Estima cuántos litros de agua gotea el grifo por hora. Escribe una ecuación para mostrar tu trabajo.

Parte B

Halla la cantidad exacta de agua que gotea el grifo por hora.

Parte C

Compara la estimación con tu respuesta. ¿Es razonable? Explícalo.

13. Traza líneas para unir las expresiones de la izquierda con el cociente correcto de la derecha.

$0.78 \div 10$	0.708
$708 \div 10^4$	0.078
$70.8 \div 10^2$	0.78
$780 \div 10^3$	0.0708

15. Escoge Sí o No en las opciones 15a a 15d para indicar si el número 40.3 hace verdadera cada ecuación.

Evaluación
Continuación

15a. ☐ $\div 10^1 = 403$ ○ Sí ○ No

15b. ☐ $\div 10^2 = 0.403$ ○ Sí ○ No

15c. ☐ $\div 10^0 = 40.3$ ○ Sí ○ No

15d. ☐ $\div 10^3 = 4.03$ ○ Sí ○ No

14. Diego hace un mural grande. Dibuja un hexágono con un perímetro de 10.5 metros. Cada lado del hexágono tiene la misma longitud.

? m

Parte A

¿Cuántos metros de longitud mide cada lado del hexágono de Diego? Escribe una ecuación para representar tu trabajo.

Parte B

El costo total de los materiales para hacer el mural es $38.70. Diego y 9 amigos dividieron el costo total en partes iguales. ¿Cuánto paga cada persona?

16. El restaurante Lou gastó $12.80 en 8 libras de papas. ¿Cuál fue el costo de una libra de papas?

17. ¿Cuántas monedas de 25¢ hay en $30? Resuelve la ecuación $30 \div 0.25$ para ayudarte.

Ⓐ 12 monedas de 25¢

Ⓑ 20 monedas de 25¢

Ⓒ 120 monedas de 25¢

Ⓓ 200 monedas de 25¢

18. Un grupo de 5 amigos compró una bolsa de uvas para compartir en partes iguales. Si la bolsa de uvas pesa 10.25 libras, ¿cuánto le toca a cada uno? Escribe una ecuación para representar tu trabajo.

19. Escoge todas las expresiones equivalentes a $6.1 \div 10^2$.

- ☐ $61 \div 1,000$
- ☐ $6.1 \div 10^5$
- ☐ $0.61 \div 10$
- ☐ $6,100 \div 10^6$
- ☐ $0.61 \div 10^3$

20. Karen dividió 560.9 por 10^3 y obtuvo un cociente de 0.5609. Julio piensa que el cociente debería ser 5.609. ¿Quién tiene razón? Explica tu respuesta.

21. June dice que debe haber un punto decimal en el cociente después del 4. ¿Tiene razón? Usa el sentido numérico para explicar tu respuesta.

$43.94 \div 5.2 = 845$

22. Tres compañeros de trabajo decidieron comprar fruta para compartir en el almuerzo. Antonio gastó $1.47 en plátanos. Laura gastó $2.88 en manzanas. Suzanne gastó $2.85 en naranjas.

Parte A

Completa el diagrama de barras para hallar cuánto gastaron en fruta los compañeros.

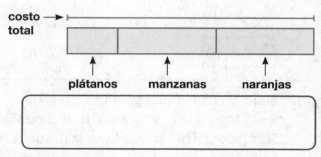

Parte B

Dividieron el costo de los 3 tipos de fruta en partes iguales. ¿Cuánto pagó cada uno? Completa el diagrama de barras para ayudarte.

Parte C

Si Laura compró 2.1 libras de manzanas, ¿el precio por libra es mayor o menor que $1? ¿Cómo lo sabes?

Nombre _____

Competencia de cocina

Lydia organiza una competencia de cocina en la escuela. Encargó ingredientes básicos para repartir entre los equipos que compiten. Los equipos también llevarán otros ingredientes.

Usa la lista de la derecha para responder las preguntas.

> **Ingredientes**
> 738.4 gramos de harina
> 8.25 litros de leche
> 5.4 litros de aceite de oliva
> 87.6 gramos de sal
> 36 huevos

1. Si 10 de los equipos dividen el aceite de oliva en cantidades iguales, ¿cuánto aceite recibirá cada equipo? Escribe una ecuación para representar tu trabajo.

2. Ocho equipos acuerdan compartir la harina en cantidades iguales.

   Parte A

   Aproximadamente ¿cuántos gramos de harina recibirá cada equipo? Usa números compatibles para hacer una estimación. Escribe una ecuación para mostrar cómo hiciste la estimación.

   Parte B

   Halla la cantidad real de harina que recibirá cada equipo. Muestra tu trabajo.

3. Varios equipos acuerdan compartir la sal en cantidades iguales. Cada equipo recibirá 7.3 gramos de sal. ¿Cuántos equipos acordaron compartir la sal? Escribe una ecuación de división para representar el problema. Luego, escribe una ecuación equivalente con números enteros.

4. Malcom calculó cuántos litros de leche recibirá cada equipo si 6 equipos comparten la leche en cantidades iguales. A la derecha se muestra su trabajo, pero Malcom olvidó ubicar el punto decimal del cociente. ¿Dónde debería ubicar el punto decimal? Explícalo.

$$8.25 \div 6 = 1375$$

5. Lydia decide comprar queso cheddar para la competencia. Compra 4.2 kilogramos a $39.90.

Parte A

Lydia estima el costo de 1 kilogramo de queso en $1. ¿Es razonable su estimación? Explícalo.

Parte B

Para hallar el costo real de 1 kilogramo de queso, Lydia debe dividir $39.90 por 4.2. ¿Cómo puede cambiar el problema de división por un problema equivalente con números enteros? Escribe y resuelve los problemas equivalentes.

Parte C

Si 7 equipos comparten el queso en cantidades iguales, ¿cuánto queso recibirá cada equipo?

Usar fracciones equivalentes para sumar y restar fracciones

Preguntas esenciales: ¿Cómo se pueden estimar las sumas y las diferencias de las fracciones y los números mixtos? ¿Cuáles son los procedimientos estándar para sumar y restar las fracciones y los números mixtos?

Recursos digitales

Resuelve   Aprende   Glosario   Amigo de práctica

Herramientas   Evaluación   Ayuda   Juegos

¿Sabías que el fósil del mamífero volador más antiguo que se conoce –un murciélago– se encontró en Wyoming?

La evidencia de los fósiles muestra que, hace aproximadamente 50 millones de años, el clima de la Tierra era cálido, y la tierra y los océanos estaban llenos de vida.

¡Digamos la verdad! ¡Puedes hallar fósiles de animales ancestrales en la actualidad! ¡Este es un proyecto sobre fósiles!

Proyecto de Matemáticas y Ciencias: Los fósiles cuentan una historia

Investigar Usa la Internet u otras fuentes para averiguar más sobre fósiles. ¿Qué son los fósiles? ¿Cómo y dónde los encontramos? ¿Qué nos dicen sobre el pasado? ¿Qué pueden decirnos sobre el futuro? Presta especial atención a los fósiles del período eoceno.

Diario: Escribir un informe Incluye lo que averiguaste. En tu informe, también:

- describe un fósil que viste o que te gustaría encontrar.

- comenta si hay fósiles en el área donde vives.

- inventa y resuelve problemas de suma y resta con fracciones y números mixtos sobre los fósiles.

⭐Repasa lo que sabes⭐

© Pearson Education, Inc. 5

A-Z Vocabulario

Escoge el mejor término del recuadro.
Escríbelo en el espacio en blanco.

> • denominador • numerador
>
> • fracción • número mixto
>
> • fracción unitaria

1. Un _____ tiene una parte que es un número entero y otra parte que es una fracción.

2. Un _____ representa la cantidad de partes iguales en un entero.

3. Una _____ tiene un numerador 1.

4. Un símbolo que representa una o más partes de un entero o conjunto, o una posición en una recta numérica, es una _____.

Comparar fracciones

Compara. Escribe $>$, $<$ o $=$ en cada $\bigcirc$.

5. $\dfrac{1}{5} \bigcirc \dfrac{1}{15}$

6. $\dfrac{17}{10} \bigcirc \dfrac{17}{5}$

7. $\dfrac{5}{25} \bigcirc \dfrac{2}{5}$

8. $\dfrac{12}{27} \bigcirc \dfrac{6}{9}$

9. $\dfrac{11}{16} \bigcirc \dfrac{2}{8}$

10. $\dfrac{2}{7} \bigcirc \dfrac{1}{5}$

11. Liam compró $\dfrac{5}{8}$ de libra de cerezas. Harrison compró más cerezas que Liam. ¿Cuál podría ser la cantidad de cerezas que compró Harrison?

    Ⓐ $\dfrac{1}{2}$ libra   Ⓑ $\dfrac{2}{5}$ de libra   Ⓒ $\dfrac{2}{3}$ de libra   Ⓓ $\dfrac{3}{5}$ de libra

12. Jamie leyó $\dfrac{1}{4}$ de libro. Raúl leyó $\dfrac{3}{4}$ del mismo libro. ¿Quién está más cerca de leer el libro entero? Explícalo.

Fracciones equivalentes

Escribe una fracción equivalente para cada fracción.

13. $\dfrac{6}{18}$

14. $\dfrac{12}{22}$

15. $\dfrac{15}{25}$

16. $\dfrac{8}{26}$

17. $\dfrac{14}{35}$

18. $\dfrac{4}{18}$

19. $\dfrac{1}{7}$

20. $\dfrac{4}{11}$

Mis tarjetas de palabras

Usa los ejemplos de las palabras de las tarjetas para ayudarte a completar las definiciones que están al reverso.

---

fracción de referencia

$$\frac{1}{4}, \frac{1}{3}, \frac{1}{2}, \frac{2}{3}, \frac{3}{4}$$

---

fracciones equivalentes

$$\frac{1}{4} \times \frac{3}{3} = \frac{3}{12}$$

$\frac{1}{4}$		
$\frac{1}{12}$	$\frac{1}{12}$	$\frac{1}{12}$

---

común denominador

$$\frac{2 \times 5}{3 \times 5} = \frac{10}{15} \qquad \frac{1 \times 3}{5 \times 3} = \frac{3}{15}$$

15 es un común denominador para $\frac{2}{3}$ y $\frac{1}{5}$.

---

número mixto

$$1\frac{2}{3}$$

Mis tarjetas de palabras

Completa cada definición. Para ampliar lo que aprendiste, escribe tus propias definiciones.

Las _____ son fracciones que representan la misma parte de una región, longitud o grupo entero.

Las fracciones comunes que se usan para hacer estimaciones, como $\frac{1}{4}$, $\frac{1}{3}$, $\frac{1}{2}$, $\frac{2}{3}$ y $\frac{3}{4}$, se llaman

_____.

Un número que tiene una parte entera y una parte fraccionaria se llama

_____.

Un _____ es un número que es el denominador de dos o más fracciones.

Nombre _____

Resuélvelo y coméntalo

Jack necesita aproximadamente $1\frac{1}{2}$ yardas de cuerda. Tiene tres piezas de cuerda con distintas longitudes. Sin hallar la cantidad exacta, ¿qué dos piezas debería elegir para acercarse a $1\frac{1}{2}$ yardas de cuerda? *Resuelve este problema de la manera que prefieras.*

Razonamiento Puedes usar el sentido numérico para estimar la respuesta. *¡Muestra tu trabajo!*

$\frac{1}{2}$ yarda

$\frac{1}{3}$ de yarda

$\frac{7}{8}$ de yarda

Lección 7-1

Estimar sumas y diferencias de fracciones

Puedo...

estimar sumas y diferencias de fracciones.

Estándares de contenido 5.NOF.A.1, 5.NOF.A.2
Prácticas matemáticas PM.2, PM.3, PM.8

Resuelve

¡Vuelve atrás! PM.8 Generalizar ¿Cómo puede ayudarte a hacer una estimación una recta numérica?

Pregunta esencial

¿Cómo se puede estimar la suma de dos fracciones?

A

El Sr. Fish está soldando dos tuberías de cobre para reparar una pérdida. Usará las tuberías que se muestran. ¿La nueva tubería está más cerca de $\frac{1}{2}$ pie o 1 pie de longitud? Explícalo.

Estima la suma $\frac{1}{6} + \frac{5}{12}$ para hallar la longitud aproximada que tendrán las dos tuberías juntas.

$\frac{5}{12}$ de pie de longitud

$\frac{1}{6}$ de pie de longitud

Puedes sumar para hallar la respuesta.

B ## Paso 1

Reemplaza las fracciones con la mitad o el entero más cercano. Una recta numérica puede hacer más fácil decidir si cada fracción está más cerca de 0, $\frac{1}{2}$ o 1.

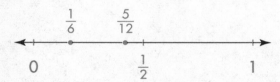

$\frac{1}{6}$ está entre 0 y $\frac{1}{2}$, pero está más cerca de 0.

$\frac{5}{12}$ también está entre 0 y $\frac{1}{2}$, pero está más cerca de la fracción de referencia $\frac{1}{2}$.

C ## Paso 2

Suma para hallar la estimación.

Una buena estimación de $\frac{1}{6} + \frac{5}{12}$ es $0 + \frac{1}{2}$, o $\frac{1}{2}$.

Por tanto, las tuberías soldadas van a estar más cerca de $\frac{1}{2}$ pie que de 1 pie de longitud.

Dado que cada sumando es menor que $\frac{1}{2}$, es razonable que la suma sea menor que 1.

¡Convénceme! © **PM.3 Evaluar el razonamiento** Nolini dice que si el denominador es más de dos veces el numerador, la fracción siempre puede reemplazarse por 0. ¿Tiene razón? Da un ejemplo en tu explicación.

Nombre _____

☆ Práctica guiada *

¿Lo entiendes?

1. © **PM.2 Razonar** En el ejercicio al comienzo de la página 372, ¿obtendrías la misma estimación si las tuberías del Sr. Fish midieran $\frac{2}{6}$ de pie y $\frac{7}{12}$ de pie?

2. Sentido numérico Si una fracción tiene 1 en el numerador y un número mayor que 2 en el denominador, ¿la fracción estará más cerca de 0, $\frac{1}{2}$ o 1? Explícalo.

¿Cómo hacerlo?

En los Ejercicios **3** y **4,** usa una recta numérica para mostrar si cada fracción está más cerca de 0, $\frac{1}{2}$ o 1. Luego, estima la suma o la diferencia.

3.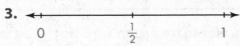

    0         $\frac{1}{2}$ 1

  a $\frac{11}{12}$ **Más cerca de:** _____

  b $\frac{1}{6}$ **Más cerca de:** _____

  Estima la suma $\frac{11}{12} + \frac{1}{6}$.

  c   1 + _____ = _____

4.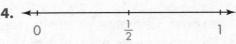

    0         $\frac{1}{2}$ 1

  a $\frac{14}{16}$ **Más cerca de:** _____

  b $\frac{5}{8}$ **Más cerca de:** _____

  Estima la diferencia $\frac{14}{16} - \frac{5}{8}$.

  c _____ − _____ = _____

☆ Práctica independiente

Práctica al nivel Usa una recta numérica para mostrar si cada fracción está más cerca de 0, $\frac{1}{2}$ o 1 en el Ejercicio **5.** Reemplaza las fracciones por 0, $\frac{1}{2}$ o 1 para estimar las sumas o las diferencias en los Ejercicios **6** a **11.**

5.

    0         $\frac{1}{2}$ 1

  a $\frac{7}{8}$ **Más cerca de:** _____

  b $\frac{5}{12}$ **Más cerca de:** _____

  Estima la diferencia $\frac{7}{8} - \frac{5}{12}$.

  c _____ − _____ = _____

6. $\frac{9}{10} + \frac{5}{6}$

7. $\frac{11}{18} - \frac{2}{9}$

8. $\frac{1}{16} + \frac{2}{15}$

9. $\frac{24}{25} - \frac{1}{9}$

10. $\frac{3}{36} + \frac{1}{10}$

11. $\frac{37}{40} - \frac{26}{50}$

Prácticas matemáticas y resolución de problemas

12. **Sentido numérico** Representa dos fracciones que estén más cerca de 1 que de $\frac{1}{2}$. Luego, representa dos fracciones que estén más cerca de $\frac{1}{2}$ que de 0 o 1 y otras dos fracciones que estén más cerca de 0 que de $\frac{1}{2}$. Halla dos de tus fracciones que den una suma de aproximadamente $1\frac{1}{2}$.

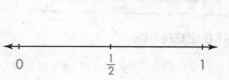

0      $\frac{1}{2}$ 1

---

13. **Razonamiento de orden superior** ¿Cómo puedes estimar si $\frac{27}{50}$ está más cerca de $\frac{1}{2}$ o de 1 sin usar una recta numérica? Explícalo.

14. Katie preparó una bolsa de mezcla de nueces y frutas secas con $\frac{1}{2}$ taza de pasas, $\frac{3}{5}$ de taza de tostones de plátano y $\frac{3}{8}$ de taza de maní. Aproximadamente ¿cuánta mezcla de nueces y frutas secas preparó Katie?

---

15. © **PM.2 Razonar** La regata anual Mug Race es la carrera de barcos en río más larga del mundo. El evento ocurre en el río St. Johns, que tiene 310 millas de longitud. Aproximadamente ¿cuántas veces más largo que la carrera es el río?

La regata anual Mug Race tiene 42 millas de longitud.

¿Necesitas una respuesta exacta o una estimación? ¿Cómo lo sabes?

© Evaluación de Common Core

16. Traza líneas para unir las expresiones de la izquierda con sus estimaciones de la derecha.

$\frac{11}{12} - \frac{5}{6}$		0
$\frac{5}{9} - \frac{1}{10}$		$\frac{1}{2}$
$\frac{15}{16} - \frac{1}{12}$		1

17. Traza líneas para unir las expresiones de la izquierda con sus estimaciones de la derecha.

$\frac{1}{30} + \frac{4}{6}$		0
$\frac{8}{9} + \frac{1}{5}$		$\frac{1}{2}$
$\frac{2}{20} + \frac{1}{12}$		1

Ayuda   Amigo de   Herramientas   Juegos
práctica

Tarea y práctica
7-1
Estimar sumas y diferencias de fracciones

¡Revisemos!

Estima $\frac{10}{12} - \frac{4}{9}$.

> Puedes usar números de la mitad como ayuda para decidir si cada fracción está más cerca de 0, $\frac{1}{2}$ o 1.

Paso 1

¿$\frac{10}{12}$ está más cerca de 0, $\frac{1}{2}$ o 1?

Halla el número de la mitad entre 0 y el denominador.

6 está en la mitad entre 0 y 12.

Determina si el numerador es aproximadamente igual al número de la mitad, si está más cerca de 0 o más cerca de 12.

```
          10
<----+----+----+---->
0         6        12
```

10 está más cerca de 12.

Por tanto, $\frac{10}{12}$ está más cerca de 1.

Paso 2

¿$\frac{4}{9}$ está más cerca de 0, $\frac{1}{2}$ o 1?

Si el numerador está más cerca del número de la mitad, la fracción está más cerca de 1.

$4\frac{1}{2}$ está en la mitad entre 0 y 9.

```
              4
<----+--------+----------+---->
0          4½            9
```

4 está más cerca de $4\frac{1}{2}$.

Por tanto, $\frac{4}{9}$ está más cerca de $\frac{1}{2}$.

$\frac{10}{12} - \frac{4}{9}$ es aproximadamente $1 - \frac{1}{2} = \frac{1}{2}$.

Práctica al nivel Reemplaza las fracciones con 0, $\frac{1}{2}$ o 1 para estimar las sumas o las diferencias en los Ejercicios **1** a **7**.

1.
```
<----+--------+----------+---->
0         ½               1
```

$\frac{4}{18} + \frac{3}{7}$

$\frac{4}{18}$ Más cerca de: _____

$\frac{3}{7}$ Más cerca de: _____

Estima:

_____ + _____ = _____

2. $\frac{8}{15} + \frac{2}{5}$

3. $\frac{17}{21} - \frac{2}{10}$

4. $\frac{8}{10} + \frac{4}{9}$

5. $\frac{12}{15} - \frac{3}{7}$

6. $\frac{15}{20} + \frac{7}{8}$

7. $\frac{8}{14} - \frac{4}{10}$

8. © **PM.2 Razonar** Sam y Lou necesitan un total de 1 pie de alambre para un proyecto de ciencias. El alambre de Sam mide $\frac{8}{12}$ de pie de longitud. El alambre de Lou mide $\frac{7}{8}$ de pie de longitud. ¿Tienen suficiente alambre para el proyecto de ciencias? Explica tu razonamiento.

9. © **PM.3 Construir argumentos** Katya midió el crecimiento de un brote. Al final de la primera semana, el brote había crecido $\frac{1}{3}$ de pulgada y, al final de la segunda semana, había crecido otros $\frac{5}{6}$ de pulgada. Aproximadamente ¿cuánto creció la planta en las primeras 2 semanas? Explica cómo hiciste tu estimación.

10. Un científico midió la cantidad de lluvia que cayó en un pueblo durante un mes. ¿Cuánta más lluvia hubo en la Semana 4 que en la Semana 1?

DATOS

Lluvia de marzo	
Semana	Milímetros
1	2.6
2	3.32
3	4.06
4	4.07

11. Razonamiento de orden superior Jack está criando lombrices rojas para hacer compost. Midió la longitud de dos lombrices jóvenes. La lombriz que tiene 10 días de vida mide $\frac{10}{12}$ de pulgada de longitud. La lombriz que tiene 20 días de vida mide $1\frac{4}{6}$ pulgadas de longitud. Aproximadamente ¿cuánto más larga es la lombriz de 20 días de vida que la de 10 días? Explica cómo hallaste tu estimación.

Puedes usar la recta numérica.

© **Evaluación de Common Core**

12. Traza líneas para unir las expresiones de la izquierda con sus estimaciones de la derecha.

$\frac{1}{6} - \frac{1}{8}$		0
$\frac{10}{12} - \frac{1}{16}$		$\frac{1}{2}$
$\frac{9}{10} - \frac{4}{9}$		1

13. Traza líneas para unir las expresiones de la izquierda con sus estimaciones de la derecha.

$\frac{1}{10} + \frac{1}{3}$		0
$\frac{1}{12} + \frac{1}{9}$		$\frac{1}{2}$
$\frac{4}{7} + \frac{1}{2}$		1

Resuelve

Resuélvelo y coméntalo

Sue quiere $\frac{1}{2}$ de un molde rectangular de pan de maíz. Dena quiere $\frac{1}{3}$ del mismo molde de pan de maíz. ¿Cómo deberías cortar el pan de maíz para que cada niña tenga la porción que quiere? *Resuelve este problema de la manera que prefieras.*

Puedo...
hallar denominadores comunes para fracciones con distintos denominadores.

Ⓒ **Estándares de contenido** 5.NOF.A.1, 5.NOF.A.2
Prácticas matemáticas PM.1, PM.3, PM.4, PM.7

Representar con modelos matemáticos
Puedes hacer un dibujo para representar el molde como un entero. Luego, resuelve. *¡Muestra tu trabajo!*

¡Vuelve atrás! Ⓒ **PM.3 Construir argumentos** ¿Hay más de una manera de dividir el molde de pan de maíz en partes iguales? Explica cómo lo sabes.

Pregunta esencial **¿Cómo se pueden hallar denominadores comunes?**

A

Tyrone dividió un rectángulo en tercios. Sally dividió un rectángulo del mismo tamaño en cuartos. ¿Cómo podrías dividir un rectángulo del mismo tamaño de manera que se vieran tanto los tercios como los cuartos?

Puedes dividir un rectángulo para mostrar tercios o cuartos.

Tercios   **Cuartos**

B Este rectángulo está dividido en tercios y cuartos.

Doceavos

El rectángulo está dividido en 12 partes iguales. Cada parte es $\frac{1}{12}$.

C Las fracciones $\frac{1}{3}$ y $\frac{1}{4}$ pueden convertirse en fracciones equivalentes.

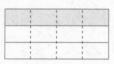   

$\frac{1}{3} = \frac{4}{12}$ $\frac{1}{4} = \frac{3}{12}$

Las fracciones que tienen el mismo denominador, como $\frac{4}{12}$ y $\frac{3}{12}$, tienen **denominadores comunes**.

¡Convénceme! **PM.4 Representar con modelos matemáticos** Dibuja rectángulos como los de arriba para hallar fracciones equivalentes a $\frac{2}{5}$ y $\frac{1}{3}$ que tengan el mismo denominador.

Otro ejemplo

Halla un común denominador para $\frac{7}{12}$ y $\frac{5}{6}$. Luego, expresa las fracciones como fracciones equivalentes.

Una manera

Multiplica los denominadores para hallar un común denominador: $12 \times 6 = 72$.

Escribe fracciones equivalentes cuyos denominadores sean 72.

$$\frac{7}{12} = \frac{7 \times 6}{12 \times 6} = \frac{42}{72} \qquad \frac{5}{6} = \frac{5 \times 12}{6 \times 12} = \frac{60}{72}$$

Por tanto, $\frac{42}{72}$ y $\frac{60}{72}$ es una manera de expresar $\frac{7}{12}$ y $\frac{5}{6}$ con un común denominador.

Otra manera

Piensa un número que sea múltiplo del otro.

Sabes que 12 es múltiplo de 6.

$$\frac{5}{6} = \frac{5 \times 2}{6 \times 2} = \frac{10}{12}$$

Por tanto, $\frac{7}{12}$ y $\frac{10}{12}$ es otra manera de expresar $\frac{7}{12}$ y $\frac{5}{6}$ con un común denominador.

☆ Práctica guiada *

¿Lo entiendes?

1. En el ejemplo de la página anterior, ¿cuántos doceavos hay en cada sección de $\frac{1}{3}$ del rectángulo de Tyrone? ¿Cuántos doceavos hay en cada sección de $\frac{1}{4}$ del rectángulo de Sally?

¿Cómo hacerlo?

Halla un común denominador para cada par de fracciones en los Ejercicios **2** y **3**.

2. $\frac{3}{8}$ y $\frac{2}{3}$ 3. $\frac{1}{6}$ y $\frac{4}{3}$

☆ Práctica independiente ☆

Halla un común denominador para cada par de fracciones en los Ejercicios **4 a 11.** Luego, escribe fracciones equivalentes con el común denominador.

4. $\frac{2}{5}$ y $\frac{1}{6}$

5. $\frac{1}{3}$ y $\frac{4}{5}$

6. $\frac{5}{8}$ y $\frac{3}{4}$

7. $\frac{3}{10}$ y $\frac{9}{8}$

8. $\frac{3}{7}$ y $\frac{1}{2}$

9. $\frac{5}{12}$ y $\frac{3}{5}$

10. $\frac{7}{9}$ y $\frac{2}{3}$

11. $\frac{3}{8}$ y $\frac{9}{20}$

12. ⊚ **PM.3 Evaluar el razonamiento** Explica cualquier error que veas en cómo se expresaron de otra manera las siguientes fracciones. Muestra la expresión correcta.

$$\frac{3}{4} = \frac{9}{12} \qquad \frac{2}{3} = \frac{6}{12}$$

13. Razonamiento de orden superior En los registros de un comercio, tres meses de un año se llaman un cuarto. ¿Cuántos meses equivalen a tres cuartos de un año? Explica cómo hallaste tu respuesta.

14. ⊚ **PM.4 Representar con modelos matemáticos**
Nelda cocinó dos tipos de fideos en bandejas para hornear. Las bandejas tienen el mismo tamaño. Ella cortó una bandeja en 6 porciones iguales. Cortó la otra bandeja en 8 porciones iguales. ¿Cómo podrían cortarse las bandejas ahora para que tengan porciones del mismo tamaño? Haz dibujos para mostrar tu trabajo. Si Nelda hasta ahora sirvió 6 porciones de una bandeja, ¿qué fracción de una bandeja sirvió?

15. Sentido numérico ¿Cuál es el precio de la gasolina de primera calidad redondeado al dólar más cercano? ¿Redondeado a la moneda de 10¢ más cercana? ¿Redondeado a la moneda de 1¢ más cercana?

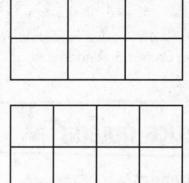

Precios de la gasolina

DATOS

Calidad	Precio (por galón)
Regular	$4.199
Primera calidad	$4.409
Diesel	$5.019

⊚ **Evaluación de *Common Core***

16. Marca todos los denominadores comunes para $\frac{2}{3}$ y $\frac{3}{4}$.

☐ 8
☐ 12
☐ 16
☐ 36
☐ 48

17. Marca todos los denominadores comunes para $\frac{11}{12}$ y $\frac{4}{5}$.

☐ 12
☐ 17
☐ 30
☐ 60
☐ 125

Nombre _____

Tarea y práctica
7-2
Hallar denominadores comunes

¡Revisemos!

Expresa de otra manera $\frac{4}{10}$ y $\frac{3}{8}$ usando un común denominador.

Recuerda que un múltiplo es un producto del número y cualquier número entero.

Paso 1

Halla el común denominador de $\frac{4}{10}$ y $\frac{3}{8}$.

Haz una lista de múltiplos de los denominadores 10 y 8. Luego, busca un múltiplo común.

10: 10, 20, 30, 40

  8: 8, 16, 24, 32, 40

El número 40 se puede usar como común denominador.

Paso 2

Expresa de otra manera $\frac{4}{10}$ y $\frac{3}{8}$ usando 40 como común denominador.

Multiplica el numerador y el denominador por el mismo número entero distinto de cero.

$$\frac{4}{10} \quad \frac{4 \times 4}{10 \times 4} = \frac{16}{40} \quad \frac{3}{8} \quad \frac{3 \times 5}{8 \times 5} = \frac{15}{40}$$

Por tanto, $\frac{16}{40}$ y $\frac{15}{40}$ es una manera de expresar $\frac{4}{10}$ y $\frac{3}{8}$ usando un común denominador.

Halla el común denominador para cada par de fracciones en los Ejercicios **1** a **9**. Luego, escribe fracciones equivalentes con el común denominador.

1. $\frac{1}{3}$ y $\frac{4}{9}$

$\frac{1}{3}$ Múltiplos del denominador: _____

$\frac{4}{9}$ Múltiplos del denominador: _____

Común denominador: _____

Expresa de otra manera $\frac{1}{3}$: _____

Expresa de otra manera $\frac{4}{9}$: _____

Expresa de otra manera.

$$\frac{1 \times \square}{3 \times \square} = \frac{\square}{\square} \qquad \frac{4 \times \square}{9 \times \square} = \frac{\square}{\square}$$

2. $\frac{3}{4}$ y $\frac{2}{5}$

3. $\frac{4}{7}$ y $\frac{2}{3}$

4. $\frac{1}{2}$ y $\frac{7}{11}$

5. $\frac{5}{12}$ y $\frac{3}{5}$

6. $\frac{5}{4}$ y $\frac{11}{16}$

7. $\frac{6}{7}$ y $\frac{1}{5}$

8. $\frac{9}{15}$ y $\frac{4}{9}$

9. $\frac{5}{6}$ y $\frac{8}{21}$

10. En el río Dell, un barco pasará por el puente levadizo Colby y, luego, por el puente levadizo Wave. Expresa de otra manera los horarios de apertura de cada puente. Hay 60 minutos en una hora; por tanto, usa 60 como común denominador. Luego, expresa de otra manera cada horario de apertura usando otro común denominador. Explica cómo hallaste tu respuesta.

Horarios de apertura de los puentes levadizos del río Dell	
Nombre del puente	**Horarios de apertura**
Asher Cross	Cada hora
Colby	Cada $\frac{3}{4}$ de hora
Rainbow	Cada $\frac{2}{3}$ de hora
Red Bank	Cada $\frac{1}{4}$ de hora
Wave	Cada $\frac{1}{6}$ de hora

11. Razonamiento de orden superior Phil cocinó dos tipos de pasteles. Cada bandeja de pastel tenía el mismo tamaño. Él sirvió $\frac{1}{2}$ del pastel de arándanos azules. Sirvió $\frac{1}{4}$ del pastel de manzana. Si cada pastel tenía 8 porciones, ¿qué fracción del pastel de manzana sirvió Phil en octavos? ¿Cuántas porciones más del pastel de arándanos azules que del pastel de manzana sirvió?

12. Ⓒ **PM.7 Buscar relaciones** Shelly está tratando de mejorar su tiempo para una carrera en pista. Corrió la primera carrera en 43.13 segundos. Su tiempo en la segunda carrera fue 43.1 segundos y, en la tercera carrera, 43.07. Si este patrón continúa, ¿cuál será el tiempo de Shelly en la cuarta carrera?

13. Ⓒ **PM.1 Entender y perseverar** Alicia midió $\frac{1}{4}$ de yarda de la tela Diamantes azules y $\frac{5}{6}$ de yarda de la tela Sombreros amarillos para hacer una colcha de retazos. Expresa de otra manera las longitudes de las telas. Usa la cantidad de pulgadas en una yarda como común denominador.
PISTA: 1 yarda = 3 pies; 1 pie = 12 pulgadas

¿Cuántas pulgadas equivalen a 1 yarda?

Ⓒ **Evaluación de** *Common Core*

14. Marca todos los denominadores comunes para $\frac{2}{3}$ y $\frac{7}{9}$.

- ☐ 6
- ☐ 9
- ☐ 18
- ☐ 27
- ☐ 30

15. Marca todos los denominadores comunes para $\frac{1}{9}$ y $\frac{1}{2}$.

- ☐ 11
- ☐ 16
- ☐ 18
- ☐ 36
- ☐ 45

Nombre _____

Durante el fin de semana, Eleni comió $\frac{1}{4}$ de caja de cereal y Freddie comió $\frac{3}{8}$ de la misma caja. ¿Qué porción de la caja de cereal comieron en total?

Lección 7-3
Sumar fracciones con distintos denominadores

Puedo...
sumar fracciones con distintos denominadores

© **Estándares de contenido** 5.NOF.A.1, 5.NOF.A.2
Prácticas matemáticas PM.1, PM.3, PM.4, PM.5

$\frac{3}{8}$

$\frac{1}{4}$

Usar herramientas apropiadas
Puedes usar tiras de fracciones para representar la suma de fracciones.
¡Muestra tu trabajo!

¡Vuelve atrás! © **PM.1 Entender y perseverar** ¿Qué pasos seguiste para resolver el problema?

Pregunta esencial

¿Cómo se pueden sumar fracciones con distintos denominadores?

A

Alex montó su motoneta para ir desde su casa hasta el parque. Más tarde, fue desde el parque hasta la práctica de beisbol. ¿Qué distancia recorrió Alex?

Puedes sumar para hallar la distancia total que Alex recorrió con su motoneta.

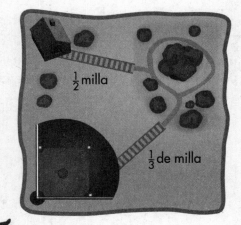

$\frac{1}{2}$ milla

$\frac{1}{3}$ de milla

B ## Paso 1

Convierte las fracciones en fracciones equivalentes con un común, o el mismo, denominador.

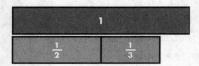

Múltiplos de 2: 2, 4, 6, 8, 10, 12, . . .

Múltiplos de 3: 3, 6, 9, 12, . . .

El número 6 es un múltiplo común de 2 y de 3; por tanto, $\frac{1}{2}$ y $\frac{1}{3}$ pueden volver a escribirse con el común denominador 6.

C ## Paso 2

Escribe fracciones equivalentes con un común denominador.

$\frac{1}{2} \times \frac{3}{3} = \frac{3}{6}$

$\frac{1}{3} \times \frac{2}{2} = \frac{2}{6}$

D ## Paso 3

Suma las fracciones para hallar la cantidad total de sextos.

$$\frac{1}{2} = \frac{3}{6}$$
$$+ \frac{1}{3} = \frac{2}{6}$$
$$\overline{\frac{5}{6}}$$

Alex recorrió $\frac{5}{6}$ de milla en su motoneta.

¡Convénceme! © **PM.3 Construir argumentos** En el ejemplo de arriba, ¿obtendrías la misma suma si usaras 12 como común denominador? Explícalo.

Amigo de práctica · Herramientas · Evaluación

Otro ejemplo

Halla $\frac{5}{12} + \frac{1}{4}$.

$\frac{5}{12} + \frac{1}{4} = \frac{5}{12} + \frac{3}{12}$

$= \frac{5+3}{12} = \frac{8}{12}$ o $\frac{2}{3}$

Escribe fracciones equivalentes con denominadores comunes.

Halla la cantidad total de doceavos sumando los numeradores.

☆ Práctica guiada *

¿Lo entiendes?

1. En el ejemplo de la parte superior de la página 384, si el parque estuviera a $\frac{1}{8}$ de milla de la práctica de beisbol en lugar de a $\frac{1}{3}$ de milla, ¿qué distancia recorrería Alex en total?

2. **A-Z Vocabulario** Nico y Nita resolvieron el mismo problema. Nico obtuvo $\frac{6}{8}$ como respuesta y Nita obtuvo $\frac{3}{4}$. ¿Qué respuesta es correcta? Usa el término *fracción equivalente* en tu explicación.

¿Cómo hacerlo?

Halla la suma. Usa tiras de fracciones como ayuda.

3. $\frac{1}{2} + \frac{1}{4} = \frac{\square}{\square} + \frac{\square}{\square} = \frac{\square}{\square}$

1		
$\frac{1}{2}$		$\frac{1}{4}$
$\frac{1}{4}$	$\frac{1}{4}$	$\frac{1}{4}$

☆ Práctica independiente

Halla las sumas en los Ejercicios **4** y **5**. Usa tiras de fracciones como ayuda.

Recuerda que puedes usar múltiplos para hallar un común denominador.

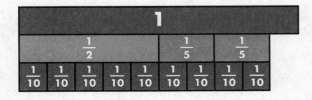

4. $\frac{1}{2} + \frac{2}{5} = \frac{\square}{\square} + \frac{\square}{\square} = \frac{\square}{\square}$

1								
$\frac{1}{2}$				$\frac{1}{5}$		$\frac{1}{5}$		
$\frac{1}{10}$	$\frac{1}{10}$	$\frac{1}{10}$	$\frac{1}{10}$	$\frac{1}{10}$	$\frac{1}{10}$	$\frac{1}{10}$	$\frac{1}{10}$	$\frac{1}{10}$

5. $\frac{1}{6} + \frac{1}{3} + \frac{1}{6} =$

$\frac{\square}{\square} + \frac{\square}{\square} + \frac{\square}{\square} = \frac{\square}{\square} = \frac{\square}{\square}$

1		
$\frac{1}{6}$	$\frac{1}{3}$	$\frac{1}{6}$
$\frac{1}{6}$	$\frac{1}{6}$	$\frac{1}{6}$	$\frac{1}{6}$

6. **© PM.3 Construir argumentos** Explica por qué el denominador 6 en $\frac{3}{6}$ no cambia cuando se suman las fracciones.

$$\frac{3}{6} = \frac{3}{6}$$
$$+ \frac{1}{3} = \frac{2}{6}$$
$$\overline{\frac{5}{6}}$$

7. **© PM.4 Representar con modelos matemáticos** Aproximadamente $\frac{1}{10}$ de los huesos de tu cuerpo están en tu cráneo. Tus manos tienen aproximadamente $\frac{1}{4}$ de los huesos de tu cuerpo. Escribe y resuelve una ecuación para hallar la fracción de huesos de tu cuerpo que están en tus manos o en tu cráneo.

8. **Matemáticas y Ciencias** De 36 elementos químicos, 2 tienen nombres de científicas mujeres y 25 tienen nombres de lugares. ¿Qué fracción de estos 36 elementos tienen nombres de mujeres o lugares? Muestra tu trabajo.

9. **Razonamiento de orden superior** Roger hizo una tabla para mostrar cómo usa su tiempo en un día. ¿Cuántos días pasarán antes de que Roger haya dormido el equivalente a un día? Explica cómo hallaste tu respuesta.

DATOS

Cantidad de tiempo usado en actividades en un día	
Actividad	**Porción del día**
Trabajo	$\frac{1}{3}$ de día
Dormir	$\frac{3}{8}$ de día
Comidas	$\frac{1}{8}$ de día
Computadora	$\frac{1}{6}$ de día

© Evaluación de *Common Core*

10. Escoge Sí o No para indicar si la fracción $\frac{1}{2}$ haría verdadera cada ecuación.

$\square + \frac{5}{5} = \frac{3}{2}$ ○ Sí   ○ No

$\frac{1}{10} + \frac{2}{5} = \square$ ○ Sí   ○ No

$\frac{1}{2} + \square = \frac{1}{4}$ ○ Sí   ○ No

$\frac{1}{6} + \frac{1}{3} = \square$ ○ Sí   ○ No

11. Escoge Sí o No para indicar si la fracción $\frac{4}{7}$ haría verdadera cada ecuación.

$\frac{1}{14} + \square = \frac{9}{14}$ ○ Sí   ○ No

$\frac{2}{4} + \frac{2}{3} = \square$ ○ Sí   ○ No

$\square + \frac{2}{7} = \frac{6}{7}$ ○ Sí   ○ No

$\frac{1}{10} + \square = \frac{47}{70}$ ○ Sí   ○ No

Nombre _____

¡Revisemos!

Halla $\frac{1}{6} + \frac{5}{8}$.

Recuerda que un múltiplo es un producto del número y cualquier número entero.

Paso 1

Haz una lista de múltiplos de los denominadores.

Busca un múltiplo que se repita en ambas listas. Elige el menor.

6: 6, 12, 18, 24, 30, 36, 42, 48
8: 8, 16, 24, 32, 40, 48

24 y 48 son múltiplos comunes de 6 y 8. 24 es el menor de los dos.

Paso 2

Escribe fracciones equivalentes usando el múltiplo común como denominador.

$\frac{1}{6}$ $\frac{1 \times 4}{6 \times 4} = \frac{4}{24}$

$\frac{5}{8}$ $\frac{5 \times 3}{8 \times 3} = \frac{15}{24}$

Paso 3

Suma las fracciones para hallar la cantidad total de veinticuatroavos.

$\frac{4}{24} + \frac{15}{24} =$

$\frac{4 + 15}{24} = \frac{19}{24}$

Por tanto, $\frac{1}{6} + \frac{5}{8} = \frac{19}{24}$.

Halla las sumas en los Ejercicios **1** a **4.**

1. $\frac{1}{2} + \frac{1}{6}$

Menor múltiplo compartido: _____

Sumar las fracciones expresadas de otra manera:

____ + ____ = ____   o $\frac{\boxed{}}{\boxed{}}$

2. $\frac{1}{9} + \frac{5}{6}$

Menor múltiplo compartido: _____

Sumar las fracciones expresadas de otra manera:

____ + ____ = ____

3. $\frac{4}{5} + \frac{1}{15}$

Menor múltiplo compartido: _____

Sumar las fracciones expresadas de otra manera:

____ + ____ = ____

4. $\frac{2}{8} + \frac{1}{2}$

Menor múltiplo compartido: _____

Sumar las fracciones expresadas de otra manera:

____ + ____ = ____   o $\frac{\boxed{}}{\boxed{}}$

5. © **PM.4 Representar con modelos matemáticos** Antes de la escuela, Janine demoró $\frac{1}{10}$ de hora para tender la cama, $\frac{1}{5}$ de hora para vestirse y $\frac{1}{2}$ hora para desayunar. ¿Qué fracción de una hora demoró en realizar estas actividades? Completa la tira de fracciones para mostrar la solución.

	1		
$\frac{1}{10}$	$\frac{1}{5}$	$\frac{1}{2}$	

6. Matemáticas y Ciencias El color del cabello es un rasgo hereditario. En la familia de Marci, su madre tiene el cabello color café y su padre tiene el cabello rubio. La familia tiene 6 niños en total. De los 6 niños, $\frac{1}{3}$ tiene el cabello rubio, $\frac{1}{6}$ tiene el cabello rojo y $\frac{1}{2}$ tiene el cabello color café. ¿Qué fracción de los niños tiene el cabello rojo o color café?

7. Abdul compró pan por $1.59 y un paquete de queso por $2.69. ¿Cuánto gastó Abdul? Completa el siguiente diagrama.

8. Razonamiento de orden superior Robert quiere caminar una milla por día para ejercitarse. Hizo una tabla para mostrar la distancia desde su casa hasta cuatro lugares diferentes. ¿Cuál es la distancia total desde su casa hasta la tienda ida y vuelta, y desde su casa hasta la biblioteca ida y vuelta? Si Robert camina esta distancia completa, ¿caminará una milla? Explica cómo hallaste la respuesta.

DATOS

Distancia de caminata desde la casa hasta cada lugar

Lugar	Distancia
Banco	$\frac{1}{5}$ de milla
Biblioteca	$\frac{1}{10}$ de milla
Parque	$\frac{1}{2}$ milla
Tienda	$\frac{1}{4}$ de milla

© **Evaluación de _Common Core_**

9. Escoge Sí o No para indicar si la fracción $\frac{2}{3}$ haría verdadera cada ecuación.

$\frac{1}{3} + \frac{1}{3} = \square$ ○ Sí ○ No

$\frac{1}{6} + \frac{1}{6} = \square$ ○ Sí ○ No

$\square + \frac{6}{9} = \frac{4}{3}$ ○ Sí ○ No

$\frac{2}{5} + \square = \frac{14}{15}$ ○ Sí ○ No

10. Escoge Sí o No para indicar si la fracción $\frac{4}{5}$ haría verdadera cada ecuación.

$\frac{1}{5} + \square = 1$ ○ Sí ○ No

$\frac{1}{2} + \frac{3}{10} = \square$ ○ Sí ○ No

$\frac{7}{10} + \frac{1}{10} = \square$ ○ Sí ○ No

$\square + \frac{1}{15} = \frac{14}{15}$ ○ Sí ○ No

Nombre _____

Rose compró una tubería de cobre de la longitud que se muestra abajo. Usó $\frac{1}{2}$ yarda para reparar una cañería de agua en su casa. ¿Cuánta tubería le sobró? **Resuelve este problema de la manera que prefieras.**

$\frac{4}{6}$ de yarda

Puedo...
restar fracciones con distintos denominadores.

© Estándares de contenido 5.NOF.A.1, 5.NOF.A.2
Prácticas matemáticas PM.2, PM.3, PM.4, PM.7, PM.8

Usar la estructura Puedes usar el cálculo mental para hallar fracciones equivalentes y que $\frac{1}{2}$ y $\frac{4}{6}$ tengan el mismo denominador. ¡Muestra tu trabajo!

¡Vuelve atrás! © **PM.8 Generalizar** ¿En qué se parece restar fracciones con distintos denominadores a sumar fracciones con distintos denominadores?

¿Cómo se pueden restar fracciones con distintos denominadores?

A

Laura usó $\frac{1}{4}$ de yarda de la tela que compró para un proyecto de costura. ¿Cuánta tela quedó?

Para hallar cuánta tela quedó, puedes usar la resta.

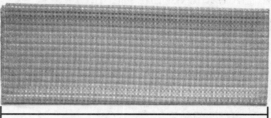

$\frac{2}{3}$ de yarda

B **Paso 1**

Halla un múltiplo común de los denominadores.

Múltiplos de 3: 3, 6, 9, 12, . . .

Múltiplos de 4: 4, 8, 12, . . .

El número 12 es múltiplo de 3 y de 4. Escribe fracciones equivalentes de $\frac{2}{3}$ y $\frac{1}{4}$ cuyo denominador sea 12.

C **Paso 2**

Usa la propiedad de identidad para expresar de otra manera las fracciones con un común denominador.

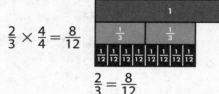

$\frac{2}{3} \times \frac{4}{4} = \frac{8}{12}$

$\frac{2}{3} = \frac{8}{12}$

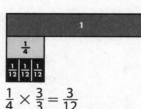

$\frac{1}{4} \times \frac{3}{3} = \frac{3}{12}$

$\frac{1}{4} \times \frac{3}{3} = \frac{3}{12}$

D **Paso 3**

Resta los numeradores.

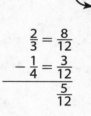

$$\frac{2}{3} = \frac{8}{12}$$
$$-\frac{1}{4} = \frac{3}{12}$$
$$\frac{5}{12}$$

A Laura le quedaron $\frac{5}{12}$ de yarda de tela.

¡Convénceme! © **PM.3 Evaluar el razonamiento** Supón que Laura tenía $\frac{2}{3}$ de yarda de tela y le dijo a Sandra que usó $\frac{3}{4}$ de yarda. Sandra dice que eso no es posible. ¿Estás de acuerdo? Explica tu respuesta.

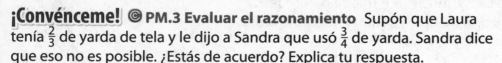

Nombre _____

☆Práctica guiada*

¿Lo entiendes?

1. ⓒ **PM.2 Razonar** En el ejemplo de la página 390, ¿es posible usar un común denominador mayor que 12 y obtener la respuesta correcta? ¿Por qué?

2. En el ejemplo en la página 390, si Laura hubiese comenzado con una yarda de tela y hubiese usado $\frac{5}{8}$ de yarda, ¿cuánta tela quedaría?

¿Cómo hacerlo?

> Halla las diferencias en los Ejercicios **3** a **6**.

3. $\begin{array}{r} \frac{4}{7} = \frac{12}{21} \\ -\frac{1}{3} = \frac{7}{21} \\ \hline \end{array}$

4. $\begin{array}{r} \frac{5}{8} \\ -\frac{1}{4} \\ \hline \end{array}$

5. $\begin{array}{r} \frac{7}{8} \\ -\frac{1}{3} \\ \hline \end{array}$

6. $\begin{array}{r} \frac{4}{5} = \frac{24}{30} \\ -\frac{1}{6} = \frac{5}{30} \\ \hline \end{array}$

☆Práctica independiente

> **Práctica al nivel** Halla las diferencias en los Ejercicios **7** a **16**.

7. $\begin{array}{r} \frac{1}{4} = \frac{\square}{8} \\ -\frac{1}{8} = \frac{\square}{8} \\ \hline \frac{\square}{\square} \end{array}$

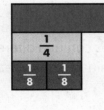

8. $\begin{array}{r} \frac{2}{3} = \frac{\square}{6} \\ -\frac{1}{2} = \frac{\square}{6} \\ \hline \frac{\square}{\square} \end{array}$

9. $\begin{array}{r} \frac{2}{3} \\ -\frac{5}{9} \\ \hline \end{array}$

10. $\begin{array}{r} \frac{4}{5} \\ -\frac{1}{4} \\ \hline \end{array}$

11. $\begin{array}{r} \frac{3}{2} \\ -\frac{7}{12} \\ \hline \end{array}$

12. $\begin{array}{r} \frac{6}{7} \\ -\frac{1}{2} \\ \hline \end{array}$

13. $\frac{7}{10} - \frac{2}{5}$

14. $\frac{13}{16} - \frac{1}{4}$

15. $\frac{2}{9} - \frac{1}{6}$

16. $\frac{6}{5} - \frac{3}{8}$

Prácticas matemáticas y resolución de problemas

17. © **PM.4 Representar con modelos matemáticos** Escribe y resuelve una ecuación para hallar la diferencia entre la posición del Punto A y la del Punto B en la regla.

18. **Álgebra** Escribe una ecuación de suma y una ecuación de resta para el diagrama. Luego, halla el valor que falta.

$$x$$

$\frac{1}{4}$	$\frac{3}{8}$

19. © **PM.3 Construir argumentos** ¿Por qué las fracciones deben tener un común denominador antes de sumarlas o restarlas?

20. **Sentido numérico** Sin usar lápiz y papel, ¿cómo puedes hallar la suma de 9.8 y 2.6?

21. **Razonamiento de orden superior** Halla dos fracciones con una diferencia de $\frac{1}{5}$ pero cuyos denominadores no sean 5.

© **Evaluación de _Common Core_**

22. Escoge los números correctos en la siguiente caja para completar la resta que está a continuación.

$\frac{9}{10}$	$\frac{2}{3}$	$\frac{1}{30}$	$\frac{6}{7}$	$\frac{17}{30}$

$$\boxed{} - \frac{1}{3} = \boxed{}$$

23. Escoge los números correctos en la siguiente caja para completar la resta que está a continuación.

$\frac{11}{12}$	$\frac{1}{6}$	$\frac{1}{4}$	$\frac{1}{2}$	$\frac{3}{4}$

$$\boxed{} - \boxed{} = \frac{7}{12}$$

Nombre _____

¡Revisemos!

Beth quiere ejercitarse durante $\frac{4}{5}$ de hora. Hasta ahora, se ejercitó durante $\frac{2}{3}$ de hora. ¿Qué fracción de una hora le queda para ejercitarse?

Paso 1

Halla un múltiplo común.

Múltiplos de 5:
5, 10, 15, 20

Múltiplos de 3:
3, 6, 9, 12, 15

Dado que 15 es múltiplo de 5 y de 3, se usa 15 como común denominador.

Paso 2

Escribe fracciones equivalentes.

$$\frac{4}{5} \times \frac{3}{3} = \frac{12}{15}$$

$$\frac{4}{5} = \frac{12}{15}$$

$$\frac{2}{3} \times \frac{5}{5} = \frac{10}{15}$$

$$\frac{2}{3} = \frac{10}{15}$$

Paso 3

Resta los numeradores.

$\frac{12}{15}$

$\frac{2}{15}$

$\frac{10}{15}$

$$\frac{12}{15} - \frac{10}{15} = \frac{2}{15}$$

A Beth le quedan $\frac{2}{15}$ de hora.

Halla las diferencias en los Ejercicios 1 a 8.

1.
$\frac{1}{3} = \frac{\square}{6}$
$-\frac{1}{6} = \frac{\square}{6}$
$\frac{\square}{\square}$

2.
$\frac{2}{3} = \frac{\square}{12}$
$-\frac{5}{12} = \frac{\square}{12}$

3.
$\frac{3}{5} = \frac{\square}{15}$
$-\frac{1}{3} = \frac{\square}{15}$

4.
$\frac{2}{9} = \frac{\square}{72}$
$-\frac{1}{8} = \frac{\square}{72}$

5.
$\frac{3}{4}$
$-\frac{2}{5}$

6.
$\frac{4}{3}$
$-\frac{2}{5}$

7.
$\frac{8}{8}$
$-\frac{4}{9}$

8.
$\frac{17}{18}$
$-\frac{2}{3}$

Usa la tabla para los Ejercicios **9** y **10**. La pista alrededor del Lago Espejo en el Parque Nacional Yosemite tiene 5 millas de longitud.

Caminante	Fracción de pista caminada
Andrea	$\frac{2}{5}$
Jon	$\frac{1}{2}$
Callie	$\frac{4}{5}$

9. ¿Qué fracción describe cuánto más caminó Jon que Andrea?

10. ¿Qué fracción describe cuánto más caminó Callie que Jon?

---

11. © **PM.3 Evaluar el razonamiento** Amy dice que el perímetro del siguiente triángulo es menor que 10 yardas. ¿Estás de acuerdo con ella? ¿Por qué?

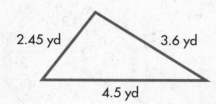

2.45 yd   3.6 yd

4.5 yd

12. © **PM.4 Representar con modelos matemáticos** Eva tenía $\frac{7}{8}$ de galón de pintura. Su hermano Iván usó $\frac{1}{4}$ de galón para pintar un barco a escala. Eva necesita por lo menos $\frac{1}{2}$ galón para pintar su estante. ¿Iván le dejó suficiente pintura? Escribe una ecuación y completa el diagrama de barras para resolverla.

?

---

13. El papá de Paul cocinó una tarta de pavo para la cena del miércoles. La familia comió $\frac{4}{8}$ de la tarta. El jueves, después de la escuela, Paul comió $\frac{2}{16}$ de la tarta como antojito. ¿Qué fracción de la tarta queda?

14. **Razonamiento de orden superior** Escribe un problema de la vida diaria en el que restarías fracciones con distintos denominadores. Luego, resuelve tu problema.

© **Evaluación de *Common Core***

15. Escoge los números correctos de la siguiente caja para completar la resta que está a continuación.

| $\frac{1}{2}$ | $\frac{5}{14}$ | $\frac{3}{7}$ | $\frac{1}{7}$ | $\frac{1}{14}$ |

$\boxed{} - \frac{3}{7} = \boxed{}$

16. Escoge los números correctos de la siguiente caja para completar la resta que está a continuación.

| $\frac{1}{36}$ | $\frac{3}{5}$ | $\frac{1}{20}$ | $\frac{5}{36}$ | $\frac{7}{9}$ |

$\boxed{} - \frac{3}{4} = \boxed{}$

Nombre _____

Resuélvelo y coméntalo

Tyler y Dean pidieron pizza. Tyler comió $\frac{1}{2}$ de la pizza y Dean comió $\frac{1}{3}$ de la pizza. ¿Cuánto de la pizza comieron y cuánto quedó? *Resuelve este problema de la manera que prefieras.*

Puedo...
escribir fracciones equivalentes para sumar y restar fracciones con denominadores distintos.

© **Estándares de contenido** 5.NOF.A.1, 5.NOF.A.2
Prácticas matemáticas PM.1, PM.2, PM.3, PM.4, PM.7

Razonamiento Puedes usar el sentido numérico como ayuda para resolver este problema. ¡Muestra tu trabajo!

$\frac{1}{2}$ $\frac{1}{3}$

¡Vuelve atrás! © **PM.1 Entender y perseverar** ¿Cómo puedes comprobar que tu respuesta tiene sentido?

¿Cómo se pueden usar la suma y la resta de fracciones para resolver problemas?

A

Kayla tenía $\frac{9}{10}$ de galón de pintura. Pintó el techo de su habitación y el del baño. ¿Cuánta pintura le queda después de pintar los dos techos?

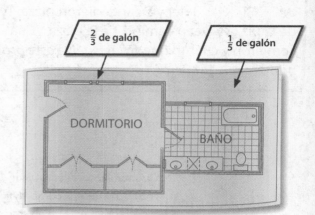

$\frac{2}{3}$ de galón

$\frac{1}{5}$ de galón

DORMITORIO

BAÑO

Puedes usar tanto la suma como la resta para hallar cuánta pintura le queda.

B
Paso 1

Suma para averiguar cuánta pintura usó Kayla para los dos techos.

Para sumar, escribe las fracciones usando 15 como denominador.

$$\begin{array}{r} \frac{2}{3} = \frac{10}{15} \\ + \frac{1}{5} = \frac{3}{15} \\ \hline \frac{13}{15} \end{array}$$

Kayla usó $\frac{13}{15}$ de galón de pintura.

C
Paso 2

Resta la cantidad de pintura que Kayla usó de la cantidad que tenía al inicio.

Para restar, escribe las fracciones usando 30 como denominador.

$$\begin{array}{r} \frac{9}{10} = \frac{27}{30} \\ - \frac{13}{15} = \frac{26}{30} \\ \hline \frac{1}{30} \end{array}$$

A Kayla le queda $\frac{1}{30}$ de galón de pintura.

¡Convénceme! © **PM.1 Entender y perseverar** Para el problema de arriba, ¿cómo usarías la estimación para comprobar que la respuesta es razonable?

Nombre _____

☆ Práctica guiada *

¿Lo entiendes?

1. En el ejemplo de la página 396, ¿cuánta más pintura usó Kayla para pintar el techo del dormitorio que el del baño?

2. Sentido numérico Kevin estimó que la diferencia de $\frac{9}{10} - \frac{4}{8}$ es 0. ¿Es razonable su estimación? Explícalo.

¿Cómo hacerlo?

Halla la suma o la diferencia en los Ejercicios **3** a **6**.

3.
$$\begin{array}{r} \frac{1}{15} \\ + \frac{1}{6} \\ \hline \end{array}$$

4.
$$\begin{array}{r} \frac{7}{16} \\ - \frac{1}{4} \\ \hline \end{array}$$

5. $\frac{7}{8} - \frac{3}{6}$

6. $\frac{7}{8} + \left(\frac{4}{8} - \frac{2}{4} \right)$

☆ Práctica independiente

Halla la suma o la diferencia en los Ejercicios **7** a **22**.

7.
$$\begin{array}{r} \frac{4}{50} \\ + \frac{3}{5} \\ \hline \end{array}$$

8.
$$\begin{array}{r} \frac{2}{3} \\ - \frac{7}{12} \\ \hline \end{array}$$

9.
$$\begin{array}{r} \frac{9}{10} \\ + \frac{2}{100} \\ \hline \end{array}$$

10.
$$\begin{array}{r} \frac{4}{9} \\ + \frac{1}{4} \\ \hline \end{array}$$

11. $\frac{17}{15} - \frac{1}{3}$

12. $\frac{7}{16} + \frac{3}{8}$

13. $\frac{2}{5} + \frac{1}{4}$

14. $\frac{1}{7} + \frac{1}{2}$

15. $\frac{1}{2} - \frac{3}{16}$

16. $\frac{7}{8} - \frac{2}{3}$

17. $\frac{11}{12} - \frac{4}{6}$

18. $\frac{7}{18} + \frac{5}{9}$

19. $\left(\frac{7}{8} + \frac{1}{12} \right) - \frac{1}{2}$

20. $\left(\frac{11}{18} - \frac{4}{9} \right) + \frac{1}{6}$

21. $\frac{13}{14} - \left(\frac{1}{2} + \frac{2}{7} \right)$

22. $\frac{1}{6} + \left(\frac{15}{15} - \frac{7}{10} \right)$

23. La tabla muestra las cantidades de cada ingrediente que se necesitan para preparar una pizza. ¿Cuánto más queso que *pepperoni* y champiñones combinados se necesita? Muestra cómo resolviste el problema.

DATOS	Ingrediente	Cantidad
	Queso	$\frac{3}{4}$ de taza
	Pepperoni	$\frac{1}{3}$ de taza
	Champiñones	$\frac{1}{4}$ de taza

24. © **PM.2 Razonar** El objetivo de Charlie es usar menos de 50 galones de agua por día. Su cuenta de agua del mes muestra que gastó 1,524 galones de agua en 30 días. ¿Alcanzó su objetivo este mes? Explica cómo lo decidiste.

25. © **PM.3 Construir argumentos** Jereen demoró $\frac{1}{4}$ de hora en hacer la tarea antes de la escuela, otra $\frac{1}{2}$ hora después de volver a casa y un último $\frac{1}{3}$ de hora después de la cena. ¿Demoró más o menos de una hora en su tarea en total? Explícalo.

26. © **PM.4 Representar con modelos matemáticos** Carl tiene tres longitudes de cable, $\frac{5}{6}$ de yarda, $\frac{1}{4}$ de yarda y $\frac{2}{3}$ de yarda. Si usa 1 yarda de cable, ¿cuánto cable sobra? Explica tu trabajo.

1 yarda		x
$\frac{1}{4}$	$\frac{5}{6}$	$\frac{2}{3}$

27. **Razonamiento de orden superior** Halla dos fracciones que sumen $\frac{2}{3}$ pero cuyos denominadores no sean 3.

© Evaluación de *Common Core*

28. Joel preparó algunos pastelitos. Le dio $\frac{1}{4}$ de los pastelitos a su vecino. Llevó $\frac{3}{8}$ de los pastelitos a la escuela. ¿Qué fracción de pastelitos le queda?

Ⓐ $\frac{4}{12}$

Ⓑ $\frac{3}{8}$

Ⓒ $\frac{5}{12}$

Ⓓ $\frac{8}{8}$

29. Si dos lados de un triángulo isósceles miden $\frac{1}{4}$ de pie cada uno y el tercer lado mide $\frac{3}{8}$ de pie, ¿cuál es el perímetro del triángulo?

Ⓐ $\frac{5}{8}$ de pie

Ⓑ $\frac{7}{8}$ de pie

Ⓒ $\frac{7}{16}$ de pie

Ⓓ $\frac{7}{32}$ de pie

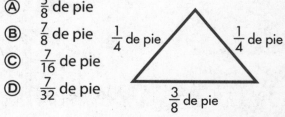

Ayuda Amigo de   Herramientas Juegos
        práctica

¡Revisemos!

Carla quiere preparar una ensalada de verduras con berenjena, pimientos verdes, cebollines y champiñones. Ya tiene la berenjena en casa. ¿Cuántas libras de los otros ingredientes necesita en total? Usa los datos de la receta.

Usa lo que sabes sobre sumar y restar fracciones para resolver el problema.

Receta de la ensalada de verduras

Berenjena $\frac{3}{4}$ de libra (lb)

Pimientos verdes $\frac{1}{3}$ de libra (lb)

Cebollines $\frac{1}{4}$ de libra (lb)

Champiñones $\frac{3}{8}$ de libra (lb)

Paso 1

Haz una lista con las cantidades de pimientos verdes, cebollines y champiñones. Luego, halla un común denominador y expresa de otra manera cada fracción.

$$\left(\frac{1}{3} + \frac{1}{4}\right) + \frac{3}{8} = \left(\frac{8}{24} + \frac{6}{24}\right) + \frac{9}{24}$$

Paso 2

Suma las cantidades expresadas en nuevas fracciones.

$$\frac{14}{24} + \frac{9}{24} = \frac{23}{24}$$

En total, Carla necesita $\frac{23}{24}$ de libra de los otros vegetales.

Halla la suma o la diferencia en los Ejercicios **1** a **12**.

1. $\frac{1}{12}$
    $+ \frac{7}{9}$

2. $\frac{4}{18}$
    $+ \frac{2}{9}$

3. $\frac{1}{3}$
    $+ \frac{1}{5}$

4. $\frac{5}{15}$
    $+ \frac{3}{5}$

5. $\frac{1}{2} - \left(\frac{1}{8} + \frac{1}{8}\right)$

6. $\frac{3}{4} + \left(\frac{1}{4} - \frac{1}{6}\right)$

7. $\left(\frac{1}{2} + \frac{3}{20}\right) - \frac{2}{20}$

8. $\left(\frac{2}{5} + \frac{1}{5}\right) - \frac{3}{10}$

9. $\frac{5}{4} - \frac{5}{8}$

10. $\frac{2}{3} - \frac{2}{7}$

11. $\frac{12}{15} - \frac{1}{6}$

12. $\frac{5}{9} - \frac{3}{8}$

13. La tabla muestra las cantidades de dos ingredientes que Dora usó para preparar una mezcla de bocaditos. Como almuerzo, comió $\frac{5}{8}$ de taza de la mezcla. ¿Cuánta mezcla quedó? Muestra cómo lo resolviste.

Ingrediente	Cantidad
Galletas de arroz	$\frac{3}{4}$ de taza
Pretzels	$\frac{2}{3}$ de taza

DATOS

14. Samantha está preparando sopa. Para el caldo, combina $\frac{2}{5}$ de taza de caldo de vegetales y $\frac{2}{3}$ de taza de caldo de pollo. El hervor del caldo hace que $\frac{1}{4}$ de taza del líquido se evapore. ¿Cuánto caldo queda después del hervor? Muestra cómo lo resolviste.

15. Sentido numérico Mary tiene tres longitudes de cable, $\frac{3}{6}$ de yarda, $\frac{1}{4}$ de yarda y $\frac{1}{3}$ de yarda. ¿Qué dos piezas juntas llegarían a una longitud de $\frac{20}{24}$ de yarda?

16. © PM.3 Evaluar el razonamiento El latido del corazón de un gatito puede alcanzar una velocidad de 240 latidos por minuto. Para hallar la cantidad de veces que late el corazón de un gatito en 30 segundos, Aiden dividió 240 por 30. ¿Estás de acuerdo con él? ¿Por qué?

17. © PM.7 Usar la estructura Sin hacer ningún cálculo, explica cómo sabes que el cociente de $540 \div 90$ es igual al de $5{,}400 \div 900$.

18. Razonamiento de orden superior Escribe un problema de suma y de resta y una ecuación para el diagrama. Luego, halla el valor que falta.

	$\frac{3}{4}$	
$\frac{1}{6}$	x	

© Evaluación de *Common Core*

19. La clase de estudios sociales de Mariko dura $\frac{5}{6}$ de hora. Solo pasó $\frac{3}{12}$ de hora. ¿Qué fracción de una hora falta de la clase de estudios sociales de Mariko?

Ⓐ $\frac{1}{3}$ de hora

Ⓑ $\frac{4}{9}$ de hora

Ⓒ $\frac{7}{12}$ de hora

Ⓓ $\frac{13}{12}$ de hora

20. Un plomero está uniendo una tubería de $\frac{3}{4}$ de pie de longitud con otra de $\frac{2}{12}$ de pie de longitud. ¿Cuánto medirá la tubería terminada?

Ⓐ $\frac{11}{12}$ de pie

Ⓑ $\frac{8}{16}$ de pie

Ⓒ $\frac{2}{12}$ de pie

Ⓓ 1 pie

Resuélvelo y coméntalo

Alex tiene cinco tazas de fresas. Quiere usar $1\frac{3}{4}$ tazas de fresas para una ensalada de frutas y $3\frac{1}{2}$ tazas para jalea. ¿Tiene suficiente cantidad de fresas para ambas recetas? *Resuelve este problema de la manera que prefieras.*

Resuelve

Puedo...
estimar sumas y diferencias de fracciones y números mixtos.

© **Estándares de contenido** 5.NOF.A.1, 5.NOF.A.2
Prácticas matemáticas PM.1, PM.2, PM.3, PM.6, PM.8

Generalizar **Puedes** hacer una estimación porque solo necesitas saber si Alex tiene suficiente. ¡Muestra tu trabajo!

¡Vuelve atrás! © **PM.1 Entender y perseverar** ¿Tiene sentido usar 1 taza y 3 tazas para estimar si Alex tiene suficientes fresas? Explícalo.

Pregunta esencial ¿Cuáles son algunas maneras de hacer una estimación?

A

La mamá de Jamila quiere hacer un vestido y una chaqueta talla 10. Aproximadamente, ¿cuántas yardas de tela necesita?

Estima la suma $2\frac{1}{4} + 1\frac{5}{8}$ para hallar cuántas yardas de tela necesita.

DATOS

Tela necesaria (en yardas)		
	Talla 10	Talla 14
Vestido	$2\frac{1}{4}$	$2\frac{7}{8}$
Chaqueta	$1\frac{5}{8}$	$2\frac{1}{4}$

B Una manera

Usa una recta numérica para redondear fracciones y números mixtos al número entero más cercano.

$1\frac{5}{8}$ se redondea a 2 $2\frac{1}{4}$ se redondea a 2

Por tanto, $2\frac{1}{4} + 1\frac{5}{8} \approx 2 + 2$, o 4.

La mamá de Jamila necesita aproximadamente 4 yardas de tela.

C Otra manera

Usa $\frac{1}{2}$ como fracción de referencia.

Reemplaza las fracciones con la unidad de $\frac{1}{2}$ más cercana.

$1\frac{5}{8}$ está cerca de $1\frac{1}{2}$.

$2\frac{1}{4}$ está en la mitad entre 2 y $2\frac{1}{2}$.

Puedes reemplazar $2\frac{1}{4}$ con $2\frac{1}{2}$.

Por tanto, $2\frac{1}{4} + 1\frac{5}{8}$ es aproximadamente $2\frac{1}{2} + 1\frac{1}{2} = 4$.

¡Convénceme! © PM.3 Evaluar el razonamiento En el recuadro C de arriba, ¿por qué tiene sentido reemplazar $2\frac{1}{4}$ con $2\frac{1}{2}$ en lugar de 2?

Amigo de   Herramientas Evaluación
práctica

☆Práctica guiada*

¿Lo entiendes?

1. © **PM.8 Generalizar** Para hacer estimaciones con números mixtos, ¿cuándo deberías redondear al siguiente número entero?

2. ¿Cuándo deberías estimar una suma o una diferencia?

¿Cómo hacerlo?

Redondea al número entero más cercano en los Ejercicios **3** a **5**.

3. $\frac{3}{4}$ **4.** $1\frac{5}{7}$ **5.** $2\frac{3}{10}$

Usa fracciones de referencia para estimar las sumas y las diferencias en los Ejercicios **6** y **7**.

6. $2\frac{5}{9} - 1\frac{1}{3}$ **7.** $2\frac{4}{10} + 3\frac{5}{8}$

☆Práctica independiente

Práctica al nivel Usa la recta numérica para redondear los números mixtos al número entero más cercano en los Ejercicios **8** a **11**.

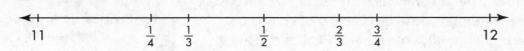

8. $11\frac{4}{6}$ **9.** $11\frac{2}{8}$ **10.** $11\frac{8}{12}$ **11.** $11\frac{4}{10}$

Estima las sumas o las diferencias en los Ejercicios **12** a **20**.

12. $2\frac{1}{8} - \frac{5}{7}$ **13.** $12\frac{1}{3} + 2\frac{1}{4}$ **14.** $2\frac{2}{3} + \frac{7}{8} + 6\frac{7}{12}$

15. $1\frac{10}{15} - \frac{8}{9}$ **16.** $10\frac{5}{6} - 2\frac{3}{8}$ **17.** $12\frac{8}{25} + 13\frac{5}{9}$

18. $48\frac{1}{10} - 2\frac{7}{9}$ **19.** $33\frac{14}{15} + 23\frac{9}{25}$ **20.** $14\frac{4}{9} + 25\frac{1}{6} + 7\frac{11}{18}$

Prácticas matemáticas y resolución de problemas

21. **PM.2 Razonar** Usa las recetas para responder las preguntas.

   a Estima cuántas tazas de mezcla de frutas secas se pueden preparar.

   b Estima cuántas tazas de mezcla tradicional de nueces y frutas secas se pueden preparar.

   c Estima cuánta mezcla de nueces y frutas secas tendrías si prepararas ambas recetas.

Mezcla de frutas secas

- $\frac{1}{2}$ taza de pasas
- $\frac{3}{8}$ de taza de semillas de girasol
- 1 taza de maní sin sal
- $\frac{1}{4}$ de taza de coco

Mezcla tradicional de nueces y frutas secas

- $1\frac{1}{3}$ tazas de pasas
- 1 taza de semillas de girasol
- $1\frac{3}{4}$ tazas de maní sin sal
- 1 taza de nueces de cajú

22. Kim es $3\frac{5}{8}$ pulgadas más alta que Colleen. Si Kim mide $60\frac{3}{4}$ pulgadas, ¿cuál es la mejor estimación de la altura de Colleen?

23. **Razonamiento de orden superior** La semana pasada Jason caminó $3\frac{1}{4}$ millas cada día por 3 días y $4\frac{5}{8}$ millas cada día por 4 días. Aproximadamente ¿cuántas millas caminó Jason la semana pasada?

24. **PM.1 Entender y perseverar** Nico tiene $12.50 para gastar. Quiere subirse a la montaña rusa dos veces y a la rueda de Chicago una vez. ¿Tiene suficiente dinero? Explícalo. ¿Qué 3 posibles combinaciones de juegos mecánicos puede hacer Nico para gastar el dinero que tiene?

DATOS

Precios de los juegos mecánicos	
Juego mecánico	**Precio**
Carrusel	$3.75
Rueda de Chicago	$4.25
Montaña rusa	$5.50

Evaluación de *Common Core*

25. ¿Cuál es la mejor estimación para $2\frac{2}{9} + 9\frac{3}{4}$?

   Ⓐ 8
   Ⓑ 10
   Ⓒ 12
   Ⓓ 13

26. ¿Cuál es la mejor estimación para $13\frac{1}{12} - 1\frac{9}{10}$?

   Ⓐ 11
   Ⓑ 12
   Ⓒ 14
   Ⓓ 15

Ayuda   Amigo de práctica   Herramientas   Juegos

¡Revisemos!

Kyra tiene $4\frac{1}{8}$ yardas de cinta roja y $7\frac{2}{3}$ yardas de cinta azul. Aproximadamente ¿cuántas yardas de cinta tiene?

Redondea ambos números al número entero más cercano. Luego, suma o resta.

Estima $4\frac{1}{8} + 7\frac{2}{3}$.

$4\frac{1}{8}$ se redondea a 4.

$7\frac{2}{3}$ se redondea a 8.

$4 + 8 = 12$

Por tanto, $4\frac{1}{8} + 7\frac{2}{3}$ es aproximadamente 12.

Kyra tiene aproximadamente 12 yardas de cinta.

Si la parte fraccionaria de un número mixto es mayor que o igual a $\frac{1}{2}$, se redondea al número entero más grande que sigue. Si es menor que $\frac{1}{2}$, se usa solo el número entero.

Redondea al número entero más cercano en los Ejercicios 1 a 8.

1. $8\frac{5}{6}$

2. $13\frac{8}{9}$

3. $43\frac{1}{3}$

4. $6\frac{6}{7}$

5. $7\frac{40}{81}$

6. $29\frac{4}{5}$

7. $88\frac{2}{4}$

8. $20\frac{3}{10}$

Estima las sumas o las diferencias en los Ejercicios 9 a 17.

9. $7\frac{1}{9} + 8\frac{2}{5}$

10. $14\frac{5}{8} - 3\frac{7}{10}$

11. $2\frac{1}{4} + 5\frac{1}{2} + 10\frac{3}{4}$

12. $11\frac{3}{5} - 4\frac{1}{12}$

13. $9 + 3\frac{11}{14} + 5\frac{1}{9}$

14. $15\frac{6}{7} - 12\frac{2}{10}$

15. $3\frac{2}{5} + 6\frac{5}{7}$

16. $20\frac{1}{3} - 9\frac{1}{2}$

17. $25\frac{7}{8} + 8\frac{7}{12}$

18. © **PM.3 Evaluar el razonamiento** Robert dice que su mejor salto largo fue 1 pie más lejos que el mejor salto largo de May. ¿Tiene razón? Explícalo.

DATOS	Participante	Evento	Distancia
	Robert	Salto largo	**1.** $6\frac{1}{12}$ pies **2.** $5\frac{2}{3}$ pies
		Tiro de softbol	$62\frac{1}{5}$ pies
	May	Salto largo	**1.** $4\frac{2}{3}$ pies **2.** $4\frac{3}{4}$ pies
		Tiro de softbol	$71\frac{7}{8}$ pies

19. Si el récord de la escuela en tiro de softbol es de 78 pies, aproximadamente ¿cuánto más lejos debería llegar la pelota de Robert para coincidir con el récord?

20. Aproximadamente ¿cuánto más lejos llegó el tiro de softbol de May que el de Robert?

21. **Razonamiento de orden superior** Usa el problema $\frac{3}{5} + \frac{3}{4}$. Primero, redondea las fracciones y estima la suma. Luego, suma las dos fracciones usando un común denominador y redondea el resultado. ¿Cuál está más cerca de la suma real?

22. © **PM.6 Hacerlo con precisión** Para preparar una tanda de granola, Sofía mezcla 1 libra de copos de avena, 6 onzas de nueces, 5 onzas de pasas y 4 onzas de semillas de girasol. ¿Cuántas libras de granola tiene esa tanda?

Recuerda que 1 libra = 16 onzas.

© **Evaluación de *Common Core***

23. ¿Cuál es la mejor estimación para $10\frac{1}{9} - \frac{1}{4}$?

    Ⓐ 9

    Ⓑ 10

    Ⓒ 11

    Ⓓ 12

24. ¿Cuál es la mejor estimación para $1\frac{4}{5} + 12\frac{1}{3}$?

    Ⓐ 10

    Ⓑ 11

    Ⓒ 13

    Ⓓ 14

Nombre _____

Resuélvelo y coméntalo

Martina está cocinando pan. Mezcla $1\frac{3}{4}$ tazas de harina con otros ingredientes. Luego, agrega $4\frac{1}{2}$ tazas de harina a la mezcla. ¿Cuántas tazas de harina necesita? *Resuelve este problema de la manera que prefieras.*

Lección 7-7
Usar modelos para sumar números mixtos

Puedo...
sumar números mixtos usando modelos.

© **Estándares de contenido** 5. NOF.A.1, 5.NOF.A.2
Prácticas matemáticas PM.1, PM.2, PM.3, PM.4, PM.5

Usar herramientas apropiadas Puedes usar tiras de fracciones como ayuda para sumar números mixtos. ¡Muestra tu trabajo!

¡Vuelve atrás! © **PM.2 Razonar** Explica cómo puedes estimar la suma de arriba.

Pregunta esencial ¿Cómo se puede representar la suma de números mixtos?

A

Bill tiene 2 tablas que usará para hacer marcos para fotografías. ¿Cuál es la longitud total de las tablas que Bill tiene para hacer los marcos?

Para sumar fracciones, puedes hallar un común denominador.

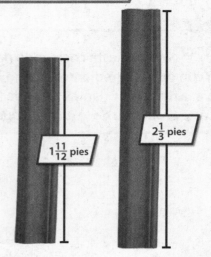

$1\frac{11}{12}$ pies

$2\frac{1}{3}$ pies

B ## Paso 1

Expresa las partes fraccionarias como fracciones equivalentes con el mismo denominador. Suma las fracciones.

$2\frac{4}{12}$

$+\ 1\frac{11}{12}$

$\frac{15}{12}$

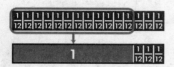

Expresa $\frac{15}{12}$ como $1\frac{3}{12}$.

C ## Paso 2

Suma los números enteros.

2

$+\ 1$
3

Luego, suma la suma de las partes fraccionarias.

$3 + 1\frac{3}{12} = 4\frac{3}{12}$

Por tanto, $2\frac{1}{3} + 1\frac{11}{12} = 4\frac{3}{12}$ o $4\frac{1}{4}$

La longitud total de las tablas es $4\frac{1}{4}$ pies.

¡Convénceme! © **PM.3 Evaluar el razonamiento** Tom tiene 2 tablas con la misma longitud que las de Bill. Él dice que halló la longitud total de las tablas sumando 28 doceavos y 23 doceavos. ¿Funciona su método? Explícalo.

Nombre _____

☆Práctica guiada*

¿Lo entiendes?

1. © **PM.3 Construir argumentos** Cuando se suman dos números mixtos, ¿tiene sentido expresar de otra manera la suma fraccionaria? Explícalo.

¿Cómo hacerlo?

Usa tiras de fracciones para hallar las sumas en los Ejercicios **2** a **5**.

2. $1\frac{1}{10} + 2\frac{4}{5}$ **3.** $1\frac{1}{2} + 2\frac{3}{4}$

4. $3\frac{2}{3} + 1\frac{4}{6}$ **5.** $3\frac{1}{6} + 2\frac{2}{3}$

☆Práctica independiente

Práctica al nivel Usa los modelos para hallar la suma en los Ejercicios **6** y **7**.

6. Charles usó $1\frac{2}{3}$ tazas de nueces y $2\frac{1}{6}$ tazas de arándanos rojos para preparar un pan para el desayuno. ¿Cuántas tazas de nueces y de arándanos rojos usó en total?

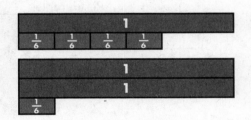

7. Mary trabajó $2\frac{3}{4}$ horas el lunes y $1\frac{1}{2}$ horas el martes. ¿Cuántas horas trabajó el lunes y martes en total?

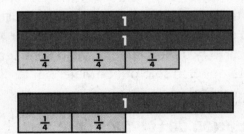

Usa tiras de fracciones para hallar las sumas en los Ejercicios **8** a **16**.

8. $2\frac{6}{10} + 1\frac{3}{5}$

9. $4\frac{5}{6} + 1\frac{7}{12}$

10. $4\frac{2}{5} + 3\frac{7}{10}$

11. $3\frac{1}{2} + 1\frac{3}{4}$

12. $1\frac{7}{8} + 5\frac{1}{4}$

13. $2\frac{6}{12} + 1\frac{1}{2}$

14. $3\frac{2}{5} + 1\frac{9}{10}$

15. $2\frac{7}{12} + 1\frac{3}{4}$

16. $2\frac{7}{8} + 5\frac{1}{2}$

Prácticas matemáticas y resolución de problemas

17. Lindsey usó $1\frac{1}{4}$ galones de pintura café claro para el techo y $4\frac{3}{8}$ galones de pintura verde para las paredes de la cocina. ¿Cuánta pintura usó Lindsey en total? Usa tiras de fracciones como ayuda.

18. Paul dijo "Caminé $2\frac{1}{2}$ millas el sábado y $2\frac{3}{4}$ millas el domingo". ¿Cuántas millas son en total?

19. Razonamiento de orden superior Tori está preparando pastelitos. La receta lleva $2\frac{5}{6}$ tazas de azúcar morena para los pastelitos y $1\frac{1}{3}$ tazas de azúcar morena para la cubierta. Tori tiene 4 tazas de azúcar morena. ¿Tiene suficiente para preparar los pastelitos y la cubierta? Explícalo.

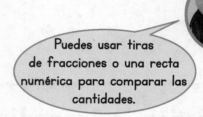

Puedes usar tiras de fracciones o una recta numérica para comparar las cantidades.

Usa el mapa en los Ejercicios **20** y **21.** Cada unidad representa una cuadra.

20. Ben salió del museo y caminó 4 cuadras hasta su siguiente destino. ¿Cuál era su destino?

21. © PM.1 Entender y perseverar Ben caminó desde el restaurante hasta la parada de autobús. Luego, tomó el autobús hacia el estadio. Si tomó el camino más corto, ¿cuántas cuadras viajó Ben? Ten en cuenta que Ben solo puede viajar por las líneas de la cuadrícula.

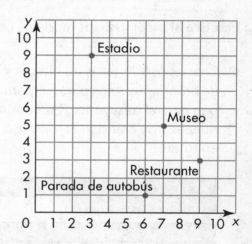

© Evaluación de *Common Core*

22. Liam usó $2\frac{3}{4}$ tazas de leche y $1\frac{1}{2}$ tazas de queso en una receta. ¿Cuántas tazas de queso y leche usó Liam?

   Ⓐ 3 tazas

   Ⓑ $3\frac{4}{6}$ tazas

   Ⓒ $4\frac{1}{4}$ tazas

   Ⓓ $4\frac{3}{4}$ tazas

23. La semana pasada, Garrett corrió $21\frac{1}{2}$ millas. Esta semana, corrió $17\frac{7}{8}$ millas. ¿Cuántas millas corrió en total?

   Ⓐ 38 millas

   Ⓑ $38\frac{1}{2}$ millas

   Ⓒ $39\frac{3}{8}$ millas

   Ⓓ $39\frac{7}{8}$ millas

Ayuda Amigo de Herramientas Juegos
práctica

¡Revisemos!

Haz un modelo para sumar $1\frac{7}{8} + 2\frac{1}{4}$.

Recuerda que puedes usar lo que sabes sobre sumar fracciones como ayuda para sumar números mixtos.

Paso 1

Representa los sumandos usando tiras de fracciones.

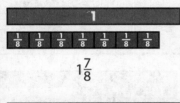

$1\frac{7}{8}$

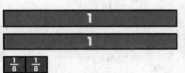

$2\frac{1}{4} = 2\frac{2}{8}$

Paso 2

Suma las fracciones. Si es posible, reagrúpalas.

$$\frac{7}{8}$$
$$+\frac{2}{8}$$
$$\frac{9}{8} = 1\frac{1}{8}$$

$\frac{8}{8} = 1$

$\frac{1}{8}$ sobrante

Paso 3

Suma los números enteros a las fracciones reagrupadas. Escribe la suma.

Por tanto, $1\frac{7}{8} + 2\frac{1}{4} = 3\frac{9}{8} = 4\frac{1}{8}$.

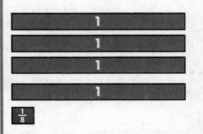

Usa tiras de fracciones para hallar las sumas en los Ejercicios **1** a **12**.

1. $3\frac{1}{2} + 1\frac{4}{8}$

2. $2\frac{5}{12} + 4\frac{1}{4}$

3. $3\frac{3}{4} + 3\frac{1}{2}$

4. $2\frac{5}{8} + 4\frac{3}{4}$

5. $5\frac{1}{3} + 3\frac{5}{6}$

6. $2\frac{1}{2} + 6\frac{3}{4}$

7. $3\frac{1}{4} + 4\frac{7}{8}$

8. $4\frac{5}{6} + 5\frac{7}{12}$

9. $2\frac{1}{4} + 4\frac{5}{8}$

10. $6\frac{1}{2} + 7\frac{3}{4}$

11. $4\frac{5}{8} + 6\frac{1}{2}$

12. $2\frac{1}{3} + 4\frac{5}{12}$

13. © **PM.4 Representar con modelos matemáticos** Ken usó $1\frac{3}{8}$ tazas de nueces y $1\frac{3}{4}$ tazas de pasas para preparar una mezcla de nueces y frutas secas. ¿Cuántas tazas de mezcla preparó?

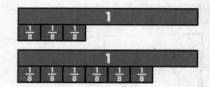

14. Ken sumó $\frac{5}{8}$ de taza más de nueces a la mezcla de nueces y frutas secas. ¿Cuántas tazas de mezcla tiene ahora?

---

15. **Razonamiento de orden superior** Kayla caminó $1\frac{1}{4}$ millas desde su casa hasta la escuela. Luego, caminó $1\frac{3}{4}$ millas desde la escuela hasta la tienda y $2\frac{1}{2}$ millas desde la tienda hasta la biblioteca. ¿Cuántas millas caminó Kayla desde la escuela hasta la biblioteca?

16. Un pintor mezcla $\frac{1}{4}$ de galón de pintura roja, 3 cuartos de pintura amarilla y 2 cuartos de pintura blanca. ¿Cuántos cuartos de pintura hay en la mezcla?

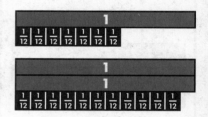

Recuerda que 4 cuartos = 1 galón.

---

17. © **PM.4 Representar con modelos matemáticos** Rachel tiene una tabla de $1\frac{7}{12}$ pies de longitud y otra tabla de $2\frac{11}{12}$ pies de longitud. Escribe una expresión que Rachel pueda usar para hallar la longitud total en pies de las dos tablas.

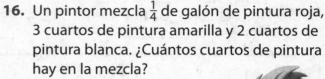

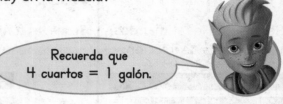

---

18. Lori fue al cine. Gastó $9.50 en el boleto para la película, $5.50 en una caja de palomitas de maíz y $2.25 en una bebida. ¿Cuánto gastó Lori en total? Muestra tu trabajo.

19. © **PM.3 Construir argumentos** Jane está sumando $3\frac{1}{4} + 2\frac{7}{8}$ usando tiras de fracciones. ¿Cómo puede expresar de otra manera la suma de las partes fraccionarias del problema? Explica tu razonamiento.

© **Evaluación de *Common Core***

20. McKenna demora $1\frac{3}{4}$ horas fregando los pisos y $3\frac{3}{8}$ horas cortando el césped y desyerbando el jardín. ¿Cuántas horas demora en sus tareas domésticas?

    Ⓐ 4 horas

    Ⓑ $4\frac{1}{8}$ horas

    Ⓒ 5 horas

    Ⓓ $5\frac{1}{8}$ horas

21. El pluviómetro de Jackie mostró $12\frac{2}{5}$ centímetros el 15 de abril y $15\frac{2}{10}$ centímetros el 30 de abril. ¿Cuántos centímetros de lluvia cayeron en abril?

    Ⓐ 27 cm

    Ⓑ $27\frac{3}{5}$ cm

    Ⓒ $27\frac{4}{5}$ cm

    Ⓓ 28 cm

Nombre _____

Resuélvelo y coméntalo

Joaquín usó dos tipos de harina en una receta de pastelitos. ¿Cuánta harina usó en total? *Resuélvelo de la manera que prefieras.*

Usar la estructura
Usa lo que sabes sobre sumar fracciones. ¡Muestra tu trabajo!

Puedo...
sumar números mixtos.

Ⓒ **Estándares de contenido** 5.NOF.A.1, 5.NOF.A.2
Prácticas matemáticas PM.1, PM.2, PM.3, PM.7

Pastelitos básicos

$\frac{1}{2}$ taza de leche

$\frac{1}{3}$ de taza de mantequilla derretida

2 huevos

$1\frac{1}{2}$ tazas de harina de trigo

$1\frac{2}{3}$ tazas de harina de trigo sarraceno

1 cdta. de polvo para hornear

HARINA

¡Vuelve atrás! Ⓒ **PM.3 Construir argumentos** ¿En qué se parece sumar números mixtos con distinto denominador a sumar fracciones con distinto denominador? ¿En qué se diferencia?

Pregunta esencial **¿Cómo se pueden sumar números mixtos?**

A

Rhoda mezcla $1\frac{1}{2}$ tazas de arena con $2\frac{2}{3}$ tazas de mezcla de jardinería para preparar tierra para sus cactus. Después de mezclarlos, ¿cuántas tazas de tierra tiene Rhoda?

Puedes usar la suma para hallar la cantidad total de tierra.

$1\frac{1}{2}$ tazas de arena

B ## Paso 1

Halla $2\frac{2}{3} + 1\frac{1}{2}$.

Escribe fracciones equivalentes con un común denominador.

$$2\frac{2}{3} = 2\frac{4}{6}$$
$$+ 1\frac{1}{2} = 1\frac{3}{6}$$

C ## Paso 2

Suma las fracciones.

$$2\frac{2}{3} = 2\frac{4}{6}$$
$$+ 1\frac{1}{2} = 1\frac{3}{6}$$
$$\frac{7}{6}$$

D ## Paso 3

Suma los números enteros.

$$2\frac{2}{3} = 2\frac{4}{6}$$
$$+ 1\frac{1}{2} = 1\frac{3}{6}$$
$$3\frac{7}{6}$$

Vuelve a escribir $\frac{7}{6}$ como un número mixto.

$$3\frac{7}{6} = 3 + 1\frac{1}{6} = 4\frac{1}{6}$$

Rhoda tiene $4\frac{1}{6}$ tazas de tierra.

¡Convénceme! © **PM.3 Evaluar el razonamiento** Kyle usó 9 como estimación para $3\frac{1}{6} + 5\frac{7}{8}$. Obtuvo $9\frac{1}{24}$ de suma exacta. ¿Es razonable su estimación? Explícalo.

Amigo de práctica   Herramientas   Evaluación

☆Práctica guiada*

¿Lo entiendes?

1. Ⓒ **PM.2 Razonar** ¿En qué se parece sumar números mixtos a sumar fracciones y números enteros?

2. Observa el ejemplo de la página 414. ¿Por qué se usa el denominador 6 en las fracciones equivalentes?

¿Cómo hacerlo?

Haz una estimación y luego halla las sumas en los Ejercicios **3** a **6**.

3. $1\frac{7}{8} = 1\frac{\square}{8}$
    $+ 1\frac{1}{4} = 1\frac{\square}{8}$

4. $2\frac{2}{5} = 2\frac{\square}{30}$
    $+ 5\frac{5}{6} = 5\frac{\square}{30}$

5. $4\frac{1}{9} + 1\frac{1}{3}$

6. $6\frac{5}{12} + 4\frac{5}{8}$

☆Práctica independiente

Práctica al nivel Haz una estimación y luego halla las sumas en los Ejercicios **7** a **18**.

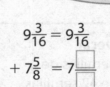
Recuerda que las fracciones deben tener un común, o el mismo, denominador para poder sumarse.

7. $3\frac{1}{6} = 3\frac{\square}{6}$
    $+ 5\frac{2}{3} = 5\frac{\square}{6}$

8. $11\frac{1}{2} = 11\frac{\square}{10}$
    $+ 10\frac{3}{5} = 10\frac{\square}{10}$

9. $9\frac{3}{16} = 9\frac{3}{16}$
    $+ 7\frac{5}{8} = 7\frac{\square}{\square}$

10. $5\frac{6}{7} = 5\frac{\square}{\square}$
    $+ 8\frac{1}{14} = 8\frac{1}{14}$

11. $4\frac{1}{10}$
    $+ 6\frac{1}{2}$

12. $9\frac{7}{12}$
    $+ 4\frac{3}{4}$

13. 5
    $+ 3\frac{1}{8}$

14. $8\frac{3}{4}$
    $+ 7\frac{3}{4}$

15. $2\frac{3}{4} + 7\frac{3}{5}$

16. $3\frac{8}{9} + 8\frac{1}{2}$

17. $1\frac{7}{12} + 2\frac{3}{8}$

18. $3\frac{11}{12} + 9\frac{1}{16}$

Prácticas matemáticas y resolución de problemas

19. Usa el mapa para hallar la respuesta.

a ¿Cuál es la distancia desde el inicio hasta el final del camino?

b Louise caminó desde el inicio del camino hasta el mirador de aves ida y vuelta. ¿Caminó una distancia mayor o menor que la que hubiese caminado desde el inicio hasta el final del camino? Explícalo.

c Otro día, Louise caminó desde el inicio del camino hasta el final. Allí, se dio cuenta de que se había olvidado sus binoculares en el mirador de aves. Caminó desde el final del camino hasta el mirador ida y vuelta. ¿Cuál es la distancia total que caminó?

20. Razonamiento de orden superior Dos veces por día, el gato de Cameron come 4 onzas de comida seca para gatos y 2 onzas de comida fresca para gatos. La comida seca para gatos viene en bolsas de 5 libras. La comida fresca para gatos viene en latas de 6 onzas.

a ¿Cuántas latas de comida fresca debe comprar para alimentar a su gato por una semana?

b ¿Cuántas onzas de comida fresca para gatos quedarán al final de la semana?

c ¿Durante cuántos días puede alimentar a su gato con una bolsa de 5 libras de comida seca?

Recuerda que hay 16 onzas en una libra.

---

21. © **PM.1 Entender y perseverar**
Julia compró 12 bolsas de semillas de pepino. Cada bolsa contiene 42 semillas. Si planta la mitad de las semillas, ¿cuántas semillas quedarán?

22. © **PM.3 Evaluar el razonamiento** John sumó $2\frac{7}{12}$ y $5\frac{2}{3}$ y obtuvo $7\frac{1}{4}$ como suma. ¿Es razonable su respuesta? Explícalo.

© Evaluación de *Common Core*

23. Un camaleón de Parson macho puede llegar a medir $23\frac{1}{2}$ pulgadas de longitud. Puede extender su lengua hasta $35\frac{1}{4}$ pulgadas para atrapar su comida. Escribe una suma para mostrar la longitud total del camaleón de Parson macho cuando su lengua está totalmente extendida.

24. Arnie patinó $1\frac{3}{4}$ millas desde su casa hasta el lago. Patinó $1\frac{1}{3}$ millas alrededor del lago y luego patinó de regreso a su casa. Escribe una suma para mostrar cuántas millas patinó Arnie en total.

Nombre _____

Tarea y práctica 7-8
Sumar números mixtos

¡Revisemos!

Randy hizo su tarea durante $2\frac{5}{6}$ horas. Luego, jugó al futbol durante $1\frac{3}{4}$ horas. ¿Cuántas horas demoró en estas dos actividades?

Antes de sumar, necesitas escribir fracciones equivalentes.

Paso 1

Escribe fracciones equivalentes con un común denominador. Puedes usar tiras de fracciones para mostrar las fracciones equivalentes.

$$2\frac{5}{6} = 2\frac{10}{12} \qquad 1\frac{3}{4} = 1\frac{9}{12}$$

Paso 2

Primero, suma las partes fraccionarias de los números mixtos. Luego, suma los números enteros.

$$\frac{9}{12} + \frac{10}{12} = \frac{19}{12}$$

$$1 + 2 = 3$$

$$\frac{19}{12} + 3 = 3\frac{19}{12}$$

Paso 3

Reagrupa $\frac{19}{12}$ como $1\frac{7}{12}$. Halla la suma.

$$3\frac{19}{12} = 3 + 1\frac{7}{12} = 4\frac{7}{12}$$

Randy demoró $4\frac{7}{12}$ horas en estas dos actividades.

Halla las sumas en los Ejercicios **1** a **12**.

Recuerda que debes usar una estimación para comprobar que tu respuesta es razonable.

1. $\begin{aligned} 2\frac{5}{6} &= 2\frac{\square\square}{12} \\ + 3\frac{1}{4} &= 3\frac{\square}{12} \end{aligned}$

2. $\begin{aligned} 5\frac{2}{5} &= 5\frac{\square}{10} \\ + 4\frac{1}{2} &= 4\frac{\square}{10} \end{aligned}$

3. $\begin{aligned} 1\frac{3}{8} \\ + 6\frac{3}{4} \end{aligned}$

4. $10\frac{1}{3} + \frac{7}{9}$

5. $3\frac{1}{4} + 6\frac{2}{3}$

6. $2\frac{1}{2} + 2\frac{1}{6}$

7. $3\frac{7}{8} + 5\frac{2}{3}$

8. $4\frac{5}{6} + 9\frac{5}{9}$

9. $15\frac{1}{3} + 1\frac{5}{12}$

10. $12\frac{3}{4} + 6\frac{3}{8}$

11. $14\frac{7}{10} + 3\frac{3}{5}$

12. $8\frac{5}{8} + 7\frac{7}{16}$

13. © **PM.2 Razonar** Tirzah quiere poner una valla alrededor de su jardín. Tiene 22 yardas de material para la valla. ¿Es suficiente para rodear todo el jardín? Explica por qué.

El jardín de Tirzah $4\frac{2}{3}$ yardas

$6\frac{3}{4}$ yardas

---

14. Razonamiento de orden superior El camino del Lago tiene $4\frac{3}{5}$ millas de longitud. El camino del Mirador tiene $5\frac{5}{6}$ millas de longitud. El camino de los Pinos es $1\frac{3}{10}$ millas más largo que el camino del Lago. ¿Qué camino es más largo, el de los Pinos o el del Mirador? Explícalo.

15. © **PM.2 Razonar** ¿Puede la suma de dos números mixtos ser igual a 2? Explícalo.

Usa la tabla de datos para los Ejercicios **16** a **18**.

16. Joan lee que la masa promedio del cerebro de un elefante es $3\frac{4}{10}$ kilogramos mayor que la masa promedio del cerebro de un hombre. ¿Cuántos kilogramos pesa en promedio el cerebro de un elefante?

DATOS	Órganos vitales		
	Masa promedio del cerebro de una mujer	$1\frac{3}{10}$ kg	$2\frac{4}{5}$ lb
	Masa promedio del cerebro de un hombre	$1\frac{2}{5}$ kg	3 lb
	Masa promedio del corazón humano	$\frac{3}{10}$ kg	$\frac{7}{10}$ lb

17. ¿Cuál es en total la masa promedio del cerebro de un hombre y del corazón humano, en kilogramos (kg)?

18. ¿Cuál es en total el peso promedio del cerebro de una mujer y del corazón humano, en libras (lb)?

© **Evaluación de** *Common Core*

19. Larry estudió $2\frac{1}{4}$ horas el lunes. Estudió $2\frac{5}{6}$ horas el martes. Escribe una suma para mostrar cuántas horas pasó estudiando el lunes y martes.

20. Ayer, Trish manejó $18\frac{1}{8}$ millas. Hoy, manejó $13\frac{2}{3}$ millas. Escribe una suma para mostrar cuántas millas manejó Trish en total.

Resuélvelo y coméntalo

Clara y Erin se ofrecieron como voluntarias para trabajar en un refugio de animales por $9\frac{5}{6}$ horas. Clara trabajó $4\frac{1}{3}$ horas. ¿Cuántas horas trabajó Erin? *Puedes usar tiras de fracciones para resolver este problema.*

Puedo...
usar modelos para restar números mixtos.

© **Estándares de contenido** 5.NOF.A.1, 5.NOF.A.2
Prácticas matemáticas PM.2, PM.3, PM.4, PM.5, PM.8

Generalizar
¿Cómo puedes usar lo que sabes sobre sumar números mixtos como ayuda para restar números mixtos? ¡Muestra tu trabajo!

¡Vuelve atrás! © **PM.2 Razonar** ¿Cómo puedes estimar la diferencia en el problema de arriba? Explica tu razonamiento.

Pregunta esencial

¿Cómo se puede representar la resta de números mixtos?

A

James necesita $1\frac{11}{12}$ pulgadas de caño para reparar una pequeña parte de su bicicleta. Tiene un caño de $2\frac{1}{2}$ pulgadas de longitud. ¿Le quedará suficiente caño para reparar una pieza de $\frac{3}{4}$ de pulgada en otra bicicleta?

Expresa $2\frac{1}{2}$ como $2\frac{6}{12}$ para que las fracciones tengan un común denominador.

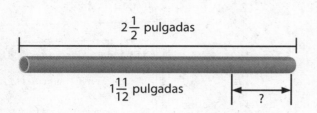

$2\frac{1}{2}$ pulgadas

$1\frac{11}{12}$ pulgadas   ?

B ## Paso 1

Representa el número al cual le estás restando, $2\frac{6}{12}$.

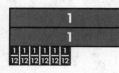

Si la fracción que restarás es mayor que la parte fraccionaria del número que representaste, expresa 1 entero de otra manera.

Dado que $\frac{11}{12} > \frac{6}{12}$, expresa 1 entero como $\frac{12}{12}$.

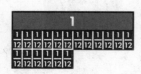

C ## Paso 2

Usa tu nuevo modelo para tachar el número que estás restando, $1\frac{11}{12}$.

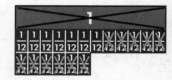

Quedan $\frac{7}{12}$.

Por tanto, $2\frac{1}{2} - 1\frac{11}{12} = \frac{7}{12}$.

A James le quedarán $\frac{7}{12}$ de pulgada de caño. No tiene suficiente para la otra bicicleta.

¡Convénceme! **PM.5 Usar herramientas apropiadas** Usa tiras de fracciones para hallar $5\frac{1}{2} - 2\frac{3}{4}$.

Amigo de práctica · Herramientas · Evaluación

☆ Práctica guiada *

¿Lo entiendes?

1. © **PM.3 Construir argumentos** Cuando se restan dos números mixtos, ¿es siempre necesario expresar de otra manera uno de los enteros? Explícalo.

¿Cómo hacerlo?

Usa tiras de fracciones para hallar las diferencias en los Ejercicios **2** a **5**.

2. $4\frac{5}{6} - 2\frac{1}{3}$ **3.** $4\frac{1}{8} - 3\frac{3}{4}$

4. $5\frac{1}{2} - 2\frac{5}{6}$ **5.** $5\frac{4}{10} - 3\frac{4}{5}$

☆ Práctica independiente ☆

Usa los esquemas para hallar la diferencia en los Ejercicios **6** y **7**.

6. Terrell vive a $2\frac{5}{6}$ cuadras de su mejor amigo. Su escuela está a $4\frac{1}{3}$ cuadras en la misma dirección. Si se detiene primero en la casa de su mejor amigo, ¿cuánto más tienen que caminar los dos hasta la escuela?

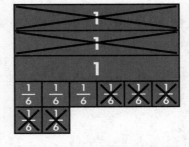

7. Tina compró $3\frac{1}{2}$ libras de pavo y $2\frac{1}{4}$ libras de queso. Usó $1\frac{1}{2}$ libras de queso para preparar fideos con queso. ¿Cuánto queso le queda?

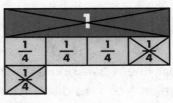

Usa tiras de fracciones para hallar las diferencias en los Ejercicios **8** a **15**.

8. $12\frac{3}{4} - 9\frac{5}{8}$ **9.** $8\frac{1}{6} - 7\frac{2}{3}$ **10.** $13\frac{7}{9} - 10\frac{2}{3}$ **11.** $3\frac{1}{12} - 2\frac{3}{4}$

12. $6\frac{3}{4} - 3\frac{11}{12}$ **13.** $4\frac{3}{5} - 1\frac{1}{10}$ **14.** $6\frac{1}{2} - 3\frac{7}{10}$ **15.** $6\frac{2}{3} - 4\frac{2}{9}$

Prácticas matemáticas y resolución de problemas

Usa la tabla a la derecha para los Ejercicios **16** y **17**.

16. ¿Cuánto más larga es una hoja de roble rojo que una hoja de arce de azúcar? Escribe una ecuación para representar tu trabajo.

17. ¿Cuánto más larga es una hoja de roble rojo que una hoja de abedul del papel? Escribe una ecuación para representar tu trabajo.

Longitud de la hoja de los árboles	
Árbol	**Longitud de la hoja (pulgs.)**
Arce de azúcar	$6\frac{3}{4}$
Roble rojo	$8\frac{1}{2}$
Abedul del papel	$3\frac{5}{8}$

18. Razonamiento de orden superior Lemmy caminó $3\frac{1}{2}$ millas el sábado y $4\frac{3}{4}$ millas el domingo. Ronnie caminó $5\frac{3}{8}$ millas el sábado. ¿Quién caminó más? ¿Cuánto más?

19. © **PM.4 Representar con modelos matemáticos** Jamal está comprando el almuerzo para su familia. Compra 4 bebidas de $1.75 cada una y 4 sándwiches de $7.50 cada uno. Si los precios incluyen impuestos y Jamal deja una propina de $7, ¿cuánto gastó en total? Escribe ecuaciones que muestren tu trabajo.

© Evaluación de *Common Core*

20. Traza líneas para unir las expresiones de la izquierda con sus diferencias de la derecha.

$12\frac{1}{2} - 10\frac{11}{12}$	$1\frac{3}{4}$
$5\frac{2}{3} - 4\frac{4}{9}$	$1\frac{7}{12}$
$12\frac{3}{4} - 11\frac{1}{2}$	$1\frac{2}{9}$
$6\frac{1}{4} - 4\frac{1}{2}$	$1\frac{1}{4}$

21. Traza líneas para unir las expresiones de la izquierda con sus diferencias de la derecha.

$13\frac{5}{6} - 10\frac{1}{3}$	$2\frac{3}{5}$
$4\frac{1}{2} - 1\frac{2}{3}$	$2\frac{5}{6}$
$14\frac{3}{10} - 10\frac{3}{5}$	$3\frac{7}{10}$
$12\frac{4}{10} - 9\frac{4}{5}$	$3\frac{1}{2}$

Nombre _____

¡Revisemos!

Haz un modelo para hallar $2\frac{1}{5} - 1\frac{3}{10}$.

Recuerda que debes comprobar que tu respuesta tenga sentido.

Paso 1

Expresa de otra manera las fracciones con un común denominador. Usa el común denominador para hacer un modelo del número del cual quieres restar, $2\frac{1}{5}$ o $2\frac{2}{10}$.

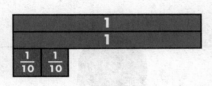

Paso 2

Expresa $2\frac{2}{10}$ como $1\frac{12}{10}$. Tacha un entero y $\frac{3}{10}$ para mostrar la resta de $1\frac{3}{10}$.

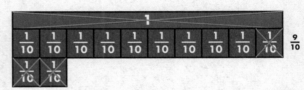

Escribe las partes que quedan del modelo como una fracción o un número mixto.
Por tanto, $2\frac{1}{5} - 1\frac{3}{10} = \frac{9}{10}$.

Halla las diferencias en los Ejercicios **1** a **12**.

Usa tiras de fracciones como ayuda.

1. $6\frac{1}{4} - 3\frac{5}{8}$

2. $4 - 1\frac{1}{2}$

3. $5\frac{1}{3} - 3\frac{1}{6}$

4. $7\frac{2}{5} - 4\frac{7}{10}$

5. $12\frac{3}{4} - 11\frac{7}{8}$

6. $9\frac{3}{10} - 2\frac{2}{5}$

7. $8\frac{1}{4} - 2\frac{5}{12}$

8. $12\frac{1}{3} - 5\frac{4}{6}$

9. $9\frac{1}{2} - 6\frac{9}{10}$

10. $3\frac{4}{5} - 1\frac{4}{10}$

11. $7\frac{1}{4} - 3\frac{5}{8}$

12. $10\frac{1}{3} - 7\frac{5}{9}$

13. © **PM.4 Representar con modelos matemáticos** Usa el modelo para hallar la diferencia. $3\frac{1}{5} - 1\frac{4}{5}$

14. El pluviómetro de Micah mostró que el mes pasado cayeron $9\frac{1}{2}$ centímetros de lluvia. Este mes, el pluviómetro midió $10\frac{3}{10}$ centímetros. ¿Cuántos centímetros más de lluvia cayeron este mes?

15. Razonamiento de orden superior Supón que quieres hallar $8\frac{3}{10} - 6\frac{4}{5}$. ¿Tienes que expresar de otra manera $8\frac{3}{10}$? En ese caso, explica cómo lo expresarías para restar. Luego, halla la diferencia.

16. © **PM.3 Evaluar el razonamiento** Danny dice que 12.309 redondeado a la décima más cercana es 12.4. ¿Tiene razón? Explícalo.

17. Matemáticas y Ciencias Los fósiles muestran que los insectos eran mucho más grandes hace aproximadamente 300 millones de años que ahora. La tabla a la derecha muestra algunas medidas de alas encontradas en fósiles. ¿Cuánto más larga era el ala de una libélula que el ala de una avispa?

DATOS	Insecto	Longitud de las alas
	Libélula	19.5 cm
	Saltamontes	16.7 cm
	Avispa	9.85 cm

© **Evaluación de** *Common Core*

18. Traza una línea para unir las expresiones de la izquierda con sus diferencias en la derecha.

$1\frac{1}{2} - \frac{3}{4}$

$6\frac{1}{6} - 3\frac{5}{6}$

$12\frac{5}{6} - 11\frac{1}{3}$

$14\frac{5}{8} - 12\frac{3}{4}$

$2\frac{1}{3}$

$1\frac{1}{2}$

$1\frac{7}{8}$

$\frac{3}{4}$

19. Traza una línea para unir las expresiones de la izquierda con sus diferencias en la derecha.

$12\frac{1}{3} - 10\frac{2}{9}$

$6\frac{2}{12} - 4\frac{5}{6}$

$15\frac{3}{4} - 13\frac{7}{8}$

$3\frac{4}{9} - 1\frac{2}{3}$

$2\frac{1}{9}$

$1\frac{7}{8}$

$1\frac{7}{9}$

$1\frac{1}{3}$

Nombre _____

Resuélvelo y **coméntalo**

Evan camina $2\frac{1}{8}$ millas hasta la casa de su tía. Ya caminó $\frac{3}{4}$ de milla. ¿Cuánto más tiene que caminar? *Resuelve este problema de la manera que prefieras.*

Puedo...
restar números mixtos.

Ⓒ Estándares de contenido 5.NOF.A.1, 5.NOF.A.2
Prácticas matemáticas PM.2, PM.3, PM.4, PM.6, PM.7

Usar la estructura
Usa lo que sabes sobre restar fracciones.
¡Muestra tu trabajo!

$2\frac{1}{8}$ **millas**

$\frac{3}{4}$	x

¡Vuelve atrás! Ⓒ **PM.3 Evaluar el razonamiento** Jon dice: "Cambiar $\frac{3}{4}$ por $\frac{6}{8}$ hace más fácil este problema". ¿Qué crees que quiere decir Jon?

Pregunta esencial **¿Cómo se pueden restar números mixtos?**

A

Una pelota de golf mide aproximadamente $1\frac{2}{3}$ pulgadas de ancho. ¿Cuál es la diferencia entre el ancho del hoyo de golf y el de la pelota?

 $4\frac{1}{4}$ pulgadas

 Para hallar la diferencia, puedes usar la resta.

B **Paso 1**

Escribe fracciones equivalentes con un común denominador.

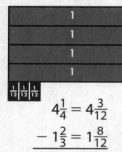

$$4\frac{1}{4} = 4\frac{3}{12}$$
$$- 1\frac{2}{3} = 1\frac{8}{12}$$

Dado que $\frac{8}{12} > \frac{3}{12}$, puedes expresar 1 como $\frac{12}{12}$ para restar.

C **Paso 2**

Expresa de otra manera $4\frac{3}{12}$ para mostrar más doceavos.

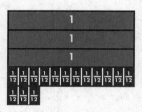

$$4\frac{3}{12} = 3\frac{15}{12}$$
$$- 1\frac{8}{12} = 1\frac{8}{12}$$

D **Paso 3**

Resta las fracciones. Luego, resta los números enteros.

$$4\frac{1}{4} = 4\frac{3}{12} = 3\frac{15}{12}$$
$$- 1\frac{2}{3} = 1\frac{8}{12} = 1\frac{8}{12}$$
$$\frac{}{2\frac{7}{12}}$$

El hoyo es $2\frac{7}{12}$ pulgadas más ancho.

¡Convénceme! © **PM.3 Evaluar el razonamiento** Estima $8\frac{1}{3} - 3\frac{3}{4}$. Indica cómo hiciste tu estimación. Susi restó y halló que la diferencia real es $5\frac{7}{12}$. ¿Es razonable su respuesta? Explícalo.

Amigo de   Herramientas   Evaluación
práctica

Otro ejemplo

A veces, para restar, tienes que expresar un número entero de otra manera. Halla la diferencia de $6 - 2\frac{3}{8}$.

$6 \longrightarrow$ expresar de $\longrightarrow 5\frac{8}{8}$
$\qquad\qquad$ otra manera
$-2\frac{3}{8}$ $\qquad\qquad\qquad -2\frac{3}{8}$
$\qquad\qquad\qquad\qquad\qquad 3\frac{5}{8}$

☆ Práctica guiada

¿Lo entiendes?

1. En el ejemplo de arriba, ¿por qué tienes que expresar el 6 de otra manera?

2. © **PM.2 Razonar** En el ejemplo de la página 426, ¿podrían dos pelotas de golf caer en el hoyo al mismo tiempo? Explica tu razonamiento.

¿Cómo hacerlo?

Haz una estimación y luego halla las diferencias en los Ejercicios **3** a **6.**

3. $\quad 7\frac{2}{3} = 7\frac{\square}{6} = 6\frac{\square}{6}$
$\quad -3\frac{5}{6} = 3\frac{\square}{6} = 3\frac{\square}{6}$

4. $\quad 5 = \square\frac{\square}{4}$
$\quad -2\frac{3}{4} = 2\frac{3}{4}$

5. $6\frac{3}{10} - 1\frac{4}{5}$

6. $9\frac{1}{3} - 4\frac{3}{4}$

☆ Práctica independiente

Haz una estimación y luego halla las diferencias en los Ejercicios **7** a **18.**

Recuerda que debes comprobar que tu respuesta tenga sentido comparándola con la estimación.

7. $\quad 8\frac{1}{4} = 8\frac{\square}{8} = 7\frac{\square}{8}$
$\quad -2\frac{7}{8} = 2\frac{\square}{8} = 2\frac{\square}{8}$

8. $\quad 3\frac{1}{2} = 3\frac{\square}{6}$
$\quad -1\frac{1}{3} = 1\frac{\square}{6}$

9. $\quad 4\frac{1}{8}$
$\quad -1\frac{1}{2}$

10. $\quad 6$
$\quad -2\frac{4}{5}$

11. $6\frac{1}{3} - 5\frac{2}{3}$

12. $9\frac{1}{2} - 6\frac{3}{4}$

13. $8\frac{3}{16} - 3\frac{5}{8}$

14. $7\frac{1}{2} - \frac{7}{10}$

15. $15\frac{1}{6} - 4\frac{3}{8}$

16. $13\frac{1}{12} - 8\frac{1}{4}$

17. $6\frac{1}{3} - 2\frac{3}{5}$

18. $10\frac{5}{12} - 4\frac{7}{8}$

Prácticas matemáticas y resolución de problemas

19. © **PM.4 Representar con modelos matemáticos** El peso promedio de una pelota de básquetbol es $21\frac{1}{10}$ onzas. El peso promedio de una pelota de beisbol es $5\frac{1}{4}$ onzas. ¿Cuántas más onzas pesa la pelota de básquetbol? Escribe los números que faltan en el diagrama.

Peso de la pelota de básquetbol en onzas →

Peso de la pelota de beisbol en onzas   **? onzas más**

20. Matemáticas y Ciencias Los mamíferos más pequeños de la Tierra son el murciélago abejorro y la musaraña pigmea etrusca. La longitud de un murciélago abejorro es $1\frac{9}{50}$ pulgadas. La longitud de una musaraña pigmea etrusca es $1\frac{21}{50}$ pulgadas. ¿Cuánto más pequeño es el murciélago que la musaraña?

---

21. © **PM.6 Hacerlo con precisión** ¿En qué se parecen el cuadrilátero morado y el cuadrilátero verde? ¿En qué se diferencian?

---

22. Razonamiento de orden superior Sam usó el modelo para hallar $2\frac{5}{12} - 1\frac{7}{12}$. ¿Representó el problema correctamente? Explícalo. Si no lo hizo, muestra cómo debería representarse el problema y halla la diferencia.

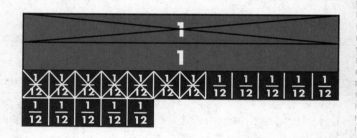

© **Evaluación de *Common Core***

23. Escoge el número correcto de la siguiente caja para completar la resta que está a continuación.

| 1 | 2 | 3 | 4 | 5 |

$$3\frac{5}{8} - 1\frac{\square}{4} = 2\frac{3}{8}$$

24. Escoge el número correcto de la siguiente caja para completar la resta que está a continuación.

| 2 | 4 | 5 | 10 | 15 |

$$14\frac{1}{10} - 3\frac{1}{\square} = 10\frac{3}{5}$$

Nombre _____

Tarea y práctica
7-10
Restar números mixtos

¡Revisemos!

El zoológico Plainville tiene elefantes desde hace $2\frac{2}{3}$ años. Tiene cebras desde hace $1\frac{1}{2}$ años. ¿Cuántos más años hace que tiene elefantes?

Recuerda que para restar fracciones, necesitas un común denominador.

Paso 1

Escribe fracciones equivalentes con un común denominador. Puedes usar tiras de fracciones.

$$2\frac{2}{3} = 2\frac{4}{6}$$

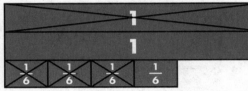

$$1\frac{1}{2} = 1\frac{3}{6}$$

Paso 2

Halla la diferencia de $2\frac{4}{6} - 1\frac{3}{6}$. Resta las fracciones. Luego, resta los números enteros.

$$\frac{4}{6} - \frac{3}{6} = \frac{1}{6} \qquad\qquad 2 - 1 = 1$$

Por tanto, $2\frac{2}{3} - 1\frac{1}{2} = 1\frac{1}{6}$.

El zoológico tiene elefantes hace $1\frac{1}{6}$ años más.

Halla las diferencias en los Ejercicios **1** a **9**.

1. $4\frac{3}{5} = 4\frac{\square}{15}$
$- 2\frac{1}{3} = 2\frac{\square}{15}$

2. 5
$- 3\frac{5}{6}$

3. $10\frac{5}{8}$
$- 5\frac{3}{4}$

4. $5\frac{6}{7}$
$- 1\frac{1}{2}$

5. 3
$- 1\frac{3}{4}$

6. $6\frac{5}{6}$
$- 5\frac{1}{2}$

7. $7\frac{3}{10} - 2\frac{1}{5}$

8. $9\frac{2}{3} - 6\frac{1}{2}$

9. $8\frac{1}{4} - \frac{7}{8}$

10. © **PM.2 Razonar** Para hallar la diferencia en $7 - 3\frac{5}{12}$, ¿cómo expresas 7 de otra manera?

11. **Razonamiento de orden superior** ¿Es necesario expresar de otra manera $4\frac{1}{4}$ para restar $\frac{3}{4}$?

Usa la tabla para los Ejercicios **12** a **15.** La tabla muestra la longitud y el ancho de diferentes huevos de ave.

DATOS	Medidas de los huevos en pulgadas (pulgs.)		
	Ave	**Longitud**	**Ancho**
	Ganso canadiense	$3\frac{2}{5}$	$2\frac{3}{10}$
	Tordo	$\frac{3}{4}$	$\frac{3}{5}$
	Tórtola	$1\frac{1}{5}$	$\frac{9}{10}$
	Cuervo	$1\frac{9}{10}$	$1\frac{3}{10}$

12. ¿Cuánto más largo es el huevo del ganso canadiense que el del cuervo?

13. ¿Cuánto más ancho es el huevo de la tórtola que el del tordo?

14. Escribe las aves en orden, de la que tiene el huevo más corto a la que tiene el huevo más largo.

¿Cómo puedes comparar fracciones con distintos denominadores?

15. © **PM.4 Representar con modelos matemáticos** Escribe y resuelve una ecuación para hallar la diferencia entre la longitud y el ancho de un huevo de tórtola.

© **Evaluación de Common Core** _____

16. Escoge el número correcto de la siguiente caja para completar la resta que está a continuación.

| 1 | 2 | 6 | 8 | 24 | 48 |

$1\frac{5}{6} - \frac{3}{8} = 1\frac{11}{\boxed{}}$

17. Escoge el número correcto de la siguiente caja para completar la resta que está a continuación.

| 1 | 2 | 3 | 4 | 5 | 6 |

$9\frac{5}{12} - 3\frac{2}{3} = 5\frac{\boxed{}}{4}$

Nombre _____

Resuélvelo y coméntalo

Tim tiene 15 pies de papel de envolver. Usa $4\frac{1}{3}$ pies en un regalo para su hija y $5\frac{3}{8}$ pies en un regalo para su sobrina. ¿Cuánto papel de envolver le queda? *Resuelve este problema de la manera que prefieras.*

Lección 7-11
Sumar y restar números mixtos

Puedo...
sumar y restar números mixtos.

© **Estándares de contenido** 5.NOF.A.1, 5.NOF.A.2
Prácticas matemáticas PM.1, PM.2, PM.3, PM.4, PM.6

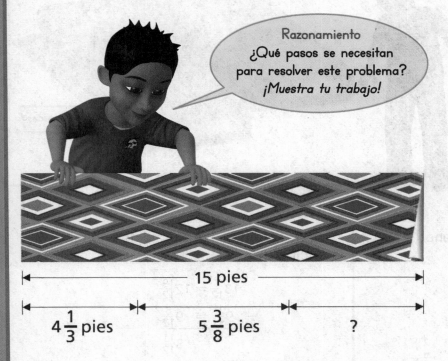

Razonamiento
¿Qué pasos se necesitan para resolver este problema? ¡Muestra tu trabajo!

15 pies

$4\frac{1}{3}$ pies $5\frac{3}{8}$ pies   ?

¡Vuelve atrás! © **PM.3 Construir argumentos** En el problema de arriba, ¿cómo podrías estimar la cantidad de papel de envolver que queda?

Pregunta esencial ¿Cómo se pueden usar la suma y la resta de números mixtos para resolver problemas?

A

Clarisse tiene dos telas con longitudes distintas para fabricar fundas para un sofá y unas sillas. Las fundas requieren $9\frac{2}{3}$ yardas de tela. ¿Cuánta tela le quedará a Clarisse?

Cuando sumas o restas fracciones, halla un común denominador.

$7\frac{5}{6}$ yardas

$5\frac{3}{4}$ yardas

B ## Paso 1

Suma para averiguar cuánta tela tiene Clarisse en total.

$$5\frac{3}{4} = 5\frac{9}{12}$$
$$+ 7\frac{5}{6} = 7\frac{10}{12}$$
$$12\frac{19}{12} = 13\frac{7}{12}$$

Clarisse tiene $13\frac{7}{12}$ yardas de tela en total.

C ## Paso 2

Resta la cantidad que usará de la longitud total de tela.

$$13\frac{7}{12} = 12\frac{19}{12}$$
$$- \ 9\frac{2}{3} = \ 9\frac{8}{12}$$
$$3\frac{11}{12}$$

A Clarisse le quedarán $3\frac{11}{12}$ yardas de tela.

¡Convénceme! © **PM.1 Entender y perseverar** Clarisse tiene $14\frac{3}{4}$ yardas de tela para cubrir otro sofá y otra silla. El nuevo sofá necesita $9\frac{1}{6}$ yardas de tela y la nueva silla necesita $4\frac{1}{3}$ yardas de tela. Haz una estimación para decidir si Clarisse tiene suficiente tela. De ser así, ¿cuánta tela le quedará?

© Pearson Education, Inc. 5

Amigo de práctica   Herramientas   Evaluación

☆Práctica guiada*

¿Lo entiendes?

1. © **PM.2 Razonar** En el ejemplo de la página 432, ¿por qué sumas antes de restar?

2. © **PM.3 Construir argumentos** En el ejemplo de la página 432, ¿le quedó suficiente tela a Clarisse para hacer dos almohadones de $2\frac{1}{3}$ yardas de tela cada uno? Explícalo.

¿Cómo hacerlo?

Halla la suma o la diferencia en los Ejercicios **3** a **5**.

3. $5\frac{1}{9}$
   $-2\frac{2}{3}$

4. $2\frac{1}{4}$
   $+8\frac{2}{3}$

5. $6\frac{7}{25}$
   $-3\frac{9}{50}$

Resuelve los Ejercicios **6** a **9**. Primero, resuelve la suma entre paréntesis.

6. $4\frac{3}{5} + 11\frac{2}{15}$

7. $8\frac{2}{3} - 3\frac{3}{4}$

8. $\left(7\frac{2}{3} + 3\frac{4}{5}\right) - 1\frac{4}{15}$

9. $8\frac{2}{5} - \left(3\frac{2}{3} + 2\frac{3}{5}\right)$

☆Práctica independiente

Halla las sumas o las diferencias en los Ejercicios **10** a **14**.

10. $9\frac{1}{3}$
    $-4\frac{1}{6}$

11. $12\frac{1}{4}$
    $-9\frac{3}{5}$

12. $6\frac{3}{5}$
    $+1\frac{3}{25}$

13. $3\frac{4}{9}$
    $+2\frac{2}{3}$

14. $5\frac{31}{75}$
    $-3\frac{2}{25}$

Resuelve los Ejercicios **15** a **20**. Primero, resuelve la operación entre paréntesis.

15. $\left(2\frac{5}{8} + 2\frac{1}{2}\right) - 4\frac{2}{3}$

16. $\left(5\frac{3}{4} + 1\frac{5}{6}\right) - 6\frac{7}{12}$

17. $4\frac{3}{5} + \left(8\frac{1}{5} - 7\frac{3}{10}\right)$

18. $\left(13 - 10\frac{1}{3}\right) + 2\frac{2}{3}$

19. $\left(2\frac{1}{2} + 3\frac{1}{4}\right) - 1\frac{1}{4}$

20. $2\frac{3}{14} + \left(15\frac{4}{7} - 6\frac{3}{4}\right)$

Prácticas matemáticas y resolución de problemas

Usa la siguiente tabla en los Ejercicios **21** a **23**.

Especies de ranas	Longitud del cuerpo (cm)	Salto máximo (cm)
Rana toro	$20\frac{3}{10}$	$213\frac{1}{2}$
Rana leopardo	$12\frac{1}{2}$	$162\frac{1}{2}$
Rana sudafricana	$7\frac{3}{5}$	$334\frac{2}{5}$

DATOS

21. © **PM.6 Hacerlo con precisión** ¿Cuánto más lejos llega el máximo salto de la rana sudafricana que el de la rana leopardo?

22. ¿Cuántos centímetros tiene la rana toro de longitud? Redondea al entero más cercano.

23. **Razonamiento de orden superior** ¿Qué rana salta aproximadamente 10 veces la longitud de su cuerpo? Explica cómo hallaste tu respuesta.

24. **A-Z Vocabulario** Escribe tres números que sean **denominadores comunes** de $\frac{7}{15}$ y $\frac{3}{5}$.

25. Marie plantó 12 paquetes de semillas de vegetales en un jardín comunitario. Cada paquete costó $1.97 con impuestos. ¿Cuál es el costo total de las semillas?

© Evaluación de *Common Core*

26. ¿El número mixto $5\frac{3}{8}$ hace verdadera la ecuación? Escoge Sí o No.

$\Box - 4\frac{1}{6} = 1\frac{1}{12}$ ○ Sí   ○ No

$10\frac{11}{12} - 5\frac{3}{8} = \Box$ ○ Sí   ○ No

$\Box + 1\frac{1}{4} = 6\frac{5}{8}$ ○ Sí   ○ No

$3\frac{1}{8} + 1\frac{3}{4} + \frac{1}{2} = \Box$ ○ Sí   ○ No

27. ¿El número mixto $3\frac{1}{3}$ hace verdadera la ecuación? Escoge Sí o No.

$3\frac{1}{3} - \Box = 0$ ○ Sí   ○ No

$2\frac{2}{5} + \Box = 5\frac{3}{8}$ ○ Sí   ○ No

$9\frac{1}{12} - 6\frac{3}{4} = \Box$ ○ Sí   ○ No

$\Box - 3\frac{1}{9} = \frac{2}{9}$ ○ Sí   ○ No

Nombre _____

Tarea y práctica 7-11

Sumar y restar números mixtos

¡Revisemos!

Un guardaparques tenía $4\frac{1}{8}$ tazas de alpiste. Compró $6\frac{1}{4}$ tazas más de alpiste. Luego, llenó los comederos para aves del parque, usando $2\frac{1}{2}$ tazas de alpiste. ¿Cuánto alpiste le queda?

Puedes escribir una expresión como ayuda para resolver el problema: $\left(4\frac{1}{8} + 6\frac{1}{4}\right) - 2\frac{1}{2}$

> Siempre resuelve primero las operaciones entre paréntesis.

Paso 1   Primero, suma los números mixtos entre paréntesis. Halla un común denominador.

$$4\frac{1}{8} + 6\frac{1}{4}$$
$$\downarrow \qquad \downarrow$$
$$4\frac{1}{8} + 6\frac{2}{8} = 10\frac{3}{8}$$

Paso 2   Resta $2\frac{1}{2}$ a la suma que hallaste. Halla un común denominador.

$$10\frac{3}{8} - 2\frac{1}{2}$$
$$\downarrow \qquad \downarrow$$
$$10\frac{3}{8} - 2\frac{4}{8}$$

No puedes restar $\frac{4}{8}$ a $\frac{3}{8}$.

Reagrupa $10\frac{3}{8}$ como $9\frac{11}{8}$.

Paso 3   Halla la diferencia.

$$9\frac{11}{8} - 2\frac{4}{8} = 7\frac{7}{8}$$

Por tanto, quedan $7\frac{7}{8}$ tazas de alpiste.

> Recuerda que debes expresar tu respuesta como un número mixto equivalente.

Resuelve los Ejercicios **1** a **9**. Primero, resuelve la operación entre paréntesis.

1. $\left(5\frac{1}{2} + 2\frac{3}{4}\right) - 3\frac{1}{2}$

2. $10\frac{5}{16} - \left(5\frac{1}{4} + 2\frac{9}{16}\right)$

3. $5\frac{3}{8} + \left(6\frac{3}{4} - 4\frac{1}{8}\right)$

4. $\frac{6}{9} + \frac{5}{18} + 1\frac{3}{6}$

5. $1\frac{4}{10} + 1\frac{3}{20} + 1\frac{1}{5}$

6. $\left(4\frac{2}{3} + 1\frac{1}{6}\right) - 1\frac{5}{6}$

7. $\left(3\frac{3}{8} - 1\frac{1}{5}\right) + 1\frac{7}{8}$

8. $1\frac{6}{7} + \left(4\frac{13}{14} - 3\frac{1}{2}\right)$

9. $10\frac{5}{8} - \left(4\frac{3}{4} + 2\frac{5}{8}\right)$

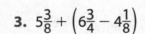

10. © **PM.2 Razonar** Joel es $2\frac{1}{2}$ pulgadas más bajo que Carlos. Carlos es $1\frac{1}{4}$ pulgadas más alto que Dan. Si Dan mide $58\frac{1}{4}$ pulgadas, ¿cuántas pulgadas mide Joel?

11. Suzy pasó $6\frac{7}{8}$ días haciendo su trabajo de inglés, $3\frac{1}{6}$ días haciendo su trabajo de ciencias y $1\frac{1}{2}$ estudiando para el examen de matemáticas. ¿Cuántos días más dedicó a su trabajo de inglés y al examen de matemáticas que a su proyecto de ciencias?

12. **Razonamiento de orden superior** Verónica necesita comprar $1\frac{3}{4}$ libras de queso. Cuando el dependiente pone el queso en un recipiente y lo pesa, la balanza indica $1\frac{1}{4}$ libras. El recipiente pesa $\frac{1}{16}$ libras. ¿Cuántas libras más de queso debería agregar a la balanza para obtener la cantidad que Verónica necesita? Explica cómo resolviste el problema.

Asegúrate de hallar todas las preguntas que debes responder.

13. En un museo, Jenny aprendió sobre un fósil de tres mil cuatrocientos millones de años. Escribe la edad del fósil en forma estándar y en forma desarrollada.

14. © **PM.4 Representar con modelos matemáticos** Cuatro estudiantes reunieron $264 para caridad lavando carros. Recibieron $8 por cada carro que lavaron. ¿Cuántos carros lavaron?

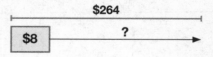

© Evaluación de *Common Core*

15. ¿El número mixto $1\frac{3}{4}$ hace verdadera la ecuación? Escoge Sí o No.

$2\frac{1}{4} - \frac{6}{7} = \square$ ○ Sí   ○ No

$2\frac{5}{12} - \square = \frac{2}{3}$ ○ Sí   ○ No

$7\frac{1}{12} - 5\frac{3}{8} = \square$ ○ Sí   ○ No

$\square + \frac{7}{10} = 2\frac{9}{20}$ ○ Sí   ○ No

16. ¿El número mixto $2\frac{1}{2}$ hace verdadera la ecuación? Escoge Sí o No.

$9\frac{1}{8} - 6\frac{3}{4} = \square$ ○ Sí   ○ No

$\square - 1\frac{1}{2} = 2$ ○ Sí   ○ No

$\square + 1\frac{1}{8} = 3\frac{5}{8}$ ○ Sí   ○ No

$1\frac{1}{2} + \frac{5}{8} + \frac{4}{7} = \square$ ○ Sí   ○ No

Nombre _____

Resuélvelo y coméntalo

Annie halló tres conchas de mar en la playa. ¿Cuánto más corta es la concha de mar Sombrero escocés que las longitudes combinadas de las dos conchas de mar Cono del alfabeto? *Resuelve este problema de la manera que prefieras. Usa un diagrama como ayuda.*

Sombrero escocés
$2\frac{1}{8}$ pulgadas

Cono del alfabeto
$1\frac{3}{4}$ pulgadas

Prácticas matemáticas y resolución de problemas

Lección 7-12
Representar con modelos matemáticos

Puedo...
aplicar lo que sé de matemáticas para resolver problemas.

© **Prácticas matemáticas** PM.4. También, PM.1, PM.2, PM.3.
Estándar de contenido 5.NOF.A.2

Hábitos de razonamiento

¡Razona correctamente! Estas preguntas te pueden ayudar.

- ¿Cómo puedo usar lo que sé de matemáticas para resolver el problema?
- ¿Cómo puedo usar dibujos, objetos y ecuaciones para representar el problema?
- ¿Puedo escribir una ecuación para representar el problema?

¡Vuelve atrás! © **PM.4 Representar con modelos matemáticos**
¿De qué otra manera se puede representar este problema?

Pregunta esencial: ¿Cómo se puede representar un problema con un diagrama de barras?

A

El primer paso de la receta es mezclar la harina, azúcar blanca y azúcar morena. ¿Un tazón con capacidad para 4 tazas tiene espacio suficiente?

Usa un modelo para representar el problema.

¿Qué tienes que hacer para resolver el problema?

Tengo que hallar la cantidad total de los primeros tres ingredientes y comparar esa cantidad con 4 tazas.

Pastelitos

$1\frac{3}{4}$ tazas de harina

$\frac{1}{2}$ taza de azúcar morena

$1\frac{1}{4}$ tazas de azúcar blanca

$2\frac{1}{2}$ cucharaditas de polvo para hornear

$\frac{1}{2}$ cucharadita de sal

$\frac{2}{3}$ de taza de manteca

2 huevos

1 taza de leche

B ### ¿Cómo puedo representar con modelos matemáticos?

Puedo

- usar lo que sé de matemáticas como ayuda para resolver el problema.

- usar un diagrama para representar y resolver el problema.

- escribir una ecuación que tenga fracciones o números mixtos.

- decidir si mis resultados tienen sentido.

C Usaré un diagrama de barras y una ecuación para representar la situación.

Esta es mi idea...

n tazas		
$1\frac{3}{4}$	$\frac{1}{2}$	$1\frac{1}{4}$

$$n = 1\frac{3}{4} + \frac{1}{2} + 1\frac{1}{4}$$

$$1\frac{3}{4} + \frac{2}{4} + 1\frac{1}{4} = 2\frac{6}{4}$$

Puedo escribir la respuesta como un número mixto.

$$2\frac{6}{4} = 3\frac{2}{4} \text{ o } 3\frac{1}{2}$$

Hay $3\frac{1}{2}$ tazas de ingredientes y $3\frac{1}{2}$ es menor que 4. Por tanto, el tazón de 4 tazas tiene espacio suficiente.

¡Convénceme! © PM.4 Representar con modelos matemáticos

¿Cuántas tazas más de ingredientes entran en el tazón? Usa un diagrama de barras y una ecuación para representar el problema.

Amigo de práctica   Herramientas   Evaluación

☆Práctica guiada*

© PM.4 Representar con modelos matemáticos

Phillip quiere correr un total de 3 millas por día. El lunes a la mañana, corrió $1\frac{7}{8}$ millas. ¿Cuántas millas más tiene que correr?

1. Haz un diagrama para representar el problema.

> Los diagramas de barras muestran cómo se relacionan las cantidades en un problema.

2. Escribe y resuelve una ecuación para este problema. ¿Cómo hallaste la solución?

3. ¿Cuántas millas más tiene que correr Phillip?

☆Práctica independiente

© PM.4 Representar con modelos matemáticos

Un paisajista usó $2\frac{1}{2}$ toneladas de piedritas en forma de rayo, $3\frac{1}{4}$ toneladas de piedritas negras y $\frac{5}{8}$ de tonelada de piedritas de río. ¿Cuánto pesan las piedritas en total?

4. Haz un diagrama y escribe una ecuación para representar el problema.

5. Resuelve la ecuación. ¿Qué cálculos de fracciones hiciste?

6. ¿Cuántas toneladas de piedritas usó el paisajista?

Prácticas matemáticas y resolución de problemas

© Evaluación de rendimiento de *Common Core*

Actividades en el campamento

Durante la jornada de 6 horas en el campamento, Roland dio un paseo en bote, dio una caminata y almorzó. El resto de la jornada fue tiempo libre. ¿Cuánto tiempo demoró Roland en estas tres actividades? ¿Cuánto tiempo libre tuvo?

Actividades en el campamento	
Natación	$\frac{3}{4}$ de hora
Paseo en bote	$1\frac{1}{2}$ horas
Manualidades	$1\frac{3}{4}$ horas
Caminata	$2\frac{1}{2}$ horas
Almuerzo	$1\frac{1}{4}$ horas

DATOS

7. **PM.1 Entender y perseverar** ¿Qué es lo que sabes y qué necesitas hallar?

> Cuando representas con modelos matemáticos, usas lo que sabes de matemáticas para resolver problemas nuevos.

8. **PM.2 Razonar** Describe las cantidades y operaciones que usarás para hallar cuánto tiempo demoró Roland en las actividades. ¿Qué cantidades y operaciones usarás para hallar cuánto tiempo libre tuvo Roland?

9. **PM.4 Representar con modelos matemáticos** Haz un diagrama y usa una ecuación como ayuda para hallar cuánto tiempo demoró Roland en las actividades. Luego, haz un diagrama y usa una ecuación como ayuda para hallar cuánto tiempo libre tuvo.

**Tarea y práctica
7-12**
Representar
con modelos
matemáticos

¡Revisemos!

Cada lunes, en la clase de ciencias, los estudiantes miden la altura de sus plantas. En la semana 3, la planta de Andrew medía $4\frac{3}{4}$ pulgadas de altura. En la semana 4, su planta medía $5\frac{3}{8}$ pulgadas de altura. ¿Cuánto creció la planta de la semana 3 a la semana 4?

Indica cómo puedes usar las matemáticas para representar el problema.

- Puedo usar lo que sé de matemáticas como ayuda para resolver el problema.

- Puedo usar diagramas de barras y ecuaciones para representar y resolver este problema.

Haz un diagrama de barras y escribe una ecuación para resolver.

Cuando representas con modelos matemáticos, usas lo que sabes de matemáticas para resolver problemas nuevos.

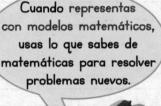

$5\frac{3}{8}$ pulgadas

| $4\frac{3}{4}$ | c |

$$5\frac{3}{8} = 4\frac{11}{8}$$
$$-4\frac{3}{4} = 4\frac{6}{8}$$
$$\frac{5}{8}$$

$$4\frac{3}{4} + c = 5\frac{3}{8}$$

La planta creció $\frac{5}{8}$ de pulgada.

© **PM.4 Representar con modelos matemáticos**

La Sra. Lohens hizo cortinas para los dormitorios de sus hijos. Usó $4\frac{3}{4}$ yardas de tela para el dormitorio de Nicky y $6\frac{5}{8}$ yardas para el dormitorio de Rita. ¿Cuánta tela usó en total?

1. Haz un diagrama y escribe una ecuación para representar el problema.

2. Resuelve la ecuación. ¿Qué cálculos con fracciones hiciste?

3. ¿Cuánta tela usó la Sra. Lohens para las cortinas?

Aficionados en las graderías

En las graderías de un juego de básquetbol, $\frac{1}{4}$ de los aficionados son hombres adultos y $\frac{5}{12}$ son mujeres adultas. ¿Qué fracción de los aficionados son adultos? ¿Qué fracción de los aficionados son niños?

4. **PM.1 Entender y perseverar** ¿Qué es lo que sabes y qué necesitas hallar?

5. **PM.2 Razonar** ¿Qué cantidades y operaciones usarás para hallar la fracción de los aficionados que son adultos? ¿Y la que son niños?

Cuando representas con modelos matemáticos, decides qué pasos hay que seguir para hallar la respuesta final.

6. **PM.3 Evaluar el razonamiento** Phyllis dice que tienes que saber la cantidad de aficionados para determinar la fracción que son niños. ¿Tiene razón? Explícalo.

7. **PM.4 Representar con modelos matemáticos** Haz un diagrama y usa una ecuación como ayuda para hallar la fracción de aficionados que son adultos. Luego, haz un diagrama y usa una ecuación como ayuda para hallar la fracción de aficionados que son niños.

Emparéjalo

Trabaja con un compañero. Señala una pista y léela.

Mira la tabla de la parte de abajo de la página y busca la pareja de esa pista. Escribe la letra de la pista en la casilla al lado de su pareja.

Halla una pareja para cada pista.

Puedo...
multiplicar números enteros de varios dígitos.

© **Estándar de contenido**
5.NBD.B.5

Pistas

A El producto es exactamente 70,500.

E El producto está entre 30,000 y 35,000.

B El producto está entre 65,000 y 70,000.

F El producto está entre 10,000 y 30,000.

C El producto es exactamente 40,000.

G El producto es exactamente 10,000.

D El producto es aproximadamente 40,000.

H El producto es menor que 10,000.

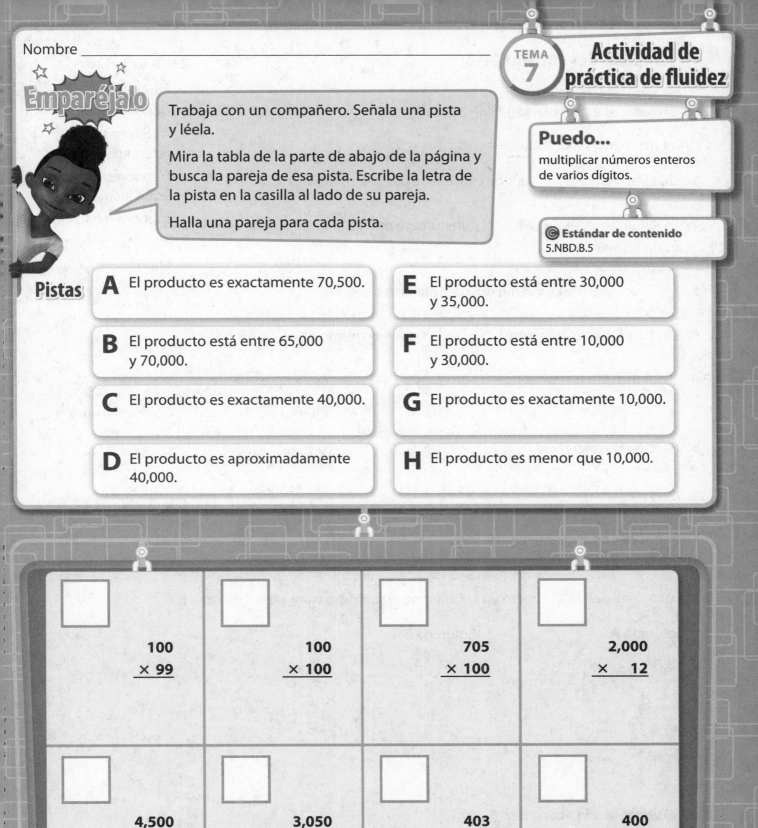

$$100 \times 99$$

$$100 \times 100$$

$$705 \times 100$$

$$2{,}000 \times 12$$

$$4{,}500 \times 15$$

$$3{,}050 \times 11$$

$$403 \times 100$$

$$400 \times 100$$

TEMA 7 — Repaso del vocabulario

Glosario

...

Lista de palabras

- común denominador
- fracciones de referencia
- fracciones equivalentes
- número mixto

Comprender el vocabulario

Escribe *siempre*, *a veces* o *nunca*.

1. Una fracción _____ puede expresarse como número mixto.

2. La suma de un número mixto y un número entero _____ es un número mixto.

3. $\frac{1}{5}$ _____ se usa como fracción de referencia.

4. Las fracciones equivalentes _____ tienen el mismo valor.

Para cada uno de estos términos, da un ejemplo y un contraejemplo.

	Ejemplo	**Contraejemplo**
5. fracción de referencia	_____	_____
6. número mixto	_____	_____
7. fracciones equivalentes	_____	_____

Traza una línea de cada número en la Columna A al mismo valor en la Columna B.

Columna A

8. $3\frac{4}{9} + 2\frac{5}{6}$

9. $7 - 2\frac{2}{3}$

10. $4\frac{1}{2} + 1\frac{1}{6}$

11. $\frac{7}{12} + \frac{5}{8}$

Columna B

$5\frac{2}{3}$

$\frac{3}{5}$

$4\frac{1}{3}$

$\frac{29}{24}$

$6\frac{5}{18}$

Usar el vocabulario al escribir

12. ¿Cómo puedes escribir una fracción equivalente a $\frac{60}{80}$ con un denominador menor que 80?

Nombre _____

Grupo A   páginas 371 a 376

Reemplaza las fracciones por 0, $\frac{1}{2}$ o 1 para estimar las sumas o las diferencias.

Estima $\frac{4}{5} + \frac{5}{8}$.

Paso 1 $\frac{4}{5}$ está cerca de 1.

Paso 2 $\frac{5}{8}$ está cerca de $\frac{4}{8}$ o $\frac{1}{2}$.

Paso 3 $1 + \frac{1}{2} = 1\frac{1}{2}$

Por tanto, $\frac{4}{5} + \frac{5}{8}$ es aproximadamente $1\frac{1}{2}$.

Estima $\frac{7}{12} - \frac{1}{8}$.

Paso 1 $\frac{7}{12}$ está cerca de $\frac{6}{12}$ o $\frac{1}{2}$.

Paso 2 $\frac{1}{8}$ está cerca de 0.

Paso 3 $\frac{1}{2} - 0 = \frac{1}{2}$

Por tanto, $\frac{7}{12} - \frac{1}{8}$ es aproximadamente $\frac{1}{2}$.

Recuerda que puedes usar una recta numérica para decidir si una fracción está más cerca de 0, $\frac{1}{2}$ o 1.

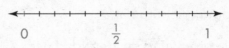
Refuerzo

Estima las sumas o las diferencias.

0      $\frac{1}{2}$ 1

1. $\frac{2}{3} + \frac{5}{6}$ **2.** $\frac{7}{8} - \frac{5}{12}$

3. $\frac{1}{8} + \frac{1}{16}$ **4.** $\frac{5}{8} - \frac{1}{6}$

5. $\frac{1}{5} + \frac{1}{3}$ **6.** $\frac{11}{12} - \frac{1}{10}$

7. $\frac{9}{10} + \frac{1}{5}$ **8.** $\frac{3}{5} - \frac{1}{12}$

Grupo B   páginas 377 a 382

Halla un común denominador para $\frac{4}{9}$ y $\frac{1}{3}$. Luego, expresa las fracciones como una fracción equivalente con un común denominador.

Paso 1   Multiplica los denominadores: $9 \times 3 = 27$; por tanto, 27 es un común denominador.

Paso 2   Expresa las fracciones de otra manera:

$\frac{4}{9} = \frac{4}{9} \times \frac{3}{3} = \frac{12}{27}$

$\frac{1}{3} = \frac{1}{3} \times \frac{9}{9} = \frac{9}{27}$

Por tanto, $\frac{4}{9} = \frac{12}{27}$ y $\frac{1}{3} = \frac{9}{27}$.

Recuerda que puedes comprobar si un denominador es múltiplo de otro. Dado que 9 es múltiplo de 3, otro común denominador de las fracciones $\frac{4}{9}$ y $\frac{1}{3}$ es 9.

Halla un común denominador. Luego, expresa las fracciones como una fracción equivalente con un común denominador.

1. $\frac{3}{5}$ y $\frac{7}{10}$

2. $\frac{5}{6}$ y $\frac{7}{18}$

3. $\frac{3}{7}$ y $\frac{1}{4}$

Grupo C páginas 383 a 388, 389 a 394, 395 a 400

Halla $\frac{5}{6} - \frac{3}{4}$.

Paso 1 Halla un común denominador haciendo una lista de los múltiplos de 6 y 4.

6: 6, 12, 18, 24, 30, 36, 42
4: 4, 8, 12, 16, 20, 24, 28, 32

12 es un común denominador de 6 y 4; por tanto, usa 12 como común denominador.

Paso 2 Usa la propiedad de identidad para escribir las fracciones equivalentes.

$$\frac{5}{6} = \frac{5 \times 2}{6 \times 2} = \frac{10}{12} \qquad \frac{3}{4} = \frac{3 \times 3}{4 \times 3} = \frac{9}{12}$$

Paso 3 Resta.

$$\frac{10}{12} - \frac{9}{12} = \frac{1}{12}$$

Recuerda que debes multiplicar el numerador y el denominador por el mismo número cuando escribes fracciones equivalentes.

1. $\frac{2}{5} + \frac{3}{10}$ 2. $\frac{1}{9} + \frac{5}{6}$

3. $\frac{3}{4} - \frac{5}{12}$ 4. $\frac{7}{8} - \frac{2}{3}$

5. $\frac{1}{12} + \frac{3}{8}$ 6. $\frac{4}{5} - \frac{2}{15}$

7. Teresa pasa $\frac{1}{3}$ de su día en la escuela. Pasa $\frac{1}{12}$ de su día comiendo. ¿Qué fracción de su día pasa en la escuela o comiendo?

Grupo D páginas 401 a 406

Estima $5\frac{1}{3} + 9\frac{9}{11}$.

Para redondear un número mixto al número entero más cercano, compara la parte fraccionaria del número mixto con $\frac{1}{2}$.

Si la parte fraccionaria es menor que $\frac{1}{2}$, redondea al número entero menor más cercano.

$5\frac{1}{3}$ se redondea a 5.

Si la parte fraccionaria es mayor que o igual a $\frac{1}{2}$, redondea al número entero mayor más cercano.

$9\frac{9}{11}$ se redondea a 10.

Por tanto, $5\frac{1}{3} + 9\frac{9}{11} \approx 5 + 10 = 15$.

Recuerda que $\approx$ significa "es aproximadamente igual a".

Recuerda que también puedes usar fracciones de referencia como $\frac{1}{4}$, $\frac{1}{3}$, $\frac{1}{2}$, $\frac{2}{3}$ y $\frac{3}{4}$ para ayudarte a hacer una estimación.

Estima las sumas o las diferencias.

1. $3\frac{1}{4} - 1\frac{1}{2}$ 2. $5\frac{2}{9} + 4\frac{11}{13}$

3. $2\frac{3}{8} + 5\frac{3}{5}$ 4. $9\frac{3}{7} - 6\frac{2}{5}$

5. $8\frac{5}{6} - 2\frac{1}{2}$ 6. $7\frac{3}{4} + 5\frac{1}{8}$

7. $11\frac{5}{12} + \frac{7}{8}$ 8. $13\frac{4}{5} - 8\frac{1}{6}$

9. Una marca en un lado de un muelle muestra que el agua tiene $4\frac{7}{8}$ pies de profundidad. Cuando sube la marea, el nivel del agua sube $2\frac{1}{4}$ pies. Aproximadamente ¿qué profundidad tiene el agua con la marea alta?

Nombre _____

Grupo E | páginas 407 a 412 _____

Halla $1\frac{1}{4} + 1\frac{7}{8}$.

Paso 1 Expresa las fracciones con un común denominador. Representa los sumandos y suma las partes fraccionarias.

$1\frac{2}{8}$

$+ 1\frac{7}{8}$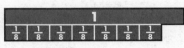

$\frac{9}{8}$

Expresa $\frac{9}{8}$ como $1\frac{1}{8}$.

Paso 2 Suma los números enteros a las fracciones reagrupadas.

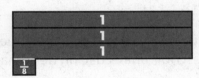

Por tanto, $1\frac{1}{4} + 1\frac{7}{8} = 3\frac{1}{8}$.

Refuerzo
Continuación

Recuerda que podrías necesitar expresar las fracciones como números mixtos.

> Usa un modelo para hallar las sumas.

1. $2\frac{5}{6} + 1\frac{5}{6}$ **2.** $1\frac{1}{2} + 3\frac{3}{4}$

3. $2\frac{3}{10} + 2\frac{4}{5}$ **4.** $2\frac{1}{4} + 5\frac{11}{12}$

5. $6\frac{2}{3} + 5\frac{5}{6}$ **6.** $7\frac{1}{3} + 8\frac{7}{9}$

7. $8\frac{4}{10} + 2\frac{3}{5}$ **8.** $3\frac{1}{3} + 9\frac{11}{12}$

Grupo F | páginas 419 a 424 _____

Halla $2\frac{1}{3} - 1\frac{5}{6}$. Expresa $2\frac{1}{3}$ como $2\frac{2}{6}$.

Paso 1 Representa el número al que le estás restando, $2\frac{1}{3}$ o $2\frac{2}{6}$.

Dado que $\frac{5}{6} > \frac{2}{6}$, expresa 1 entero como $\frac{6}{6}$.

Paso 2 Tacha el número que estás restando, $1\frac{5}{6}$.

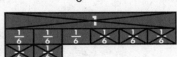

La respuesta es la cantidad que queda.

Por tanto, $2\frac{1}{3} - 1\frac{5}{6} = \frac{3}{6}$ o $\frac{1}{2}$.

Recuerda que la diferencia es la parte del modelo que no está tachada.

> Usa un modelo para hallar las diferencias.

1. $15\frac{6}{10} - 3\frac{4}{5}$ **2.** $6\frac{3}{4} - 5\frac{1}{2}$

3. $4\frac{1}{6} - 1\frac{2}{3}$ **4.** $12\frac{1}{4} - 7\frac{1}{2}$

5. $9\frac{7}{10} - 3\frac{4}{5}$ **6.** $5\frac{5}{8} - 3\frac{1}{4}$

Grupo G páginas 413 a 418, 425 a 430, 431 a 436

Tom tiene dos longitudes de papel tapiz, $2\frac{3}{4}$ yardas y $1\frac{7}{8}$ yardas. Usó un poco y ahora le quedan $1\frac{5}{6}$ yardas. ¿Cuántas yardas de papel tapiz usó Tom?

Paso 1

Suma para hallar la cantidad total de papel tapiz que tiene Tom.

$$2\frac{3}{4} = 2\frac{18}{24}$$
$$+ 1\frac{7}{8} = 1\frac{21}{24}$$
$$\overline{\phantom{+ 1\frac{7}{8} = } 3\frac{39}{24}}$$

Paso 2

Resta para hallar la cantidad de papel tapiz que Tom usó.

$$3\frac{39}{24} = 3\frac{39}{24}$$
$$- 1\frac{5}{6} = 1\frac{20}{24}$$
$$\overline{\phantom{- 1\frac{5}{6} = } 2\frac{19}{24}}$$

Tom usó $2\frac{19}{24}$ yardas de papel tapiz.

Recuerda que, cuando sumas o restas números mixtos, debes expresar de otra manera las partes fraccionarias para que tengan un común denominador.

Resuelve. Primero, haz la operación entre paréntesis.

1. $5\frac{1}{2} + 2\frac{1}{8}$

2. $7\frac{5}{6} - 3\frac{2}{3}$

3. $3\frac{1}{4} + 1\frac{5}{6}$

4. $9 - 3\frac{3}{8}$

5. $\left(2\frac{1}{6} + 3\frac{3}{4}\right) - 1\frac{5}{12}$

6. $\left(4\frac{4}{5} + 7\frac{1}{3}\right) - 1\frac{7}{15}$

Grupo H páginas 437 a 442

Piensa en estas preguntas como ayuda para **representar con modelos matemáticos.**

Hábitos de razonamiento

- ¿Cómo puedo usar lo que sé de matemáticas para resolver este problema?

- ¿Cómo puedo usar dibujos, objetos y ecuaciones para representar el problema?

- ¿Cómo puedo usar números, palabras y símbolos para resolver este problema?

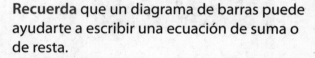

Recuerda que un diagrama de barras puede ayudarte a escribir una ecuación de suma o de resta.

Haz un diagrama de barras y escribe una ecuación para resolver.

1. Justin trota $3\frac{2}{5}$ millas cada mañana. Trota $4\frac{6}{10}$ millas cada tarde. ¿Cuántas millas trota por día?

2. El año pasado, María plantó un árbol que medía $5\frac{11}{12}$ pies de altura. Este año, el árbol mide $7\frac{2}{3}$ pies de altura. ¿Cuántos pies creció el árbol?

Nombre _____

1. En las opciones 1a a 1d, escoge Sí o No para indicar si el número $\frac{1}{2}$ hará verdadera cada ecuación.

1a. $\frac{1}{18} + \boxed{} = \frac{10}{18}$ ○ Sí   ○ No

1b. $\frac{1}{3} + \boxed{} = \frac{1}{5}$ ○ Sí   ○ No

1c. $\frac{5}{8} - \boxed{} = \frac{1}{8}$ ○ Sí   ○ No

1d. $\frac{3}{4} - \boxed{} = \frac{1}{4}$ ○ Sí   ○ No

---

2. Marca todas las expresiones que son iguales a $\frac{2}{3}$.

☐ $\frac{1}{6} + \frac{1}{2}$

☐ $\frac{2}{9} + \frac{7}{18}$

☐ $\frac{5}{12} + \frac{1}{4}$

☐ $1\frac{1}{6} - \frac{1}{3}$

☐ $2 - 1\frac{1}{3}$

---

3. Tim tiene $\frac{5}{12}$ de un frasco de jalea de moras y $\frac{3}{8}$ de un frasco de jalea de fresas. Escribe $\frac{5}{12}$ y $\frac{3}{8}$ usando un común denominador.

---

4. Sandra viajó en carro durante $\frac{1}{3}$ de hora para llegar a la tienda. Luego, viajó en carro $\frac{1}{5}$ de hora para ir a la biblioteca. ¿Qué fracción de una hora viajó en carro Sandra en total?

5. El siguiente diagrama de barras muestra las partes fraccionarias de una pizza que comieron Pablo y Jamie.

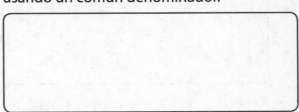

? pizza que comieron

| $\frac{1}{3}$ | $\frac{1}{4}$ |

Parte A

Expresa de otra manera cada fracción usando un común denominador.

Parte B

Usa las nuevas fracciones para escribir y resolver una ecuación para hallar la cantidad total de pizza que comieron.

---

6. Traza líneas para unir las expresiones de la izquierda con sus sumas de la derecha.

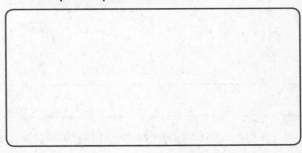

$\frac{1}{4} + \frac{3}{8}$ $\frac{5}{12}$

$\frac{1}{4} + \frac{7}{10}$ $1\frac{1}{6}$

$\frac{1}{4} + \frac{11}{12}$ $\frac{5}{8}$

$\frac{1}{4} + \frac{1}{6}$ $\frac{19}{20}$

7. Benjamín y su hermana compartieron un sándwich grande. Benjamín comió $\frac{3}{5}$ del sándwich y su hermana comió $\frac{1}{7}$ del sándwich.

Parte A

Estima cuánto más comió Benjamín que su hermana. Explica cómo hallaste tu estimación.

Parte B

¿Cuánto más comió Benjamín que su hermana? Halla la cantidad exacta.

8. ¿Qué expresión es la mejor estimación para $3\frac{1}{8} - 1\frac{3}{4}$?

Ⓐ $3 - 1$

Ⓑ $3 - 2$

Ⓒ $4 - 1$

Ⓓ $4 - 2$

9. Escribe en la caja el número que hace verdadero el enunciado.

$2\frac{7}{12} = 1\frac{\square}{12}$

10. Nora compró $3\frac{3}{8}$ libras de queso cheddar. Usó $2\frac{3}{4}$ libras para preparar sándwiches. ¿Qué expresión muestra cuánto queso quedó?

Ⓐ $3\frac{3}{8} + \frac{3}{4}$

Ⓑ $3\frac{3}{8} + 2\frac{3}{4}$

Ⓒ $3\frac{3}{8} - 2\frac{3}{4}$

Ⓓ $3\frac{3}{8} - \frac{3}{4}$

11. Marie necesita $2\frac{1}{4}$ yardas de tela. Ya tiene $1\frac{3}{8}$ yardas. ¿Cuántas yardas más de tela necesita?

Ⓐ $\frac{1}{8}$ de yarda

Ⓑ $\frac{3}{4}$ de yarda

Ⓒ $\frac{7}{8}$ de yarda

Ⓓ $1\frac{7}{8}$ yardas

12. Durante un viaje, Martha manejó $\frac{1}{6}$ del tiempo, Chris manejó $\frac{1}{4}$ del tiempo y Juan manejó el resto del tiempo. ¿Qué fracción del tiempo manejó Juan?

13. Gilberto trabajó $3\frac{1}{4}$ horas el jueves, $4\frac{2}{5}$ horas el viernes y $6\frac{1}{2}$ horas el sábado. ¿Cuántas horas trabajó en total durante esos tres días?

Ⓐ $13\frac{1}{10}$ horas

Ⓑ $13\frac{3}{20}$ horas

Ⓒ $14\frac{1}{10}$ horas

Ⓓ $14\frac{3}{20}$ horas

14. Vita usó el siguiente modelo para hallar la suma de dos números mixtos. ¿Cuál es la suma? Muestra tu trabajo.

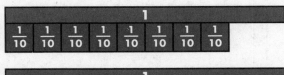

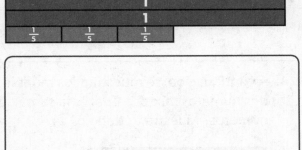

16. En las opciones 16a a 16d, ¿el número $1\frac{3}{8}$ hace verdadera la ecuación? Escoge Sí o No.

16a. $\frac{1}{4} + \square = 1\frac{7}{8}$ ○ Sí   ○ No

16b. $2\frac{3}{4} + \square = 4\frac{1}{8}$ ○ Sí   ○ No

16c. $4 - \square = 2\frac{5}{8}$ ○ Sí   ○ No

16d. $3\frac{1}{2} - \square = 2\frac{1}{4}$ ○ Sí   ○ No

17. El lunes, Mica leyó $\frac{1}{6}$ de un libro y el martes, $\frac{3}{8}$. Susan leyó $\frac{5}{6}$ del mismo libro. ¿Cuánto más del libro leyó Susan que Mica?

Ⓐ $\frac{14}{24}$

Ⓑ $\frac{8}{24}$

Ⓒ $\frac{7}{12}$

Ⓓ $\frac{7}{24}$

15. Diego quiere hallar $4\frac{1}{5} - \frac{7}{10}$.

Parte A

Explica por qué debe expresar de otra manera $4\frac{1}{5}$ para hacer la resta.

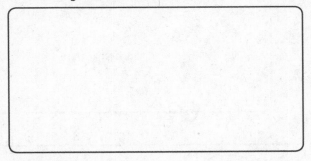

Parte B

Explica cómo expresar de otra manera $4\frac{1}{5}$ para hacer la resta.

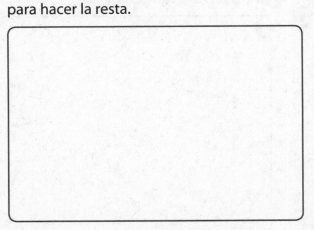

18. Un pelícano tiene una envergadura de $8\frac{1}{5}$ pies. Un águila tiene una envergadura de $6\frac{2}{3}$ pies. ¿Cuánto más larga es la envergadura del pelícano?

19. Resta la suma de $4\frac{3}{4}$ y $5\frac{2}{3}$ de $12\frac{1}{2}$.

20. Traza líneas para unir las expresiones de la izquierda con sus sumas de la derecha.

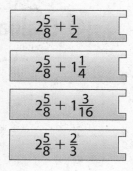

$2\frac{5}{8} + \frac{1}{2}$

$2\frac{5}{8} + 1\frac{1}{4}$

$2\frac{5}{8} + 1\frac{3}{16}$

$2\frac{5}{8} + \frac{2}{3}$

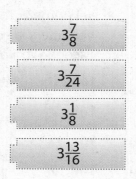

$3\frac{7}{8}$

$3\frac{7}{24}$

$3\frac{1}{8}$

$3\frac{13}{16}$

---

21. Para estimar la suma de dos números mixtos, Carla redondea un número a 3 y otro número a 7. ¿Cuál es el número que ella redondea a 3?

Ⓐ $2\frac{5}{8}$

Ⓑ $2\frac{11}{30}$

Ⓒ $3\frac{4}{6}$

Ⓓ $3\frac{7}{9}$

---

22. Mark está haciendo un pequeño marco con la forma de un triángulo equilátero con las siguientes dimensiones. ¿Cuál es el perímetro del marco?

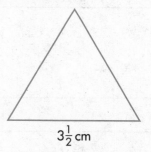

$3\frac{1}{2}$ cm

Ⓐ $6\frac{1}{2}$ cm

Ⓑ $9\frac{1}{2}$ cm

Ⓒ $9\frac{1}{6}$ cm

Ⓓ $10\frac{1}{2}$ cm

---

23. Un panadero usa colorante vegetal para colorear la masa para un pastel. Necesita $4\frac{1}{8}$ onzas de colorante vegetal verde. Solo tiene $2\frac{1}{2}$ onzas. ¿Cuánto más colorante vegetal verde necesita?

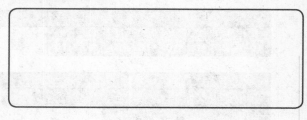

---

24. A continuación, se muestran los modelos de dos números mixtos. ¿Cuál es la suma de los números? Muestra tu trabajo.

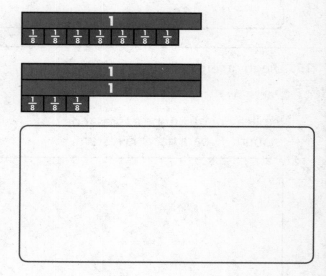

---

25. Dawson dice que la expresión $\left(2\frac{4}{10} + 8\frac{4}{5}\right) - 3\frac{1}{5}$ es igual a un número entero. ¿Estás de acuerdo? Explícalo.

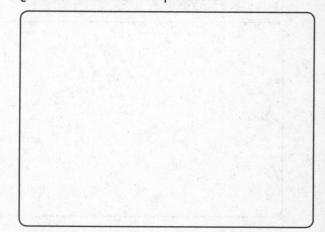

Nombre ____________________

Evaluación del rendimiento

Nudos

Liam y Pam tienen, cada uno, una longitud de cuerda gruesa. Liam hizo un nudo simple en su cuerda. El nudo simple es un nudo básico que se usa comúnmente como base para otro tipo de nudos.

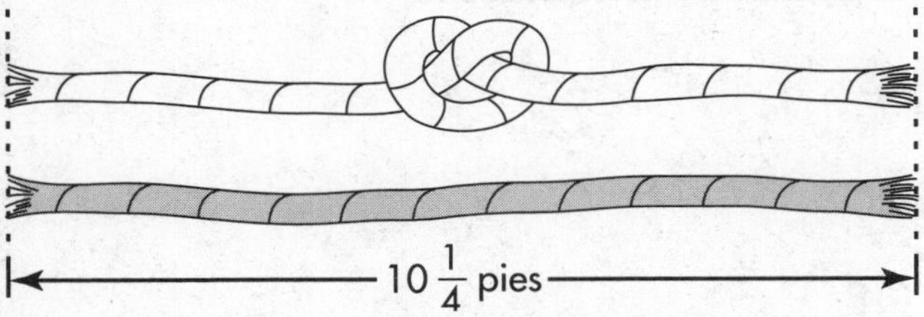
La cuerda de Liam
La cuerda de Pam
$10\frac{1}{4}$ pies

1. Liam deshizo el nudo simple. La longitud total de su cuerda se muestra a continuación. ¿Cuánta cuerda usó para el nudo?

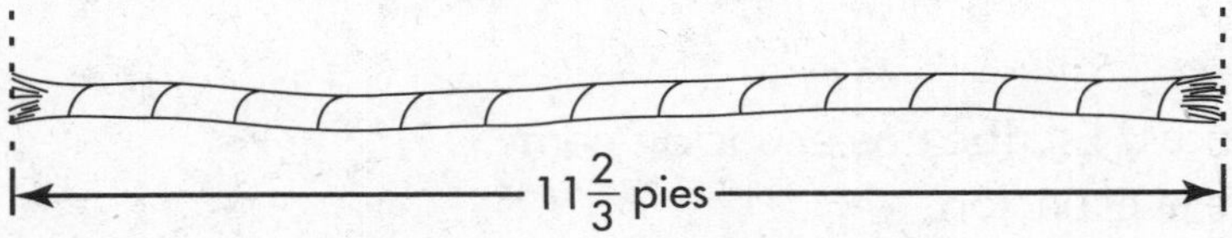
$11\frac{2}{3}$ pies

2. Liam ató el extremo de su cuerda desanudada con el extremo de la cuerda de Pam.

Parte A

Aproximadamente ¿qué longitud tendrán las dos cuerdas unidas? Explica cómo obtuviste tu estimación.

Parte B

Explica si la longitud real será mayor o menor que tu estimación.

3. Liam y Pam ataron sus dos cuerdas con un nudo cuadrado. Para el nudo, usaron $1\frac{1}{8}$ pies de cuerda. ¿Qué longitud tiene la cuerda? Explícalo.

4. Martín tiene una cuerda de 16 pies dé longitud. Ata su cuerda a las de Liam y Pam con un nudo cuadrado para el que usa $1\frac{1}{8}$ pies de cuerda.

Parte A

¿Qué longitud tienen las tres cuerdas juntas? Escribe una ecuación para representar el problema. Luego, resuelve la ecuación.

Parte B

Liam, Pam y Martín deciden cortar $\frac{2}{5}$ de pie de un extremo de las cuerdas atadas y $\frac{1}{6}$ de pie del otro extremo. Aproximadamente ¿cuánta cuerda cortaron en total? Explícalo.

Parte C

¿Qué longitud tienen las cuerdas ahora? Muestra tu trabajo.

Glosario

A

altura de un polígono Longitud de un segmento desde un vértice de un polígono perpendicular a su base.

altura de un sólido En un prisma, la distancia perpendicular entre la base superior y la base inferior del sólido.

ángulo Figura formada por dos semirrectas que tienen el mismo extremo.

ángulo agudo Ángulo que mide entre 0° y 90°.

ángulo llano Ángulo que mide 180°.

ángulo obtuso Ángulo cuya medida está entre 90° y 180°.

135°

ángulo recto Ángulo que mide 90°.

área Cantidad de unidades cuadradas necesarias para cubrir una superficie o una figura.

arista Segmento de recta en el que se unen dos caras en un sólido.

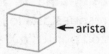
← arista

atributo Característica de una figura.

B

base Número que se usa como factor cuando un número se escribe usando exponentes.

base (de un polígono) Lado de un polígono respecto del cual la altura es perpendicular.

base (de un sólido) Cara de un sólido que se usa para darle el nombre.

←Base

bloque de unidad Un cubo que mide una unidad por cada lado.

1 unidad   1 unidad
1 unidad

C

capacidad Volumen de un recipiente medido en unidades de medida para líquidos.

cara Superficie plana de un sólido.

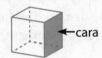
←cara

Celsius Escala para medir la temperatura en el sistema métrico.

centésimo Una de las 100 partes iguales de un todo.

centímetro (cm) Unidad métrica de longitud; 100 centímetros son iguales a un metro.

círculo Figura plana cerrada formada por todos los puntos que están a la misma distancia de un punto determinado.

cociente La respuesta de un problema de división.

compensación Ajuste que facilita un cálculo y que se equilibra cambiando otro número.

común denominador Un número que es el denominador de dos o más fracciones.

coordenada *x* Primer número de un par ordenado, que indica la distancia hacia la derecha o hacia la izquierda desde el origen sobre el eje de las *x*.

coordenada *y* Segundo número de un par ordenado, que indica la distancia hacia arriba o hacia abajo desde el origen sobre el eje de las *y*.

coordenadas Los dos números de un par ordenado.

corchetes Los símbolos [y], que se usan para agrupar números o variables en expresiones matemáticas.

correspondientes Términos que coinciden en un patrón.

cuadrado Rectángulo que tiene todos los lados de la misma longitud.

cuadrado perfecto Número que es el producto de un número para contar multiplicado por sí mismo.

cuadrilátero Polígono de 4 lados.

cuarto (cto.) Unidad usual de capacidad igual a 2 pintas.

cubo Sólido con seis cuadrados idénticos como caras.

cucharada (cda.) Unidad usual de capacidad; dos cucharadas son iguales a una onza líquida.

datos Información recopilada.

datos discretos Datos que solo admiten números enteros.

datos numéricos Datos relacionados con números, incluidos los datos de mediciones.

decimales equivalentes Números decimales que representan la misma cantidad.
Ejemplo: 0.7 = 0.70

décimo Una de las diez partes iguales de un todo.

denominador El número que está abajo de la barra de fracción en una fracción.

descomponer Método de cálculo mental que se usa para volver a escribir un número como una suma de números para resolver un problema más sencillo.

diagrama de barras Herramienta que se usa como ayuda para entender y resolver problemas verbales; también se conoce como diagrama de tiras o diagrama con tiras.

diagrama de puntos Representación de respuestas a lo largo de una recta numérica, con puntos o X anotados arriba de cada respuesta para indicar la cantidad de veces que ocurrió cada una.

diagrama de tallo y hojas Una manera de organizar datos numéricos usando el valor de posición.

diferencia El resultado de restar un número a otro.

dígitos Símbolos que se usan para mostrar números: 0, 1, 2, 3, 4, 5, 6, 7, 8, 9.

dividendo El número que se divide.

divisible Un número es divisible por otro número si no hay un residuo después de dividir.

divisor El número por el que se divide otro número.
Ejemplo: En 32 ÷ 4 = 8, 4 es el divisor.

E

ecuación Oración numérica en la que se usa un signo igual para mostrar que dos expresiones tienen el mismo valor.
Ejemplo: 9 + 3 = 12

eje Cualquiera de las dos rectas perpendiculares entre sí en una gráfica.

eje de las x Recta numérica horizontal en una gráfica de coordenadas.

eje de las y Recta numérica vertical en una gráfica de coordenadas.

eje de simetría Recta por la que se puede doblar una figura de modo tal que las dos mitades sean iguales.

eje de simetría

en palabras Una manera de escribir un número con palabras; ver también *nombre de un número.*

encuesta Una o más preguntas que se usan para reunir información.

escala (en una gráfica) Serie de números a intervalos iguales en un eje de una gráfica.

estimación por defecto Estimación que es menor que la respuesta real.

estimación por exceso Estimación que es mayor que la respuesta real.

estimar Dar un valor aproximado en lugar de una respuesta exacta.

evaluar Reemplazar una expresión con un valor equivalente.

exponente Número que indica cuántas veces se usa un número base como factor.

expresión algebraica Frase matemática que tiene una o más variables, números y operaciones.
Ejemplo: x − 3

expresión numérica Frase matemática que contiene números y, al menos, una operación.
Ejemplo: 325 + 50

F

factores Números que se multiplican para obtener un producto.

Fahrenheit Escala del sistema usual para medir la temperatura.

figura compuesta Figura formada por dos o más figuras.

figura tridimensional Sólido de tres dimensiones que tiene volumen, como un prisma rectangular.

forma desarrollada Una manera de escribir un número que muestra el valor de posición de cada dígito.
Ejemplo: $3 \times 1{,}000 + 5 \times 100 + 6 \times 10 + 2 \times 1$, o $3 \times 10^3 + 5 \times 10^2 + 6 \times 10^1 + 2 \times 10^0$

forma estándar Una manera común de escribir un número con comas que separan grupos de tres dígitos empezando por la derecha.
Ejemplo: 3,458,901

fórmula Regla que usa símbolos para relacionar dos o más cantidades.

fracción Un símbolo, como $\frac{2}{3}$, $\frac{5}{1}$ u $\frac{8}{5}$, que se usa para describir una o más partes de un entero dividido en partes iguales. Una fracción puede representar una parte de un entero, una parte de un conjunto, una ubicación en una recta numérica o una división de números enteros.

fracción de referencia Fracciones comunes que se usan para hacer estimaciones, como $\frac{1}{4}$, $\frac{1}{3}$, $\frac{1}{2}$, $\frac{2}{3}$ y $\frac{3}{4}$.

fracción unitaria Fracción con un numerador de 1.

fracciones equivalentes Fracciones que representan la misma parte de una región, longitud o grupo entero.

galón (gal.) Unidad para medir capacidad del sistema usual; un galón es igual a cuatro cuartos.

grado (°) Unidad de medida de los ángulos; también es una unidad de medida de temperatura.

gráfica de barras Representación en la que se usan barras para mostrar y comparar datos.

gráfica de coordenadas Gráfica que se usa para ubicar puntos en un plano usando un par ordenado de números.

gráfica lineal Gráfica que une puntos para mostrar cómo cambian los datos en el tiempo.

gramo (g) Unidad métrica de masa; un gramo es igual a 1,000 miligramos.

hexágono Polígono de 6 lados.

incógnita Un símbolo o letra, como *x*, que representa un número en una expresión o ecuación.

intervalo (en una gráfica) La diferencia entre números consecutivos en un eje de una gráfica.

inverso multiplicativo (recíproco) Dos números cuyo producto es uno.

kilogramo (kg) Unidad métrica de masa; un kilogramo es igual a 1,000 gramos.

kilómetro (km) Unidad métrica de longitud; un kilómetro es igual a 1,000 metros.

lados (de un ángulo) Las dos semirrectas que forman un ángulo.

lados de un polígono Los segmentos de recta que forman un polígono.

libra (lb) Unidad usual de peso igual a 16 onzas.

litro (L) Unidad métrica de capacidad; un litro es igual a 1,000 mililitros.

llaves Los símbolos { y }, que se usan con los paréntesis y los corchetes en las expresiones matemáticas y las ecuaciones para agrupar números o variables.

masa Medida de la cantidad de materia que hay en un objeto.

matriz Una manera de representar objetos en filas y columnas.

metro (m) Unidad métrica de longitud; un metro es igual a 100 centímetros.

milésimo Una de las 1,000 partes iguales de un todo.

miligramo (mg) Unidad métrica de masa; 1,000 miligramos son iguales a un gramo.

mililitro (mL) Unidad métrica de capacidad; 1,000 mililitros son iguales a un litro.

milímetro (mm) Unidad métrica de longitud; 1,000 milímetros son iguales a un metro.

milla (mi) Unidad usual de longitud igual a 5,280 pies.

muestra Una parte representativa de un grupo más grande.

múltiplo Producto de un número entero dado y cualquier número entero.

múltiplo común Un número que es múltiplo de dos o más números.

múltiplo de 10 Número que tiene el 10 como factor.

nombre de un número Una manera de escribir un número con palabras.

notación desarrollada Un número escrito como la suma de los valores de sus dígitos.

numerador El número que está arriba de la barra de fracción en una fracción.

número compuesto Número entero mayor que uno con más de dos factores.

número decimal Número con uno o más lugares a la derecha de un punto decimal.

número mixto Número que tiene una parte entera y una parte fraccionaria.

número primo Número entero mayor que 1 que tiene exactamente dos factores, el número y 1.

números compatibles Números que son fáciles de usar para calcular mentalmente.

números enteros Los números 0, 1, 2, 3, 4, etc.

octágono Polígono de 8 lados.

onza (oz) Unidad usual de peso; 16 onzas son iguales a una libra.

onza líquida (oz líq.) Unidad usual de capacidad igual a 2 cucharadas.

operaciones inversas Operaciones que se cancelan entre sí.
Ejemplo: Sumar 6 y restar 6 son operaciones inversas.

orden de las operaciones El orden en el que se resuelven las operaciones en los cálculos. Los cálculos entre paréntesis, corchetes y llaves se resuelven primero. Luego, se evalúan los términos con exponentes. Luego, se multiplica y se divide en orden de izquierda a derecha y, por último, se suma y se resta en orden de izquierda a derecha.

origen Punto en el que los dos ejes de una gráfica de coordenadas se intersecan; el par ordenado (0, 0) representa el origen.

par ordenado Par de números que se usa para ubicar un punto en una gráfica de coordenadas.

paralelogramo Cuadrilátero que tiene los dos pares de lados opuestos paralelos y de la misma longitud.

paréntesis Los símbolos (y), que se usan para agrupar números o variables en expresiones matemáticas.
Ejemplo: 3(15 − 7)

pentágono Polígono de 5 lados.

perímetro La distancia alrededor de una figura.

período En un número, un grupo de tres dígitos, separados por comas, empezando por la derecha.

peso Una medida de qué tan liviano o pesado es algo.

pie Unidad usual de longitud igual a 12 pulgadas.

pinta (pt) Unidad usual de capacidad igual a 2 tazas.

pirámide Sólido con una base que es un polígono cuyas caras son triángulos con un vértice en común.

plano Superficie plana infinita.

polígono Plano cerrado formado por segmentos de recta.

polígono regular Polígono cuyos lados tienen la misma longitud y sus ángulos tienen la misma medida.

potencia El producto que resulta de multiplicar el mismo número una y otra vez.

prisma Sólido con dos bases paralelas idénticas y caras que son paralelogramos.

prisma rectangular Sólido con 6 caras rectangulares.

producto Número que se obtiene al multiplicar dos o más factores.

productos parciales Productos que se hallan al descomponer uno de dos factores en unidades, decenas, centenas, y así sucesivamente, y luego multiplicar cada uno de estos por el otro factor.

progresión numérica Conjunto de números que siguen una regla.

propiedad asociativa de la multiplicación Los factores se pueden reagrupar y el producto sigue siendo el mismo.
Ejemplo: $2 \times (4 \times 10) = (2 \times 4) \times 10$

propiedad asociativa de la suma Los sumandos se pueden reagrupar y la suma sigue siendo la misma.
Ejemplo: $1 + (3 + 5) = (1 + 3) + 5$

propiedad conmutativa de la multiplicación El orden de los factores se puede cambiar y el producto sigue siendo el mismo.
Ejemplo: $3 \times 5 = 5 \times 3$

propiedad conmutativa de la suma El orden de los sumandos se puede cambiar y la suma sigue siendo la misma.
Ejemplo: $3 + 7 = 7 + 3$

propiedad de división de la igualdad Ambos lados de una ecuación se pueden dividir por el mismo número distinto de cero y los lados siguen siendo iguales.

propiedad de identidad de la multiplicación El producto de cualquier número y uno es el mismo número.

propiedad de identidad de la suma La suma de cualquier número y cero es el mismo número.

propiedad de resta de la igualdad Se puede restar el mismo número de ambos lados de una ecuación y los lados siguen siendo iguales.

propiedad de suma de la igualdad Se puede sumar el mismo número a ambos lados de una ecuación y los lados siguen siendo iguales.

propiedad del cero en la multiplicación El producto de cualquier número y 0 es 0.

propiedad distributiva Multiplicar una suma (o diferencia) por un número es lo mismo que multiplicar cada número de la suma (o diferencia) por el número y sumar (o restar) los productos.
Ejemplo: $3 \times (10 + 4) = (3 \times 10) + (3 \times 4)$

propiedad multiplicativa de la igualdad Ambos lados de una ecuación se pueden multiplicar por el mismo número distinto de cero y los lados siguen siendo iguales.

pulgada (pulg.) Unidad usual de longitud; 12 pulgadas son iguales a un pie.

punto Una ubicación exacta en el espacio.

recíproco Un número dado es el recíproco de otro número si el producto de los números es uno.
Ejemplo: Los números $\frac{1}{8}$ y $\frac{8}{1}$ son recíprocos porque $\frac{1}{8} \times \frac{8}{1} = 1$.

recta Camino recto de puntos que se extiende sin fin en dos direcciones.

rectángulo Paralelogramo que tiene cuatro ángulos rectos.

rectas intersecantes Rectas que pasan por el mismo punto.

rectas paralelas En un plano, rectas que nunca se cruzan y mantienen la misma distancia entre sí.

rectas perpendiculares Dos rectas que se intersecan y forman esquinas cuadradas o ángulos rectos.

redondeo Proceso que determina de qué múltiplo de 10, 100, 1,000, etc. está más cerca un número.

residuo Cantidad que queda después de dividir un número en partes iguales.

rombo Paralelogramo que tiene todos los lados de la misma longitud.

segmento de recta Parte de una recta que tiene dos extremos.

semirrecta Parte de una recta que tiene un extremo y se extiende sin fin en una dirección.

símbolo mayor que (>) Símbolo que apunta en sentido contrario a un número o expresión que es mayor.
Ejemplo: 450 > 449

símbolo menor que (<) Símbolo que apunta hacia el número o expresión que es menor.
Ejemplo: 305 < 320

simétrico Una figura es simétrica si se puede doblar sobre una línea para formar dos mitades que coinciden exactamente al superponerlas.

sólido Figura que tiene tres dimensiones (longitud, ancho y altura).

solución El valor de la variable que hace que la ecuación sea verdadera.

suma El resultado de sumar dos o más sumandos.

tabla de frecuencias Tabla que se usa para mostrar la cantidad de veces que ocurre cada respuesta en un conjunto de datos.

taza (t) Unidad usual de capacidad; una taza es igual a ocho onzas líquidas.

tendencia Una relación entre dos conjuntos de datos que aparece como un patrón en una gráfica.

términos Números de una progresión o variables, como *x* e *y*, en una expresión algebraica.

términos correspondientes Términos que coinciden entre sí en un par de progresiones numéricas.

tiempo transcurrido El tiempo que pasa entre el comienzo y el final de un evento.

tonelada (T) Unidad usual de peso igual a 2,000 libras.

transportador Herramienta que se usa para medir y trazar ángulos.

trapecio Cuadrilátero que tiene exactamente un par de lados paralelos.

triángulo Polígono de 3 lados.

triángulo acutángulo Triángulo cuyos ángulos son todos agudos.

triángulo equilátero Triángulo cuyos lados tienen la misma longitud.

triángulo escaleno Triángulo cuyos lados tienen todos distinta longitud.

triángulo isósceles Triángulo que tiene al menos dos lados de la misma longitud.

triángulo obtusángulo Triángulo que tiene un ángulo obtuso.

triángulo rectángulo Triángulo en el que uno de los ángulos es un ángulo recto.

unidad cuadrada Cuadrado con lados de una unidad de longitud que se usa para medir el área.

unidad cúbica Volumen de un cubo que mide 1 unidad por cada lado.

unidades de medida del sistema usual Unidades de medida que se usan en los Estados Unidos.

unidades métricas de medición Unidades de medición que usan habitualmente los científicos.

valor (de un dígito) El número que representa un dígito y que está determinado por el lugar que ocupa el dígito; ver también *valor de posición*.

valor de posición La posición de un dígito en un número, que se usa para hallar el valor del dígito.
Ejemplo: En 5,318, el 3 está en el lugar de las centenas. Por tanto, el valor de 3 es 300.

valor extremo Valor que es mucho más grande o mucho más pequeño que otros valores en un conjunto de datos.

variable Una letra, como *n*, que representa un número en una expresión o ecuación.

vértice **a.** El extremo que tienen en común las dos semirrectas de un ángulo; **b.** Punto en el que se unen dos lados de un polígono; **c.** Punto en el que se unen tres o más aristas de un sólido.

volumen Cantidad de unidades cúbicas que se necesitan para llenar un sólido.

yarda (yd) Unidad usual de longitud igual a 3 pies.

Fotografías

Photo locators denoted as follows: Top (T), Center (C), Bottom (B), Left (L), Right (R), Background (Bkgd)

001 Daniel Prudek/Shutterstock; **006** Risteski Goce/Shutterstock; **014** John Foxx/Thinkstock; **024** Vladislav Gajic/Fotolia; **030C** Hemera Technologies/Getty Images; **030L** James Steidl/Fotolia; **030R** Ivelin Radkov/Fotolia; **055** Ilyas Kalimullin/Shutterstock; **060** Pearson Education; **084L** Corbis; **084R** Robert Marien/Corbis; **109** Leungchopan/Shutterstock; **126** Pearson Education; **132** Cphoto/Fotolia; **143** Tatiana Popova/Shutterstock; **163** Smileus/Shutterstock; **166** Pearson Education; **172** Pearson Education; **183** Viacheslav Krylov/Fotolia; **195** Alisonhancock/Fotolia; **237** Tom Wang/Shutterstock; **246** Pearson Education; **258** Pearson Education; **264** Visions of America/Alamy; **299** Lisastrachan/Fotolia; **332BL** Pearson Education; **332BR** Pearson Education; **332TL** Pearson Education; **332TR** Pearson Education; **336L** Getty Images; **336R** Getty Images; **367** Marcio Jose Bastos Silva/Shutterstock; **372** Pearson Education; **390** Pearson Education; **414L** Pearson Education; **414R** Esanbanhao/Fotolia; **426** Image Source/Jupiter images; **437B** by-studio/Fotolia; **437T** Paul Orr/Shutterstock; **455** Simone van den Berg/Fotolia; **462** Bikeriderlondon/Shutterstock; **476** Pearson Education; **523** Zest_Marina/Fotolia; **546** Pearson Education; **558** Bev/Fotolia; **583** Morgan Lane Photography/Shutterstock; **596** Pearson Education; **631** Iktomi/Fotolia; **633L** Pearson Education; **633R** Pavlo Sachek/Fotolia; **635** Pearson Education; **637** Pearson Education; **646C** Pearson Education; **646L** Pearson Education; **646R** Pearson Education; **652** Getty Images; **664** Pearson Education; **666** Pearson Education; **670L** Marianne de Jong/Shutterstock; **670R** Brocreative/Fotolia; **693B** Volff/Fotolia; **693T** Evgeny Karandaev/Shutterstock; **695** Jon Beard/Shutterstock; **731** Natalia Pavlova/Fotolia; **773** Solarseven/Shutterstock; **790** Pearson Education; **809** kalafoto/Fotolia; **843** leekris/Fotolia; **845** Michael J Thompson/ShutterStock; **854** 2010/Photos to Go/Photolibrary; **888** Corbis; **920B** hotshotsworldwide/Fotolia; **920TL** Jupiter Images; **920TR** Jupiter Images.